■北海道・垣ノ島遺跡　漆塗注口土器（うるしぬりちゅうこう）

■秋田県・大湯遺跡（→ P.25、32）重
数を表す土版　（左）と裏（右）

■三内丸山遺跡全景／三内丸山遺跡センター提供（→ P.23、25）

■青森県三内丸山遺跡 重
「縄文ポシェット」。中にクルミが入っていた。

⑳北海道・北東北縄文遺跡群（北海道・青森県・岩手県・秋田県）

１万年以上にわたり採集・漁労・狩猟により定住した人々の生活と精神文化を伝える文化遺産。北海道、青森県、岩手県、秋田県に所在する 17 の遺跡で構成されています。

①法隆寺　（→ P.47、56）

世界最古の現存する木造建築で、かつ、日本最古の仏教建造物。1300 年の伝統のなかでそれぞれの時代の寺院の発展に影響を及ぼしました。日本文化を理解する上で重要な遺産です。

⑤原爆ドーム

広島市の中心部にあり、戦前は広島県産業奨励館（しょうれいかん）という建物でした。1945（昭和 20）年８月６日、原子爆弾が投下（→ P.245、247）された際、爆心地に近く破壊（はかい）されましたが、原爆の悲惨（ひさん）さを伝えるため、そのままの姿で残されました。悲劇（ひげき）が二度と起きないための「負の世界遺産」ともよばれています。

⑮明治日本の産業革命遺産　製鉄・製鋼、造船、石炭産業（山口・福岡・佐賀・長崎・熊本・鹿児島・岩手・静岡）

西洋からの技術の導入と日本の伝統文化を融合（ゆうごう）させ、明治日本の発展を支えた諸施設で、山口、福岡、佐賀、長崎、熊本、鹿児島、静岡、岩手の８県にまたがっています。写真は長崎県長崎市の端島（はしま）。かつて海底炭鉱の採掘で栄え、その姿から軍艦島といわれました。現在は廃鉱（はいこう）となっています。（→ P.206、207）

⑪石見（いわみ）銀山遺跡とその文化的景観

島根県大田市に残る戦国時代～江戸時代前期の日本最大の銀山の跡。銀を精錬（せいれん）するためには薪炭（しんたん）用木材を必要とし、環境（かんきょう）を害することもあります。石見銀山は周囲と共生する方法がとられていたことが評価され、世界文化遺産に登録されました。（→ P.93）

旧国名と都道府県名

旧国名は、大化の改新（645 年）のあとに定められ、のちに五畿七道（畿内を構成する 5 つの国と、7 つの地方）として整備されました。都道府県名は、廃藩置県（1871 年）で 3 府 302 県が置かれたことに始まり、1881 年ごろまでに今の形に統合されました。

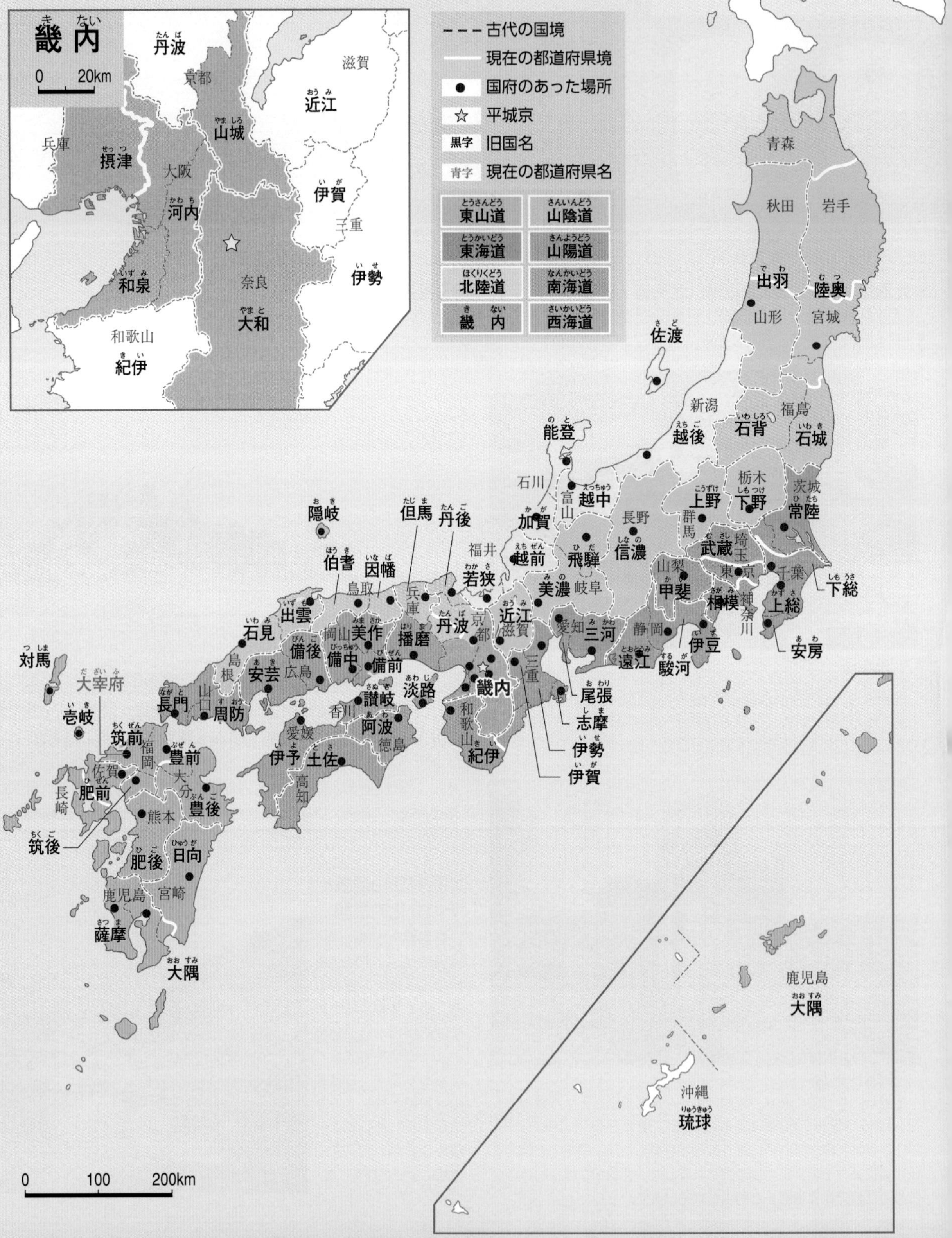

中学社会

新しい歴史教科書

仮面の女神（長野県）宝

合掌土偶（青森県）宝

中空土偶（北海道）宝

縄文の女神（山形県）宝

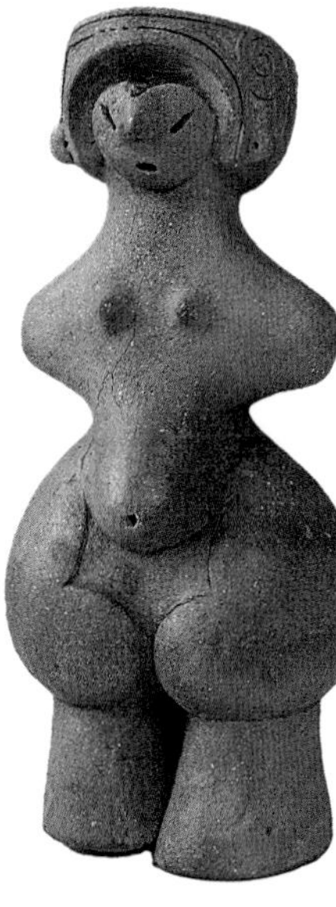

縄文のヴィーナス（長野県）宝

自由社

歴史を学ぶとは

■ご先祖が生きた歴史

歴史を学ぶとは、過去におこったことに関し、同時代の人々がどう考え、どう悩み、どのように解決していったのかを知ることです。

あなたのご先祖の世代をさかのぼっていくと、昔からこの日本列島に住んでいた人たちは、あなたのクラスのみんなの共通のご先祖だということがわかります。日本の歴史を学ぶということは、私たちの共通のご先祖が生きてきた跡を学ぶということです。

■日本歴史の伝統

世界のどの国にも、それぞれ固有の歴史があります。日本は豊かな自然に恵まれ、独自の歴史を歩んできました。

古代において日本は、大陸に出現した中国文明の影響を強く受けつつも、みずからの特色を見失うことなく、古代律令国家をつくり上げました。

欧米列強諸国の力がアジアをのみこもうとした近代にあっても、日本は自国の伝統を生かしながら西洋文明との調和をはかり、近代国家の建設と独立の維持に成功しました。

私たちのご先祖は、こうしたたゆまぬ努力をして、世界でも安全で豊かな日本を築いてきたのです。

■自分のこととして考えてみる

歴史を学ぶときに大切なことは、それぞれの時代にご先祖が直面した問題を知り、私たちもその問題を自分のこととして想像してみることです。そうすると、歴史上の事実を単に覚えるだけではなく、その背後にある人々の願いや苦しみがわかってくるでしょう。そうしてご先祖と語り合うことができるようになれば、未来に向かって、知恵と勇気が湧いてくるでしょう。

1

高度1万メートルの上空から
見た日本は「森の国」だ

縄文時代の1万数千年
私たちの先祖は豊かな自然の幸に
恵まれて暮らしていました
多様で柔軟な日本文化の基礎は
この暮らしの中でつちかわれました

「3つの日本」が
日本列島に刻み込まれています
「3つの日本」が
今の日本をつくっています
「3つの日本」の
お陰で私たちの今があります
その日本の歴史をこれから学ぼう!

日本歴史の舞台(ぶたい)

ユーラシア大陸の東のはてに
点々とつらなる
6000あまりの島々*——
この日本列島が
わが国の歴史の舞台です
上空3つの高度から見ると
「3つの日本」が見えてきます。

＊ 海岸線の長さが100メートル以上の島の数は 6852

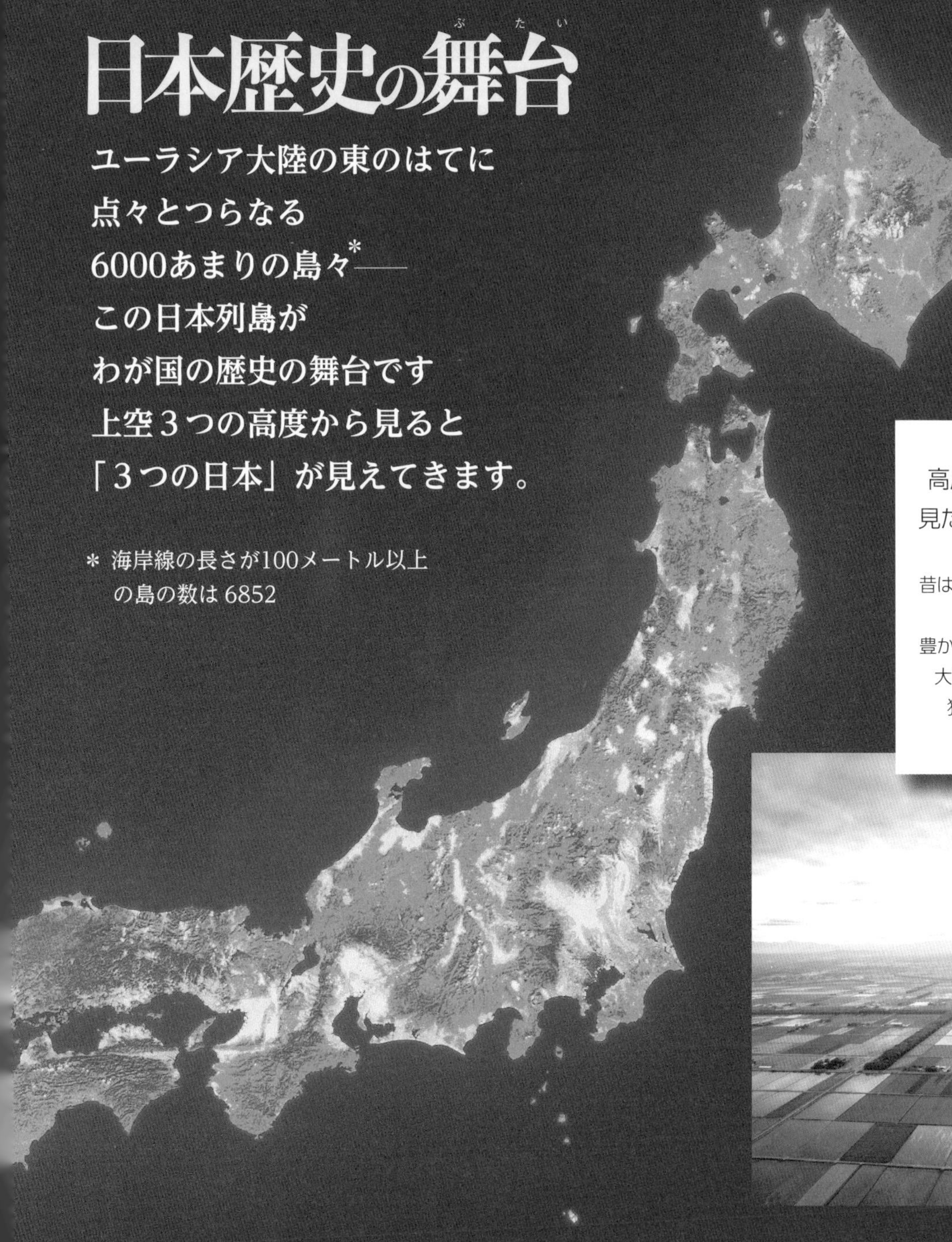

2

高度1千メートルの上空から
見た日本は「水田(すいでん)の国」だ

昔は「豊葦原瑞穂(とよあしはらみずほ)の国」とよばれました
この2000年あまり
豊かな実りが日本の発展を支えました
大陸や半島の国々から学びながら
独自の文化をつくりあげました

3

高度100メートルから
見た日本は「町工場(まちこうば)の国」だ

黒船来航(くろふねらいこう)で西洋文明の衝撃(しょうげき)を受けた
日本は明治から約150年間
工業立国をめざして成功した
日本の町工場が日本と世界の産業を
支えています

第5章 二つの世界大戦と日本 大正・昭和前半時代

第6章 現代の日本と世界 昭和後半・平成時代

【この教科書で使うマークとロゴの紹介】

※❶❷❸……本文の中でこの番号に出合ったら、同じ番号の資料が本文の周囲にあるので見つけてください。

※123……同様に、これは本文の記述を補う注です。

※➡ P.23……同じ用語に関連する記事が別のページにもあるので参照することを勧（すす）めるマークです。用語の下に表記します。

※📖……歴史上の文書・文献がもとになっている資料であることを示すマークです。

※ ④ピラミッドを造ったのは誰か
本文の記述を深め、歴史の見方のヒントを与える読み物です。

※ 歴史モノサシ
歴史モノサシ　モノサシの下の赤い部分はその単元で扱うおおよその時期を示します。

※ チャレンジ
単元を学習したあと挑戦したいワンポイントの課題です。

※ 宝……国宝　重……重要文化財　世……世界遺産

序章
歴史のとらえ方

❶4世紀末の朝鮮半島北部に高句麗という国がありました。北朝鮮と中国との国境近くに高句麗の広開土王をたたえる碑が建っています。番号順に話をたどってみましょう。この碑を巡って、翔太君とさくらさんが会話をしています。➡P.42

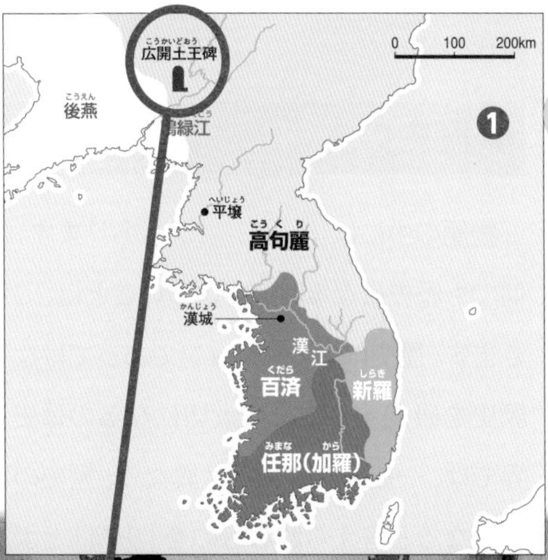

広開土王碑
0 100 200km
後燕
鴨緑江
平壌
高句麗
漢城
漢江
百済
新羅
任那(加羅)
❶

この碑文から、
倭(日本)が391年に海をわたり、
百済を破ったことが
わかるんだ。
翔太君

どうして
そんな正確な年まで
わかるのかしら?
さくらさん

謎解きは
➡P.8・10

❷

❷碑から❸拓本を写しとり、❹今の漢字に直すと「倭以辛卯年来渡海破百残」という文字が彫られていました。（東京国立博物館蔵）

❸

❹

倭以**辛卯年**来渡海破百残

第1節　歴史と物語と史料

◉歴史とは何か

みなさんはすでに「歴史」という言葉を知っているでしょう。この歴史という言葉は、明治時代の日本人が「ヒストリー」の訳語としてあてたものです。「歴」は「月日の過ぎ行くこと」、「史」は「書いたもの」を意味します。「月日の過ぎたあとを書いたもの」が歴史なのです。しかし、過去にあったことを書けばすぐ歴史になるかというと、そうではありません。

ある王国について「○○年1月、王が死んだ。2月王妃が死んだ」と書いた記録があるとしましょう。これは、王が死んだことと王妃が死んだことが、ばらばらの出来事として時間順に記されているだけで、こういう記録を年代記といいます。

「○○年1月、王が死んだ。翌月、悲しみのあまり王妃が死んだ」という記述があるとすれば、ここで初めて二つの出来事の関係が原因（王の死）と結果（王妃の死）、つまり因果関係として述べられています。これは一つの物語になっているともいえます。

言い換えれば、書かれた歴史はその中核に物語を含んでいるということです。その証拠に英語の「ヒストリー（history）」の中には「ストーリー（story）＝物語」が入っているではありませんか。しかし物語がすぐに歴史になるわけではありません。二つの出来事の因果関係をたどるだけでなく、その時代背景やその後の影響などのなかに位置づけられて歴史の記述となります。

歴史を学ぶとは、過去に起こった出来事について、当時の人はどのように考えていたかを学ぶことです。今の基準で過去を批判することが歴史を学ぶ目的ではありません。今とは異なる時代背景と価値観のもとで、それぞれの時代にはその時代の特有の善悪があり、特有の幸福があったのです。

◉歴史の史料

物語の中にはフィクションもあります。ですから物語なら何でも歴史になるわけではないことは、このことからも気づきます。歴史はフィクションであってはなりません。そこで、歴史を研究するために大切になるのは史料です。学問の世界では、一般的な資料とは異なり、歴史の事実を確定する証拠となると考えられるものを「史料」とよぶことにしています。

史料の多くは紙に書かれた文書です。文書以外の、遺物や遺跡なども史料となることがあります。でも、文書に比べると情報の量が違います。一方で、考古学的発見が、歴史の物語を変えることもあります。「歴史はシュメールに始まる」という言葉があるのは、古代メソポタミアのシュメール王国で最も古い文字の記録が残されていることを表現したものです。

文字であれば、紙に書かれていなくても歴史の事実を確定する重要な史料となることがあります。例えば石に刻まれた文字や金属に刻印された文字です。これを金石文といいます。日本の歴史の中で事実の確定に使われた有名な史料に、広開土王の碑文があります。序章の扉にあるとおり、碑文に「辛卯年」とあることから、西暦391年に、日本（当時はまだ ➡P.10 この国名はなく、周辺諸国からは「倭国」とよばれていました）の大和朝廷が朝鮮半島に兵を送り、百済や高句麗と戦ったことが事実として確定できるのです。

歴史モノサシ

旧石器	縄文					弥生				古墳(大和)
B.C.14500	B.C.500	B.C.300	B.C.200	B.C.100	西暦	100	200	300	400	500

第2節　年代の表し方と時代区分

◉年月日に名前をつける

「2011（平成23）年3月11日は何があった日ですか？」と聞かれると、皆さんは「東日本大震災が起きた日」と答えることができると思います。日本中が大きな衝撃を受け、悲しみにくれた日だからです。

また1945（昭和20）年8月15日、日本とアメリカなどとの戦争が終わったこともほとんどの人が知っています。私たちは過去から未来へとどこまでも続く時間に、このように名前をつけることで歴史を学んでいるのです。

その名前のうち、年を表す2011年や1945年は西暦といいます。いっぽう、平成11年や昭和20年は日本独自の元号（年号）による年の名前です。

現代の日本では世界の各国で使われる西暦と元号とを併用（一緒に使う）しています。

◉西暦とは

西暦というのはキリスト教の創始者、イエス・キリストが生まれたとされる年を「紀元1年」と定め、その後の年を順番に「紀元○○年」と表し、今日に至るまで世界で使われています。

キリストが生まれる前の年は「紀元前（BC）○○年」と表します。ただし「紀元0年」という年はなく、「紀元（AD）1年」の前年は「紀元前（BC）1年」となります。

日本の出来事をこの西暦に当てはめると、桓武天皇による平安京の始まりは紀元794年にあたります。徳川家康が石田三成らを破った関ヶ原の戦いは1600年になります。

また西暦では、100年をひとかたまりにして、「世紀」とよびます。紀元1年から100年までが1世紀で、今私たちが生きているのは21世紀のまっただ中ということになります。

◉元号（年号）とは

これに対し日本や中国では、天皇や皇帝が定める元号（年号）を使ってきました。わが国で初めて元号が定められたのは西暦645年で、公式な歴史書である『日本書紀』に、この年を「大化元年」と改めるとあります。同じ年に始まった政治改革は「大化の改新」と呼ばれています。

元号では最初の年を「元年」といい、その後2年、3年と続けていきます。西暦650年には次の元号「白雉」と改められましたから「大化」は元年から6年まで続いたことになります。大化6年と白雉元年とは重なります。

その後、この教科書の巻末にあるように、大化から令和まで248の元号が定められてきましたが、明治以降は一代の天皇に一つの元号と決められました。明治天皇の時代が「明治」という元号で表されるようになったのです。

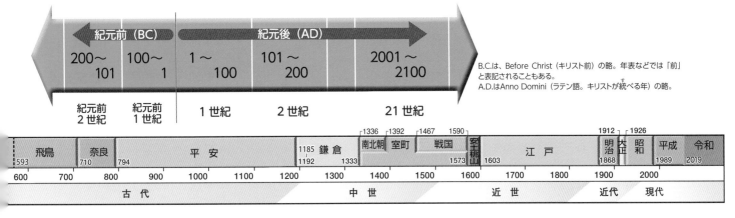

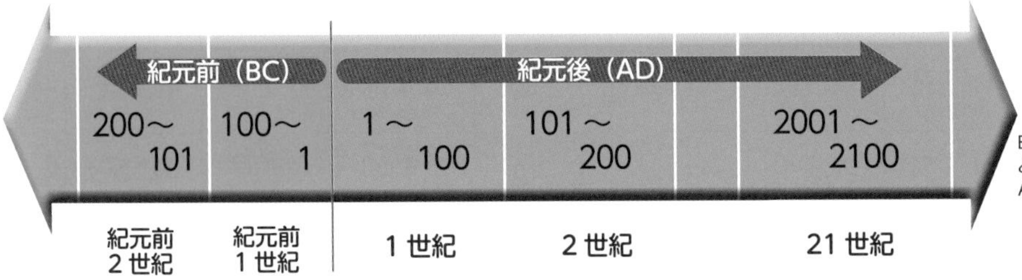

B.C.は、Before Christ（キリスト前）の略。年表などでは「前」と表記されることもある。
A.D.はAnno Domini（ラテン語。キリストが統べる年）の略。

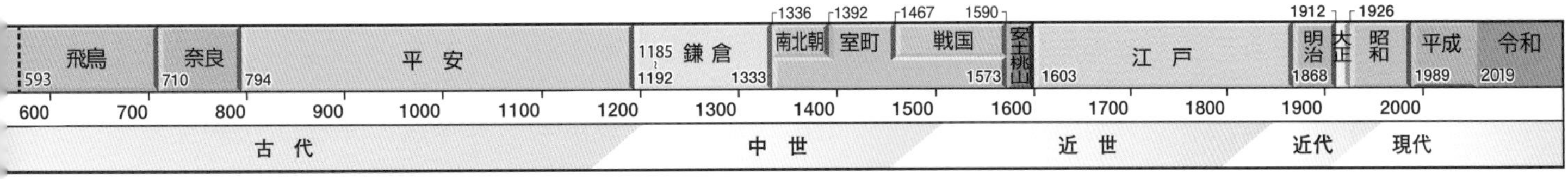

◉干支（えと）について

「干支(えと)」は古代から中国、日本、朝鮮の東アジアで共通して使われていた数の表し方です。

〈甲・乙・丙・丁・戊・己・庚・辛・壬・癸〉の十干と、〈子・丑・寅・卯・辰・巳・午・未・申・酉・戌・亥〉の十二支を「甲と子」「乙と丑」といったように60通りの組み合わせをつくり、<干支順位表>のように順番をつけることで、年月日や時刻、方位を表す方法です。

「十干」は今日の私たちにはあまりなじみのないものですが、干支のもとにあるのは陰陽五行説とよばれるものです。自然界を構成する、木・火・土・金・水の5つの元素に陽(兄)と陰(弟)をわりふって出来ており、甲は「きのえ(木の兄)」、乙は「きのと(木の弟)」、･･･とよむこともできます。

いっぽう、「十二支」は、日本では12種の動物や季節をさすことが多いので、より親しまれています。

■干支を使った歴史用語

干支による年は、ときどき歴史用語に登場します。たとえば、明治維新の時に、戊辰戦争がおこりました。この「戊辰」は、<干支順位表>の5番目に登場します。

戊辰戦争が始まったのは西暦では1868年です。この年が「戊辰」の年にあたるのです。では、次の1869年はなんとよぶかというと6番の己巳になります。以下、毎年、順番を進んでいくと60番で振り出しに戻ります。それで、60歳を「還暦」というのです。

このほか、干支を使った歴史用語には次のようなものがあります。( )内は西暦。

乙巳の変(645)　壬申の乱(672)　辛亥革命(1911)

■広開土王の碑文

序章の扉のページ(⇒P.7)に、高句麗の広開土王の碑文の話題がとりあげられています。倭(日本)が「辛卯年」に、「海をわたり、百済を破った」と書かれていたことから、翔太君が「391年」という西暦の年を言うのですが、それは、「辛卯年」が西暦の391年にあたるから、その時の年代が確定できたのです。

■皇紀

以上のほか、日本には皇紀があります。日本書紀に書かれた初代・神武天皇(⇒P.39)が即位したとされる伝説上の年を元年とする年の数え方で、皇紀元年は西暦紀元前660年にあたります。皇紀も歴史に名をとどめています。昭和15年は皇紀2600年にあたりました。それで、この年に完成した日本海軍の戦闘機は「ゼロ戦」とよばれました。この年に生まれた人には、「紀」の字を使った「紀夫」「紀子」などの名前の人がたくさんいました。

<干支順位表>

カッシ 1 甲子 (きのえ・ね)	イッチュウ 2 乙丑 (きのと・うし)	ヘイイン 3 丙寅 (ひのえ・とら)	テイボウ 4 丁卯 (ひのと・う)	ボシン 5 戊辰 (つちのえ・たつ)	キシ 6 己巳 (つちのと・み)	コウゴ 7 庚午 (かのえ・うま)	シンビ 8 辛未 (かのと・ひつじ)	ジンシン 9 壬申 (みずのえ・さる)	キユウ 10 癸酉 (みずのと・とり)
コウジュツ 11 甲戌 (きのえ・いぬ)	イツガイ 12 乙亥 (きのと・い)	ヘイシ 13 丙子 (ひのえ・ね)	テイチュウ 14 丁丑 (ひのと・うし)	ボイン 15 戊寅 (つちのえ・とら)	キボウ 16 己卯 (つちのと・う)	コウシン 17 庚辰 (かのえ・たつ)	シンシ 18 辛巳 (かのと・み)	ジンゴ 19 壬午 (みずのえ・うま)	キビ 20 癸未 (みずのと・ひつじ)
コウシン 21 甲申 (きのえ・さる)	イツユウ 22 乙酉 (きのと・とり)	ヘイジュツ 23 丙戌 (ひのえ・いぬ)	テイガイ 24 丁亥 (ひのと・い)	ボシ 25 戊子 (つちのえ・ね)	キチュウ 26 己丑 (つちのと・うし)	コウイン 27 庚寅 (かのえ・とら)	シンボウ 28 辛卯 (かのと・う)	ジンシン 29 壬辰 (みずのえ・たつ)	キシ 30 癸巳 (みずのと・み)
コウゴ 31 甲午 (きのえ・うま)	イツビ 32 乙未 (きのと・ひつじ)	ヘイシン 33 丙申 (ひのえ・さる)	テイユウ 34 丁酉 (ひのと・とり)	ボジュツ 35 戊戌 (つちのえ・いぬ)	キガイ 36 己亥 (つちのと・い)	コウシ 37 庚子 (かのえ・ね)	シンチュウ 38 辛丑 (かのと・うし)	ジンイン 39 壬寅 (みずのえ・とら)	キボウ 40 癸卯 (みずのと・う)
コウシン 41 甲辰 (きのえ・たつ)	イツシ 42 乙巳 (きのと・み)	ヘイゴ 43 丙午 (ひのえ・うま)	テイビ 44 丁未 (ひのと・ひつじ)	ボシン 45 戊申 (つちのえ・さる)	キユウ 46 己酉 (つちのと・とり)	コウジュツ 47 庚戌 (かのえ・いぬ)	シンガイ 48 辛亥 (かのと・い)	ジンシ 49 壬子 (みずのえ・ね)	キチュウ 50 癸丑 (みずのと・うし)
コウイン 51 甲寅 (きのえ・とら)	イツボウ 52 乙卯 (きのと・う)	ヘイシン 53 丙辰 (ひのえ・たつ)	テイシ 54 丁巳 (ひのと・み)	ボゴ 55 戊午 (つちのえ・うま)	キビ 56 己未 (つちのと・ひつじ)	コウシン 57 庚申 (かのえ・さる)	シンユウ 58 辛酉 (かのと・とり)	ジンジュツ 59 壬戌 (みずのえ・いぬ)	キガイ 60 癸亥 (みずのと・い)

◉太陽暦と太陰太陽暦

日本と西欧などでは、年月日を表す「暦」にも違いがありました。暦にはおおまかにいって太陽暦と太陰暦、それに太陰太陽暦の３種類があります。今わが国でも使われている太陽暦は、地球が太陽を１周する約365日を「1年」とし、これを12の月に割り振っています。

いっぽう、太陰暦とは、月が地球を一回りする時間を「ひと月」とする暦です。月がまったく姿を現さない日を一日（朔）とし、三日月や十五夜（満月）など月の形によって今日が何日かわかるようになっています。

ただし、月が地球を１周するのは約29.5日ですから、12カ月の日数を合わせても354日で、太陽の動きによる１年と合わなくなります。そこで、ほぼ３年に一回「閏月」を設け、例えば４月の次に「閏４月」が来るようにして、季節とのズレを小さくしたのが太陰太陽暦です。

日本では明治になるまで、主に太陰太陽暦を使ってきました。しかし明治政府は欧米諸国との外交をスムーズにするためなどの理由で、太陽暦を採用することを決め、太陰太陽暦の明治５年12月３日をいきなり明治６年の元日と改めました。

こうした事情から、それ以前の日本と欧米の歴史を対比して調べるとき年月日にズレが生じます。例えば明治維新で王政復古の大号令が出されたとされる慶応３（1867）年12月９日は、太陽暦では1868年１月３日であり、注意が必要です。

◉いろいろな時代区分

時間に名前が付いても、その時間軸にそって出来事を並べただけでは、歴史の意味をとらえることはできません。連続して流れてきた時間を、何らかの視点でいくつかの時代に区分してみることによって、歴史の流れが見えてきます。「日本歴史の舞台」のページで、「３つの日本」➡P.2・3に分けたのも時代区分の一種です。

８～９ページの歴史モノサシは、小学校でも学んだ一般的な時代区分です。それぞれの時代のよび方が何をもとにしているか、分類してみました。

使われた道具・造営物	旧石器時代・縄文時代・弥生時代・古墳時代
政権の所在地	飛鳥時代・奈良時代・平安時代・鎌倉時代・室町時代・安土桃山時代・江戸時代
天皇の在位期間の元号	明治時代・大正時代・昭和時代・平成時代
時代の特色	南北朝時代・戦国時代

「旧石器時代」や「古墳時代」のように、使われていた道具やつくられた造営物によるものは、文献資料が少ないため主に考古学の資料に頼った時代区分です。

その後は「奈良時代」「鎌倉時代」といったように、政権の所在地で時代を区分します。ただし、飛鳥時代のように、必ずしも政権すべてが飛鳥地方になくとも、便宜的にそうよぶ時代もあります。

また明治以降は天皇の代替わりのときだけ、元号を改めることになりましたので、明治、大正、昭和、平成、令和と天皇の在位期間で時代を区分しています。

◉大づかみな時代区分

このような政権の所在地や元号で時代を区分する方法は、細かすぎる面もあります。そこで文部科学省が定めた中学校学習指導要領は時代を古代・中世・近世・近代・現代と大づかみに５期に分けています。

この教科書もこの五つの時代に分けて章を立てていますが、「近代」については学ぶべき内容が多いので第４章と第５章の２つの章を設けました。

第3節　地域の歴史を調べる

堺市の歴史を調べよう

大阪府堺市にある中学校の瑞穂さんのクラスでは、地元の堺市の歴史を調べることになりました。といっても、堺市は古墳時代から現代まで長い歴史がありますから、下の図のような四つの調査班をつくりました。

B班　港を調査

旧堺港
堺港は古くから天然の良港とされ、堺の繁栄をもたらしました。現在は旧堺港とよばれ、ボートやヨットなどが係留されています。

D班　堺事件を調査

堺事件・犠牲者の慰霊碑
堺事件で犠牲となったフランス兵11人と、事件の責任をとらされ切腹した土佐藩士たちを慰霊する石碑が、藩士の切腹場所となった堺市の妙国寺に建てられています。

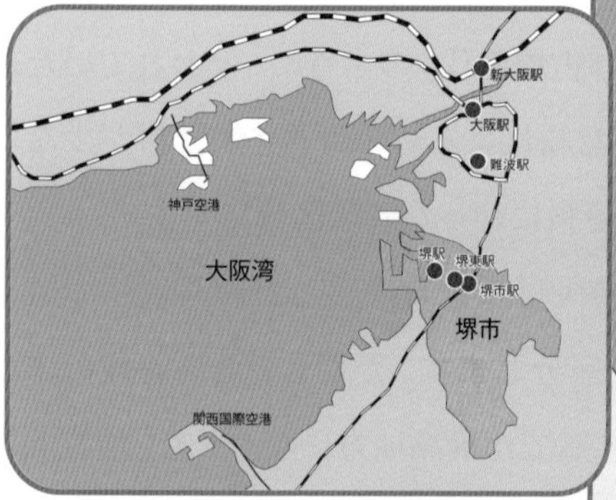

C班　千利休の屋敷跡を調査

千利休屋敷跡
茶道の完成者で政治的にも大きな力を持っていたとされる千利休の屋敷跡です。堺市中心部のビル街の一角にあり、利休が使ったとされる井戸の跡だけがひっそりと残っています。

A班　古墳を調査

仁徳天皇陵（大仙古墳） 世
堺市の北部にある巨大な前方後円墳です。写真の上方が円形、下方が方形となっています。うっそうとした樹木が茂り、三重の濠に囲まれています。

◉A班　古墳を調査

古墳の最大長	840m
古墳の最大幅	654m
墳丘の全長	486m
墳丘基底部の面積	103,410㎡
後円部の直径	249m
後円部の高さ	35.8m
前方部の幅	307m
前方部の長さ	237m
前方部の高さ	34m

古墳時代の大阪湾は今よりもずっと陸地に入り込んでいたといわれます。このため堺の沖を通る内外の船からは、仁徳天皇陵などの古墳は間近に大きく見えていたと思われます。

A班がまず訪ねたのは、JR阪和線百舌鳥駅近くの仁徳天皇陵です。大仙古墳や百舌鳥耳原中陵ともいわれていますが、墳丘部だけで長さ486m、三重の濠も含めると全長840mの巨大な前方後円墳で、樹木が生い茂り、まるで大きな山のようです。1周するだけで約1時間もかかり、世界で最大規模の面積をもつ墓といわれる大きさを実感しました。

古代の公式な歴史書である『日本書紀』に、この地に第16代仁徳天皇の陵墓を築いたと書かれています。いずれにしても、大和朝廷の大王（後に天皇と呼称）のものであることは間違いないでしょう。

地元の堺市の人たちも古くから「仁徳さん」とよび、古墳は崇拝の対象となってきました。

陵のすぐ前にある堺市博物館で調べてみると、この仁徳天皇陵の南には第17代履中天皇の陵墓、北には第18代反正天皇の陵墓とされる大きな前方後円墳が並んでいます。付随する陪塚（大きな古墳のそばにつきしたがうようにつくられた小さな古墳）も含めると堺市内だけで50基近い古墳があるそうです。

正面から見た仁徳天皇陵

また、堺市の東側の藤井寺市や羽曳野市にも大王の陵とされる巨大古墳がいくつも存在しています。ただ当時の大和朝廷の大王たちが政治を行った宮殿の多くは大和（現在の奈良県）にありました。それなのに、陵墓はなぜ大阪府南部の河内地方や和泉地方に残るのでしょうか。

いくつかの理由が考えられますが、当時の大和朝廷が中国大陸と交流するため港のあるこの地に進出し、大阪湾を通る内外の船にその国力を示すためにつくったという説が有力とされています。

堺市は日本の古代史にとっても、とても重要な土地だったことがわかりました。

◉B班　港を調査

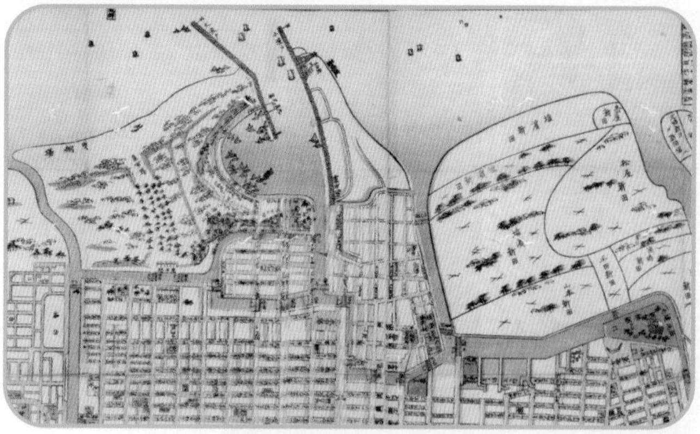

左の地図と上の写真を見ると旧堺港が竪川（上方）を通じ、大阪湾とつながっているのがよくわかります。18世紀初め、右側の大阪湾に流れ込むようになった大和川の土砂で水深が浅くなりました。

B班は仁徳天皇陵から3kmほど北西にある旧堺港を見に行きました。南海電鉄本線堺駅のすぐ近くです。丸い池のような形をした港で、竪川という水路で大阪湾に通じています。

この港は古くから天然の良港として知られ、近畿と西日本各地や中国大陸とを結ぶ交易港となっていました。特に15世紀後半に起きた応仁の乱で瀬戸内海の航行が自由にできなくなると、堺の商人たちは紀伊水道から太平洋に出て南九州や琉球などを結ぶ航路を開発しました。

こうして堺は明との貿易が盛んになり、堺港に入ってくる薬、織物などを京都、大阪で売りさばき、金、銀などを輸出しました。これが堺に巨万の利益をもたらしたのです。しかし、18世紀の初め、大和川という川が港のすぐ北側の大阪湾に流れ込むようになると、川が運んでくる土砂で、大型船が入港できなくなりました。今では南側に新しくできた堺泉北港に主役の座を譲り、旧堺港とよばれるようになったのです。

◉C班　千利休の屋敷跡を調査

中世の「自治都市」堺について調べることになったC班がまず訪ねたのは千利休（1522～91）の屋敷跡です。堺市内を南北に貫く大道筋と東西に走るフェニックス通りという二つの大通りの交差点近くにあります。

利休は堺の魚問屋の子供として生まれました。宗易とも名乗り、茶道を完成させた人として有名です。町人出身ですが、茶道を通じ時の権力者の織田信長や豊臣秀吉とも親しく交わり、政治的にも大きな力を持っていたといわれます。

ところが突然、秀吉から切腹を命じられ、生涯を閉じます。その理由は今でもはっきりしませんが、秀吉が利休の政治的な力に警戒を強めたことが根底にあったといわれています。

その利休の力の源になったのは、茶道だけではなく堺という自治都市でした。中世の堺は堺港を通じた交易に

千利休（上左）は、茶人でありながら、堺の自治都市としての力をバックに政治的にも大きな力を持ちました。それが、豊臣秀吉に切腹を命じられる一因になったともいわれます。上右は堺市にある環濠都市の遺跡。

より日本でも一、二を争う繁栄を得ました。その財力をバックに幕府や大名による直接支配を免れて自治権を獲得します。一部の大商人などからなる「会合衆」➡P.88が堺の政治を動かしていました。

利休もその会合衆の一人といわれ、秀吉らとほぼ対等に渡り合えたのも、そのためでした。

しかし秀吉は全国統一を進める中で、織田信長のあとをつぎ堺の支配を強めました。自治都市を守るためにつくられていた環濠（四面に掘った濠）のほとんどを埋め、町を管理する奉行を派遣したほか検地も実施しました。これにより自治制度は解体へと向かいました。

それでも自治都市、環濠都市として栄えた名残はその街並みなどに残されています。

◉D班　堺事件を調査

江戸時代まで、戦乱に巻き込まれることは少なかった堺ですが、明治維新期の混乱の中で「堺事件」が起きました。D班が堺市博物館の資料や、ミットフォード『英国外交官の見た幕末維新』（講談社学術文庫）などを読んで調べたところ、発生したのは1868（慶応4）年2月15日のことでした。

軍艦によって堺港に入港したフランスの水兵たちは港の水深を測った後、上陸し市内を遊歩しました。ここまでは両国の取り決めで認められていましたが、一部が軍事施設である砲台の偵察まで始めました。

警備に当たっていた土佐藩士たちはこれは違反と判断し、うち2人を連行しようとしましたが、逃げ出したため銃撃戦となり、フランス兵11人が死亡しました。これに対しフランス公使は厳重に抗議し、日本政府は土佐藩士11人を切腹させ、事件を収めました。

王政復古の大号令で明治新政府が誕生して2カ月あまりの頃です。1月に起きた新政府軍と旧幕府軍との戦いで新政府側が勝ち、堺の治安維持に当たっていた幕府の大阪奉行所がその仕事を放棄したので、新政府側の土佐藩が代わりに警備を任されたばかりでした。

堺事件でフランス兵と戦う土佐藩士たち。

新政府の外交方針もはっきり伝わらないまま、外国から堺を守らなければならなかった土佐藩士たちは、幕末～明治維新の混乱の犠牲者だったといえます。彼らが切腹した堺市内の妙国寺には日仏双方の兵士をいたむ慰霊碑が立っています。

調査でわかったこと

以上の学習から堺市の歴史をまとめると、およそ次のようなことがいえます。

①前方に大陸に通じる大阪湾、背後に大和朝廷の勢力があったことから堺の繁栄が始まった。

②中世においては明との貿易を堺港でほぼ独占したので、自治都市として独立性を保つことができた。

③近世になると江戸幕府の体制の中に組み込まれ、近代化の波に巻き込まれた。

第4節　人物を通して時代をとらえる

小学校で学んだ主な人物42人	
古代	卑弥呼 聖徳太子 小野妹子 中大兄皇子 中臣鎌足 聖武天皇 行基 鑑真 藤原道長 紫式部 清少納言
中世	平清盛 源 頼朝 源 義経 北条時宗 足利義満 足利義政 雪舟
近世	ザビエル 織田信長 豊臣秀吉 徳川家康 徳川家光 近松門左衛門 歌川(安藤)広重 本居宣長 杉田玄白 伊能忠敬
近代	ペリー 勝海舟 西郷隆盛 大久保利通 木戸孝允 明治天皇 福沢諭吉 大隈重信 板垣退助 伊藤博文 陸奥宗光 東郷平八郎 小村寿太郎 野口英世

◉人物カードをつくってみよう

皆さんが小学校の歴史学習で学んだ主な人物を挙げると、左の表のようになります。これから中学校でもっと多くの人物について学習することになりますが、その準備運動として復習をしておきましょう。

佳織さんのクラスでは、小学校で習った42人の人物からそれぞれ1人を選び、200字の範囲で人物カードをつくることになりました。

人物カードはB6サイズなどの比較的大きなカードを使うと便利です。人物については家庭や図書館にある歴史人物事典のようなもので調べましょう。複数の事典を使うと、より知識が深まります。カードの中にはわかっている限り(　～　)という形で生没年を入れます。

佳織さんが42人の中から選んだのは鑑真です。

◉〈佳織さんがつくった人物カード〉

〈鑑真(688～763)〉

唐の揚州に生まれた学僧で、奈良時代の日本に戒律の厳しい律宗を伝えました。日本には6世紀頃に仏教が伝わっていましたが、僧侶のあり方などについて教える者がいませんでした。鑑真は日本からの留学僧に頼まれ、日本行きを決意しました。暴風雨などで5回も航海に失敗し、754年奈良に到着したときには67歳でした。航海の途中で失明したともいわれます。

日本では10年間、僧侶の戒律などを教えるとともに、唐招提寺を建て、仏教を広めるのに尽くしました。

(奈良県・唐招提寺蔵)

＊失明したのは晩年になってからという説もあります。

【カードのつくり方】

①B6サイズなどの、比較的大きなカードを使うと便利。

②まず歴史人物の名前を書き、難しい漢字には読みを付ける。

③(　　　～　　　)の中に生没年を書く。

④右上に人物の似顔絵を描くか、写真や絵を貼りつける。

⑤200字を目途に文章を書く。

⑥書き出しと段落の始まりの1字はあける。

⑦＊印で追加情報などを書き込む。

800字で人物伝記を書いてみよう①

次に佳織さんのクラスでは、小学校で習った人物以外にも対象を広げ、興味ある人物について、800字程度でミニ伝記を書いてみることにしました。直明君は日本のものづくりの先駆者といわれる「からくり儀右衛門」こと田中久重を選びました。

◉〈直明君が書いた人物伝記〉

〈からくり儀右衛門（田中久重）〉

田中久重（1799～1881）は、幕末から明治にかけての発明家です。1799（寛政11）年、筑後の国・久留米（現福岡県久留米市）に生まれ、べっこう細工師の父の高度な手業を見て育ちました。8歳のときには、誰にも開けられない硯箱をつくり、寺子屋（今の学校）に持ってゆき、友達をびっくりさせるなど、早くから「天才技術者」としての一端を示していたそうです。

久重はやがて、当時の人気娯楽だったからくり人形に魅せられます。それは、ぜんまい仕掛けでまるで生きているように動き、お客にお茶運びなどをする人形です。現代のロボットのようなものです。

久重は自分でいくつものからくり人形を考案し、14歳のときから大阪・京都・江戸で興行を行い、幼名から「からくり儀右衛門」の異名をとり、すっかり有名になりました。

しかし、久重はそのことに満足せず、もっと人々の役に立つものを発明したいと考えました。その結果、灯油が減っても圧縮空気で補給して、灯が消えないようにした無尽灯や、日の出・日の入りに合わせ、昼と夜とを別個に等分する江戸時代の不定時法に対応できる万年時計などをつくりました。

ペリー来航（1853年）の1年前、久重はロシアの蒸気船とその簡単な設計図を見て、すでにその模型をつくっていました。アメリカのペリー→P.158が蒸気船を率いて日本に来て開国を迫ったその2年後には、雇われていた佐賀藩の殿様の前で模型の蒸気機関車を走らせ、池で蒸気船を動かして見せました。

時代が明治に変わっても、久重の発明への意欲は衰えず、創設した田中製作所は後の東芝へと発展することになります。

日本が工業国家として成功するもととなった「ものづくり」の伝統は江戸時代の技術の中にあり、それはからくり儀右衛門らの技術者に支えられていたのです。

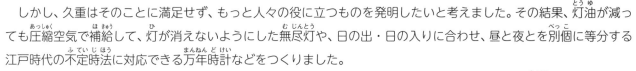

お茶運び人形

万年時計（万年自鳴鐘） 万年時計は和時計の最高傑作といわれ、1851（嘉永4）年に製作されました。（複製　神奈川県・東芝未来科学館蔵）

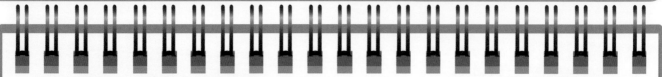

800字で人物伝記を書いてみよう②

同じ800字伝記として道代さんは、津田梅子を選びました。明治時代に日本で初めての女子留学生としてアメリカに渡り、帰国後、今の津田塾大学を創立するなど女子教育に尽くした人です。国際交流にも貢献した梅子に道代さんは興味を持ち、図書館に行くなどして調べてみました。

◉〈道代さんが書いた人物伝記〉

〈日本人最初の女子留学生・津田梅子〉

1871（明治4）年11月、岩倉具視を団長にアメリカやヨーロッパの先進国の実情を調べる使節団が船で横浜港を出発しました。岩倉使節団といいます。

船には46人の使節団員のほかに43人の留学生たちが乗っていました。留学生のうち5人は女子で、その中に満7歳の誕生日を目前に控えた津田梅子がいました。

梅子は幕府の役人の娘として生まれましたが、開拓使という役所が募集した留学生に応募してアメリカへ行くことを決意したのです。もちろん留学生の中で最年少でした。その小さな肩には、新しい日本の女性の模範になるという大きな期待を担っていました。

津田梅子
（1864～1929）

アメリカで梅子は、ワシントン郊外の家庭にホームステイし、愛情豊かなアメリカ人の家族のもとで大事に育てられました。英語のほかフランス語、数学、物理学、音楽まで幅広く学び、抜群の成績をおさめました。

17歳までアメリカで学んだ後、日本で女性のための学校をつくるという希望を胸に帰国しました。しかしアメリカで受けてきた教育と、日本での教育との違いに梅子は苦しみました。このため再びアメリカやイギリスに渡り、より広い教養を身につけて日本に帰りました。

そして1900（明治33）年、女子英学塾という私塾を創立しました。個人指導を通して、英語だけでなく、広い視野と自立心を持った女性を育てようという画期的な学校でした。戦後、津田塾大学となります。

右から2人目が津田梅子

梅子は日本語より英語が得意で、講演の原稿も英語で書くほどで、アメリカの新聞にもたびたび寄稿し国際交流に尽くしました。しかし「日本の良いものを捨ててはいけない」と戒め、卒業式など公式の場では和服で通しました。

梅子がアメリカ大統領のセオドア・ルーズベルトに会ったとき、大統領夫人が「日本の伝統の中で大切なものは何ですか」と質問しました。梅子は「犠牲の精神と忠誠です」と答え、日本の武士道を高く評価していた大統領を感動させたそうです。

第1章 古代までの日本

旧石器・縄文・弥生・古墳・飛鳥・奈良・平安時代

1300年前の奈良時代
平城京跡の図ですね。
碁盤の目の街路と大極殿の位置など、
唐の長安とそっくりだわ。
でもね、
重要な違いが
一つあるんだ。
さくらさん
翔太君

謎解きは
➡ P.55

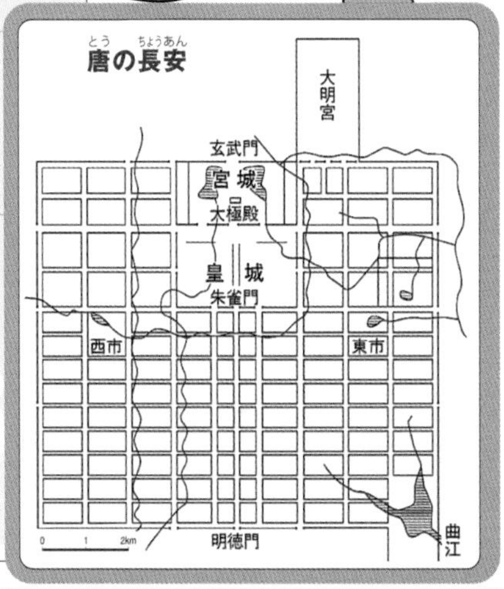

長安の大きさは東西10㎞、南北9㎞とされています。これに対し、平城京の大きさは、東西6㎞、南北5㎞です。

第1章　古代までの日本＜予告篇＞

登場人物紹介コーナー

小学校で学んだ人物を中心に紹介

神話上の人物
アマテラスオオミカミ

伝承上の人物
神武天皇
皇統譜で初代天皇とされる

大和朝廷の大人物
仁徳天皇
世界一の古墳で知られている

聖徳太子
日本の律令国家へ方向づけをした

天武天皇
律令国家の建設者

中大兄皇子
（天智天皇）

「日本」誕生！

聖武天皇
仏教の力で国を鎮める

藤原道長
摂関政治の中心人物

清少納言

紫式部

ベストセラー女流作家

文化の国風化

第1節 日本の旧石器・縄文文化と世界の古代文明

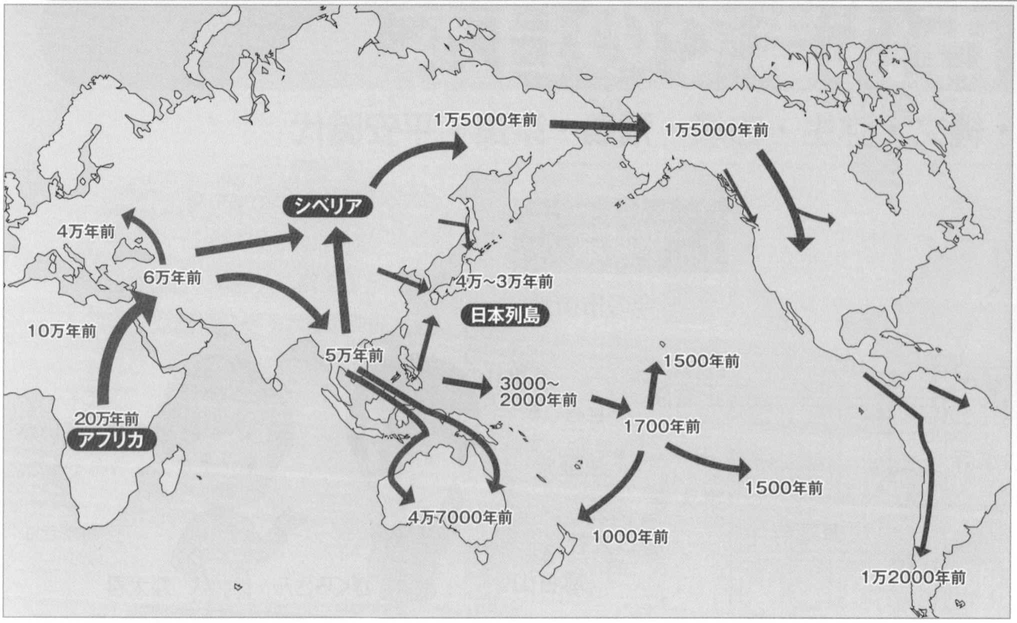

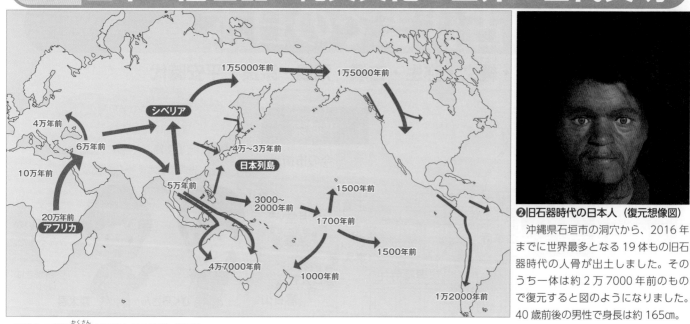

❶新人の世界拡散の経路とその時期（推定）

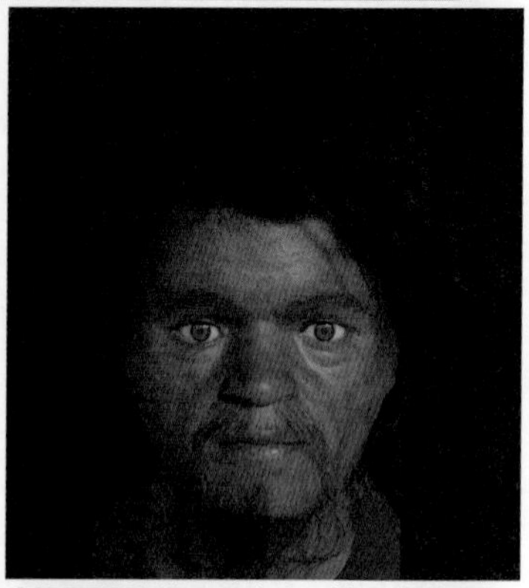

❷旧石器時代の日本人（復元想像図）
沖縄県石垣市の洞穴から、2016年までに世界最多となる19体もの旧石器時代の人骨が出土しました。そのうち一体は約2万7000年前のもので復元すると図のようになりました。40歳前後の男性で身長は約165㎝。（国立科学博物館蔵）

1 人類の誕生と日本人の祖先

人類はアフリカで誕生し世界中に広がった。私たち日本人の祖先はどのようにして日本列島にやってきて、どのような生活をしていたのだろうか。

❸ラスコー洞窟の壁画　南フランスの洞窟の壁や天井に、ウマ、ウシなどがランプをあかりにして描かれていました。洞窟内の遺跡には、生活用品はほとんどなく、聖なる祈りの場であったと考えられます。㊐

人類はアフリカで誕生した

人類が他の動物と異なる特徴は、直立し、二本の足で歩くこと（**直立二足歩行**）です。その特徴をもった人類は今から約700万年前、アフリカ大陸で誕生しました。その最古の人類を**猿人**とよびます。歩行の役目から自由になった両手は、道具[1]をつくるために使われました。また、直立したことで体が頭を垂直に支え脳の大型化[2]が可能になりました。

約200万年前には、アフリカで**原人**と呼ばれる人類が出現し、寒冷なヨーロッパやアジアに進出しました。原人は火を使い、言葉を話しましたが、過酷な環境に適応できずに絶滅しました。[3]

約20万年前、大きな脳をもった**新人**[4]が出現しました。学名は「ホモ・サピエンス」で、これは「知恵のある人」という意味でした。彼らは約10万年前にアフリカを出てユーラシア大陸に進出し、世界中に広がり、現生人類の祖先となりました。❶

新人は、集団で狩りや採集の生活を営みました。狩りの成功を祈って描いた動物の絵❸や、作物の実りを願って描いたふくよかな女性像が、世界各地の洞窟などで発見されています。

新人のうち、アフリカを出て西に向かった人々はヨーロッパ人の祖先、東に進んだ人々はアジア人の祖先となりました。

[1]石を打ち欠いてつくった道具（打製石器）が猿人の遺跡から出土しています。
[2]脳の容積は、猿人約500ml（ミリ・リットル）、原人約1000ml、新人約1400ml。
[3]絶滅した原人の中には、中国の洞窟で見つかった北京原人や、インドネシアのジャワ島で発掘されたジャワ原人などがいます。
[4]生物の種を特定する世界共通の名称。
[5]ガラス質の火山岩で、石器の素材。

❹おとし穴 動物を追い落とすのではなく、落ちるように仕向ける「わな」として使ったと考えられます。静岡県や神奈川県の遺跡などから発見され、けものみちにそって落とし穴が100mあまりにも並んでいました。これらは世界最古（約3万3000年前）の例と考えられています。（国立科学博物館蔵）

❻狩りと生活の想像図 絵の右下は狩りの場面です。集団でオオツノジカを沼地に追いこみ、槍でしとめました。1頭から100～200食分の食料が得られました。生活の場面の絵には、中央の広場で、石器の製作、肉の加工、槍の製作などを協力して行った様子が描かれています。子供も遊んでいます。このような遺跡が日本各地で発見されています。中には、この絵にあるテントのような住居を円形につらね、100～150人がキャンプ生活しながら一定期間、集落を形成したと考えられるものもあります。時期は約3万8千年前ころまでさかのぼり、世界的にも古い例とされています。（群馬県立歴史博物館蔵）

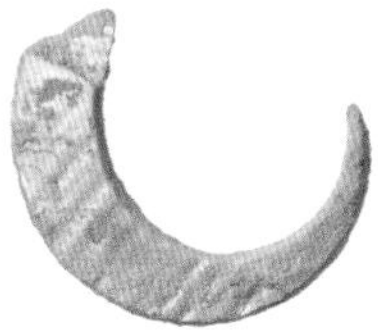

❺釣針 沖縄では、約2万3千年前の遺跡から世界最古の釣針（つりばり）（巻貝製）が発見されました。（沖縄県立博物館・美術館所蔵）

日本列島にやってきた祖先たち

地球は約240万年前ごろから1万年前ごろまで、**氷河時代**とよばれる寒冷な時期が続きました。南方からは沖縄に人々が渡来しました❷。また、日本列島は大陸と地続きだったので、シベリアからはマンモスが、朝鮮半島経由でナウマンゾウ、オオツノジカなどの大型動物が渡って来ました。それらの群れを追ってやって来た人々が、4万年前ごろから日本列島に住みつき、日本人の祖先となったと考えられています。人々は動物をおとし穴❹を使ったり、集団で沼地に追い込んだ上で槍でしとめる❻などして食料としました。群馬県の**岩宿遺跡**➡P.24からは、黒曜石5でつくられた**打製石器**❼などが発見され、日本にも考古学上の**旧石器時代**があったことが証明されました。また、沖縄では釣針❺を使った漁撈も行われました。

黒曜石は、槍先やナイフなど鋭い刃をもつ道具をつくる重要な材料でしたが、産地が限られています。黒潮を越えて伊豆諸島の神津島で採取された黒曜石が、3万5000年前ごろの各地の遺跡から出土しています❽。この時代にすでに広い地域を結ぶ交流のあったことがわかります。今では、北海道から沖縄まで1万か所以上の旧石器時代の遺跡が発見されています。

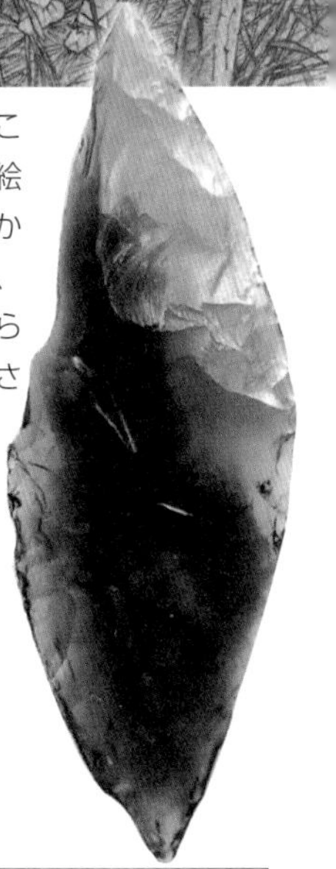

❼打製石器 黒曜石を加工した打製石器で、槍の先にとりつけられました。全長約7cm（写真は実物大）。1949年に群馬県岩宿遺跡で、地元の考古学研究家・相澤忠洋によって発見されました。（群馬県相澤忠洋記念館蔵）➡P.24

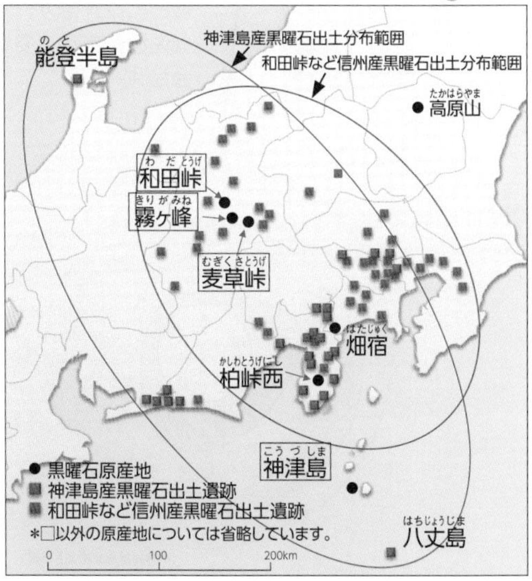

❽黒曜石分布図 黒曜石は産地が限定され、また産地を特定することができます。中でも神津島産の黒曜石は、八丈島から能登半島まで分布しています。約3万8千年前には外洋において往復航海していたことになり、世界最古の例と考えられています。（『図説日本の古代1』より作成）

チャレンジ 日本人が世界で最も早く始めたとされる3つのこと（P21）を書き出しましょう。

❶**縄文時代の暮らし（想像図）** 狩猟採集のほかに、クリ、豆類などの栽培、木の実などの貯蔵、魚貝類や肉の加工・保存を行いました。

2 自然の恵みと縄文文化

日本列島の縄文文化は、どのような自然条件のもとで発達したのだろうか。

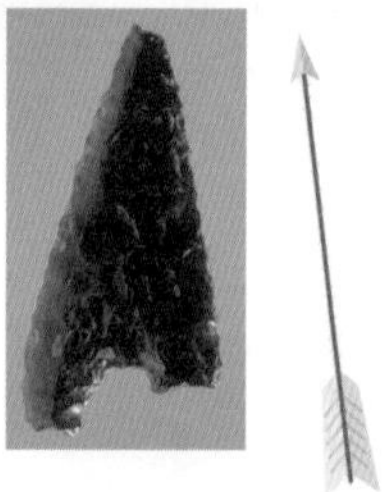

❷矢じり（石鏃）は約1万6千年前のもので、日本列島での弓矢の使用は世界最古級と考えられます。（佐世保市教育委員会提供）

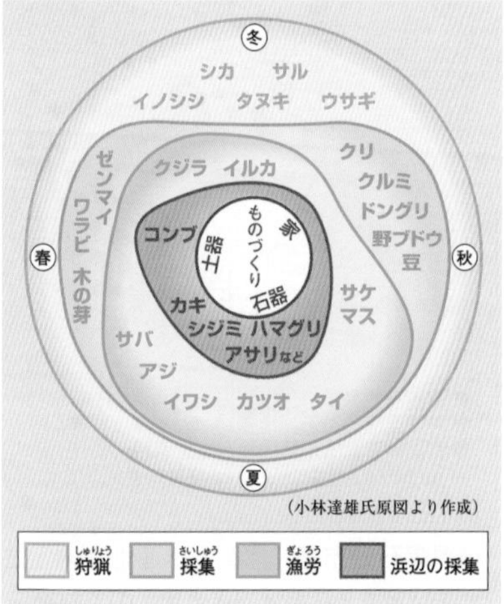

❸**縄文カレンダー** 1年を通し、季節に合せて狩猟・採集・採哉を行い、計画的に食物を確保しました

豊かな自然の恵み

大陸と陸続きだった日本列島は、1万数千年前に氷河時代が終わり気温が上昇すると、海水面が上がって大陸から分離し、今の姿になりました。海水面の上昇により、海が内陸まで深く入りこみました。[1] 暖流が勢力を増し、対馬海流となって日本海に流れ込んだので、針葉樹が多かった日本列島に広葉樹が増え、山々は豊かな植物採集の場になりました。

ナウマンゾウなどの大型動物は絶滅し、[2] 代わって、シカ、イノシシ、ウサギなどの中・小型動物が増えました。これらのすばしこい動物を捕らえるため、弓矢❷が発明され、イヌを猟犬として飼育するようになりました。また、カツオ、タイ、貝類、コンブなどの海の幸、クリや豆などの山の幸がもたらされました。❸ 縄文人の生活は貝がらの食べかすなどからなる**貝塚**❺からもわかります。

縄文土器の時代

今から約1万6000年も前から、日本列島の人々はすでに土器をつくり始めていました。これは、世界で最古級の土器の一つです。[3] 土器の多くは、表面に縄目の文様がつけられており、**縄文土器**❹と呼ばれています。それらの多くは深い鉢で、人々は、この土器を使って煮炊きなどを行い、あく抜き[4]などの技術を発達させました。❻❽ 木などを加工するため表面を磨いた**磨製石器**もつくられました。

旧石器	縄文		弥生			古墳		飛鳥	奈良	平安				鎌倉	南北朝・室町	戦国	安土桃山	江戸			明治	大正	昭和	平成	令和
(世紀)		BC	AD1	2	3	4	5	6	7	8	9	10	11	12	13	14	15	16	17	18	19		20		21

❹**縄文土器**　左の底のとがった土器は約1万年前（縄文早期）の尖底土器で、煮たきに用いました。右の華麗な装飾のある土器は約5000年前（縄文中期）に盛んにつくられた火焔土器で、祭祀とともに実用にも用いられました。（左・青森県立郷土館提供、青森県指定文化財/右・十日町市博物館所蔵）

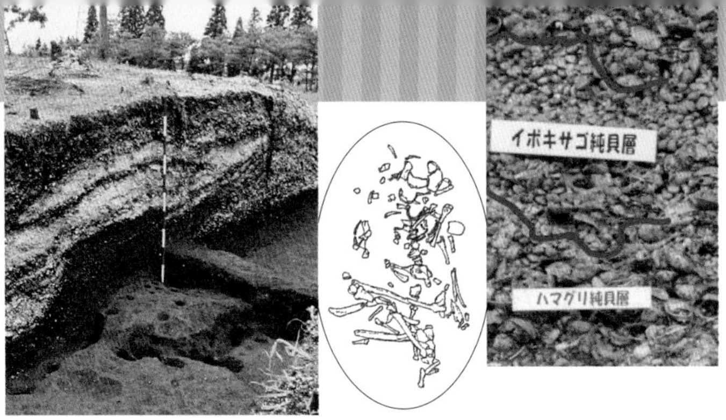

❺**貝塚**　右の純貝層では、同じ種類の貝のみが大量に捨てられており、交易用と考えられます。また、人や動物のお墓もあることから、「この世」の役割が終わったものを「あの世」に送る「送り場」だったとする見方もあります。中央は人骨の線画で、大人の女性が幼児を背中に背負った形で埋葬されていました。（左・千葉市立加曽利貝塚博物館/右・千葉市観光協会/中央・山田康弘『縄文人の死生観』）

当時の住まいは、地面を掘って床をつくり、柱を立てて草ぶきの屋根をかけた、**竪穴住居**と呼ばれるものでした。男たちは動物の狩りと漁に出かけ、女たちは植物の採集と栽培に精を出し、年寄りは火のそばで煮炊きの番をするといった、一家団らんの生活の場面が想像されます[1]。縄文土器が用いられていた約１万数千年間を**縄文時代**、その文化を**縄文文化**とよびます。

縄文時代のイメージの変化

従来、縄文時代は、狩猟・採集にたよる不安定な移動生活で、貧しく原始的な生活をしていたと考えられてきました。ところが、青森県の**三内丸山遺跡**➡巻頭2、P.25から、約 5800 年前の大きな定住集落の跡が見つかり、縄文時代のイメージを大きく変えました。さらに縄文時代早期（約１万 600 年前）の鹿児島県**上野原遺跡**では、道筋に沿った 52 軒の竪穴住居群を中心に、多くの調理施設をもつ大集落跡が発見されました。世界史的にも早い段階の**定住**[5]と考えられます。

縄文時代を通して、人々は自然の豊かな恵みに感謝し、また、子孫を生み育てる女性をかたどった独特な形の**土偶**[6]➡P.1や漆塗り➡巻頭2の装飾品、ヒスイの大珠❼などをつくりました。新潟産のヒスイが沖縄から、南西諸島産の貝が北海道礼文島で発見されるなど、丸木舟による全国的な交易ネットワークが存在していました。

１万年あまり続いた縄文時代は、自然との共生、人と人との和をもとにした、循環型[7]の持続可能な社会をもたらしました。この長期にわたる安定した時代に、日本人の穏やかな性格と日本文化の基礎となる縄文文化が育まれたと考えられます。

❻**縄文クッキー**　約5800年前の遺跡から炭化して発見されたもの。（山形県）

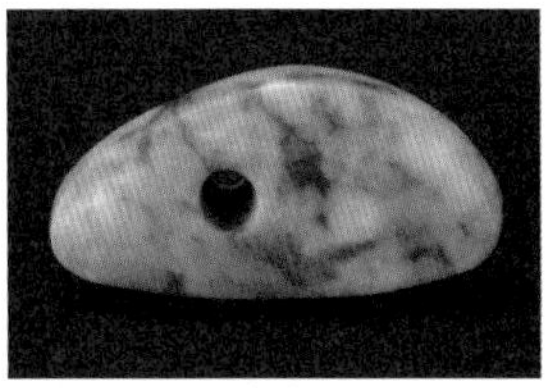

❼**ヒスイの大珠**　日本のヒスイは硬玉と呼ばれ、鋼鉄よりも硬く、加工には高い技術が必要とされました。古代のヒスイ文化では、日本は世界最古の例です（約6000年前）。ヒスイの産地は日本では新潟県糸魚川のみですが、北海道や沖縄など日本各地の遺跡で発見されています。（岐阜県・高山市光ミュージアム蔵）

❽**石皿**　木の実をすりつぶすときに使い、移動するには重すぎることから、定住生活をしていたことが推測されます。（約1万2000年前）（鹿児島県）

1 これを縄文海進といいます。
2 大型動物の絶滅は、草原の後退という自然環境の変化だけでなく、乱獲も原因の一つと考えられます。
3 青森県大平山元Ⅰ遺跡から発見された土器は、炭素年代測定法を補正して約1万6500年前とされています。
4 **あく抜き**　強い渋みのあるドングリなどの木の実や植物の根を、灰をまぜた水で煮て食用にする技術。
5 世界では約1万年前のメソポタミアで定住が始まったとされています。
6 粘土をこねて焼いて作った人形。祈りや祭りに使われたと考えられます。
7 循環型とは、万物が死と再生をくり返すことを意味します。

チャレンジ　①縄文時代の暮らしの想像図をラジオ放送のアナウンサーになって実況中継しましょう。②三内丸山遺跡と菜畑遺跡の特徴を１つずつあげてみよう。

もっと知りたい コラム

岩宿遺跡を発見した相澤忠洋

無名の青年による大発見で、日本歴史は数万年さかのぼった

石器を手にする相澤忠洋
1972（昭和 47）年当時

◉「一家団欒」を夢見て

長い間、考古学者による発掘調査は、黒土の層（縄文文化）を掘り進めたあと、その下に赤土の層が出てくれば終わりとなっていました。赤土とは、関東ローム層とよばれる火山灰が堆積した地層です。

1万数千年以上前の日本列島は、火山灰が降り注ぎ、動物はおろか草木も生えない死の世界だと考えられていました。そのため、「日本には旧石器文化はない」と長く信じられてきたのです。この常識をくつがえしたのは、相澤忠洋という無名の考古学研究家でした。

相澤は、1926（大正15)年に生まれ、少年時代を鎌倉で過ごしました。9歳のとき、家庭の事情で一家がばらばらとなり、彼は土器などを見つけてはさびしさをまぎらわせていました。ある日、集めた土器を大人に見せ、何に使ったのかをたずねました。「大昔、いろりの火を囲んで一家団欒をした。これはその跡から出てきたものなんだよ」。相澤少年は、この「一家団欒」という言葉を一生忘れることはありませんでした。

「いったい日本には、いつごろから人が住み始めたのか。その一家団欒の跡はどこまでさかのぼれるのか」。それを知ることが、彼の人生の夢となりました。

◉世紀の大発見

戦後、相澤は群馬県桐生市で、納豆の行商のかたわら、本格的に遺跡の発掘に打ちこみました。日本列島は、火山灰による酸性土壌のため人骨化石が残りにくいのです。そのため、日本人が旧石器時代にも生活していたことを証明できるかどうかは、層位のはっきりした地層から人工物であることが明らかな石器を発見できるかどうかにかかっていました。

昭和21年、相澤は、群馬県笠懸村（現・みどり市）の切通し（切り開いてできた道）の、関東ローム層の地層が露出した崖の中から、地元では産出しない黒曜石➡P.21の石片を数点発見し、さらに、昭和24（1949）年には、完全な形の石器を発見しました。

◉岩宿遺跡などから磨製石器も出土

局部磨製石器 （千葉県・出口鐘塚遺跡 千葉県教育委員会蔵）

世界の考古学では、石器の作り方によって「打製石器＝旧石器、磨製石器＝新石器」と区分します。

日本では、岩宿遺跡など旧石器時代の遺跡からは、打製石器のほかに、部分的に磨いた磨製石器（3万5千年前）も出土しました。日本の「ものづくり」の技術は世界の最先端を行くほど進んでいたとも考えられます。

ただし、岩宿遺跡の時代を新石器時代とよぶことはできません。この時代には新石器文化の指標である農耕はもとより、土器もまだ作られていなかったからです。このように、世界各地の文化・文明は、発展の仕方が異なっていることがわかります。

和の文化 縄文

三内丸山遺跡発掘の衝撃
相互に助け合う争いのない和の社会が見える

◉三内丸山遺跡と縄文の豊かな生活

青森県の三内丸山遺跡は、巨大な縄文の集落跡で、➡P.巻頭2、236000年前から4400年前ごろまでの約1600年もの間、存在しました。その面積は、東京ドーム9個も入るほどの広さ（42ヘクタール）です。ここには、多くの住居のほか、35棟の高床式倉庫❶と10棟以上の大型建物跡が見つかっています。最大のものは、広さが約90畳もあり、集会場や共同作業場として使われ、遠方から訪れた人々をむかえる場とも考えられています。

他に道路、貯蔵穴、墓、盛土、ゴミ捨て場なども計画的に整然と配置されています。直径1.5mの栗の巨木を使った建物跡❷も見つかりました。再現してみると15mもの大型掘立柱建物❸となり、当時の土木・建築技術の高さがわかります。これは、夏至の太陽が正面から昇るような神殿設計がなされていることから秋田県・大湯遺跡のストーンサークルと同じように、➡P.巻頭2、32縄文の人々が、太陽を崇拝した証しと考えられています。

出土品には、石器・土器・土偶、木製品と漆製品、裁縫針、衣服や網代編みの「縄文ポシェット」➡P.巻頭2などがあり、このうち約2000点が重要文化財に指定されました。硬いヒスイなどの石に穴をあけたイヤリングやネックレス、かんざし、腰や手首の飾りなど多くの装飾品も発掘されました。海を隔てた遠隔地から原料を運び、加工した跡も見つかり、日本人の「モノづくり」の原点が垣間見えます。

❶食料などを貯蔵した高床式倉庫（復元）

❷6本の柱の大型建物跡（柱穴の間隔4.2m、幅2m、深さ2m）。4.2mは、35cmの倍数で、この単位は、ほかの建物にも使われており「縄文尺」とよばれています。6本の柱は、上部の重さを支えるために内側に内転びという技法で傾けてあり、地面の基礎工事もそれに沿って行い、柱本体も表面を焦がし腐食防止を施すなど、大変高度な技術が用いられています。

❸神殿とも言われる大型掘立柱建物

◉相互に助け合う社会

最盛期には、約500人もの人々が、この地に定住することができたといわれます。それを可能にしたのは、季節を通じて安定した食料が得られたことです。人々は、栗林を大量に管理し、イモ、豆、エゴマ、ヒエ、ヒョウタンといった植物を栽培して食料としました。また、動物の骨や角で作った釣針やモリなど、優れた道具をつくり、自然の恵み豊かな生活を営んでいました。

1万年以上にわたる縄文時代の大きな特徴は、遺跡から戦争の武器が出土しないことです。三内丸山のような巨大遺跡からでさえ、動物を狩るための弓矢や槍以外に、戦争のための武器や敵を防ぐ柵や堀はありませんでした。私たちの祖先である縄文の人々は、自然と調和し、争いのない助けあいの精神に満ちた社会を築いていたのです。これがのちの日本の歴史にもつながったと考えられます。

❶古代の文明の発生した地域

3 世界の古代文明

世界の古代文明にはどのような類似点があるのだろうか。

歴史の言葉 ❷世界の古代文明

・**メソポタミア**…「2つの川にはさまれた所」を意味します。
・**「歴史はシュメールに始まる」**…シュメール人が初めて文字を使ったので、書かれた歴史はシュメールが最初だと主張したことばです。
・**「エジプトはナイルの賜」**…ナイル川の定期的な氾濫により上流から運ばれてきた肥沃な土壌が農耕と文明のもとになった、という意味です。
・**オリエント**…「東方」を意味し、メソポタミアとエジプトなどを合わせて指す言葉として使われました。
・**モヘンジョダロ**…優れた計画都市として知られますが、「死者の丘」という意味で、現地の人は寄りつかなかったといわれます。
・**黄河文明**…稲作が行われた長江文明と合わせて中国文明とよぶこともあります。

1 灌漑 農耕に必要な水を供給する水路をつくり活用すること。
2 穀物 種子を常食とするために栽培される農作物で、米、麦、アワ、ヒエ、キビ、豆などの総称です。
3 文明 英語でシビライゼイション（Civilization）といい、もとの意味は都市化でした。
4 国家 都市とその周辺を範囲とした国家を都市国家といい、農村を含む広大な領域を統治した国家を領域国家とよんで区別します。➡P.291

農耕の始まりと金属器の使用

およそ1万2000年前ごろから、世界の各地では、次第に農耕や牧畜が行われるようになりました。特に、アフリカやアジアの大河の周辺では、**灌漑**[1]が行われ、穀物栽培が盛んになりました。**穀物**[2]は、一粒の種から千粒など多くの実を収穫できる特質があり、それによって多数の人口を養えるようになりました。

農業・牧畜以外の生産活動も盛んとなり、商業や工業が発達し、多くの人々が集まって住む都市が生まれました。金属器として青銅器、次いで鉄器が使用されました。土を深く耕すことのできる鉄器の鍬が普及すると、農業の生産性が大きく高まりました。

文明の発生と国家の誕生

多数の人々を動かす大規模な灌漑工事には、工事を指揮する指導者が必要でした。指導者は公共事業を進めるために、人々から租税を徴収し、共同の事務を管理する書記を役人として雇いました。書記は文字を使って出来事を記録しました。また、指導者は、暦を制定し、神を祀り、戦いなどを指揮して人々の尊敬を集め、広い地域を統合する中で、多くは世襲の王となっていきました。

このように、金属器、文字、都市を備えた社会の状態を**文明**❶❷❸ [3]とよびます。また、広い地域にわたる人々を統合し、租税を徴収し

メソポタミア文明

メソポタミア文明のジッグラト（聖なる塔）（復元）世

メソポタミア文明の楔形文字 表音文字化してアルファベットになりました。

エジプト文明

エジプト文明のピラミッドとスフィンクス 世

エジプトの象形文字 絵文字ですが、意味よりも音をあらわす表音文字です。

インダス文明

インダス文明の都市の跡　モヘンジョダロ（地名）の遺跡 世

インダス文字が書かれた印 まだ解読されていません。

黄河文明

黄河文明　殷の都の跡（殷墟）世

殷の時代の甲骨文字 占いに用いた亀の甲羅（右）や鹿の骨から象形文字が生まれました。

❸古代の文明のまとめ

て社会を維持する仕組みを、**国家**[4]といいます。国家の誕生によって、人々は外敵からは身体の安全を守られ、社会の機能は拡大していきました。

古代の文明

紀元前3500年ごろ、チグリス川とユーフラテス川に挟まれた地域に、シュメール人によって**メソポタミア文明**が築かれました。ジッグラトと呼ばれる階段状のピラミッドに象徴される巨大な都市国家➡P.291では、**楔形文字**や60進法が使われました。

紀元前3000年ごろには、ナイル川流域に**エジプト文明**が発生し、高度な幾何学の知識などを用いて巨大なピラミッドを建設しました。❹ また、**象形文字**を使って、パピルス[5]に記録しました。

紀元前2300年ごろ、インダス川流域に**インダス文明**が発生し計画的な都市を建設しました。その後、北方からアーリア人が進出して、神官（バラモン）を最上位とする身分制度（のちのカースト制度）が取り入れられました。

中国の黄河流域では、紀元前4000年ごろから、農耕と牧畜が始まりました。紀元前1600年頃には**殷**という王朝がおこり、青銅器を祭器として用いました。この時代に発明された**甲骨文字**は**漢字**のもととなりました。

その後、古代文明の都市の多くは衰退して廃墟となり、砂漠化していきました。他方、古代から現代まで続く文明はいくつかあります。[6]

④ピラミッドを造ったのは誰か

約2500年前、ギリシャのヘロドトスは、『歴史』という本で、「大ピラミッドは、10万人の奴隷が20年間働いて造ったものもので、クフ王という残忍な王の墓である」（要約）と書きました。それ以来、ピラミッドは専制権力や奴隷社会の象徴とされてきました。

ところが、1990年代にピラミッドを造った労働者の墓が発見され、1000体以上の人骨の中には、穴をあけて治療した跡のある頭蓋骨などがありました。また、半分は女性で、子供の骨もありました。労働者は家族で暮らしていた自由民だったのです。

ナイル川下流域は毎年7月から10月まで氾濫で農作業が出来なくなります。そこで王は、農作業が出来ない農民を中心に全国から人を集めてピラミッド建設の仕事を与え、衣食住を保障しました。一つの事業に力を結集し、国の結束を強くするという目的もありました。ピラミッドは国家統一の記念碑でした。石切場には、「国王万歳」という落書きが残されていました。

（『NHKスペシャル四大文明・エジプト』より）

[5]**パピルス**　草を重ね合わせて紙状にしたもので、英語のペーパー（paper）の語源となりました。

[6]アメリカの学者ハンチントンは、現在の世界の主たる文明を、西欧文明、中国文明、日本文明、イスラム文明、ヒンドゥー文明、スラブ文明、ラテンアメリカ文明、アフリカ文明の8つに分けています。日本文明は独自の文明とされています。(『文明の衝突』)。

チャレンジ　この単元全体をよく読み、文明が発生する共通の条件を2つあげてみよう。

❶**万里の長城**　全長約2700km。北方の騎馬民族の侵入に備えて建設されました。現在の長城はのちの明時代のもので、場所も変わっています。㊥

❷**秦の始皇帝**
（前259～前210）

❸**諸子百家**（「子」は先生の意味。）

儒家	孔子	孟子	荀子
道家	老子	荘子	
法家	商鞅	韓非	李斯
墨家	墨子		
兵家	孫子	呉子	

始皇帝が
採用したのは、
法家の考え
だったそうよ。

4 中国の古代文明

中国の古代文明と皇帝制度はどのようにして成立したのだろうか。

④ 孔子と儒教

孔子（前551～前479）は春秋・戦国時代の思想家で儒教の開祖。人々が行いをよくすれば乱れた世の中を立て直すことができると説き、思いやりの心（仁）による政治を求めました。しかし、孔子の考えを取り入れる国はありませんでした。

孔子が折にふれて弟子に語った言行録が『論語』という書物です。その中からいくつかの言葉を紹介します。

「学びて思わざればすなわちくらし」（いくら猛勉強をしても、物事を深く考えなければ先が見えない）

「義を見て為さざるは勇なきなり」（何が正しいことか分かっているのに実行しないのは、勇気が足りないのだ）

その後、儒教は日本にも伝わり、儒学として大きな影響を与えました。➡P.129

鉄器の使用から戦国時代へ

中国では、紀元前1100年ごろ、殷がほろび、**周**が建国されました。この時代になると、青銅器に代わって鉄製の兵器や農具が使われるようになりました。やがて、周がおとろえると国内は分裂し、200の国々が500年間争った**春秋・戦国時代**が続きました。

戦乱の時代には、多くの思想家（諸子百家❸）が現れ、理想の政治や王のあり方を説きました。**孔子**はその一人で、その教えは儒教❹（儒学）と呼ばれました。

秦の中国統一と皇帝の始まり

紀元前221年、**秦**の**始皇帝**❷が初めて今の中国の中心部を統一して中央集権国家をつくりました。これが中国の皇帝の始まりです。始皇帝は、文字、貨幣、度量衡を統一し、万里の長城❶➡P.290をつくりました。

秦の次に中国を統一した**漢**は、紀元前後400年にわたって中国大陸を支配する大帝国を築きました。漢は、朝鮮半島に楽浪郡を置いて、東方に関心を示しました。漢と同じころ、西方で栄えていたローマ帝国との間に交易路が開かれ、中国の絹がローマに、西方➡P.31の馬やブドウが中国に伝えられました。**シルクロード**❺（絹の道）とよばれたこの長大な交通路は、ユーラシア大陸の東西を結び、文物と思想の交流をもたらしました。

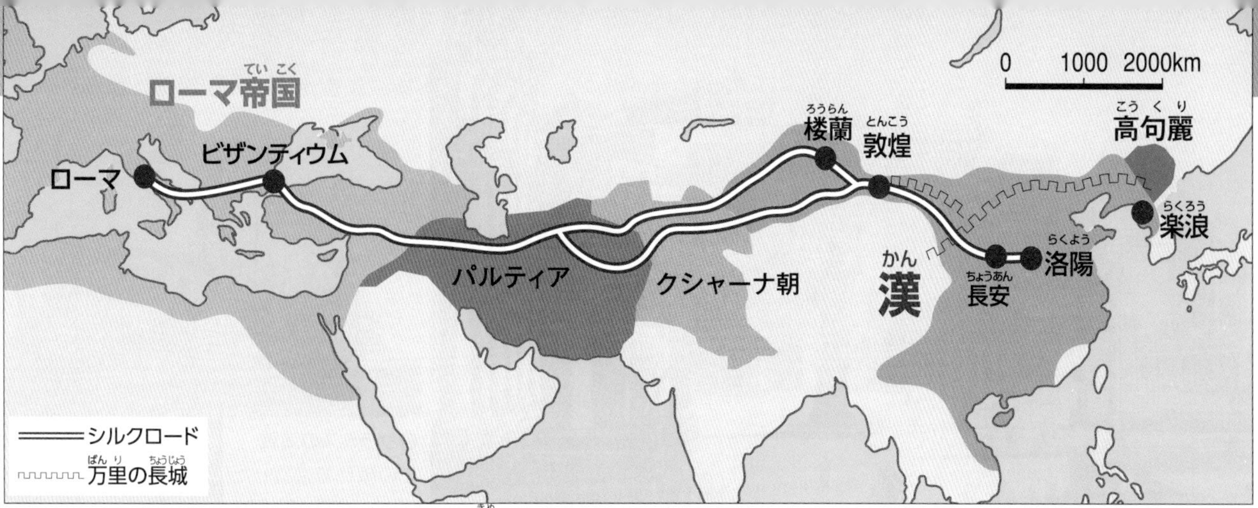

❺シルクロード（2世紀ごろ） 古代中国の特産品であった絹をたずさえた人々がこの道を通ってローマをめざしたことからこの名がつきました。

中華思想と冊封体制

中国には、自国が唯一の文明国で、周辺諸国を蛮夷（野蛮人）とする**中華思想**❻がありました。東西南北の異民族を、東夷・西戎・南蛮・北狄と呼び、悪い意味の漢字で周辺の国や民族を書き表しました。

皇帝は、**朝貢**（皇帝に貢ぎものをおくること）してくる蛮夷の支配者を臣下として「王」の称号をあたえ、冊書と呼ばれる任命書によってその国の支配権を認めました。王に封じられ支配された国は、皇帝につかえる臣下の朝貢国となりました。このように、中国の皇帝を中心とした東アジアの秩序は**冊封体制**ともよばれます。

❻中華と四夷 古代中国は異民族に、濊(中国東北部)、匈奴(モンゴル高原)、身毒(インド)、哀牢(タイ)、倭(日本)などの悪い意味の漢字を当てて蔑みました。 ➡P.35

漢字の役割

漢字は、皇帝、都市とともに中国文明の重要な要素といわれます。殷の時代の甲骨文字から発達した漢字は、その後の王朝を経るにつれ、次第に標準化され、漢の時代に今の普通の字体に近いものになりました❼。➡P.27

文字には発音を示す表音文字と、意味をあらわす表意文字とがあります。アルファベットは代表的な表音文字です。それに対して漢字は、ひとつひとつの文字に意味があり、文字を見るだけで、おおよそわかります。しかし、その文字をどう発音するかはわからず、人によってさまざまです。それでも、表意文字の漢字は、市場で売り買いするときには一通りの意味を伝えることができます。言葉の通じない民族同士でも、漢字を使って売り買いが成り立ちます。こうして中国の都市は漢字によって流通の中心地として発展していったと考えられます。

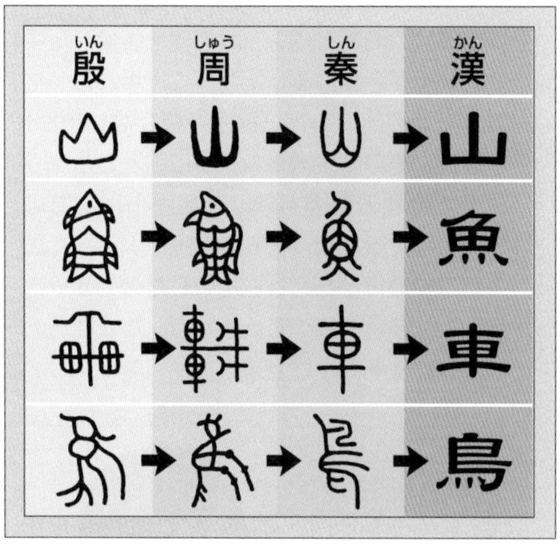

❼漢字の発達 殷の時代の甲骨文字から漢の時代の「漢字」になるまでの変遷がよくわかります。最初に文字の統一をすすめたのは秦の始皇帝でした。

チャレンジ 中国の古代文明の３大要素をあげてみよう。

❶**古代アテネ復元図**　人々はアゴラ（広場）に集まり、全市民が参加した民会を定期的に開くのが慣習でした。後方の丘の上には、アテネの守護神をまつる神殿が見えます。

❷**サラミスの海戦**
この戦いで活躍したギリシャの船（上図）の構造は右のように3段の櫂でこぐことができたので、強力な推進力をもちました。

5 ギリシャ・ローマの文明

古代のギリシャ・ローマの文明から現代の私たちはどんなものを受けついでいるのだろうか。

③サラミスの海戦と民主政の発展

オリエントの強国ペルシャの侵攻をしばしば受けていたギリシャは、海戦を選択して宿年の敵に勝利しました。決戦場となったサラミスの海戦では、3段の櫂を装備したギリシャ船が活躍しましたが、こぎ手となったのは多くの無産市民（財産を持たない市民）でした。その結果ペルシャ軍に勝利したギリシャは勝利の要因となった無産市民たちの働きに応えるため、全ての市民に例外なく民会での参政権を与えることにしたのです。こうして、戦争によって、無産市民たちはその社会的地位を向上させました。

戦争と民主政が
こんな関係に
あったなんて、
知らなかったわ。

ギリシャの都市国家と参政権

紀元前8世紀、地中海のバルカン半島の南部に、鉄器をもって北方から移住した種族が、**ポリス**とよばれる小さな都市国家を多数つくりました。ここで展開したのが**ギリシャ文明**です。➡P.291❼

ポリスの内部には、社会の上層をなす裕福な貴族がおり、その下に平民がいました。さらにその下には奴隷がいましたが、彼らの多くは戦争の捕虜で、ポリス社会の外側の存在でした。

アテネでは、初めポリスの政治は貴族が独占していましたが、その後、平民も参政権を求めるようになりました。ポリスのメンバーが参政権を持つためには、ある絶対的な条件がありました。それは軍役の義務を果たすことでした。戦争で祖国のために血を流す覚悟のない者には参政権は与えられませんでした。また、武器は自分でまかなうという決まりがありました。武器を買えない貧しい人々は戦争に行けず、従って参政権もありませんでした。

ギリシャの民主政の発展

ギリシャ人はやがて、地中海や黒海の全域に活動範囲を広げ、ポリスの商工業は大発展しました。それによって武器の価格も安くなり、平民でも武器を買えるようになりました。

紀元前480年、サラミスの海戦❷で大国ペルシャを破ったあと、

旧石器	縄文	弥生	古墳	飛鳥	奈良	平安	鎌倉	南北朝 室町 戦国	安土桃山	江戸	明治	大正	昭和	平成 令和

(世紀)	BC	AD1	2	3	4	5	6	7	8	9	10	11	12	13	14	15	16	17	18	19	20	21

❹大西洋から黒海沿岸を支配したローマ帝国

❺ローマのコロッセオ　高度な建築様式で知られました。世

❻ローマの公衆浴場　カラカラ浴場世

アテネは全市民に参政権を与え、ここにアテネの**民主政**は完成しました❸。市民は定期的に広場❶で開かれる民会に参加し、議論の末に投票権を行使しました。

ローマの共和政とローマ帝国

イタリア半島には、紀元前７世紀ごろから、ローマ人が都市国家をつくりました。はじめは王や貴族が政治の実権を握っていましたが、イタリア半島を統一する戦いの中で、貴族と平民が同等の権利を持つようになり、共和政に移行しました。やがて、周辺の国々を次々と併合して、大西洋から黒海沿岸にいたる大帝国をつくりあげました。これが**ローマ帝国**❹❼です。ローマは政治制度の上で、次の３つのものを後世に残しました。

第１は、共和政による統治の技術です。共和政➡P.290とは少数の限られた人々の話し合いで行われる政治のことです1。

第2は、ローマ法です。もともとローマ人は法を守る精神をもっていました。現実の力の支配を法の支配に置き換えて、安定的な統治を行いました。

第３は、「祖国」という意識です。ローマの軍隊は指揮官だけでなく末端の兵士に至るまで「祖国のために」という意識をもって戦ったといわれています。

道路の発達、水道の完備、コロッセオ❺や公衆浴場❻にみられるように、ローマ人の生活水準は高いものになっていたことがわかっています。

歴史の言葉 ❼ギリシャ・ローマの歴史

「汝自身を知れ」 ギリシャのアポロン神殿に刻まれた言葉。神の前で自分の無知を知れという意味。古代ギリシャの哲学者・ソクラテスはこれを「無知の知」と呼んで、いましめとしました。

「ユーリカ！」「わかった！」という意味
古代ギリシャの科学者アルキメデスが入浴中に浮力の原理を発見した時に発した言葉

「ローマは一日にして成らず」 長い間の努力がないと大事業は完成しない

「全ての道はローマに通ず」 ローマ領内の主要な道路はすべてローマに行き着くようになっていたこと

「ルビコン川を渡る」 後戻りのできない一歩を踏み出すこと

「来た、見た、勝った」 ローマの将軍カエサルが勝利を伝えた言葉

「ブルータス、お前もか！」 カエサルが腹心のブルータスにまで裏切られたときに発した言葉

1 その運営の実態は、執政官、元老院、民会の3つの機関のバランスの上に行われ、この統治の技術の巧みさが500年にわたる共和政の成功を支えました。

チャレンジ
①古代ギリシャの民主政の特徴を２つあげてみよう。
②古代ギリシャの民主政と現在の民主政治との共通点と違いをあげてみよう。

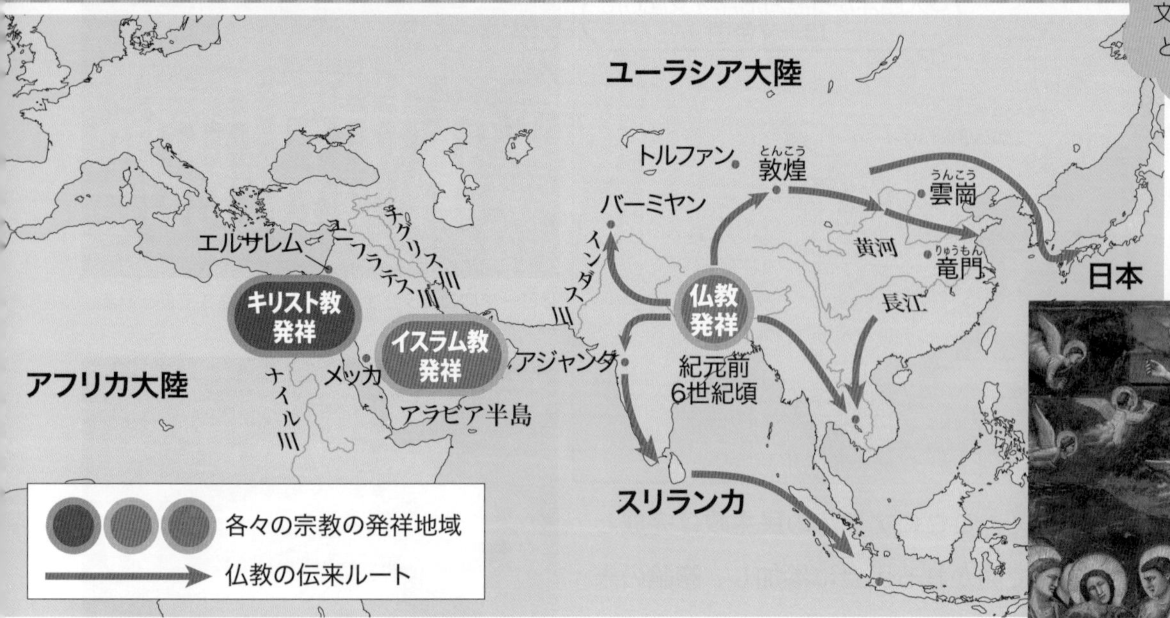

❶三大宗教のおこりと流れ　キリスト教、イスラム教は西アジアの文明地域に生まれ、仏教はインド文明の地域に誕生しました。

宗教の発生地は文明発生の地域と重なっているわね。

❷キリスト教　イエス・キリストの十字架磔刑図。

⑥ 宗教のおこり

宗教はどのように発生したのだろうか。

❸大湯ストーンサークル　秋田県鹿角市にある縄文時代の日時計状の組石。同じものがこの近くにあり、両者を結ぶ延長上から夏至の太陽が沈みました。太陽信仰を示す聖なる祭場と考えられ、近くに墓もありました。

❹イスラム教　ヒラー山（サウジアラビア）の洞穴で瞑想中、天使ガブリエルからアラーの啓示を受ける預言者ムハンマド。

自然への畏敬と祖先への感謝

古代の人々は、山、森、海などあらゆるものに神（精霊＝アニマ）が宿っていると考えました。これをアニミズムといいます。彼らは、雷鳴や暴風を畏れ敬い、草木に注ぐ日光や、農耕期に降る雨に感謝しました。これらの自然現象を神の業と思いなし、季節ごとの祭りで祈りを捧げました（自然崇拝❸）。また、祖先や村の長老の霊が、日々の暮らしを見守ってくれるように祈りました（祖先崇拝）。

このような自然崇拝と祖先崇拝に、宗教心の萌芽を見ることができます。ただ、宗教が素朴な信心と異なる点は、宗教が、日常の生活を超越した世界、とりわけ死後の世界についての理解とそれに対する信仰から成り立っているところです。

日本神話➡P.38、ギリシャ神話、ゲルマン神話などには多くの神々が登場します。すべての民族が、かつては、複数の神々を同時に崇拝の対象とする**多神教**を信じていたと考えられます。

一神教の登場とキリスト教

遊牧民族のヘブライ人（古代ユダヤ人）は、地中海東岸のパレスチナに定住するようになり、**一神教**の神を民族神としました。彼らは新バビロニア王国に征服され、多くはバビロンに連行されましたが、紀元前6世紀後半には解放され、エルサレムに神殿を建設しました。

❺**釈迦涅槃図（部分）** 釈迦の入滅（亡くなること）のようすを表したものです。

❻**カーバ神殿（サウジアラビア）** イスラム教の聖地メッカにあります。礼拝しているのは世界中から来たイスラム教徒です。

ここに、唯一神を信仰するユダヤ教が成立し、その教義を『聖書』[1]に記録しました。

紀元１世紀初頭、パレスチナの青年**イエス**が神の愛と許しを説いて、ユダヤ教徒の一部からキリスト（救世主）と崇められました。当時パレスチナを支配していたローマ帝国の総督は、イエスを十字架刑に処しましたが、イエス信仰はやまず、イエス信徒たちはキリスト教団をつくりました。迫害された信徒たちは、パレスチナから離散して熱心に布教したため、**キリスト教**❷はやがてローマ帝国の国教（公認の宗教）となり、ヨーロッパ全域に広がって、国家や民族の枠をこえて信仰される世界宗教[2]となりました。

仏教とイスラム教

紀元前６世紀ごろ、インドで仏教が生まれました。**仏教**の開祖の**釈迦**❺は、人々がこの世の苦しみから解放されるための教えを説きました。釈迦の教えは、その修行法とともに、インドから東南アジア、中国、日本などアジア諸国に広まりました。

７世紀初頭、アラビア半島で**ムハンマド**を開祖とする**イスラム教**❹がおこり、たちまち西アジア地域を帝国にまとめ上げました。イスラム文化は隆盛を極め、世界に広がりました❻。イスラム教は、ユダヤ教やキリスト教と同様に、唯一神（アラー）を信じ、その言葉をまとめた『コーラン』を経典としています。

世界宗教となったキリスト教、仏教、イスラム教を世界の三大宗教❶❼といいます。

[1] 一神教の教義は同じ起源を持ち、すべて『聖書』とよばれる経典に書かれています。ユダヤ教の教典『旧約聖書』は唯一神エホバと古代ユダヤ人との契約です。キリスト教の経典『新約聖書』は、神と人類との新しい契約の書とされます。イスラム教は旧約・新約聖書に加え『コーラン』を経典としています。

[2] 世界宗教に対し、特定の民族の伝統や文化と結びついた宗教を民族宗教といいます。日本の神道やユダヤ教は民族宗教です。インドのヒンズー教は信者の数では仏教を上回りますが、民族宗教です。

❼ 三大宗教の教義

キリスト教の教義

神の子イエス・キリストの教えで、創造主である主なる神の愛は無償・無差別の愛であり、与える愛（アガペー）である。人は、主なる神を愛し、自らの隣人を愛することによって義とされる。信仰・希望・愛をもって生きることを説く。

イスラム教の教義

「六信」とよばれる教義があり、例えば、唯一神アラー、天使ガブリエル，預言者ムハンマド、聖典コーラン、来世、天命を指す。「アラーのほかに神なし」という信仰告白、聖地メッカへの礼拝、貧者の救済・喜捨、断食、巡礼、の実践を「五行」という。

仏教の教義

教えの中核は「縁起」である。縁起とは、すべてのことは相互に関係し合っているのであり、起きたことは必ず原因のある相応の報いなのである（因果応報）。人生は苦しみであるが、それから解放されるには、貪欲・怒り・無知という煩悩（心を乱し魂を汚す悩み）を断ち切ること、そのためには極端を排し中道に生きることが大切である。

チャレンジ ３つの世界宗教について、その特徴を表にまとめてみよう。

第2節 日本列島における国家形成

❶弥生時代の暮らし 秋の収穫のようす（想像図）です。籾は直まきで、稲穂の摘みとりには石包丁が用いられました。収穫された穂を乾燥させておさめるために高床式倉庫が建てられました。ムラでは豊かな実りを祈り、収穫に感謝する祭りが行われました。最近の研究では、苗代を作って苗を育ててから田植えをしていたとも考えられています。

7 ムラからクニへ

ムラからクニ（漢字以前のやまと言葉）への発展には、どんな要因があったのだろうか。

水田稲作・金属器・弥生土器

水田による稲作は、紀元前500年ごろまでに九州北部で始まりました。[1] その後、西日本一帯に広がり、さらに、海ぞいに東北地方にまで達しました。稲作が始まると、人々は稲作に適した平地に移り、人々が集まって住むムラ（村）ができました。人々は共同で作業し、大規模な水田もつくられました。❶

このころ、青銅器❷、鉄器❹などの金属器が大陸から伝わりました。鉄器は、土を深く掘る鍬などの農具や、木材を加工する工具として実用的に用いられ、生産力を飛躍的に高めました。鉄は、武器としても使われました。原料の鉄は朝鮮半島南部から輸入されましたが、のちに日本国内でも生産されるようになりました。

またこのころ、**弥生土器**❸という新しい土器がつくられるようになりました。それでこの時代を**弥生時代**といい、その文化を弥生文化といいます。弥生文化は、縄文文化と大陸伝来の文化が融合してできました。

弥生のムラから古墳のクニへ

稲作によって食料が豊かになると、ムラの人口が増えました。ムラどうしの交流もさかんになりましたが、水田の用水や収穫物をめぐる争いもおこるようになりました。そこで、ムラを守るために、居住地

[1] 水田稲作の伝来ルートには、長江下流域からの直接伝来説や朝鮮半島経由説など諸説あります。

❷青銅器 青銅は銅と錫を混ぜ合わせた合金。銅剣や銅矛は、銅鏡、銅鐸とともに祭祀用として使われました。

左から銅剣、銅矛、銅鐸 宝

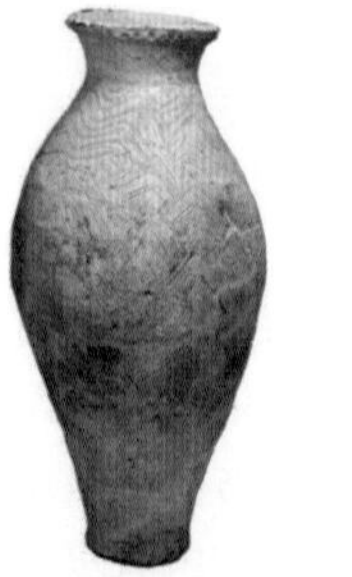

❸弥生土器 縄文土器を受けついだ、簡素で実用的な土器。つぼ、かめ、食器などさまざまな用途に使われました。発見地の東京都文京区弥生町からこの名がつけられました。（東京国立博物館蔵）

❹鉄器 木製の鍬の歯先に鉄をまきつけて使っていました。

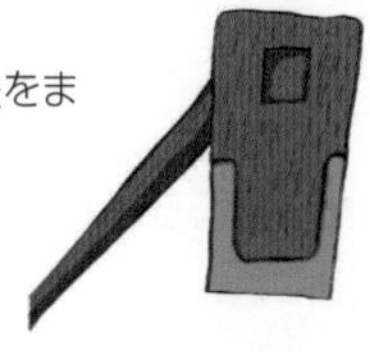

❺**吉野ヶ里遺跡**（佐賀県）　代表的な環濠集落。ムラの周囲は、濠がめぐらされ、柵と外濠①があり、ムラの中心部は、二重の柵と内濠②③で守られています。

の周囲に防衛用の濠をめぐらした集落（環濠集落）❺ができました。

ムラには、共同作業を指揮する指導者があらわれ、祭りをとりしきり、ムラどうしの争いでも大きな役割をはたしました。やがて、いくつものムラがまとまって、小さなクニ（国）が生まれました。これらのクニをまとめる小国の指導者（首長）は、人々の尊敬を集め、古墳に埋葬されるようになりました。弥生時代のムラから**古墳時代**のクニへ、という大きな流れを見ることができます。

漢の歴史書である『漢書』には、紀元前後の日本について、「倭人（わじん）」（日本人）が 100 あまりの小国をつくっており、中国へ使いを送る国もあると書かれていました。❻

➡P.28

邪馬台国と卑弥呼

6 世紀末までの約 370 年間、中国大陸では複数の国が分裂したり統合したりした時代が続きました。魏・呉・蜀の 3 国がたがいに争った時代の歴史書『三国志』には、3 世紀前半ごろまでの日本について書かれた記述があり、**「魏志倭人伝」**❼とよばれています。

そこには、「倭の国には**邪馬台国**という大国があり、30 ほどの小国を従え、女王の**卑弥呼**がこれをおさめていた」2（要旨）と記されていました。❽

卑弥呼が魏の都に使いを送り、魏の皇帝から「親魏倭王」の金印と銅鏡 100 枚などの贈り物を授かったことも書かれていました。ただ、邪馬台国の所在地については、九州説と大和説（畿内説）があり、結論は出ていません。

❻「漢委奴国王」の金印

西暦 57 年、「倭の奴国が朝貢したので、光武帝は印綬（印と結びひも）を授けた」と『後漢書』に記されています。

いっぽう、日本の江戸時代の 1784 年、博多湾（福岡県）の志賀島で、農民が金印を見つけました。そこには、「漢委奴国王」という文字が彫られていました。「委」は「倭」の略字です。

発掘された金印は光武帝が授けた印だと考えられています。

（福岡市博物館蔵）宝

❼魏志倭人伝より（一部要約）

倭人は、帯方郡の東南の大海にある島に住んでいる。昔は百あまりの国々に分かれていた。現在では、使いを送ってくるのは三十か国である。（略）

倭国は、もとは男性を王としていた。男性が王となっていたのは七、八十年ほどであったが、国内は乱れて、攻め合いが何度もつづいた。そこで合議して、一人の女性を選んで王とし、この女王を卑弥呼とよんだ。女王は宗教的な力で人々の心をつかんだ。年をとっても夫をもたず、弟がいて政治を助けた。女王になってから、彼女に会った人は少ない。召し使いの女性を千人も従え、ただ一人の男性が食事の世話をし、女王の言葉を伝えるために、その住まいに出入りしていた。

外の目から見た日本

❽盗みのない社会

魏志倭人伝は、3世紀前半ごろの邪馬台国について、中国大陸から来た人が、外の目から見て記録したものです。その中で、倭人（日本人）の性格と倭人社会の特徴が書かれています。

①生活の習わしは乱れていない。
②盗みをしない。
③訴えごとが少ない。

2 「邪馬台国」「卑弥呼」は中華思想（➡P.29）にもとづく蔑称。

チャレンジ　ムラからクニが出来る様子を「稲作」「鉄器」「古墳」の言葉を使って書いてみよう。

❶仁徳天皇陵（大仙古墳）世
高さ36m、長さ486m

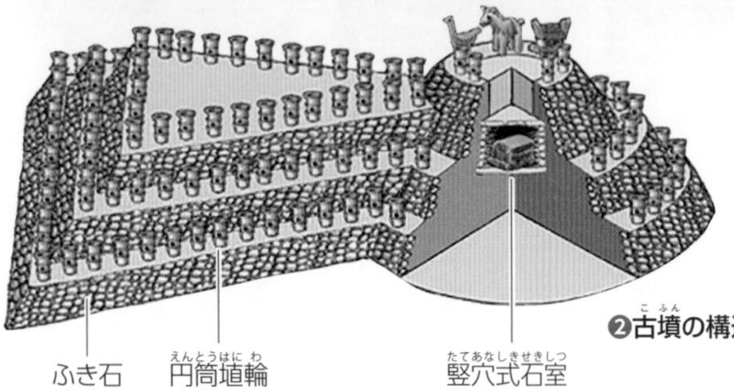

❷古墳の構造

❸埴輪

手を上げる巫女
（東京国立博物館蔵）

鉄のよろいを着た武人
（東京国立博物館蔵）宝

8 古墳の広まりと大和朝廷

古墳の広まりから大和朝廷の勢力の広がりが、どのようにわかるのだろうか。

歴史の言葉 ❹大和朝廷

朝廷の「廷」の字は大きな壇上に人が立つ様のことで、「朝廷」とは日の出とともに大きな壇上で臣下を前に君主が執務を始めた場所を指します。

近年では、大和朝廷の実態は豪族連合であり、「朝廷」の語を使うと整備された国家機構があったと誤解される恐れがあるとして、「大和政権」または「ヤマト王権」とする用語も使われています。

『古事記』には、「大和は国のまほろば（住みよい、素晴らしいところ）」という歌が載っています。

大和朝廷は日の出とともに仕事を始めたのね。聖徳太子の十七条の憲法も調べてみるわ。
➡P.45

大和朝廷による国内の統一

3世紀の後半ごろ、大和（奈良県）の豪族を中心とする強大な連合政権が誕生しました。これを**大和朝廷**❹とよびます。

中国では、4世紀ごろから国内が分裂し、5世紀に入ると北と南に分かれて、互いに争うようになりました（南北朝時代）。同じころ、朝鮮半島では、北部で高句麗が強国となり、南部では百済や新羅が台頭して、三国は互いに勢力を争いました。➡P.42

こうした環境の中で、大和朝廷は、やがて国内を統一しますが、それは、古墳の普及の様子から推測することができます。

前方後円墳と大和朝廷

3世紀中ごろから、日本では、まるで小山のように盛り上がった大きな墓が各地でつくられるようになりました。これが**古墳**❷とよばれるもので、古墳をつくることが盛んに行われた6世紀末までの約300年間を、**古墳時代**とよびます。

古墳は、現在ではこんもりとした緑に覆われた山のようですが、つくられた当時は、表面には石が敷き詰められ、太陽の光に照り輝いていました。古墳の周りや頂上には、円筒形や人物・家屋・馬などをかたどった**埴輪**❸が並べられ、墓として堂々とした威厳をそなえていました。大規模な古墳の多くは、前方が方形で、

旧石器	縄文	弥生			古墳			飛鳥	奈良	平安				鎌倉	南北朝	室町	戦国	安土桃山	江戸			明治	大正	昭和	平成	令和
(世紀)		BC	AD1	2	3	4	5	6	7	8	9	10	11	12	13	14	15	16	17	18	19			20		21

❺箸墓古墳　もっとも初期の前方後円墳。

❼古墳の分布　古墳時代中期（4 世紀末～5世紀末）

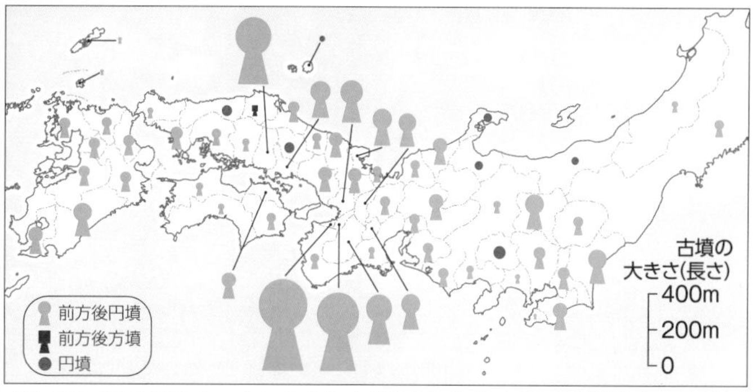

旧国別にその国のもっとも大きな古墳を図示したもの。朝鮮半島の南部にも分布していました。（白石太一郎『古墳とヤマト政権』）

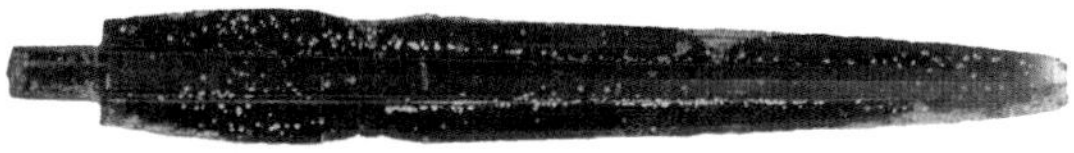

❻古墳の副葬品
古墳の鏡・剣・勾玉。歴代天皇が地位の象徴として継承してきた三種の神器もまた、鏡・剣・勾玉からなります。（東京国立博物館蔵）

後方が円形の墓からなる**前方後円墳**[❺❽]と呼ばれる形をしていました。円い部分の地中に石室があり、死者をほうむった棺が安置され、鏡、玉、剣や馬具・農具などの副葬品[❻]も入れられました。

古墳にほうむられていたのは、その地域の首長でした。大和や河内（大阪府）では、巨大な古墳が多数つくられています。これは大和朝廷が、この地域の有力な豪族たちが連合してつくった政権だったことを示しています。

前方後円墳は、大和朝廷の独自の古墳の形式であり、南は鹿児島県から北は岩手県まで、国内各地に約 5200 基も存在しました。古墳の広がりは、大和朝廷の勢力の広がりを反映したものと考えられます[❼]。

豪族たちの連合の上に立つのは、**大王**（のちの天皇）➡P.47で、その古墳はひときわ巨大でした。大阪府堺市にある**仁徳天皇陵**[❶]➡P.13（大仙古墳）は、世界でも最大規模の広さの王墓でした。

⑧前方後円墳

古墳には下の4つの形式があります。前方後円墳は、方墳と円墳を組み合わせたもので、大和朝廷独自の形式です。

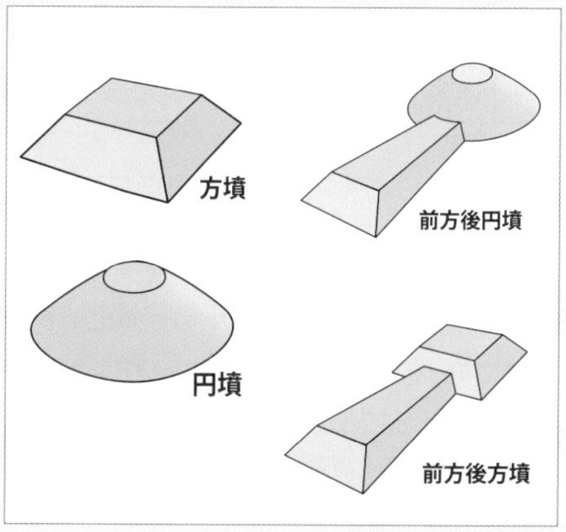

古墳の土はどこから持って来たかと疑問を持つことがあります。溜池を掘り灌漑施設を作る時に掘り返された土を盛り上げたのです。

大和朝廷は農耕に不可欠な鉄資源を地方の首長に分配し、前方後円墳という同一形式の墳墓を造ることを認めました。前方後円墳は目に見える形で大和朝廷の勢力の広がりを誇示する効果がありました。

チャレンジ　「古墳の分布」の図に示される前方後円墳の分布をよくみて思いついたことをあげてみよう。

❶天照大神を祀る伊勢神宮の内宮正宮　20年に1度、式年遷宮といって、建物などをすべて新しくつくりかえます。2013(平成25)年が、その20年目に当たりました。左が新宮です。

❷天の岩戸神話　アマテラスが岩戸にこもり世界が闇にとざされたので、神々が外に呼び出そうとしている場面。（三重県・神宮徴古館蔵）

9 神話が語る国の始まり

日本の神話は、日本の国の始まりをどのように語っているのだろうか。

『古事記』『日本書紀』に書かれた神話・伝承

日本の国の成り立ちは、8世紀に完成した日本最古の歴史書である『古事記』『日本書紀』に、神話➡P.54の形で書かれています。神話や伝承は超自然的な物語をふくみ、また後世に改変された部分もあって、ただちに歴史的事実として扱うことはできません。

しかし、これらの神話・伝承のもとは、古代の人々が、自分たちの住む国土や自然、社会の成り立ちを、山や海への自然崇拝や、稲作祭祀など縄文・弥生以来の信仰なども取り入れながらまとめたものと考えられます[3]。神々が織りなす物語は一貫したストーリーに構成され、大和朝廷の始まりにつながっています[5]。

イザナキ・イザナミとアマテラスの誕生

日本の神話は、次のようなストーリーから成り立っています。

天地が分かれたとき、天上（高天原➡P.53）には神々が現れました。男神のイザナキの命と女神のイザナミの命は夫婦となって、日本列島の八つの島々を生みました（国生み神話[1]）。

イザナキとイザナミは、さらに山の神、海の神、風の神などを次々に生みますが、イザナミは火の神を出産したときのやけどがもとで亡くなってしまいました。

イザナキは、愛する妻を連れ戻そうと黄泉の国に行き、亡きイ

③神道とは何か

仏教や儒教など外来の思想が伝来するはるか以前から、日本にあった信仰が神道です。神道には開祖はいません。もともと「惟神（かんながら）の道」といい、「神の道にしたがうこと」「自然と神の道」の意味です。私たちの祖先は1万3千年前にはすでに土偶を作り、目に見えない神に祈りをささげていました。それはキリスト教などの神とは少し違いました。

日本には美しい四季があり、豊かな森や海、清らかで豊富な水に恵まれていました。また地震、津波、洪水、噴火など多くの自然災害にみまわれました。そうしたなか、太陽や月、山、川、木、火、水、風など自然界のものや現象に人知を超えた神をみて、祈りの対象としました。やがて祈りの場所に神社ができました。今でもご神体が大きな山や木、岩であったり、そのような場所を「パワースポット」として力を得ようとする文化と伝統が日本人の中に息づいています。

❹**日本サッカー協会のシンボルマーク**　神武天皇が東征の途中に道に迷ったときに導いた3本足の伝説上のカラスで、八咫烏とよばれます。太陽の化身ともいわれます。（日本サッカー協会提供）

ザナミに「黄泉の国の神様に頼んでみますので、その間、私のことを見ないでください」と言いわたされます。しかし、イザナキは約束を守れずに、妻の変わり果てた姿を見てしまい、驚きのあまり逃げ出してしまいます。

黄泉の国から帰ってきたイザナキは、死のけがれを清めようと川で禊ぎをしました。目や鼻を洗うと、左目から**アマテラスオオミカミ（天照大神）**、右目からツクヨミの命、鼻からスサノオの命の三柱の神が生まれました。アマテラスは太陽を神格化した女神で、皇室の祖先神とされ、**伊勢神宮**❶にまつられています。

アマテラスの弟スサノオは乱暴なふるまいを続けたので、アマテラスは天の岩戸にこもりました（天の岩戸神話）❷。

オオクニヌシの神と出雲神話

高天原を追放されたスサノオは地上にくだり、八岐大蛇から土地の神の娘を救って妻としました。その子孫に、オオクニヌシの神（大国主神）が現れ、出雲地方（島根県）を中心に地上を治めました。その後、オオクニヌシはアマテラスに国土を譲りました（国譲り神話）➡P.40。この一連の物語は、出雲神話と呼ばれます。

天孫降臨と神武天皇

三種の神器をたずさえたニニギの命は、神々とともに地上に降りました（天孫降臨神話）。日向（宮崎県）に降り立ったニニギの命は、山の神の娘をめとってホオリの命を生み、ホオリの命は海の神の娘と結ばれて、ウガヤフキアエズの命を生みました。その子供がカムヤマトイワレヒコの命です（日向三代神話）。

イワレヒコの命は天の霊力を血筋として受け継いだだけでなく、山の神や海の神の霊力をもその身体に取りこみました。そして、瀬戸内海を経て大和に入り、初代の**神武天皇**（ハツクニシラススメラミコト）[2]として即位しました[3]（神武東征伝承）❹❻。これが大和朝廷の始まりです。

これが、神話・伝承が語る日本の国の成り立ちです。

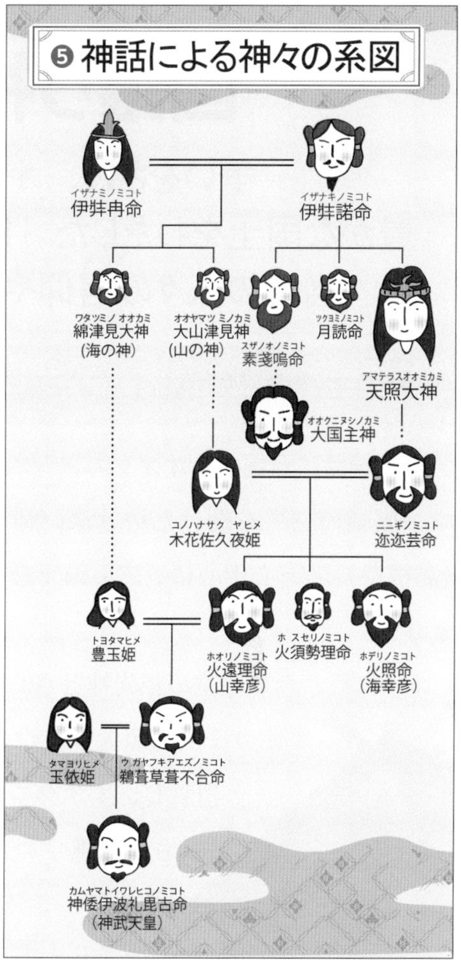

❻**神武東征伝承**　東征中の神武天皇。（三重県・神宮徴古館蔵）

1 『古事記』によれば、順番に、淡路、四国、隠岐、九州、壱岐、対馬、佐渡、本州の8つの島々を生んだとされます。

2 はじめて国を治める（シラス）天皇という意味の和風の「おくり名」であり、「スメラミコト」は、のちの天皇に当る尊称です。

3 2月11日の建国記念の日は、神武天皇の即位したとされる紀元前660年の1月1日を、太陽暦であらわしたものです。

チャレンジ
①古事記、日本書紀が伝える国の始まりの神話を4つをあげてみよう。
②「ハツクニシラススメラミコト」を意味のまとまりでいくつかに分けてみよう。

もっと知りたい コラム

国譲り神話と古代人

争いをさけ、オオクニヌシがアマテラスに豊かな国土をわたした「国譲り」の神話。このお話の中に、当時の人々の信仰やものの見方があらわれている。

オオクニヌシの神
のちに七福神の一人の大黒天と重なり、大黒様ともよばれ親しまれるようになりました。

◉大国主神の「国譲り」

日本神話に登場するオオクニヌシの神（大国主神）は、因幡の白兎を助けた情け深い神様でした。出雲（島根県）地方を中心に、広い国土を立派に治めていました。

いっぽう、今の皇室の祖先神とされるアマテラスオオミカミ（天照大神）➡P.39、53は、高天原で神々と相談し、オオクニヌシに国土の統治権を譲りわたすよう、使者を派遣して交渉することにしました。しかし、1回目と2回目の使者は、オオクニヌシに従ってしまい、帰って来ませんでした。最後に遣わされたタケミカヅチの神（建御雷神）は、出雲の稲佐の浜に着くと、刀を突き立ててその刃先の上にあぐらをかき、大声で言いました。

「あなたがウシハク（領有する）地上の国は、アマテラスオオミカミの子孫がシラス（祀りごとを行う）べき国であると伝えに来た。あなたの考えはどうか。」[1]

オオクニヌシは2人の息子の意見をききました。兄のコトシロヌシは受け入れましたが、弟のタケミナカタは納得せず、タケミカヅチと「力競べ」[2]をした結果、敗れて従いました。そこで、オオクニヌシはタケミカヅチに答えました。

「息子たちの言うとおり、この国を献上いたします。ただ、私の住み処として、大地の底まで宮柱がとどき、高天原まで千木が高くそびえ立つほどの、大きく立派な神殿をつくって私を祀ってください。そうすれば、私は引退して身をかくします。」

[1]**シラスとウシハク** 『古事記』では、国を治める2つの方法が書き分けられています。それは、シラスとウシハクです。シラスは、「国のあるがままを知り、民を慈しみ、民の幸せと国の安泰を祈る」こと、ウシハクは、「力で土地や民を支配する」ことと考えられます。シラスは、天皇の祖先アマテラスの治め方、ウシハクは、それ以外の豪族の治め方、を示す言葉として使われています。

[2]**相撲の起源** 「力競べ」の結果、アマテラスの使者タケミカヅチ（鹿島神宮の祭神）がオオクニヌシの子タケミナカタ（諏訪大社の祭神）を投げ飛ばしました。両国（東京都墨田区）の国技館にはタケミカヅチとタケミナカタの絵が掲げてあります（相撲の起源の一説）。

出雲大社の伝承に基づく復元模型

2000（平成12）年に神社の境内から直径1mもある大木を3本束ねた宮柱の根元が発見されました。平安時代末期のものとみられます。神社に伝わる図面をもとに、この宮柱9本を配置して社殿をのせると、48mの高さにできることが計算でわかりました。上の写真の模型は10分の1のサイズでつくられています。①千木 ②大社造の社殿 ③宮柱 ④100mの階段（島根県立古代出雲歴史博物館蔵）

◉古代日本人のものの考え方

『古事記』に書かれた「国譲り」の神話には、古代日本人の思想を読み解く手がかりがふくまれています。

第1に、アマテラスオオミカミは高天原の神々と相談して使者の派遣を決め、オオクニヌシも息子の意見を聞いて身のふり方を決めています。日本には、古来よりできるだけ話し合いでものごとを決める合議の伝統があったのです。

第2に、他の国なら、国土を奪い取る皆殺しの戦争になるところですが、「国譲り」の神話では、統治権の移譲が戦争ではなく話し合いで決着しています。

第3に、オオクニヌシの心境を考えてみると、自分は何も悪いことをしていないのに、汗水垂らし苦心してつくりあげた国を他者に譲るのですから、オオクニヌシはさぞかし悔しい思いをしたに違いありません。

そこで、希望どおりの巨大な神殿がつくられ、オオクニヌシを祀りました。それが出雲大社です。勝者は敗者に対して、その功績を認め名誉をあたえ、魂を鎮める祭りを欠かさない。古代の日本人はこうした譲りあいの社会の在り方を理想としていたのです。

出雲の国から出土した銅鐸
1996（平成8）年に島根県の加茂岩倉遺跡から大量の銅鐸が発見されました。その後の発見も含め総数は39個で、1か所からの出土数としては最大となりました。出雲は古代の政治の中心地の一つでした。（雲南市教育委員会提供）

出雲大社　国譲り神話に基づく巨大な社ですが、現代では縁結びの神様として知られ、観光地化しています。

◉姿をあらわす巨大空中神殿

平安時代、子供のもの覚えのためにつくられた「雲太、和二、京三」という言葉があります。日本で背の高い建造物を3人兄弟にたとえて、①出雲大社（出雲太郎）、②奈良の大仏殿（大和二郎）➡P.56、③京都の御所の大極殿➡P.58（京三郎）の順だというのです。

今の出雲大社は高さが24mですが、最近、宮柱の根元が発見され、確かに奈良の大仏よりも高い48mの空中神殿を建てることができたことがわかりました。天皇の宮殿や奈良の大仏よりも巨大な空中神殿をつくってオオクニヌシを鎮魂したのは、日本が国家統一を成し遂げる上で「国譲り」がそれだけ重大なできごとだったことを暗示するのではないでしょうか。

2003（平成15）年、出雲大社を訪問された美智子皇后陛下（当時）は、次のようなお歌を詠まれました。

国譲り祀られましし大神の
　　奇しき御業を偲びて止まず

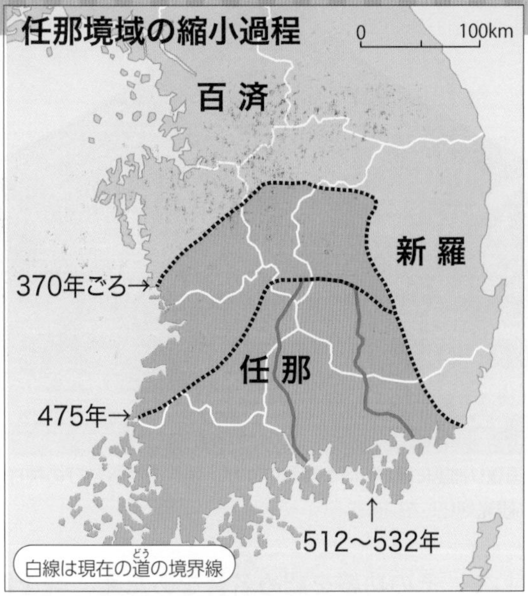

❶**任那（加羅）** 562年、新羅に併合され滅亡しました。

❷**大和地方の古墳から出土した鉄の延べ板** 朝鮮の任那（加羅）地方からもたらされたと考えられます。各地の前方後円墳からも出土しており、大和朝廷が鉄を配分し国内を統一したと考えられます。（宮内庁書陵部蔵）

10 大和朝廷と東アジア

4世紀から6世紀にかけて大和朝廷は東アジアの中国、朝鮮とどのような関係にあったのだろうか。

❸**七支刀** 百済王の世子（よつぎ）が倭王に贈ったもの。長さ74.5㎝。刀身の左右に6本の枝刀が出ているので、この名があります。裏表に60字余りの銘文が刻まれており、『日本書紀』に百済から献上されたとする記事と符合します。(石上神宮蔵) 宝

❹倭の五王の宋への朝貢

421	倭王讃が宋に初めて使節を派遣。
438	倭王珍が宋から「安東将軍倭国王」に任命される。
451	倭王済が宋から「使持節　都督　倭・新羅・任那・加羅・秦韓・慕韓・六国諸軍事　安東将軍　倭国王」に任命される。
478	倭王武（雄略天皇）、宋の皇帝に上表文を送る。これが最後の中国王朝への使節派遣。
479	宋が滅亡。

百済を助け高句麗と戦う

大和朝廷が成立した３世紀の後半、朝鮮半島は**高句麗**、**百済**、**新羅**の三国に分かれていましたが❺、北部の高句麗が強大になり、４世紀の初めに、朝鮮半島内にあった中国領土の楽浪郡を攻め滅ぼしました。高句麗は南下政策をとり、４世紀後半には百済を攻撃しました。

朝鮮半島南部には、多数の小国が分立した地域があり、日本書紀では**任那**（朝鮮側の呼称では加羅、または伽耶）とよばれていました❶。この地域は鉄の産地であり、古来、日本列島の人々と深い交流があったので、大和朝廷はこの地域から鉄の資源を得ていました。鉄の配分は大和朝廷の国内統一の要因となりました❷。

高句麗に攻撃された百済は、大和朝廷に助けを求め、372年に七支刀❸を贈って大和朝廷との同盟関係を成立させました。大和朝廷は百済を助けるために朝鮮半島に出兵し、391年には、新羅、百済を臣民にして高句麗と戦ったことが、高句麗の広開土王碑文に記されています。➡P.7

しかし、高句麗の騎馬軍団との戦いで、大和朝廷は次第に形勢不利となり、404年には帯方郡まで進出したものの敗れました。1

倭の五王による朝貢

５世紀の中国大陸は、漢民族の宋（南朝）と、遊牧民族の北魏（北朝）が争う南北朝時代でした。大和朝廷と百済は南朝に朝貢し、北朝と結んだ高句麗に対抗しました❺。

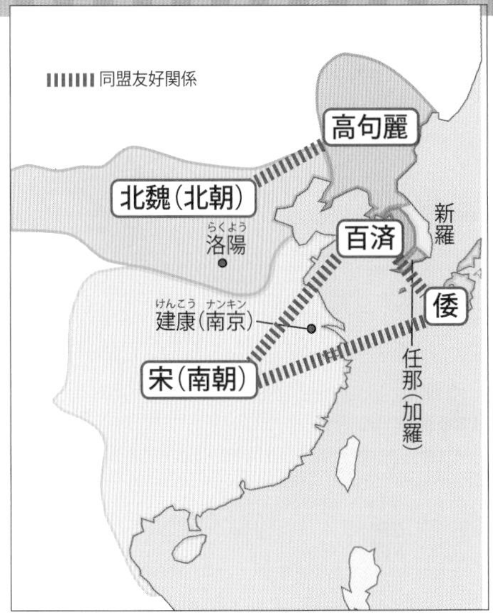

❺５世紀ごろの東アジアの国々の関係図

❻倭王武（雄略天皇）の上表文（一部要約）

昔からわが祖先はみずからよろい・かぶとを身につけ、山野をこえ、川をわたって落ち着くひまもありませんでした。東は毛人①を五十五か国、西は衆夷②を六十六か国、海をわたって北の九十五か国③を平定しました。

（『宋書倭国伝』より）

①東北地方の人々のこと、
②九州地方の人々のこと、
③朝鮮半島のこと、と考えられます。

❼稲荷山古墳鉄剣銘文　埼玉県の稲荷山古墳に埋葬された豪族が、「ワカタケル大王」（雄略天皇）に仕えたことが記されています。熊本県の江田船山古墳から出土した鉄刀にも同じ名前があり、大和朝廷の勢力範囲がわかるとされています。その統一事業のようすが書かれているのが、倭王武（雄略天皇）の上表文とされてきました。上表文とは皇帝へのあいさつと報告の文書のこと。（文化庁所有/写真・埼玉県立さきたま史跡の博物館）

大和朝廷の勢力は熊本県から埼玉県までおよんだ!
そのようすが中国の歴史書とも合致するのね。

宋の歴史書には、421年、仁徳天皇とされる倭王讃が初めて宋に使節を派遣してから、478年雄略天皇とされる倭王武にいたるまで、五人の天皇が次々と使者を送って朝貢したことが記されています（**倭の五王**）[❹]。このうち雄略天皇の上表文には、大和朝廷の支配が広がっていくようすが生き生きと書かれています[❻❼]。

倭王は宋の皇帝から、朝鮮半島南部の軍事的支配権を認める称号を得ました。これによって朝鮮半島の軍事的優位を保とうとしたのですが、倭国の影響力が及んだと考えられる任那の範囲は次第に小さくなって行きました[❶]。479年には宋が滅亡しました。

任那の滅亡と帰化人の役割

6世紀になると、朝鮮半島では高句麗に加えて、新羅が力をのばしました。新羅は任那の領有を百済と争い、562年には新羅が任那を併合しました（任那の滅亡）。日本は、こののち朝鮮半島における影響力を大きく失いました。

東アジアの中国や朝鮮では、古来、動乱が絶えませんでした。そのため、日本に亡命してきた人々が数多く存在しました。それらの人々は**帰化人**[2]（または**渡来人**）とよばれました。

帰化人は、金属加工技術、養蚕・機織り、**須恵器**[3]などを伝え、さらに漢字や仏教、儒教をもたらして、日本文化に大きな影響を与えました。その中には、一族や集団で移り住み、主に近畿地方に住まいを与えられて、大和朝廷につかえた者もいました。

1大和朝廷が高句麗に敗れた原因は、高句麗の騎馬軍団に勝てなかったからだと考えられます。これ以後、大和朝廷は牧場をつくり、馬を使った戦闘を準備したようです。魏志倭人伝には「倭国には馬がいない」と書かれていましたが、後期の古墳からは馬や馬具の埴輪がたくさん出土します。

2帰化人　養蚕と機織りなどを伝えた秦氏、渡来人の技術者集団を取りまとめた東漢氏などが有名です。

3須恵器　斜面を利用して窯を築き、高温で焼いた硬くて灰色の土器。

チャレンジ　①4～5世紀の日本、朝鮮、中国の関係を示す❺の図をノートに書き写してみよう。②帰化人がもたらした生産技術を3つ上げてみよう。

第3節 律令国家の形成

❶崇仏論争　日本に仏教が入ると疫病がはやり、物部氏は神のたたりとして仏像（①）を川に捨てました。すると天皇が病に伏せられました。仏像を粗末にしたからだと蘇我馬子（②）は、仏像を濠から引きあげましたが、再び物部氏によって投げ捨てられました。（長野県・善光寺淵之坊蔵）

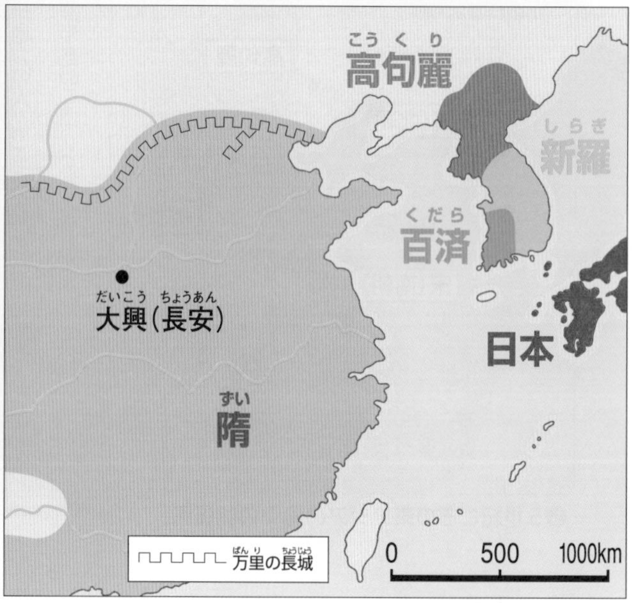

❷隋の中国統一と東アジア

11 聖徳太子の政治

聖徳太子が新しい政治を始める背景は何だったのだろうか。

仏教伝来と崇仏論争

百済の聖明王は、日本との同盟を強固なものにする決め手として、552年[1]、仏像と経典を大和朝廷に献上しました。

欽明天皇は仏教を受容すべきかどうかを豪族たちにはかりました。国際情勢に詳しい蘇我氏は、「外国はみな、仏教を信仰している」として導入を主張しましたが、軍事と祭祀を担当する物部氏は、「外国の神を拝めば、日本の国の神の怒りを買う」と述べて反対しました。これを、**崇仏論争**❶といいます。欽明天皇は結論を出さず、蘇我氏が仏教を私的に拝礼することだけを許しました。両者の争いは、大和朝廷の主導権をめぐる戦争にまで発展し、蘇我氏が勝利しました。

聖徳太子の登場

6世紀の末、大陸では重大な変化が起こりました。589年、**隋**が中国全土を約300年ぶりに統一したのです❷。強大な軍事力を持つ隋の出現は、東アジアの国々にとって、大きな脅威でした。

このような時期に、日本に現れたのが、**聖徳太子**❸ ➡P.46という若い指導者でした。古事記や日本書紀では厩戸皇子などと表記された皇族の一人で、のちに聖徳太子と称されました。一度に10人の訴えを聞き分けることができるという伝説が残されているほど聡明

[1] 仏教伝来の年については538年とする説もあります。

❸聖徳太子二王子像　わが国最古の肖像画。聖徳太子（574～622）の像として伝えられています。（宮内庁蔵）

❹聖徳太子と天皇の系図

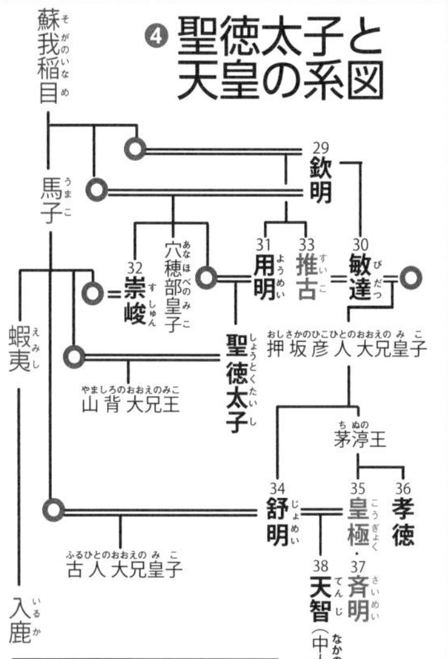

番号は天皇の代をあらわす数
赤字と○は女性
皇極、斉明は同一人物で、2度天皇として即位（そくい）することを重祚（ちょうそ）という。
青字は蘇我氏男子

※皇統譜による。

❺冠位十二階（603年） 冠位の名称は儒教の教えをもとに徳仁礼信義智の6種類とし、それらを大小に分けて、大は濃い色、小は薄い色で区別しました。役人の位階は1代限りで、世襲されませんでした。

❻当時の役人

冠位十二階の定めによる色を衣服と冠に用いている。朝廷で行きかう役人は、その位がひと目でわかりました。（復元模型 大阪府立近つ飛鳥博物館蔵）

な人物でした。日本最初の女帝（女性天皇）だった**推古天皇**が即位すると、593年、太子は20歳の若さで天皇を助ける**摂政**[2]となりました。

600年、太子は初めて隋に使者（**遣隋使**）➡P.46を送りました。日本が中国の王朝と交渉を持つのは120年ぶりのことでした。使者からの情報で、隋の強大さを知った太子は、日本が独立した国家として、さらに発展するためには、大陸から優れた技術や制度を取り入れる必要があると考えました。

冠位十二階と十七条の憲法

聖徳太子は、隋との外交を進める前に、まず、国内の改革に着手しました。蘇我氏の血筋を引く太子は❹、蘇我馬子と協力しながら政治を進めましたが、本当の狙いは、豪族の力を抑え、大王➡P.37（天皇）を中心とした国家の仕組みを整えることでした。

603年、太子は、有力な豪族が役職を占める慣例を改め、家柄に関わりなく、国家のために有用な人材を積極的に役人として採用する、**冠位十二階**❺❻の制度を取り入れました。次いで604年、太子は**十七条の憲法**❼を定めました。その内容は、和を大切にし、豪族が争いをやめて天皇を中心に協力していくことなどを求めたものでした。そこには、公のために働く役人の心構えと、公平・公正を旨とする国家の理想が示されていました。[3]

❼十七条の憲法（604年）

「一に曰く、和をもって貴しとなし、さかうることなきを宗とせよ」で始まる。以下は、その現代語訳要旨。

①和を貴び、人にさからいそむくことのないように心がけよ。
②篤く三宝を敬え。三宝とは、仏と、法（仏の教え）と、僧（教えを説く僧侶）である。
③天皇の詔を受けたら、必ず謹んでこれに従え。
④役人は、人の守るべき道をすべての根本とせよ。
⑤裁判は公平に行え。
⑥悪をこらしめ、善をすすめよ。
⑦人は各自の任務を果たせ。
⑧役人は、早く出勤し、遅く帰ること。
⑨すべてのことに、嘘偽りのないまごころをもって当たれ。
⑩人の過失を怒ってはならない。
⑪功績があれば賞を、罪をおかしたら罰を、正しくあたえよ。
⑫地方官は民から税をむさぼり取ってはならない。
⑬役人は自分の職務の内容をよく理解せよ。
⑭他人に嫉妬の心をもつな。
⑮私心を捨てて、公の立場に立つのが、君主に仕える者のつとめだ。
⑯民を労役に使うときは、農業の仕事の暇なときにせよ。
⑰大切なことは独りで決めないで、みんなとよく議論して決めよ。

[2] **摂政** 天皇にかわって政治を行う役目。のちの時代には、もっぱら天皇が幼少のときに置かれるようになりました。➡P.59

[3] 縄文文化以来の、人々の和を重視する考え方は、聖徳太子によって明文化され、その後の日本社会の伝統ともなりました。➡P.23、P.25

チャレンジ 十七条の憲法を読んで、今日でも役だつと思う条文を出しあってみよう。

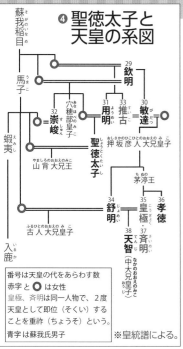

❶煬帝（569～618） 隋の2代目皇帝。

❷小野妹子（7世紀前半）滋賀の豪族出身で、才能を認められ、遣隋使代表に抜擢されました。（京都府・華道家元池坊総務所蔵）

❸遣隋使についての中国側の記録

大業3年（607年）倭王が使い（小野妹子）をつかわして、貢ぎ物をもってきた。その使者は、「海西の菩薩天子（仏教徒の皇帝）がますます仏教を盛んにしようとされていると聞き、ご挨拶に参りました。それから、数十人の僧侶を、仏教を学ぶため、私と一緒につれて参りました」と言った。持参してきた国書には、「日が出るところの天子が、日が沈むところの天子に手紙を差し上げます。お元気ですか」と書いてあった。煬帝はこれを観て不機嫌になり、担当の大臣に命じて、「蛮夷からの手紙に無礼なものがあれば、二度と私の耳に入れるな」と言った。

（『隋書倭国伝』より）

⑫ 遣隋使と天皇号の始まり

聖徳太子の対等外交と天皇という称号の間には、どんな関係があったのだろうか。

息づまる外交戦ね。
聖徳太子は高句麗の僧侶が身近な相談役にいたらしい。絶妙のタイミングだね。

❹聖徳太子事績年表

574	聖徳太子（厩戸皇子）誕生
593	皇太子となり、推古天皇の摂政となる
600	第1回遣隋使を派遣
603	冠位十二階を制定する
604	十七条の憲法を制定する
607	第2回遣隋使に小野妹子を派遣 法隆寺を建立 伝統的神々への信仰も誓う
608	第3回遣隋使に再び小野妹子を派遣
622	飛鳥斑鳩の宮で逝去

遣隋使の派遣

国内の改革に成功した聖徳太子は、607年、再び遣隋使を派遣しました。正使に選ばれた**小野妹子**❷は、地方豪族の出身でしたが、冠位十二階の制度で才能を認められ取り立てられた、優れた人物でした。

このときの隋の皇帝にあてた国書（国の正式な手紙）には、「日出づる処の天子、書を日没する処の天子に致す。恙無きや」と書かれていました。太子は、手紙の文面で対等の立場を強調することで、隋に決して服属しないという決意を表明しました。これを聖徳太子の隋に対する対等外交といいます。

隋の皇帝・煬帝❶は、この国書を無礼だとして激怒したといわれています。❸朝貢国➡P.29が、世界に一人しか存在しない中国の皇帝の別名である天子という称号を、自らの君主の称号として名乗るのは、中国の皇帝への挑戦であると考えたのでしょう。しかし、高句麗との戦争を準備していた煬帝は、日本と高句麗が手を結ぶことを恐れて自重し、帰国する小野妹子に返礼の使者をつけました。

天皇号の始まり

翌年の608年、3回目の遣隋使を派遣することになりました。そのとき、国書に記す君主の称号をどうするかが問題となりました。中国の皇帝の怒りを買った以上、中国の君主と同じ称号を唱えることはで

旧石器	縄文		弥生		古墳		飛鳥	奈良	平安				鎌倉	南北朝 室町	戦国	安土桃山	江戸			明治	大正	昭和	平成 令和
(世紀)	BC	AD1	2	3	4	5	6	7	8	9	10	11	12	13	14	15	16	17	18	19		20	21

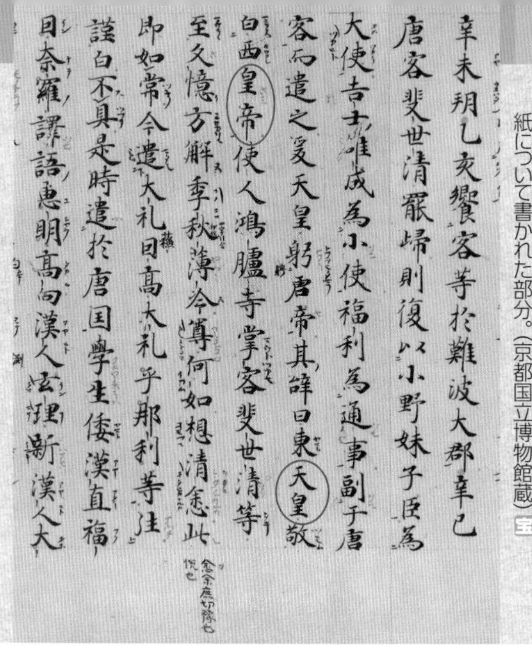
辛未朔乙亥饗客等於難波大郡辛巳
唐客裴世清罷帰則復以小野妹子臣為
大使吉士雄成為小使福利為通事副于唐
客而遣之爰天皇聘唐帝其辞曰東天皇敬
白西皇帝使人鴻臚寺掌客裴世清等
至久憶方解季秋薄冷尊何如想清悆此
即如常今遣大礼蘇因高大礼乎那利等往
謹白不具是時遣於唐国學生倭漢直福
因奈羅譯語恵明高向漢人玄理新漢人大

❺『日本書紀』の写本　推古天皇が隋の皇帝に送った手紙について書かれた部分。（京都国立博物館蔵）宝

歴史の言葉 ❻ 天皇・皇帝

「皇」は「王」の上にかざりが付いた文字で、「王の中の王」「王の上に立つ王」をあらわします。

「皇帝」は秦の始皇帝が使い始めた称号で、皇帝のいる中国の王朝が文明のもっとも進んだ世界の中心とされ、周辺諸国は中国の皇帝から王の称号をあたえられることで、皇帝に服属したものとされました。これを「華夷秩序」といいます。

日本もかつては、卑弥呼が魏の皇帝から「親魏倭王」の称号を受け、「倭の五王」も王の称号を得ていました。

608年の遣隋使の国書に見られる「天皇」の称号は、「皇」の字を使うことで皇帝と対等であるとの意思を表現したことになります。

きません。しかし、再び「王」の称号に戻り、中国に冊封される➡P.29道を選びたくはありません。

そこで、このときの手紙には、「東の天皇、敬みて、西の皇帝❻に白す」と書かれました❺。ここで初めて使われた**天皇**の称号は皇帝と同じにならないようにすることで隋の立場に配慮しつつも、「皇」の文字を自らの称号に使うことで、両国が対等であることを表明したのです。これが、天皇という称号が使われた始まり[1]でした。日本の自立の姿勢を示す天皇の称号は、その後も使われ続け、途切れることなく今日に至っています。これは日本の歴史を➡P.53特徴づけるものとなりました❻。

聖徳太子と仏教と古来の神々

聖徳太子は、607年に法隆寺を建てる➡P.56、巻頭2など、仏教を篤く信仰しました❼。しかし、のちの神道につながる日本古来の神々を大切にすることも忘れませんでした。この年の儀式で、太子は多数の役人をひき連れ、朝廷は伝統ある神々を祀り続けることを誓いました。こうした姿勢は、外国の文化の中から優れたものを取り入れつつ、自国の文化も大切にするという日本の文化的伝統につながったと考えられます。

聖徳太子は、内政でも外交でも、8世紀に完成する日本の古代中央集権国家の方向を示した指導者でした❹。太子が活躍した7世紀には、政治や文化の中心が奈良盆地南部の飛鳥地方❽にあったので、このころを**飛鳥時代**[2]とよびます。

❼四天王寺（大阪府）
聖徳太子が建立した寺の一つとされています。

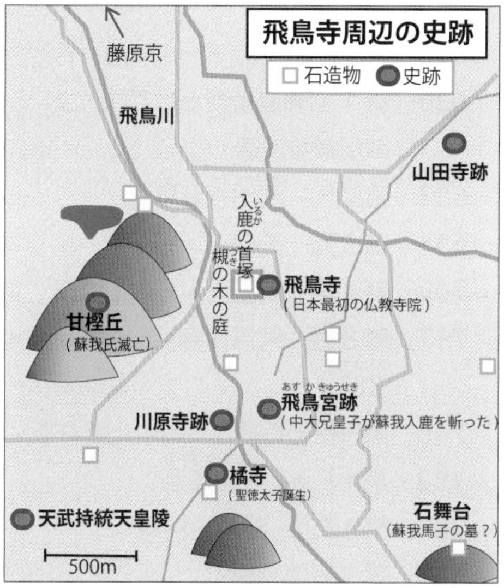

❽飛鳥地方（奈良県）の地図

[1] のちの天武天皇（在位673～686）の時代に天皇号が初めて使われたとする説もあります。

[2] **飛鳥時代**　聖徳太子が摂政になった593年から平城京に遷都した710年までの時代呼称。

チャレンジ　聖徳太子の事績を書き出してみよう。

❶**遣唐使船**　500人あまりの人々が4隻の船に分乗し、2〜3年で往復しました。しかし、暴雨風などにあって日本に戻れない遣唐使船も多くあり、命がけの渡航でした。（復元　広島県・長門の造船歴史館蔵）

❷**石舞台古墳**　巨大な古墳の石室が露出したもの。蘇我馬子の墓と伝えられました。長さ約 7.7 m、幅約 3.5 m、高さ約 4.7 mというそのスケールは馬子の権勢を象徴しています。（奈良県明日香村）

⑬ 大化の改新と元号の始まり

蘇我氏はどのようにして倒され、天皇中心の国づくりが進んだのだろうか。

❸遣唐使船で遣わされた主要人物

618	唐が中国を統一
630	第 1 回の遣唐使として、犬上御田鍬を派遣
653	第 2 回　高田根麻呂
654	第 3 回　高向玄理
702	第 7 回　粟田真人・山上憶良
717	第 8 回　阿倍仲麻呂・吉備真備・玄昉
746	遣唐使の派遣が一時中止される
752	第 11 回　藤原清河
804	第 17 回　最澄・空海
838	第 18 回　円仁
894	第 19 回の遣唐使派遣が、菅原道真の建議により中止される

7世紀の東アジア

隋は高句麗に大軍を出すなどの無理がたたり、30 年ほどで滅びました。618 年、**唐**が中国を統一し、新王朝を開きました。唐は、隋の制度を引きつぎ、皇帝を中心に、律令（法律）、戸籍、兵役、科挙[1]などの、よく整備された国家の制度をつくりあげました。日本からは、遣隋使に引きつづいて**遣唐使**❶が派遣され、同行した留学生や僧が、現地に長期に滞在して唐の制度や文化を学びました。❸

7 世紀の中ごろになると、国力をつけた唐は、対立する高句麗を攻撃しました。朝鮮半島の 3 国に緊張が走りました。日本も危機を感じ、国家の体制を強化しようとする動きがおこりました。

蘇我氏の勢力の強大化

聖徳太子の没後、蘇我氏の一族が勢力➡P.44を強めました。日本書紀によれば、蘇我馬子❷の子の蝦夷は天皇のようにふるまい、自分の息子をすべて王子とよばせました。蝦夷の子の入鹿も、聖徳太子の長男の山背大兄皇子をはじめ太子の一族を一人残らず死に追いやりました。

その後、聖徳太子が遣隋使として派遣した留学生があいついで帰国し、唐の政治制度を伝えました。日本も唐にならって、蘇我氏をおさえ、天皇を中心とする国家の形をととのえるべきだとする、改革の機運が高まりました。

❹**蘇我氏の滅亡（乙巳の変）** 645年6月の雨の日、朝廷では高句麗・百済・新羅の三国の朝貢の儀式が予定されていました。中大兄皇子（❶）は、この機会を利用し、すばやく飛び出して、参列していた蘇我入鹿（❷）を剣で斬りました。弓をもつのは中臣鎌足（❹）です。おどろく皇極天皇（中大兄皇子の母❸）に皇子はひれふして、ことのしだいを述べました。蘇我蝦夷は屋敷に火をつけて自害し、蘇我氏（本宗家）は滅亡しました。（「多武峯縁起絵巻」奈良県・談山神社蔵）

大化の改新

蘇我氏を倒す計画を心に秘めていたのは、**中大兄皇子**と**中臣鎌足**でした。鎌足は、蹴鞠の会を利用して皇子に接近し、二人は心の中を打ち明けあうようになったと伝えられています。645年、中大兄皇子は、中臣鎌足❺らとともに蘇我蝦夷・入鹿親子を倒して蘇我氏を滅ぼし❹[2]、新しい政治のしくみをつくる改革を始めました。

この年、朝廷は日本で最初の**元号**➡P.9を立てて、大化元年としました。その後の東アジアの歴史の中で中国の王朝が定めたものとは異なる、独自の元号を制定して使用しつづけた国は、日本だけでした❻。都は難波（大阪市）に移され、翌年には、大化の改新の詔を発し、これまで皇族や豪族が私有していた土地と民を、国家が直接統治する、公地公民の方針を打ち出しました。大化元年に始まるこの改革を、**大化の改新**とよびます。

大化の改新は、聖徳太子以来の国の理想を実現するために、天皇と臣下の区別を明らかにして、日本独自の国家の秩序を打ち立てようとしたものでした。ただし、改革の方針が実際にどの程度実施されたかは、よくわかっていません。

知っ得ポイント！

❺ 藤原氏の起こり

蹴鞠の会で出会ったとき、中大兄皇子（天智天皇）は18歳、中臣鎌足は30歳でした。大化の改新後も、鎌足は終生、皇子につかえ続けました。

669年、鎌足が死の床にあったとき、天智天皇はむせび泣き、鎌足の功績をたたえて「藤原」の姓を与えました。大和の国の中臣氏ゆかりの地名からとった名前でした。

これが奈良時代から平安時代に大きな勢力となった藤原氏の始まりです。

❻元号を使い続ける日本

元号（年号）は、中国をはじめとする東アジアの漢字文化圏で使用されてきた紀年法です。元号に用いられる文字は中国の古典（漢籍）から選ばれました。例えば、平成は『書経』の「地平天成」からとられました。

令和は初めて日本の『万葉集』にある大伴旅人の歌の中の「令月」「風和」という言葉からとられた元号です。

元号を立てることは、時代を区切ることです。元号を改める権限は、中国の皇帝や日本の天皇のような君主だけが持っていました。これによって、対外的には国家の独立を示し、国内的には人心を一新するなどの効果を持つことができます。

東アジアには独自の元号を持つことが許されず、中国の元号と同じ元号を使っていた国もあります。日本は最初の元号の「大化」から、平成31年に新たに定められた「令和」に至るまで、248の元号をすべて独自に制定してきました。現在でも元号を使いつづけている国は、世界で日本だけです。これは古代から現代に至るまでの日本文化の連続性を示すものです。➡P.9

[1]**科挙** 中国で行われていた、役人を登用するための試験。6世紀に始まり、その後、1300年以上も続きました。きびしい試験で、家柄に関係なく有能な人材を選んで皇帝の権力を強化しようとするものでした。当時の日本はこの制度を取り入れませんでした。

[2]滅亡したのは馬子の直系に当たる蘇我本宗家のみで、一族の中には改新側に与した者もいました。

チャレンジ 大化の改新で打ち出された方針を2つあげてみよう。

❶白村江の戦いの進行ルート　百済の救援要請を受け出兵しましたが、日本は唐・新羅連合軍に大敗しました。

❷大宰府　水城と山城（大野城）で守られていました。

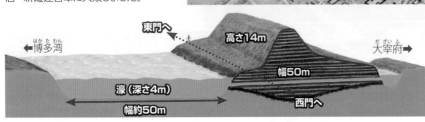

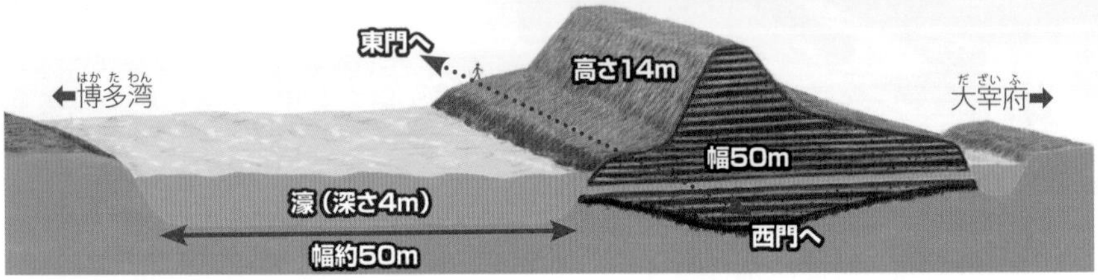

❸水城の構造　大宰府の守り「水城」　博多湾から上陸した敵をくいとめ、大宰府を防衛するために築かれました。水城は土塁で、延長約1km、濠の幅が約50mあり、内側に水をたたえていました。現在も一部が残っています。

14 律令国家の建設と日本の国号

白村江の戦いでの敗北は、律令国家の建設にどんな意味をもったのだろうか。

1 東アジアの戦乱を逃れて、多くの難民が一族や集団で日本に移りすみました。これらの帰化人は、土器（須恵器）や金属器の加工、土木・建築などの技術や儒教を伝え、漢字による朝廷の文書の作成にも力を発揮しました。

2 防人　諸国から集められ、九州北部の沿岸と壱岐、対馬に配置された兵士で、3年交代で防衛の任につきました。東国の兵士が多く集められました。➡P.55

百済を救援したから唐との戦争になったのね。
白村江の敗戦は大きな転機になったことがよくわかるね。

白村江の戦いと国防の備え

7世紀のなかば、朝鮮半島では新羅が唐と結んで、百済を滅亡させました。半島南部が唐の支配下に入ることは、日本にとっても脅威でした。百済は、国を再興するための救援を、朝廷に求めました。日本と300年の親交がある百済を助けるため、大和朝廷は多くの兵と物資を百済に送りました。唐・新羅連合軍との決戦は、663年、半島南西部の白村江で戦われ、2日間の壮烈な激戦ののち、日本・百済側の敗北に終わりました。日本の軍船400隻は燃え上がり、空と海を炎で真っ赤に染めたと伝えられます。これを**白村江の戦い**[❶]といいます。次いで、唐は高句麗も滅ぼし、新羅が朝鮮半島を統一しました。

百済からは、王族や貴族をはじめ、一般の人々までが多数日本に亡命してきました。そのうちの一部は近江（滋賀県）、一部は東国に定住しました。これらの帰化人[1]を朝廷はあつくもてなし、➡P.43政治制度の運用の知識を学びました。

白村江の敗北は、日本にとって大きな衝撃でした。唐と新羅の襲来を恐れた朝廷は、国防の備えを固めました。九州に**大宰府**[❷]という朝廷の出先機関を置き、軍事と外交の拠点としました。対馬や九州に**防人**[2]を配置し、大宰府には水城[❸]を築き、西国の各地には

④敗戦を教訓にした律令国家

7世紀なかば、東アジアは動乱の中にありました。強大な唐帝国に脅威を感じた朝鮮半島の国々は中央集権化を進めていました。しかし、百済、新羅、高句麗の3国は、古来、激しい抗争をくり返しており、唐の軍事介入を招きました。

まず、唐・新羅軍は百済を滅ぼし、次いで高句麗を南北から挟み撃ちにして滅亡させました。日本は百済の救援に赴きましたが、百戦錬磨の唐軍に対して、日本は各豪族軍の寄せ集めで作戦もまとまらず、大敗を喫しました。

敗戦後、天智天皇は国家の危機を感じて中央集権化と律令の整備につとめました。天智・天武天皇は東アジアの興亡と敗戦の経験を教訓に国づくりを進めました。

❺**藤原京**　碁盤の目の構造をした初めての宮都。大和三山（畝傍、耳成、天香久山）の中心にあります。（復元模型　奈良県・橿原市教育委員会提供）

山城❷を築きました。さらに、都を難波から近江に移して、危険をさけました。中大兄皇子は、近江で即位して**天智天皇**❻となりました。天皇は、**庚午年籍**とよばれる、初めての全国的な戸籍をつくり、国内の改革を進めました。

律令国家の建設と日本の国号

天智天皇が亡くなったのちの672年、天皇の子の大友皇子と、天皇の弟の大海人皇子の間で、皇位継承をめぐる戦いがおこりました。これを**壬申の乱**といいます。大海人皇子は、東国の豪族を味方につけ、機敏な行動で勝利をおさめました。

戦いに勝利した大海人皇子は、673年、飛鳥の浄御原宮で**天武天皇**として即位し、天皇や皇族中心の**律令国家**➡P.54の完成を目指す改革を力強く進めました。天武天皇は、国家の法律をさらに整備し、国の歴史書の編纂➡P.54に着手しました。また、国を運営する役人の位や昇進の制度（八色姓）を整え、豪族たちをこの制度の中に組み入れました。さらに、宮中祭祀や年中行事を定めました。3

天武天皇の没後、皇后が即位して**持統天皇**となり、改革を受けつぎました。持統天皇は、奈良盆地南部の大和三山に囲まれた地に**藤原京**❺を建設しました。藤原京は、初めて本格的につくられた大規模な都でした。ここに、聖徳太子の新政以来の律令国家をめざす国づくり❹が完成に近づきました。7世紀末には、**日本**➡P.52という国号が用いられるようになりました。

❻天皇の系図

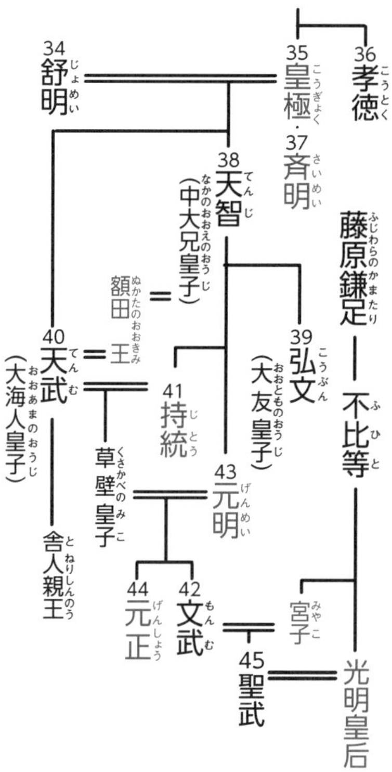

※番号は天皇の代をあらわす数、赤字は女性。
※額田王は万葉歌人で、初め大海人皇子に嫁いでいましたが、のちに兄の中大兄皇子に召されたといわれています。
※皇統譜による。

3天皇即位の儀礼としての大嘗祭、伊勢神宮の式年遷宮、お正月などの年中行事が定められました。

チャレンジ　白村江の敗戦のあと、日本がとった防衛政策を箇条書きにしてあげてみよう。

もっと知りたいコラム

「日本」という国名のおこり

私たちの国の名前「日本」はどのような意味を持ち、どのようにしてできたのだろうか

◉太陽の恵みをいっぱい受ける国

私たちの国の名前は「日本」(ニッポン、またはニホン)です。では「日本」とはどんな意味を持つのでしょう。「日本」の「日」は太陽のことです。太陽はあらゆるものに光と熱を与え、命をはぐくみます。古代の日本人は、その恵みを自覚し、人間の知恵や力をはるかにこえた、偉大な自然の「気」を感じ取っていたのです。

「本」は「…の元」ということ。ですから「日本」という国名は、607年、遣隋使の国書に「日出づる処」と書かれていたように「昇る太陽の出てくるところの国」という意味になります。

◉「倭」から「日本」へ

「日本」という国名ができる前、わが国は周囲の国々から「倭」「倭国」などと呼ばれていました。「倭」という漢字は「ゆだね従う」「背が曲がって低い」などの意味をもち、どう見ても立派な国名とはいえません。

これは古代中国の人々が、まわりのすべての国々を劣った国とみる中華思想➡P.29に基づき、わが国をあなどる気持ちで用いた国名だったのです。その後、わが国の国内の政治体制が整い、国力も伸び、東アジアの国々の中で重要な地位を占めるようになりました。そして、日本の古来からの歴史を知るにつれ、もっと自国にふさわしい名前があるはずだと、考えるようになりました。

◉ 1300 年の歴史を持つ国号

3世紀の邪馬台国の時代から7世紀の初めまで、日本は中国王朝との交渉で服属国のような立場をとっていました。しかし聖徳太子の時代にこれを改め、「天皇」➡P.47という君主の称号を使い始め、中国に対し自主、対等の姿勢を示すようになりました。これが「日本」という国名への変更にいたる出発点でした。

その後、大化の改新を経て、日本の政治のしくみはめざましく改善されました。7世紀末、それまでの政治改革の成果をまとめた飛鳥浄御原令という法律(689年)が出されました。「日本」という国名が公式に定められたのもこのころと考えられます。中国・唐代の歴史書『旧唐書』にも、国号が「日本」と改まったことが記されています。

それから約1300年を経た今日まで、この国名はまったく変わることなく使われています。中国や朝鮮半島の国々が、王朝が変わるごとに国名が変わってきたことと比較すると、それがいかに特別なことであるのかがわかります。我が国の国名がこの長い間、変わらなかったのは、その間、国がとだえたり、他の民族にとってかわられたりすることがなかったからです。

また「日本」は古くは中国で「ジッポン」と発音されていました。13世紀、マルコポーロの『東方見聞録』にある「ジパング」という国名は「日本」を発音したものです。これがのちの英語の「ジャパン」となりました。

日本の天皇と中国の皇帝

日本の天皇という称号はどのような意味を持ち、それは中国の皇帝とどう違うのだろうか

◉中国の皇帝が見た日本の天皇

日本では平安時代の中期にあたる984年、中国の宋の皇帝太宗は日本からやってきた一人の僧に面会しました。そこで日本国の天皇が一姓（一つの家系）であることを知り、深くため息をついて、こう言いました。➡P.133

「日本国は、君主が久しく世襲し、また臣下も親のあとをついでいるという。これこそ理想である。ところが、わが国は乱が絶えず、王朝は短期間で交替し、大臣、名家で後をつげたものは少ない。」

中国では、武力によって皇位を奪われることが、当たり前のように行われてきたので、安定した皇位の世襲は驚きとともに大きなあこがれだったようです。

◉中国の皇帝と易姓革命

中国の皇帝は「天」の命令によってその地位を授けられ、皇帝の徳がおとろえたときに、「天命」は別のものに移るとされていました。天命が革ることが「革命」、皇帝の姓（氏）を易めることが「易姓」、これを合わせて「易姓革命」とよびます。

この考え方は、前王朝を滅ぼした征服者にとって都合の良いものでした。「前皇帝は悪政をかさねて徳がおとろえたため天命が革り、自分が新しい王朝をたてたのだ」と言えば、武力によって皇位を奪うことが正当化されるからです。身分の低い者であろうが、異民族の出身者であろうが、皇帝になれるとするのが、易姓革命の思想ともいえるのです。

中国の皇帝は「高枕短命」（枕を高くして寝る警戒心の乏しい皇帝は短命に終わる）という言葉にあるように、絶えず暗殺や謀反を警戒しなければなりませんでした。

◉日本の天皇と天の思想

日本における「天」の思想は中国とは異なり、『古事記』の「天地の初発の時、高天原に成りませる神の名は…（世界のはじまりの時、天上の神々の世界にあらわれてきた神の名は…）」とある「高天原」に由来します。天皇の称号に「天」がふくまれるのは、高天原の神々の中心にあった太陽神、天照大神の子孫という意味からです。➡P.39

日本では古代国家が完成し、律令制が導入され政治のしくみが整いました。そののち天皇はしだいに政治の実権から遠ざかり、神々を祀る聖なる存在、あるいは国をおさめる権威となっていきます。そして、実際に政治を行うのは、摂政・関白・征夷大将軍などであり、天皇は彼らを任命し、政治の正統性を保証してきました。➡P.59　➡P.58、74

歴史年表で「元・明・清」などとあるのは、日本の「平安・鎌倉・室町」などの時代区分と似ていますが、本当の意味はまったく違います。日本では、政権の所在地が変わっただけですが、中国では、革命によって王朝が倒され、別の氏族や民族が支配者となり、まったく別の国がおこったことを意味するのです。

これに対し日本は、世界で最も古い王家である天皇家が、革命も王朝交代もなく統治してきた、世界最古の王朝をいただく国です。

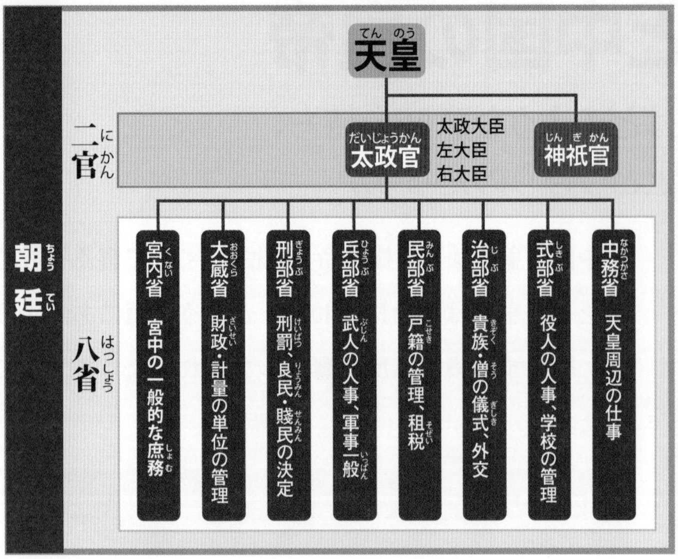

❶律令政治のしくみ　律令制における中央行政組織

❷平城京　朱雀門から大極殿を望む（それぞれ復元）

⑮ 古代律令国家の完成と平城京

日本の古代律令国家には、唐の制度と比べてどのような独自性があったのだろうか。

天武天皇の時代に富本銭を鋳造した巨大な工房が見つかっているんだ。

❸富本銭　683年鋳造

日本最古の貨幣とされ、国や民を富ませる本の意味があります。（奈良文化財研究所蔵）

「わどうかいほう」という読み方もあるわ。

❹和同開珎（かいほう）　708年鋳造

遷都のときから本格的に使われました。（日本銀行金融研究所蔵）

大宝律令

701（大宝元）年、**大宝律令**が制定されました。律は刑罰を定めた法律で、令は政治のしくみと手続きを定めた法律です。律令に基づいて運営される国家を、律令国家とよびます。大宝律令の制定により、日本の古代国家は、律令国家として完成しました。

大宝律令では、律は唐にほぼならったものでしたが、令は日本の実情に合わせてつくられました。たとえば、国政全般をつかさどる太政官のほかに、神々の祭りをつかさどる神祇官が置かれ、役所の構成は、「二官八省」とよばれました。❶日本は、中国に学びながらも、独自の律令をつくりあげたのです。❼

記紀の完成

712年に『**古事記**』が完成し、全3巻の中に、民族の神話と歴史がすじみち立った物語としてまとめられました。次いで、720年には『**日本書紀**』全30巻が完成し、日本国家の正史として、歴代の天皇の系譜とその事績が年代順に詳細に記述されました。

平城京と地方の統治

律令国家の新しい都として、710（和銅3）年、奈良に**平城京**が完成しました。❷貨幣も本格的に使われ始めました。❸❹これよりのち、京都に都が遷るまでのおよそ80年間を、**奈良時代**といいます。

❺⬆**長安の城壁跡**　長安（現在の西安）の城壁は、隋・唐時代に基礎がつくられましたが、現代に見られるのは明の時代に築かれたものです。

⬅平城京・大極殿と垣根（復元）

❻平城京と長安の違い

長安の都の外周は、高さ10m以上もある城壁で囲まれていました。皇帝の住まう宮城にも高い城壁がめぐらされていました。いっぽう、平城京には城壁はなく、天皇の住まう宮殿も、すぐ乗り越えられる垣根がめぐらされているだけでした。

正方形や長方形に区切られた居住地域の一区画は、坊とよばれました。坊の中に居住していた有力者、役人、一般住民の総数は、長安で約100万人、平城京で約10万人でした。この坊の一つひとつが長安では城壁で囲まれ、夜間には鍵でとざされました。外敵の侵入を防ぐとともに、坊の中にいる人々をとじこめ、管理しました。平城京では、外敵も住民の逃亡も想定していませんでした。➡P.19

平城京は唐の都の長安を手本にして設計されました。ただし、両者の間には大きな違いもありました。長安には防備のために強固な城壁が設けられていましたが、平城京には城壁はありません❺。これは、日本の平和な国情のあらわれです❻。

都には、碁盤の目のように道が通され、その北側の中央に、天皇の住まいや役所のある平城宮➡P.19が置かれました。東西２つの市では各地の産物が売買され、平城京の繁栄ぶりは、「青丹よし 奈良の都は 咲く花の 匂うがごとく 今盛りなり」と歌われました。

律令制度のもとで、地方は60あまりの国に分けられ➡巻頭3、国ごとに朝廷から**国司**が派遣されました。また、地方の豪族を郡司や里長に任命しました。中央と地方を結ぶ大きな道路には駅が設けられ、役人が乗りつぐ馬が用意されました。朝廷は、地方ごとに伝説や地理、産物を調べて『**風土記**』として記録させました。

公地公民と班田収授法

律令国家のもとでは、公平な統治をめざして、すべての土地と民を国家が直接おさめる**公地公民**➡P.49の原則が打ち立てられました。この原則に基づき、6歳以上のすべての男女に口分田として平等に土地を分ける、**班田収授法**❽というしくみがつくられました。

やがて、人口が増えると口分田はしだいに不足するようになりました。朝廷は743年に**墾田永年私財法**を定め、農民が新たな開墾地を私有することを認めたので、耕地は拡大しました。

知っ得ポイント！

❼ 大宝律令の離婚規定

大宝律令は、唐の律令制度を取り入れたものですが、全く同じというわけではありません。たとえば、離婚に関する唐の律令の規定では、妻の側に次の７つの条件のどれかがあれば夫は離縁することが出来ました。①子がない②淫らである③姑によく仕えない④おしゃべりである⑤盗み癖がある⑥嫉妬深い⑦悪い病気がある。

ところが、大宝律令では⑦の「悪い病気がある」は除外されました。悪い病気には、他の項目のように本人の不心得として責められないものがあるのでしのびないと作成者は配慮したのでしょう。唐に学びつつも独自の律令を目指した心意気が感じられます。(17年後の養老律令では唐の制度に戻っています)。

❽ 班田収授法と税制

男子に2反（約2380㎡）、女子はその３分の2の口分田を与える。税は次の通り。

- **租**▶収穫の約３％の稲をおさめる。地元でたくわえ、飢饉の救済用にあてた。
- **調**▶絹・布・糸・綿・海産物など、その地方の特産物をおさめる。
- **庸**▶労働の義務。実際には労働するかわりに一定量の布地を朝廷におさめる。
- **雑徭**▶60日を限度に地方で労働に従事する。
- **兵役**▶衛士…都の警備。防人…北九州の海辺を守る。

チャレンジ　唐の律令国家と日本の律令制の違いを説明してみよう。

❶法隆寺の五重塔　670年に焼失しましたが、再建されました。宝 世

②法隆寺を支えた木

1300年以上前に建てられた法隆寺が今なお健在なのはなぜでしょうか。それは宮大工の高度な技術のおかげです。法隆寺は数百年ごとに大修理を経ましたが、そのつどその時代の最先端の技術がつかわれてきました。

ヨーロッパが「石の文化」であるならば、日本は「木の文化」といえます。日本列島は南北に長く、山岳地帯が多いため、木の種類が豊富で良質な木材が調達できます。飛鳥時代の人々は、特にヒノキが優れた材質の木であることを知っていました。ヒノキを使用したことが、法隆寺が現存している大きな理由です。

(西岡常一『法隆寺を支えた木』より)

16 飛鳥文化と天平文化

7~8世紀の飛鳥、天平の文化にはどのような特徴があったのだろうか。

⬅❸釈迦三尊像　光背銘には、聖徳太子の冥福を祈って、623年に鞍作鳥（止利仏師）がつくったと書かれています。(奈良県・法隆寺蔵) 宝

➡❹百済観音像　クスノキの木像。百済観音とよばれていますが日本製です。光背は仏の輝きを示します。(奈良県・法隆寺蔵) 宝

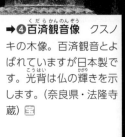

1 光明皇后は、悲田院（貧しい人や孤児の保護施設）、や施薬院（病人に薬や治療をほどこす施設）を建て、ご自身も病人の治療につとめました。

飛鳥文化

6世紀に百済からもたらされた経典や仏像は、自然崇拝だった日本人の心を揺るがしました。それは目に見え、手に触れ、言葉で理解できる初めての宗教だったからです。

推古天皇と摂政の聖徳太子は斑鳩（奈良盆地西北部）の地に**法隆寺**❶を建立しました。➡P.巻頭2・47その後、焼失・再建されてはいますが、現存する世界最古の木造建築物❷です。仏教をあつく信仰する太子は崇仏派の蘇我氏とともに、飛鳥を中心に次々と寺院を建立しました。この日本初の仏教文化を**飛鳥文化**とよびます。仏像彫刻では**釈迦三尊像**❸や**百済観音像**❹などが代表作とされています。

聖武天皇と大仏造立

奈良時代には、しばしば伝染病がはやり災害がおこりました。**聖武天皇**と光明皇后1は、国ごとに国分寺と国分尼寺を置き、日本のすみずみにまで仏教の心をいきわたらせることによって国家の平安をもたらそうとしました。これを**鎮護国家**の思想とよびます。

都には、全国の国分寺の中心をなす総国分寺として**東大寺**を建て、大仏造立❺を命じました。➡P.64僧・**行基**は、橋や用水路をつくるなどして多くの人々の信頼を集めていましたが、大仏造立にも大きく貢献しました。❻大仏開眼の儀式は、インド出身の高僧も加わっ

旧石器	縄文	弥生	古墳	飛鳥	奈良	平安	鎌倉	南北朝 室町 戦国	安土桃山	江戸	明治	大正	昭和	平成	令和

(世紀)	BC	AD1	2	3	4	5	6	7	8	9	10	11	12	13	14	15	16	17	18	19	20	21

❺奈良の大仏　盧舎那仏像（奈良県・東大寺蔵）宝 世

❻ 行基と大仏造立

行基は奈良時代の僧で、早くから民間に布教し、各地で橋をかけるなどの社会事業も行い、多くの信者を得ていました。もともと仏教は、国家の統一をうながし、国家を守るものとして導入され、庶民の信仰の対象ではありませんでした。しかし、聖武天皇は大仏造立のために行基の協力を求め、「一枝の草、一にぎりの土をもって手伝おう」と呼びかけました。行基の活動は、仏教が庶民の間に広まるさきがけとなりました。

❼正倉院　東大寺大仏殿の北西にある校倉造りの高床倉庫。現存する世界最古の博物館で、聖武天皇や光明皇后ゆかりの品などが収蔵されています。宝 世

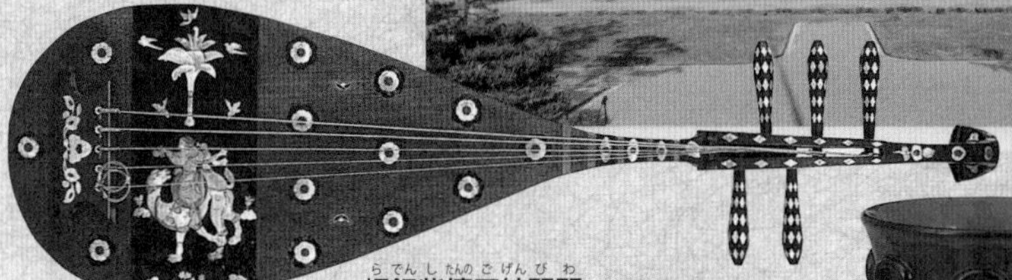

螺鈿紫檀五絃琵琶
インドを起源とする五本の絃をもつ琵琶。シルクロードを通って、日本に伝えられました。世界中で唯一残っている貴重な宝物。（奈良県・宮内庁正倉院宝物）

瑠璃坏　西アジア系と考えられるガラス製品。（奈良県・宮内庁正倉院蔵宝物）

❽月光菩薩像
日光菩薩と対になる像。ふくよかで神々しい天平の仏像の特徴をあらわしています。（奈良県・東大寺蔵）宝

て、盛大に行われました。➡P.64

天平文化

聖武天皇の時代には、シルクロードをわたって西域文化が到達し、国際色ゆたかな文化が花開きました。これを聖武天皇のころの元号から**天平文化**とよびます。

この時代を代表する寺は、**官寺**では東大寺、薬師寺などがあり、**私寺**では鑑真➡P.16のために建てた唐招提寺、藤原氏の氏寺である興福寺があります。仏像では東大寺の日光・月光菩薩像❽、四天王像、興福寺の阿修羅像など、仏教美術の傑作があります。752（天平勝宝４）年に完成した高さ約 15m の**奈良東大寺の大仏**❺は、世界最大級の金銅仏（銅に金メッキをした仏像）です。

東大寺の**正倉院**❼は、聖武天皇・光明皇后が大切にしていた品々をおさめています。現在の中国やイランでは数が少なくなったり失われたりしたガラス器や楽器、唐三彩の逸品など貴重な文化財が多く、日本はシルクロードの「東の終点」とよばれます。➡P.28

この時代には『**万葉集**』が編纂され、古代から奈良時代までの4500 首余りの和歌が採録されています。作者は天皇・貴族から名もなき農民・防人まで多彩で、身分のへだてなく採用されています。詩歌集に女性や庶民の作品まで採られているのは世界でも例がないといわれています。❾

❾万葉集の秀歌

この丘に　菜摘ます児　家聞かな　名告らさね……　**雄略天皇**

淡海の海　夕波千鳥汝が鳴けば　心もしのに　いにしへ思ほゆ　**柿本人麻呂**

春の苑　紅にほふ桃の花　下照る道に　出で立つ少女　**大伴家持**

世の中を　憂しとやさしと思へども　飛びたちかねつ　鳥にしあらねば　**山上憶良**

熟田津に　船乗りせむと月待てば　潮もかなひぬ　今は漕ぎ出でな　**額田王**

田子の浦ゆ　うち出でてみれば真白にぞ　富士の高嶺に　雪は降りける　**山部赤人**

この世にし　楽しくあらば来む世には　虫に鳥にも　我はなりなむ　**大伴旅人**

水鳥の　立ちの急ぎに　父母に　物言はず来にて　今ぞ悔しき　**（防人の歌）**

チャレンジ　飛鳥文化と天平文化の主な文化財を、建築、彫刻、文字にわけて表にしてみよう。

❶**桓武天皇**（737～806）　都を京都に遷しました。（滋賀県・比叡山延暦寺蔵）

❷**平安京**　東西約4.5km、南北約5.3km。朱雀大路がメインストリートでした。（復元模型　京都市歴史資料館蔵）平安京の中に平安宮があり、平安宮のなかに大極殿がありました。

⑰ 平安京と摂関政治

摂関政治はどのようにして成立したのだろうか。

❸主な宮都の位置

①～⑥の番号に従ってお話を作れるかな？

平安京

奈良時代には、8世紀の中ごろから、貴族や僧侶の間の争いが激しくなりました。**桓武天皇**❶は、奈良の地をはなれ、都を遷すことで政治を立て直そうと決意しました。[1] 新しい都は、794（延暦13）年、交通の便利な今の京都の地につくられました。これが**平安京**❷で、明治天皇の東京遷都まで約1000年間、日本の都となりました。❸ そのなかの、鎌倉に幕府が開かれるまでの約400年間を**平安時代**とよびます。

律令国家の立て直し

桓武天皇は、農民にとって大きな負担となっていた兵役の義務を廃止し、792年、郡司の子弟による新しい軍隊をつくりました。これを健児制といいます。また、地方政治の乱れを監視するため、勘解由使を置いて国司や郡司の不正を取りしまりました。さらに、戸籍が実態と合わなくなったので、班田収授の制度を改めたり、労役でおさめる税である雑徭を半減させたりして農民の負担を軽くしました。

➡P.55
➡P.55

このころ朝廷は、東北地方の**蝦夷**[2]とよばれる人々を服属させようとしましたが、激しい抵抗にあいました。桓武天皇は、坂上田村麻呂を**征夷大将軍**（朝廷が認めた総大将）とする軍勢を送り、❹

[1] 桓武天皇は、はじめ長岡京を造営しましたが、暗殺事件や皇族の非業の死などがあり、10年後に平安京に遷りました。

[2] **蝦夷**　古代の東北地方や北海道に住み、縄文時代以来の狩猟・採集の伝統を残していた人々。

旧石器	縄文		弥生			古墳			飛鳥	奈良	平安				鎌倉	南北朝 室町		戦国	安土桃山	江戸		明治	大正	昭和	平成 令和
（世紀）		BC	AD 1	2	3	4	5	6	7	8	9	10	11	12	13	14	15	16		17	18	19		20	21

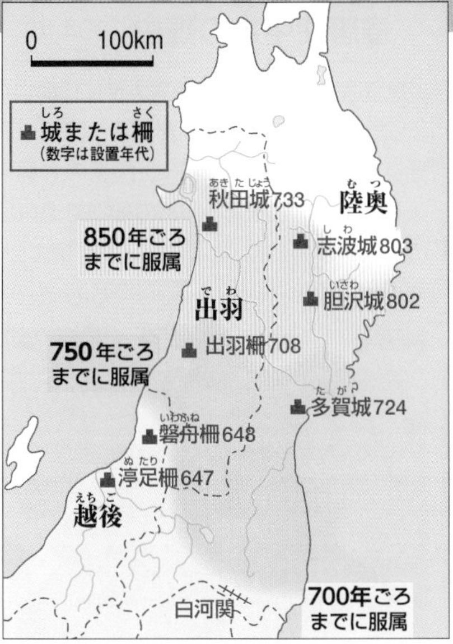

❹東北地方への進出

道長の歌

この世をば　わが世とぞ思ふ　望月の
かけたることも　なしと思へば

(この世は、まるで自分の世のように思われる。満月が少しも欠けたところがないように、望みがすべてかなって満足だ)

❺**藤原道長**(966～1027)
道長が天皇を迎えるため、舟遊びの準備をしているところです。(紫式部日記絵詞　大阪府・藤田美術館蔵)㊢

802年、蝦夷の指導者アテルイを降伏させました。

摂関政治

律令国家の立て直しがなされ、天皇の権威が確立し、皇位の継承が安定してくると、天皇が直接、政治の場で意見を示す必要が少なくなりました。他方、藤原氏は、たくみにほかの貴族を退け、一族の娘を天皇の后とし、その皇子を天皇に立てることで天皇の外戚(母方の親族)となり、勢力をのばしました。藤原氏は、天皇が幼いころは**摂政**として、また成長したのちは**関白**として、9世紀末には国政の実権をにぎるようになりました。これを、**摂関政治**とよびます。

摂関政治の最盛期は、**藤原道長**❺とその子の頼通のころで、藤原氏は朝廷の高い地位を一族でひとりじめにしました。❻

荘園の拡大

10世紀になると、戸籍を偽る事例が多発し、班田収授法は行われなくなりました。朝廷は方針を転換し、国司に公領からの税の確保を求めるほかは干渉せず、地方政治をまかせました。

地方の有力者はみずから土地を開墾し、藤原氏をはじめとする中央の貴族や寺社に寄進しました。この土地は朝廷や国司によって、税を免除される私有地として認められました。有力者はその土地の管理者となりました。そのための事務所や倉庫は「荘」とよばれたので、これらの私有地は**荘園**とよばれるようになりました。

❻ 藤原一族と皇族の関係図

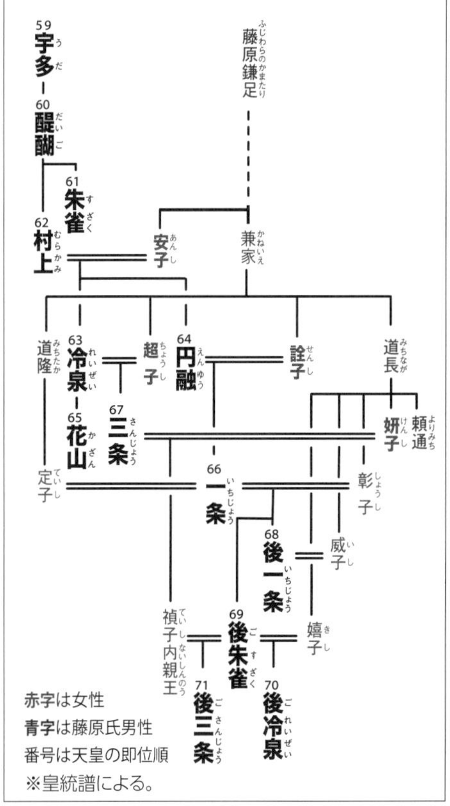

チャレンジ　摂関政治の摂政と関白について違いを説明してみよう。

 最澄（767～822）（伝教大師）兵庫県・一乗寺蔵	 空海（774～835）（弘法大師）京都府・東寺蔵
天台宗	**真言宗**
804年、桓武天皇の指名で遣唐使船で派遣され天台宗を伝えました。家柄に関わりなく人は誰でも仏になれると説き、民衆に希望を与えました。	最澄と同じ船で唐に渡り、わずか三ヶ月で密教の最高位につき、日本に密教を伝えました。土木事業や学校開設など社会事業にも取り組みました。

❶最澄と空海

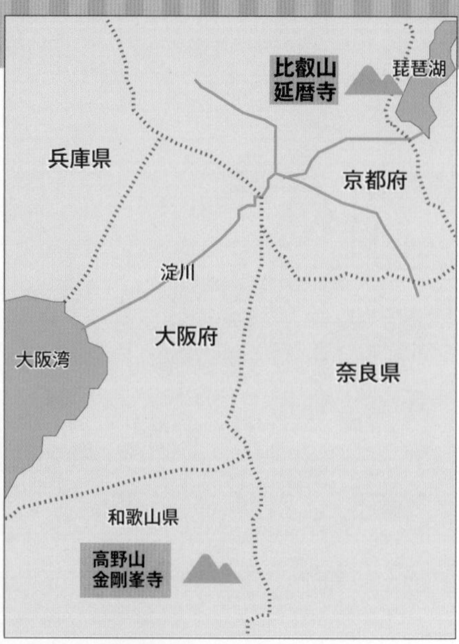

❷延暦寺と金剛峯寺

❸菅原道真が提唱した遣唐使中止の理由（894年）

菅原道真は894年に遣唐大使に任命されましたが、①唐では内乱が続き、国家が衰退している、②遭難が多く、国家の大切な人材を失う危険がある、との理由で遣唐使の中止を建言しました。結局、遣唐使はとりやめとなりました。

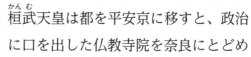

菅原道真（845-903）（福岡県・太宰府天満宮蔵）

18 平安文化と文化の国風化

平安時代に国風文化が花開いたのはなぜだろうか。

平安仏教の新しい動き

桓武天皇は都を平安京に移すと、政治に口を出した仏教寺院を奈良にとどめました。平安初期には地震・干ばつ・飢饉が起き、政変も多く、その原因は怨霊（怨んで死んだ人の霊）と考えられました。そこで、鎮める力をもった宗教が求められました。これに応えたのが密教でした。密教は修行によって直接、宇宙の真理にふれ即身成仏を目指すものです。この時期に最澄と空海の二人の僧が唐にわたり、密教を日本にもたらしました。

最澄は比叡山（滋賀県）に延暦寺を開いて**天台宗**を広め、空海は高野山（和歌山県）に金剛峯寺を開いて**真言宗**を広めました。➡P.巻頭1学僧たちは密教の奥義を求めて、山中でひたすら修行に励みつつ、国家と万民の平安を祈りました。❶❷

このころ、日本固有の神々への信仰（のちの神道）と仏教の教義が次第に結びつく流れも生まれました。（**神仏習合**[1]）➡P.178

国風文化

894（寛平6）年、**菅原道真**（のちの右大臣）の建言によって遣唐使が中止されました。❸その後、唐風文化を基礎としつつも、日本独自の特色も兼ね備えた、優雅で繊細な文化が次第に発達しました。これを**文化の国風化**または単に**国風文化**とよびます。

その中でも重要なのは、**仮名文字**➡P.62の発達です。とくに平仮名は貴族の女性の間に広まり、仮名文字を用いた文学が生まれました。❺

❹主な文学作品の成立年

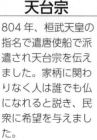

900	＊「竹取物語」（作者不明）
905	最初の勅撰和歌集として「古今和歌集」が編纂される
935	「土佐日記」（作者は紀貫之）
974	「蜻蛉日記」（作者は藤原道綱の母）
996	＊「枕草子」（作者は清少納言）
1004	＊「源氏物語」（作者は紫式部）
1030	＊「栄花物語」（作者は赤染衛門）
1060	＊「更級日記」（作者は菅原孝標の女）
1075	＊「大鏡」（作者不明）
1110	＊「今昔物語集」（作者不明）
1170	＊「今鏡」（作者不明）
1179	＊歌謡集「梁塵秘抄」（撰者は後白河法皇）

注）「成立」とは文学史の言葉で、その作品が公表以前に実際にできあがったことをさします。上記の「＊」印の付いた事項は、おおよその年代であることを意味します。

[1] 日本の神々のためにお経を読んだり、寺に神像を祀ったりしました。

❺仮名文字の文学作品

◇春はあけぼの。やうやう白くなりゆく、山ぎはすこしあかりて、むらさきだちたる雲のほそくたなびきたる。（春はあけぼのが一番だ。だんだん空がしらんでいくにつれ、山ぎわに紫がかった雲が細くたなびくのがよい。）（**清少納言**『枕草子』）
◇いづれの御時にか、女御、更衣あまたさぶらひたまひけるなかに、いとやむごとなき際にはあらぬが、すぐれて時めきたまふありけり。（いつの帝の御代であったか、宮廷で大勢の女官がお仕えするなかに、とても高貴な身分の生まれというわけではないが、とりわけ帝の寵愛を受ける方がいた。）（**紫式部**『源氏物語』）
◇・色見えてうつろふ物は世の中の人の心の花にぞありける（色が見えて変わるものは花だが、色が見えないで変わりゆくものは、世の中の人の心という花だ）**小野小町**
・世の中にたえて桜のなかりせば春の心はのどけからまし（桜がなかったら、心はのどかだったろうと思えるほど、桜のはかなさに人の心はさわぐ）**在原業平**
（『古今和歌集』）

❻**寝殿造**　貴族の邸宅。寝殿を中心に、家族の居所や釣殿が廊下で結ばれています。（復元模型　千葉県・国立歴史民俗博物館蔵）

❼平安時代の貴族の服装
（京都府・風俗博物館蔵）

男性　束帯。貴族男子の正装。位階によって色が変わり、10世紀末ごろは、四位以上は黒、五位は赤、六位以下は緑でした。

女性　女房装束。のちに十二単ともよばれる。着かざった衣装を御簾の下や牛車からのぞかせて、美しさを競いました。

清少納言はしなやかな観察力で宮廷の暮らしや季節のうつろいをつづった随筆『**枕草子**』をあらわし、**紫式部**は貴族の恋を題材に世界最古級の長編小説『**源氏物語**』を書きました。

和歌では醍醐天皇の勅命で紀貫之らが『**古今和歌集**』を編纂し、小野小町や在原業平など六歌仙といわれる歌人の名作などが収録されました。かぐや姫が登場する『竹取物語』も、このころ書かれました。❹

平安時代の貴族は、池などの自然を模した庭園のある**寝殿造**❻の屋敷に住みました。服装も男性は束帯、女性は十二単などに変わりました。❼絵画は自然や風俗をモチーフにした大和絵が襖や屏風を飾り、その大和絵から物語のある絵巻物が生まれました。鳥羽僧正の筆と伝えられる『**鳥獣戯画**』の軽妙な筆致は、日本の漫画の原形といえます。

浄土信仰の広まり

10世紀末になると、社会不安から庶民のあいだに末法思想❷が広まりました。都では放火・盗賊が横行し、地方では天災がたてつづけにおこりました。民衆の不安に応えたのは、比叡山天台宗の源信や空也❸らでした。彼らは、念仏をとなえて阿弥陀如来に帰依すれば極楽浄土に生まれ変わることが出来るとする浄土信仰を広めました。

貴族たちも極楽浄土にあこがれ、阿弥陀堂を建てて阿弥陀如来の像を奉納しました。藤原頼通の**平等院鳳凰堂**➡P.65（京都府）や奥州藤原氏の**中尊寺金色堂**❽➡P.73（岩手県）がその代表です。

❽**中尊寺金色堂**（岩手県）国宝 世界遺産

❷**末法思想と浄土信仰**　釈迦の没後、正しい教えが衰滅し、1052年に末法の世を迎えるとされ、人々はその到来を恐れました。貴族社会では極楽浄土への往生を願う浄土教が広まりました。

❸**源信と空也**　源信は『往生要集』を著し、死後の世界で救われる道を示しました。空也は念仏を唱え、その言葉が阿弥陀仏になったと伝えられます。

チャレンジ　国風文化の中で生まれた文学、建築、絵画をあげて表にしてみよう。

もっと知りたい
コラム

世界にほこる女流文学

平安時代に書かれた『源氏物語』などの女流文学は当時の世界でも高いレベルの作品だった。それを可能にしたのは何だったのだろうか。

◉ 1000年前に書かれた大長編小説

2008（平成20）年、京都を中心に「源氏物語千年紀」としたさまざまな催しが開かれました。ちょうど1000年前の1008（寛弘5）年11月、『源氏物語』の著者、紫式部の日記に、この小説が貴族たちに読まれはじめていたことを示す記述があるため、2008年を「源氏物語千年」とすることになったのです。

紫式部は平安時代前期、役人の娘として生まれました。幼少時から聡明で漢文などを学び、後に一条天皇の妃、彰子に家庭教師役として仕えたこともありました。『源氏物語』を書き始めたのは夫と死別した直後とされます。現在の滋賀県大津市にある石山寺にこもり、構想を練ったともいわれ400字詰めの原稿用紙にして2300枚余りにおよぶ長編小説を書き上げました。

『源氏物語』は、抜きんでた貴公子である光源氏とその周辺の女性たちを中心に、貴族社会を人間性豊かに描いています。当時から貴族たちの間で評判になっていたらしく、『紫式部日記』には、一条天皇から称賛されたことや、『源氏物語』の登場人物の名前で呼ばれたことなどが書かれています。

西欧で名作とされるボッカチオの『デカメロン』やセルバンテスの『ドンキホーテ』よりも300 ~ 600年も早く、世界最古の長編小説といえます。20世紀には英訳もされ、海外でも高い評価を受けています。

石山寺紫式部源氏の間　紫式部は石山寺参籠中に『源氏物語』の構想を得たとされています。（滋賀県大津市・石山寺蔵）

◉細やかさを表現できる仮名文字

紫式部だけではありません。この時代、清少納言の随筆『枕草子』や藤原道綱の母の『蜻蛉日記』、菅原孝標の女の『更級日記』、和泉式部の『和泉式部日記』など、鋭い観察眼で書かれた女流文学が次々と登場しています。こうした優れた文学を可能にした大きな要因は仮名文字の発明でした。

漢字は、3世紀ごろまでに大陸や朝鮮半島から渡来してきた人々とともに、日本に入ってきたと考えられます。私たちの祖先は、その漢字を学んで使用しただけでなく、日本古来の物語や歌謡を記録するのに漢字を使い、古くからの日本語（やまと言葉）を表現したのです。

源氏物語絵巻　絵巻とは紙または絹を横に長くつなぎ、情景や物語を連続して表現したものです。屋根を省略して室内を描く構図が特徴的です。

その際、名詞の「フネ」や動詞「ノル」は同じ意味の漢字「船」「乗」をそのまま使えますが、漢語にない助詞「ノ」「ヲ」や助動詞、接続詞、送り仮名などは漢字の音を利用して表記するしかありません。そうして日本語を読むようにしたのが、万葉仮名です。

しかし、万葉仮名では画数が多い漢字を使っていたので、「伊→イ」のように漢字の一部を借りた片仮名や、「波→は」のように漢字をくずした平仮名を独自につくりだしたのです。

漢字と仮名文字を比べると、漢字は激しく大仰な表現には適しますが、日本人らしい微妙な表現には適しません。たとえば「悲しい」は、漢字だけでも表現できますが、「うら悲しい」「もの悲しい」といった感性のこまかな表現は、漢字と仮名文字をあわせた漢字仮名混じりでないとできません。漢字で「豪雨」は表せても「そぼ降る雨」という表現はできません。

◉宮廷にできた文芸サロン

このように仮名文字は、日本人のものの感じ方のこまやかさを表現できる素晴らしい表音文字なのです。仮名文字の発明によって、日本人の文章表現は飛躍的に豊かになりました。

なかでも平仮名は曲線の優美な字体から女手と呼ばれ、宮廷の女官たちを中心に普及しました。女性たちの細やかな感性を表わすのに役立ち、優れた女流文学を育てたといえます。しかしほかの理由もありました。

紫式部の彰子だけでなく、清少納言が仕えた一条天皇の中宮、定子といった名門貴族出身の貴婦人を中心に、「文芸サロン」が形成されました。ここで女性たちは出身貴族の名誉や盛衰をかけて、知識や感性を競い合いました。

つまり、女流文学は比較的平和だった時代の、藤原氏を中心とした貴族社会が生んだ賜物でもあったのです。

修学旅行で行く　奈良と京都

奈良編

修学旅行で奈良と京都に行くことになりました。修学旅行の前に翔太君たちは、代表的な奈良の東大寺について、興味のある事柄について調べることにしました。

奈良には、日本が成し遂げた世界最大級の木造建築の東大寺や、鋳造大仏があります。

いつ、なんのために、だれが造ったのだろうか。

わかったこと

①奈良時代初め、飢饉、疫病、反乱が多発し世の中が大変乱れた。
②聖武天皇は、仏教の教えをもとに、国を鎮めることを願った。
③その願いから巨大な大仏の造立を、行基に託した。
④７年の歳月をかけ 752年に大仏と大仏殿を完成させた。
⑤大仏の開眼供養には、１万人をこえる人々が集まり見守った。

盧舎那仏像（高さ 14.98m）宝 世

東大寺金堂（大仏殿高さ 49.1m）宝 世

大仏様の頭にある、ぶつぶつは何ですか？

螺髪の形

わかったこと

頭についているぶつぶつのことを「螺髪」と呼んでいます。「螺」とは、巻貝のことで、大仏さまの「螺髪」も近くで見ると図のように渦巻き状の形をしています。今は、一つの直径が約22cm、高さが約21cm、重さは約 1200gで492個もあり驚くことばかりでした。

今から 1260 年以上も前の時代に、どのような順序で巨大な大仏を造ったのだろうか。

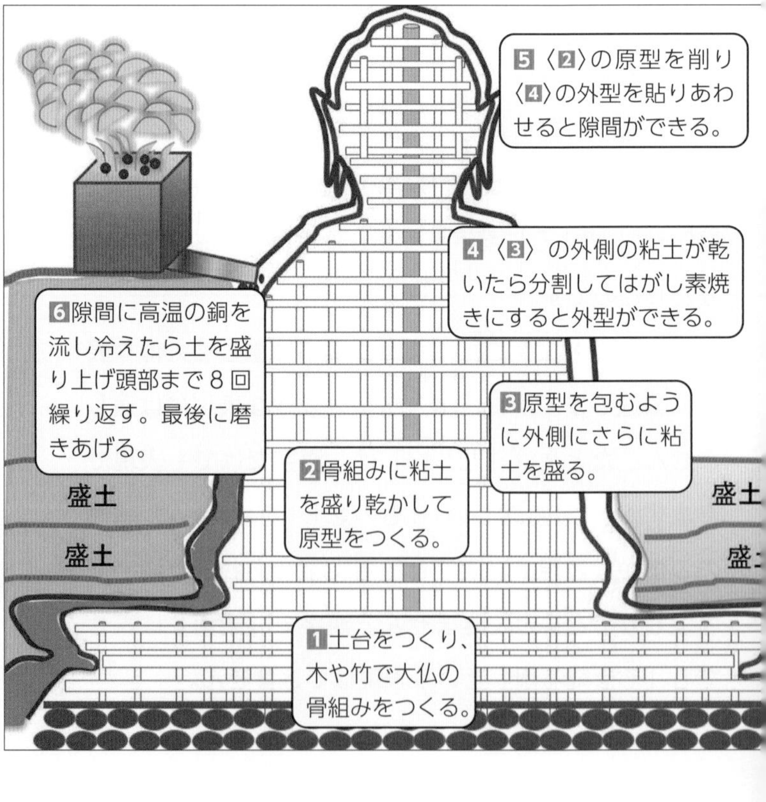
5〈2〉の原型を削り〈4〉の外型を貼りあわせると隙間ができる。
4〈3〉の外側の粘土が乾いたら分割してはがし素焼きにすると外型ができる。
6隙間に高温の銅を流し冷えたら土を盛り上げ頭部まで８回繰り返す。最後に磨きあげる。
3原型を包むように外側にさらに粘土を盛る。
2骨組みに粘土を盛り乾かして原型をつくる。
盛土
盛土
盛土
1土台をつくり、木や竹で大仏の骨組みをつくる。

京都編

さくらさんたちは、修学旅行の前に身近にある10円硬貨や1万円札にある京都の平等院について、興味が湧いてきて調べることにしました。

京都の平等院は奈良の寺院と比べると、少し趣が違うわ。
それに鳳凰堂といわれるのは、なぜかしら?

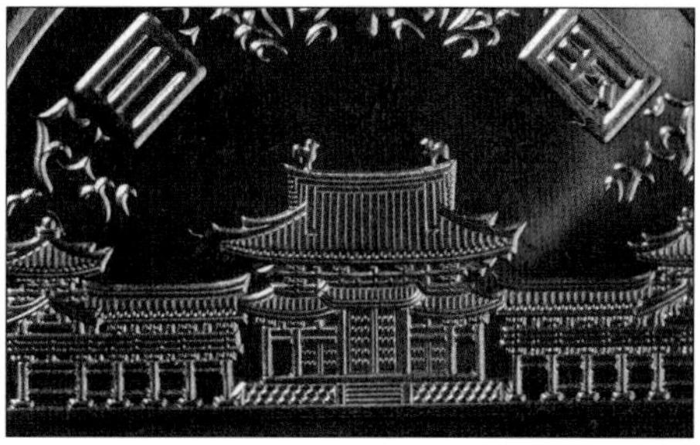

10円硬貨

平等院鳳凰堂 宝 世

わかったこと

平等院の建物は、藤原道長の別荘でしたが、息子の藤原頼通が寺院に改めました。鳳凰堂は、空想上の鳥である鳳凰が羽を広げたように見えることから名づけられました。なお、屋根には、国宝である一対の鳳凰の彫刻も取り付けられています。

10円硬貨や1万円札に、平等院の画像が使われているのはどうしてだろう。

1万円札の鳳凰

わかったこと

平等院鳳凰堂は、第二次大戦中も奇跡的に戦火を免れ日本的な建物の完成された美しい姿を1000年以上にわたってとどめています。日本文化の象徴として、昭和26年に10円硬貨に採用されました。1万円札の鳳凰も、「幸せの鳥」なので、幸せを運ぶお札として流通してほしいとの思いを込めてデザインされました。

切手になった空を飛ぶ雲中供養菩薩のポーズもおもしろいね
どんな願いが込められていたのかな?

楽器を奏でる52体の雲中供養菩薩 宝

わかったこと

10世紀の末頃には、社会の乱れに対する不安から末法思想が広まり念仏を唱えて阿弥陀如来に帰依すれば極楽浄土に生まれ変わるという浄土信仰に人々は救いを求めました。➡P.61

鳳凰堂も阿弥陀如来を奉納し周りに池をしつらえて極楽浄土を表現しました。52体の雲中供養菩薩は、阿弥陀如来と共に楽器を奏で、踊りを舞って信者を極楽浄土に導くといわれています。

奈良の東大寺と京都の平等院を比較してわかったこと

奈良の東大寺--- 力強く豪壮で、唐(のちには宋)の影響を受けた建築様式

京都の平等院--- 優雅で繊細で、趣を持つ国風文化の建築様式

《2 復習問題のページ　古代までの日本

①人類が今から約 700 万年前に誕生した大陸は？…… [1]

②古代の代表的な四大文明は？…… [2] [3] [4] [5]

③初めて中国大陸を統一して中央集権国家をつくった秦の皇帝は？…… [6]

④世界の三大宗教は？…… [7] [8] [9]

⑤魏志倭人伝（ぎしわじんでん）に書かれた女王・卑弥呼がおさめた倭の大国は？…… [10]

⑥中国の皇帝が朝貢国にその国の支配権をあたえた体制は？…… [11]

⑦前方後円墳に象徴される大和の豪族を中心とする連合政権は？…… [12]

⑧日本の国の成り立ちが神話の形で書かれている書物は？…… [13] と [14]

⑨広開土王の碑を建て、大和朝廷と戦った朝鮮半島の国は？…… [15]

⑩仏教導入をめぐり、豪族の蘇我氏と物部氏が争った論争は？…… [16]

⑪冠位十二階や十七条の憲法を定め、隋との対等な外交を進めた皇子は？…… [17]

⑫中大兄皇子と中臣鎌足が行った新しい政治のしくみをつくる改革は？…… [18]

⑬大友皇子と大海人皇子の間でおこった皇位継承をめぐる内乱は？…… [19]

⑭古代律令国家で口分田をあたえられた公民が納めた税は？…… [20] [21] [22]

⑮公民に新しく開墾した土地を私有地にすることを認めた法は？…… [23]

⑯天皇の幼少時は摂政、成長後は関白として実権をにぎった藤原氏による政治は？…… [24]

⑰仮名文字や女流文学などに代表される日本独自の優雅で繊細な文化は？…… [25]

地図問題 1

古代の主な遺跡と古墳の分布図です。下表のア～エの記号を□に入れなさい。

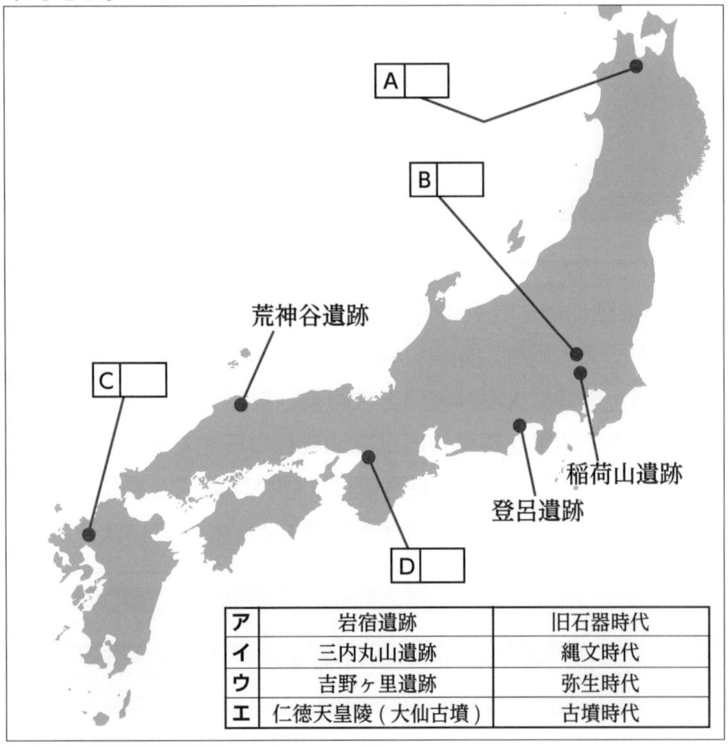

ア	岩宿遺跡	旧石器時代
イ	三内丸山遺跡	縄文時代
ウ	吉野ヶ里遺跡	弥生時代
エ	仁徳天皇陵（大仙古墳）	古墳時代

地図問題 2

主な宮都の位置を表した地図です。遷都の順に□に番号を入れなさい。

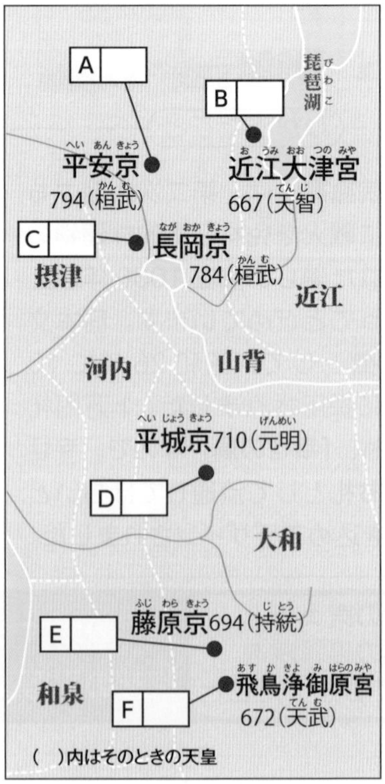

古代とはどんな時代だったのだろうか

古代という時代の特徴を大づかみにとらえるために、以下の問題を解いてみよう。

◆「歴史用語ミニ辞典」の作成

歴史用語を３つの文で説明する「歴史用語ミニ辞典」をつくります。「古代までの日本」の章に登場する以下の歴史用語について、教科書をよく読み、下の例にならって、3文でノートにまとめてみよう。

選んだ用語に関して、教科書の本文、コラムや注に書かれているところにマーカーを使うと便利です。問題数が多いので、グループごとに分担して発表しあうとよいでしょう。

縄文文化　弥生文化　邪馬台国　大和朝廷　聖徳太子　大化の改新　白村江の戦い　壬申の乱　大宝律令　平城京　日本書紀　班田収授法　墾田永世私財法　東大寺の大仏　平安京　摂関政治　国風文化

【さくらさんのノート　白村江の戦い】

①663年、朝鮮半島南部の白村江で、日本・百済の連合軍が唐・新羅の連合軍に敗れた戦い。←出来事については、時間、場所、出来事のポイントを短く書きます。文末は体言止めにします。

②新羅が唐と結んで百済を滅亡させたので、300年の親交のある大和朝廷は、百済復興のために出兵したが敗れ、百済の多数の官民が日本に亡命した。←やや詳しい説明を追加します。

③日本は敗戦に大きな衝撃を受け、唐・新羅の襲来を恐れて、防人、水城などの防衛体制を築くなど、古代律令国家の建設に向けて取り組み始めました。←歴史上の意味、その後の歴史への影響などを書きます。

◆時代比較の問題

次の２つの事項について、比較して、その違いを、表にしてノートにまとめてみよう。

①縄文時代と弥生時代（土器、生産、集落、社会の４つの観点にわける）

②弥生時代のムラと古墳時代のクニ

③飛鳥・天平文化と国風文化

【翔太君のノート・①について】

	縄文時代	弥生時代
土器	煮炊きに使う縄文土器	貯蔵用にもなる弥生土器
生産	狩猟と採集が中心	水田稲作が中心
集落	定住もしていた	共同作業からムラができる
社会	争いのない和の文化	時には戦争も起こった

◆人物比較の問題

以下の二人の人物について違いをノートにまとめてみよう。

①卑弥呼と聖徳太子（中国の王朝とかかわりを中心に）

②清少納言と紫式部

さくらさんは、書かれている史料、君主の称号、中国の王朝との関係の３つの視点から次のような表をつくりました。

【さくらさんのノート・①の答】

	卑弥呼	聖徳太子
書かれている史料	魏志倭人伝	隋書倭国伝、日本書紀
君主称号	親魏倭王	天皇
中国の王朝との関係	冊封を受けた服属国	自立した国家への道

◆「ひとこと」作文

あなたが、古代の学習で、学んだ重要な言葉（キーワード）を１つあげ、それを次の要素に入れて書き出したとします。

古代とは、ひとことでいうと、
「○○」の時代だった。

この「○○」の中に、下の語句から１つを選んで入れて、200字から400字程度の作文を書いてみよう。

①天皇 ②国づくり ③貴族 ④神話 ⑤仏教

【翔太君のノート・①について】

古代はひとことでいうと「天皇の時代」だったと思う。それは、何でも天皇が決め、政治を行うという意味ではなく、豪族たちや聖徳太子の時代、藤原氏などの貴族の時代にしても、天皇を政治の中心において、周りが国づくりを進めたのだろう。天皇を聖なる存在としてあがめ、大きな争いがない世の中が形づくられたと思う。日本はその後も、一時期をのぞいて大きな分裂のない国になれたのだろう。

◆意見交換会

①日本の神話にあらわれた日本人の思想と、聖徳太子の十七条憲法を比較して、共通点をみんなで出し合ってみよう。
<ヒント>日本の神話については「国譲り神話」を、聖徳太子については教科書の本文をよく読んでみよう。

②魏志倭人伝には、「卑弥呼」や「邪馬台国」という悪い字が当てられています。中国の王朝が周囲の民族につけた漢字の中から、同じような例を探して出し合ってみよう。

③古代の日本は中国の律令制度を取り入れて国づくりをしましたが、取り入れなかった制度もありました。

どのような違いがあるか、みんなで出し合ってみよう。

《4 対話とまとめ図のページ

下の<まとめ図>を見ながら、お兄さんと弟が対話をしています。

（兄）「第１章　古代までの日本」は、約 20 万年前のアフリカでの「ホモ・サピエンス」（知恵のあるヒト）の誕生から、11 世紀末の摂関政治の終わり頃まで、とても長いね。それで、下のまとめ図では、これを４つにわけているんだね。

（弟）今、気付いたんだけど、４つにわけているのは、順番に「起承転結（きしょうてんけつ）」のお話になっているね！

（兄）その通り。「起」で日本文化の土台がつくられ、「承」で大陸文化と融合し、「転」で「古代律令国家」が確立したんだ。下のまとめ図を見ながら、「転」について説明してごらん。

（弟）７世紀初めに摂政となった聖徳太子は、律令国家として独自に発展していく道を示したんだね。隋への使者の国書に「天皇」という称号を使い、皇帝と対等であることを表明したんだ。

大化の改新では日本独自の元号を使い始めた。白村江の敗戦は、わが国が強い国家となる必要性を感じさせた。「日本」という国号を定め、律令を制定し、最初の歴史書として記紀を編纂（へんさん）したんだ。

（兄）聖徳太子から始まって、約 100 年で日本の古代国家は律令国家として完成したんだ。7世紀は、日本という国づくりの世紀となった。もう一つ大切なのは、日本は一度も王朝の交代がない国家といえることだ。

（弟）古代史を学ぶと、日本の原点がわかるね。

第1章　古代までの日本<まとめ図>

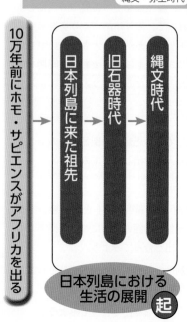

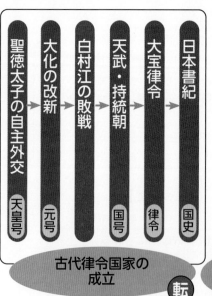

縄文・弥生時代		古墳・飛鳥・奈良・平安時代	
日本列島における生活の展開　起	大和朝廷の成立　承	古代律令国家の成立　転	古代律令国家の変化　結
10万年前にホモ・サピエンスがアフリカを出る → 日本列島に来た祖先 → 旧石器時代 → 縄文時代	→ 弥生時代（ムラからクニへ） → 邪馬台国 → 大和朝廷の成立	→ 聖徳太子の自主外交（天皇号） → 大化の改新（元号） → 白村江の敗戦 → 天武・持統朝（国号） → 大宝律令（律令） → 日本書紀（国史）	→ 摂関政治のはじまり → 中世へ

第2章
中世の日本

鎌倉・室町時代

蒙古襲来絵詞（宮内庁三の丸尚蔵館蔵）

鎌倉時代のことを描いた絵巻物に、こんな絵があるわ。武士たちが座っているのは、下の写真の石塁ではないかしら？

さくらさん

福岡県博多湾の海岸線に、こんな石塁がある。いつ、何のためにつくったのだろう？

謎解きは
➡ P.81

翔太君

第２章　日本の中世＜予告編＞

登場人物紹介コーナー

小学校で学んだ人物を中心に紹介

平清盛　日宋貿易を拡大　平氏政権をつくる
→ 源義経　源平合戦の立役者
源頼朝　鎌倉幕府を開く
→ 北条時宗　元の襲来を撃退
→ 後醍醐天皇　南北朝の内乱　建武の新政
→ 足利尊氏　室町幕府を開く
足利義満　日明貿易

親鸞

日蓮

道元

運慶　快慶

雪舟

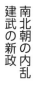

第1節 武家政治の成立とユーラシア

❶春日大社に着いた白河上皇と、お供の貴族、警備の武官、僧侶たち。（春日権現験記絵　宮内庁三の丸尚蔵館蔵）宝

19 武士の台頭と院政

院政はどのようにして始まり、武士の台頭とどのように関係したのだろうか。

❷ 源氏・平氏の系図と武士の争乱

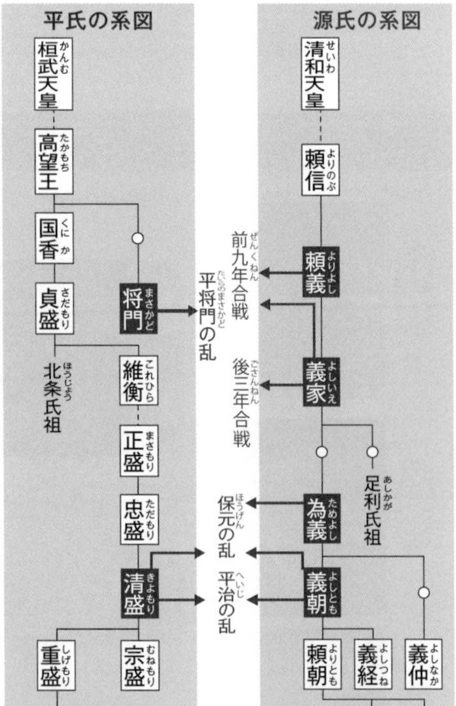

武士の登場

10世紀になると、公地よりも私有地である荘園が広がりました。また、都でも地方でも、盗賊が出没し、治安が乱れました。朝廷や中央の貴族たちは、武芸を職業にする者たちによって、宮中（皇居）や貴族の屋敷を護衛させました。❶

➡P.59

また、地方では、地元の豪族の中に、土地を守るためにみずから集団で武装する者があらわれました。彼らは、**武士**と呼ばれました。

武士は、皇族や中央貴族の血統を引き、指導者としての能力に優れた者を棟梁にいただき、主従関係を結んで**武士団**をつくりました。なかでも、天皇の子孫とされる**源氏**と**平氏**がひきいる武士団がとくに有力でした。❷ 彼らは新たに開発した土地を荘園として貴族や寺社に寄進し、勢力をのばしました。関東で平将門、瀬戸内海で藤原純友が武士団を率いて反乱を起こしました。

院政と武士

11世紀のなかばすぎ、170年ぶりに、藤原氏を外戚にもたない後三条天皇が即位し、みずから政治を行いました。これによって、藤原氏の勢いはおさえられました。その流れを受けついだ白河天皇は、14年間在位したのち、幼少の天皇に皇位を譲り、**上皇**として天皇の後ろだてになって政治の実権をにぎりました。この政治を**院政**

❸**平治の乱**　源義朝の軍が後白河上皇の御所である三条殿を襲い、火をつけているようす。（平治物語絵巻）

といいます。❹❺ 摂関政治は、➡P.59 天皇の母方の一族が実権をにぎる政治でしたが、院政では、天皇の父や祖父が、朝廷のしきたりにとらわれない政治を行いました。

院政が始まると、白河上皇は、新しい荘園を認めたので、多くの荘園が上皇のもとに集まりました。また、上皇は平氏を中心とする武士団を、「北面の武士」[1] として院の警護に重く用いたので、武士の台頭をうながしました。また、荘園の寄進を受けた寺社勢力も上皇の保護のもと、僧兵（武装した僧）をかかえて勢力を広げました。

「武者の世」の始まり

1156（保元元）年、**後白河天皇**と崇徳上皇の間で、激しい対立がおこりました。これに、勢力争いをしていた藤原氏の兄弟や、有力な武士たちが二手に分かれて加担し、戦いになりました（**保元の乱**）。天皇・上皇の争いの解決に、武士が大きな力を発揮したので、武士が政治への発言力を増していくきっかけとなりました。そのため、保元の乱から「武者の世」[2] に移ったともいわれます。

保元の乱ののち、勝者の後白河天皇（のちに上皇）を支えた貴族の間の勢力争いから、1159（平治元）年に再び戦いがおこりました（**平治の乱**❸）。この乱で、**平清盛**が **源 義朝**を破り、平氏が武士の中でもっとも有力な勢力となりました。

❹ 院政時代の天皇の系図

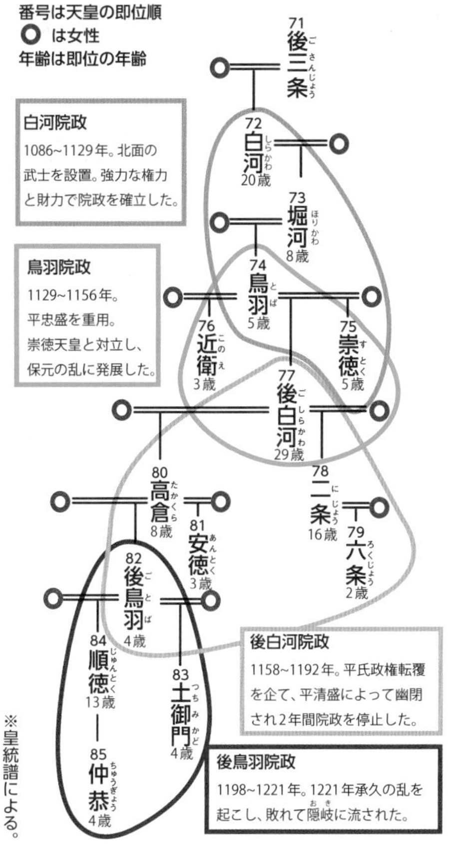

番号は天皇の即位順
○ は女性
年齢は即位の年齢
71 後三条
72 白河 20歳
73 堀河 8歳
74 鳥羽 5歳
75 崇徳 5歳
76 近衛 3歳
77 後白河 29歳
78 二条 16歳
79 六条 2歳
80 高倉 8歳
81 安徳 3歳
82 後鳥羽 4歳
83 土御門 4歳
84 順徳 13歳
85 仲恭 4歳
白河院政
1086~1129年。北面の武士を設置。強力な権力と財力で院政を確立した。
鳥羽院政
1129~1156年。平忠盛を重用。崇徳天皇と対立し、保元の乱に発展した。
後白河院政
1158~1192年。平氏政権転覆を企て、平清盛によって幽閉され2年間院政を停止した。
後鳥羽院政
1198~1221年。1221年承久の乱を起こし、敗れて隠岐に流された。
※皇統譜による。

歴史の言葉 ❺ **上皇・法皇・院・院政**

上皇は太上天皇の略で、譲位した天皇の称号。持統天皇にはじまります。

譲位後の天皇が出家した場合は法皇とよびます。院は上皇・法皇およびその御所をさし、院で行われた政治を院政といいます。

院政は藤原氏から
政治の実権を
取り戻すはたらきも
あったのね。

[1] **北面の武士**　院の御所の北面（北側の部屋）に詰めていたので、この名があります。

[2] **武者の世**　藤原氏出身の僧・慈円の『愚管抄』という歴史書にある言葉が有名。武者とは武士のことで「武士の時代になった」という意味です。

チャレンジ　院政と摂関政治の違いを説明しよう。

❶厳島神社（広島県） 平清盛が篤く信仰しました。日本三景の一つ、安芸の宮島として有名。1996年、世界文化遺産に登録されました。➡P. 巻頭1 宝 世

❷平清盛（1118～81） 保元・平治の乱で勢力をのばし、平氏政権を樹立しました。（京都府・六波羅蜜寺蔵）重

20 平氏の繁栄と滅亡

平氏は繁栄から滅亡へどのように進んだのだろうか。

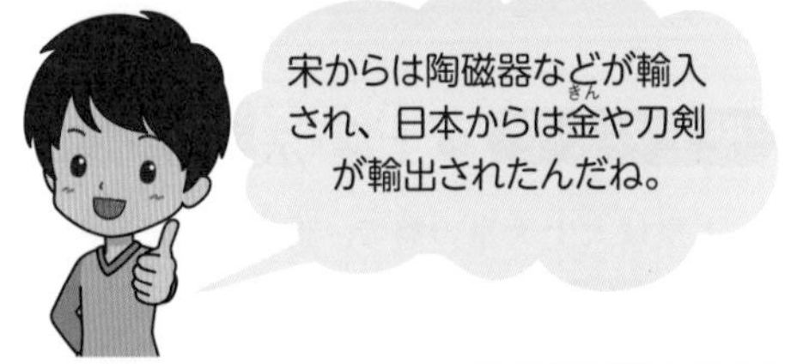

宋からは陶磁器などが輸入され、日本からは金や刀剣が輸出されたんだね。

❸日宋貿易 清盛は、大輪田泊（現在の神戸港）を開いて瀬戸内海の航路を整備しました。

平氏の繁栄

平清盛❶❷は後白河上皇との関係を深め、武士として初めて朝廷の最高位である太政大臣にまでのぼりつめました。また、娘や妻の妹を、宮中や院に入れ、朝廷との結びつきを深めました。一族も多数、朝廷の高い地位につき、多くの荘園を手に入れ、全国の半分近くの地方をおさえました[1]。➡P.59こうしてはじめての武士政権ができました。

さらに清盛は、大輪田泊[2]を整備して瀬戸内海の航路を整え、宋[3]の商船を招くなど、**日宋貿易**❸に力を尽くし莫大な利益をあげました。貨幣経済を発達させるために宋銭を流通させ、福原（現在の神戸）に都を遷しました。

源平合戦と平氏の滅亡

しかし、平氏の政権も長くはつづきませんでした。平氏はやがて後白河上皇との対立を深め、上皇の院政を停止し、清盛の娘が産んだ3歳の安徳天皇が即位しました。後白河上皇の皇子である以仁王がこれに反発し、平氏の追討をよびかけました。これにこたえて、木曽を拠点とした源義仲など平氏の支配に不満をもつ武士が、各地で次々と兵をあげました。

平治の乱で討たれた源義朝の子で清盛に命を助けられた**源頼朝**は、鎌倉を拠点として関東の武士と主従関係を結び、しだいに力をたくわえていきました。頼朝❻は朝廷の命を受けて弟の源義

旧石器	縄文	弥生	古墳	飛鳥	奈良	平安	鎌倉	南北朝	室町	戦国	安土桃山	江戸	明治	大正	昭和	平成	令和
(世紀)	BC AD1	2 3	4 5 6	7	8	9 10 11 12	13	14	15	16	17	18 19			20		21

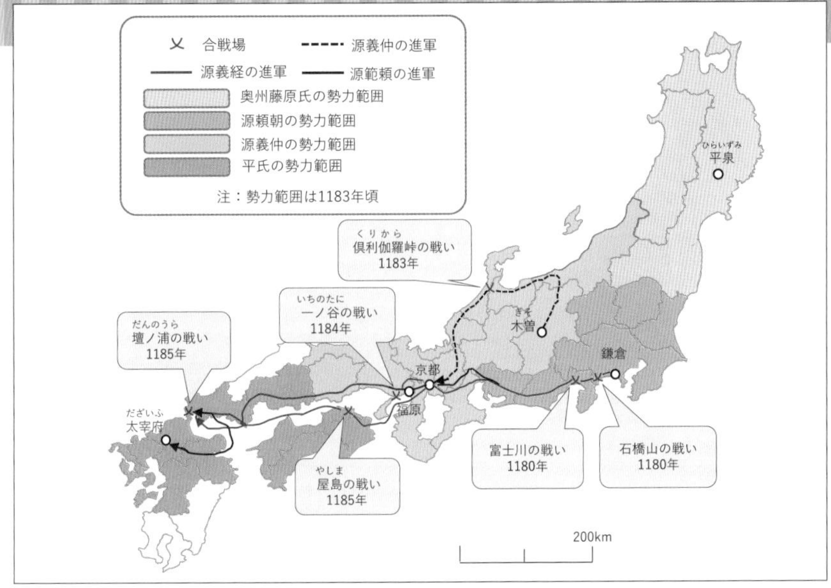

❹源平合戦の戦場

❺壇ノ浦の戦い　壇ノ浦は現在の山口県下関市。関門海峡の東端をのぞむ海岸で、源平合戦の最後の舞台となりました。平氏は源氏に敗れ、安徳天皇は入水、一族は海の藻屑となって平氏は滅亡しました。（山口県・赤間神宮蔵）重

⑥清盛の温情に救われた源氏の子供たち

平治の乱で平清盛に敗れた源義朝は敗走中に討たれました。義朝の嫡男で13歳で乱に加わった源頼朝も捕えられ、父と同じ運命をたどるはずでした。

しかし頼朝にとって救いの神が現れました。平忠盛の後妻であり、清盛の継母にあたる池禅尼で、殺害されることになっていた頼朝の助命を清盛に嘆願したのです。彼女は平氏一族でも強い発言権をもっていたため、清盛もこれを受け入れ、伊豆への流刑に減刑しました。義朝には他にも何人かの子供がいましたが、温情家の清盛は頼朝を助けたのだからと他の子供達の命も皆助けてしまいました。

一命をとりとめた頼朝はその後20年、伊豆の地で流人として暮らし、その間に着々と東国の武士たちとの関係を築きました。そして平氏政権への不満が強まると、こうした武士たちや源氏の力を背景に挙兵し、ついに平氏を倒すことに成功したのです。

平氏にとって、清盛が源氏の子供たちを助けたのが命取りになったわけですが、その発端は池禅尼の助命嘆願だったのです。

経らを派遣し、平氏の追討に向かわせました。義経は、幼い安徳天皇とともに都から落ちのびていた平氏と各地で合戦を行い❹、1185（文治元）年、ついに壇ノ浦の戦い❺でほろぼしました。これら、源氏と平氏の一連の戦いを、**源平合戦**とよびます。これは、わが国では初めて東西にわたる多くの地域をまきこんだ全国規模の戦乱でした。

平氏滅亡ののち、義経は兄の頼朝と対立し、平泉（岩手県）の**奥州藤原氏**のもとにのがれましたが、頼朝はその勢力を攻め滅ぼして、東北地方も支配下に入れました。

1 『平家物語』➡P.83によると、全国66か国のうち、平氏が権益を持つ国は30か国あまりにおよびました。
2 現在の兵庫県神戸港の古い名称。泊とは船が停泊するところをいいます。
3 907年に唐が滅亡したのちの内乱を経て、960年に建国しました。

命を助けた子供たちに討たれて平家の人達はさぞかし無念だったろうね。
平氏の亡霊が乗り移ったといわれるヘイケガニというカニがいるそうよ。

チャレンジ　❹の図の５つの戦いをノートに書き源平合戦の流れを説明しよう。

❶ 源頼朝（1147～99）（山梨県・甲斐善光寺蔵）

❷空から見た当時の鎌倉　南は海に面し、三方を山に囲まれた鎌倉は天然の要塞であり、防御しやすく、幕府を置くのに適した場所でした。（復元模型　千葉県・国立歴史民俗博物館蔵）

21 鎌倉幕府の政治

初めての武士の政権である鎌倉幕府の政治はどんな特徴をもっていたのだろうか。

❸ 源氏と北条氏の系図

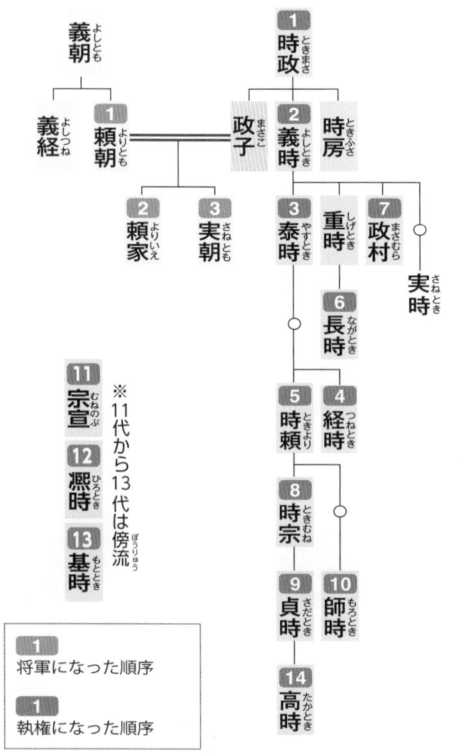

鎌倉幕府の成立

平氏滅亡ののち、源頼朝❶は、1185（文治元）年、地方の国ごとに守護を、荘園や公領には**地頭**を置くことを朝廷に認めさせました。守護は、軍事や警察の仕事につき、地方の政治にも関与しました。地頭は、年貢の取り立てや、土地の管理などを行いました。

1192（建久3）年、頼朝は朝廷から征夷大将軍❼に任命されました。頼朝は鎌倉に、簡素で実際的な武家➡P.58政治の拠点を築きました❷。これを**鎌倉幕府**1とよび、鎌倉に幕府が置かれた約140年間を、**鎌倉時代**といいます。

鎌倉幕府は、将軍とその家来の武士である**御家人**の主従関係によって成り立っていました。御家人は将軍から、先祖伝来の領地を公認されたり、新しい領地をあたえられたりして御恩を受け、そのかわり将軍に忠誠を誓い、奉公に励み、いくさのときには命をかけて戦いました。この関係を表す言葉が**御恩**と**奉公**です。

執権政治

頼朝の死後、幕府の主導権をめぐって争いがおこり、有力な御家人が次々に滅びました。そのなかで、頼朝の妻・政子❻の生家である北条氏が実権をにぎりました。源氏の将軍は、3代目の実朝が甥に暗殺されてとだえたので、京都から皇族や藤原氏の一族をむかえ、名ばかりの将軍にしました。

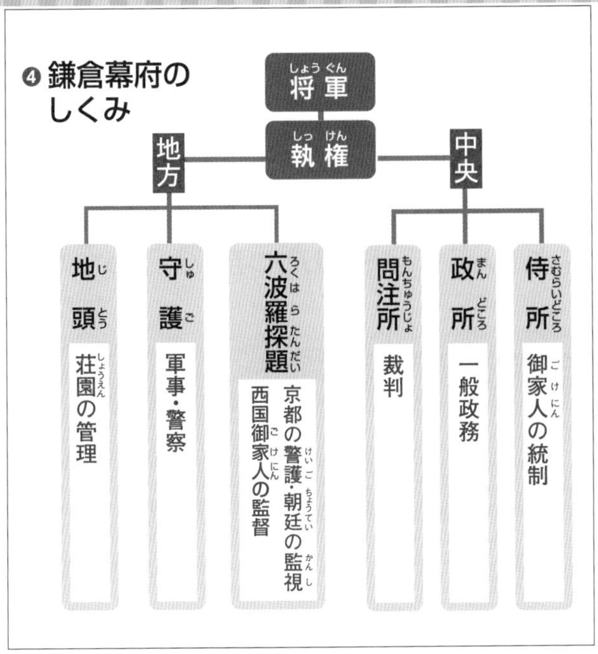

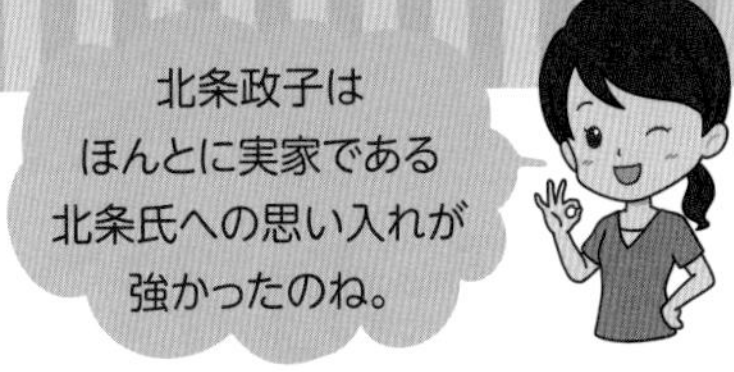

❺後鳥羽上皇（1180～1239）
天皇の位を譲った後も、上皇として院政を行い力をふるいました。（大阪府・水無瀬神宮蔵）

❻北条政子（1157～1225）
1221（承久3）年5月19日、政子は次のように御家人に訴えました。「みなの者、よく聞きなさい。これが最後の言葉である。亡き頼朝公が朝廷の敵をたおし、幕府を開いてから、官位や土地など、その御恩は山よりも高く海よりも深い。この御恩にむくいる心が浅くてよいはずがない。…名誉を失いたくない者は、敵をうち幕府を守りなさい。」
（『吾妻鏡』より、一部要約）（神奈川県・安養院蔵）

北条氏は、家柄は一御家人にすぎなかったのですが、将軍を補佐する**執権**の地位について幕府の政治を動かしました。❸これを執権政治といいます。

承久の乱

そのころ、京都で院政を行っていた後鳥羽上皇❺は、朝廷の勢力を回復するため、1221（承久3）年、北条氏を討つよう全国の武士に命令を出しました。しかし北条政子はうまく御家人たちをまとめ、朝廷側の武士を打ち負かして京都を占領しました。これによって、後鳥羽上皇は隠岐（島根県）に移されました。これを、**承久の乱**（または承久の変）といいます。

承久の乱ののち、幕府は京都に**六波羅探題**を置いて、朝廷を監視し、交渉にもあたらせ、さらに、西日本の御家人を監督しました。❹

御成敗式目

3代目の執権・北条泰時は、1232（貞永元）年、初めて武家独自の法律である**御成敗式目**❽（貞永式目）を定めました。これは、51か条から成り、頼朝以来の武家の慣習を成文化したものでした。御家人の権利や義務、土地をめぐる訴訟などの裁判の基準をわかりやすく示しました。御成敗式目は、律令に比べて平易で実用的な法律で、その後の時代の武士の法律の手本になりました。

歴史の言葉 ❼ 征夷大将軍・幕府

征夷大将軍は、8世紀の末に朝廷の支配のおよんでいない地方を征討するために、臨時に天皇から任命された、軍隊の総指揮官をさす律令制の官職でした。鎌倉幕府以後は、武家政権の首長の称号となり、単に将軍とよばれるようになりました。幕府のもとの意味は、幕営（幕を張った陣営）のことで、次いで将軍の住居をさすようになり、転じて武家政権を示す言葉となりました。鎌倉幕府には9人、室町幕府と江戸幕府にはそれぞれ15人の将軍が天皇から任命されました。

❽御成敗式目（一部要約）

一、守護の職務は、京都御所の警備の指揮および反乱者と犯罪者の取りしまりである。
一、地頭は荘園の年貢を横取りしてはならない。
一、20年間土地を支配していた場合、その土地の権利を認める。
一、女性に子供がいない場合、律令は認めていないが、その領地を養子に相続させることは慣例として認められる。

[1]鎌倉幕府が成立した時期については、頼朝が守護・地頭を設置した1185年とする説と、頼朝が天皇から征夷大将軍に任命された1192年とする説などがあります。

チャレンジ 鎌倉幕府の武家政治はどのようにして確立していったのだろうか。
次の「守護」「地頭」「征夷大将軍」「御家人」の言葉を使ってまとめてみよう。

もっと知りたい
コラム

武士のおこりと生活

武士はどのようにして生まれたのだろう
鎌倉幕府を支えた「御恩と奉公」の関係はどのようなものだったのだろうか。

◉軍事を職業とする貴族の台頭

平安時代になると、公地公民制度が衰退し、朝廷から任命された国司が管理する土地が少なくなってきました。農地を切り開き、土地をたくさん所有していた農民は国司による税金の取り立てをまぬがれようとして、自分の土地を貴族や社寺の荘園➡P.59の名義にしました。これを「寄進」と言います。荘園は税を免除されていたので、土地を寄進した農民は税をまぬかれることができたからです。しかしこれにより、境界線で土地争いがおきても、自分の土地であると証明してくれる公的な権力がなくなりました。

都でも盗賊がはびこるなど、治安も悪化していきます。奈良時代に完成したかに見えた中央集権国家が崩壊しはじめていました。

そうしたなか、都では武芸を専門とする家柄の貴族が台頭してきました。いずれも天皇の血筋を引く源氏と平氏（平家）です。彼らは家業として日夜、弓や騎馬の技をみがき、主に天皇・皇族や上流貴族の警護の任にあたっていました。

朝廷も外敵への備えや、地方の騒乱を鎮圧するため、軍制の強化を必要としました。そこで軍事貴族である源氏、平氏を中心に軍事集団が編成されました。彼らは地方の国司や鎮守府将軍に任じられ、抗争の最前線に行き、手柄を競うことになります。これが武士の始まりと考えられます。

◉平氏政権から鎌倉幕府へ

こうした源氏や平氏が赴任する先では、各地で土地の所領争いがおこっていました。力の強い者が他人の所領を奪ってしまうことも珍しくありませんでした。そこで領主たちは襲撃にそなえ、たがいに武装しました。

彼らは都からやってきた強力な軍事貴族に、自分の所領を守ってくれるよう求めました。このため、源氏や平氏のもとに地方の領主が服従するようになり、武士団が結成されていったのです。

この中でいくつもの争乱を勝ち抜いた平氏は、莫大な寄進をするなどで朝廷との結びつきを強めました。平清盛の時代には、清盛が朝廷で最高位の太政大臣にまでのぼりつめました。しかし平氏一門は、経済格差と土地所有についての地方の武士団の要望や不満にあまり気づかずにいたことから、その勢力にもかげりが出てきます。

いっぽう、平治の乱➡P.71で清盛に敗れた源氏の 源 義朝の子、源頼朝は東国に流刑されました。そこで頼朝は、東国の武士たちが何を望んでいるのか、よく観察していました。そして、平氏との源平合戦では、こうした武士団を味方につけることに成功し、勝利に結びつけました。鎌倉幕府を開くにあたっても、武士たちの所領を保証し、土地争いを公平に裁くなど、彼らの要望にこたえました。

一遍上人絵伝　時宗を開いた一遍が旅をしながら教えを広げていくさまを描いたもの。これは一遍が有力武士の邸を訪ねている場面で、当時の鎌倉武士の生活のようすが細かく描かれています。（神奈川県・清浄光寺［遊行寺］蔵）宝

◉御恩と奉公

その鎌倉幕府（将軍）と武士（御家人）とは「御恩と奉公」という関係で結ばれていました。謡曲『鉢の木』の物語で見てみましょう。

鎌倉幕府の５代目執権・北条時頼が、身分を隠して諸国を回り、観察していたときのことです。上野国の佐野（現在の群馬県高崎市の一部）のあたりで突然の雪に降られ、近くの民家を訪ねました。その家は暖をとる薪も食べ物もない貧しさでした。しかし、家の主人の佐野常世は、相手が時頼とは知らぬまま、こころよく迎え入れました。

常世は見も知らぬ旅人を暖めるため、大切にしていた鉢植えの梅、松、桜の木を囲炉裏にくべ、精一杯もてなしました。

「ご覧の通りの貧しさですが、私はかつてはこのあたりの領主でした。今は領地を奪われ、このありさまです。しかし私は武士です。幕府に一大事があって、いざ鎌倉というときは、いつでも駆けつけられるように、馬と武具だけは手放しておりません。」

感激した時頼は鎌倉に帰ったあと、関東の御家人に緊急の招集命令を出しました。すると佐野常世も武具に身を固め、鎌倉に馳せ参じてきました。時頼は常世の奉公、忠義心をほめ、領地を取り戻してやり、さらなる領地を恩賞として授けました。

このような主従関係によって鎌倉幕府は支えられていました。

❶**チンギス・ハン**
（1162～1227）
幼名はテムジン。モンゴル高原の遊牧騎馬民族を統一し、1206年、チンギス・ハン（ハンはモンゴル語で君主の意味）を名乗りました。

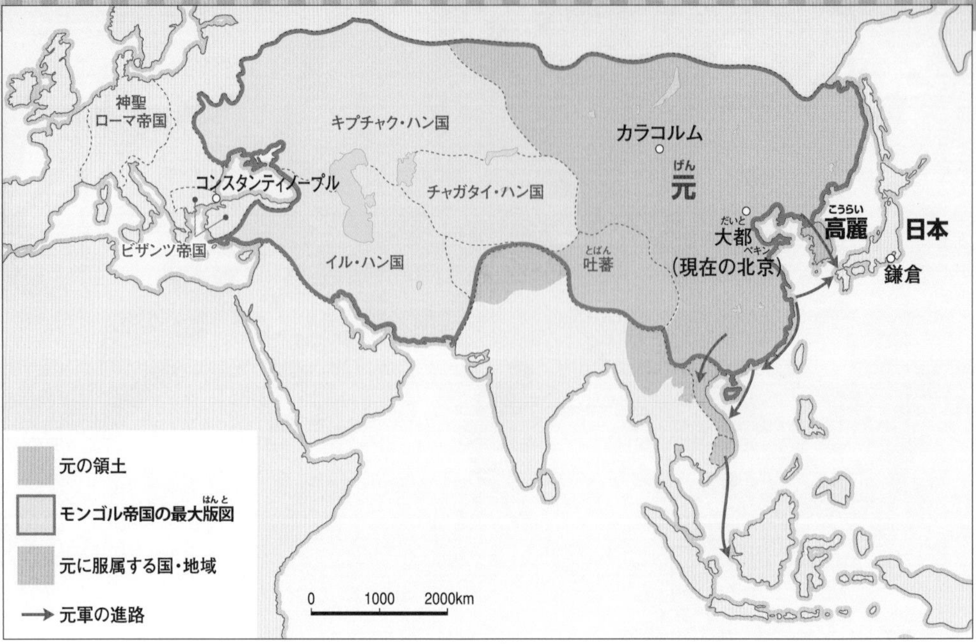

❷**モンゴル帝国の版図**（1300年頃の世界）　モンゴル帝国は、西アジア、ロシアにまで勢力をのばしました。

22 モンゴル帝国と世界史の成立

大陸に現れたモンゴル帝国は
どのようにして、勢力を広げていったのだろうか。

❸中国大陸の王朝

秦	前221	～	前206
漢	前202	～	後8
後漢	25	～	220
隋	581	～	618
唐	618	～	907
宋（南宋）	960	～	1279
金	1127	～	1234
元	1271	～	1368
明	1368	～	1644
清（後金）	1616	～	1912

※赤いオビの王朝は遊牧騎馬民族が建国
※宋（南宋）と金は両立、清は統一前は後金

モンゴル帝国

古来、中国大陸では、農耕民の漢民族と、その周辺から中央ユーラシアの草原地帯にかけて広く分布していた**遊牧騎馬民族**の間で、覇権が争われてきました。秦の始皇帝が建国してからは、彼らは大きく連合するようになりました。➡P.28中国の歴代王朝には、遊牧騎馬民族によって建国されたものが多数あります。❸

1206年、モンゴル部族の長であったテムジンは、モンゴル高原の部族長の大集会で最高指導者に選ばれ、**チンギス・ハン**❶の称号を与えられて、**モンゴル帝国**を建国しました。モンゴル帝国の無敵の騎馬軍団はユーラシア大陸を駆け巡り、またたく間に史上最大の版図をもつ大帝国を築きあげました。その領域は、最盛期には沿海州からヨーロッパにまで広がりました。❷ヨーロッパ人はモンゴルの侵攻を恐れました。

モンゴル帝国はフビライの代に分裂し、東端の宗主国が大都（現在の北京）を首都と定め、中国風の国号を**元**としました。

ユーラシア世界を結びつける

モンゴル軍は、兵士の全員が騎馬兵で、何頭もの換え馬を連れて素早く移動し、強力な弓矢で敵を攻撃しました。それは当時の世界最強の軍隊でした。戦争への参加は部族の権利であり、略奪品は公平に分配されました。❹抵抗する敵は残虐に皆殺しにし、その残虐さを

④ 中央アジアの遊牧騎馬民族の生活

遊牧騎馬民族は簡単なテントの家に住み、大草原を一年中移動します。それは家畜の群れを絶えず移動させるためです。モンゴルの草原は雨が少なく、まばらにしか草が生えません。同じところに家畜を長い期間放牧すると、すぐに草の根っこまで食べ尽くしてしまいます。それでは完全に不毛の地となり、翌年また放牧にくることができません。そこで家畜が草の上部を食べたころをみはからって、素早く次の放牧地に追い立てるのです。

モンゴル人は全員が馬に乗ることができます。少年は10代の初めには馬を自由自在に操れるようになります。その年ごろには多数の羊や山羊の群れをひとりで任されることもあります。遠くに行きすぎたり、家畜がばらばらになったりしないように自分で判断する力が鍛えられます。

遊牧騎馬民族の指導者になるには、戦争の指導がうまく、獲得品を公平に分配でき、紛争の仲裁をできることが必要でした。年齢にかかわらず、そうした強い指導者に遊牧の民はついていくのです。

（宮脇淳子『朝青龍はなぜ強いのか?』より）

❺**フビライ・ハン**（1215～94）　チンギス・ハンの孫。モンゴル帝国第5代ハンで、中国風国号を元と定めて皇帝となりました。

みずから吹聴して敵を恐れさせました。

モンゴル帝国の支配地域の統治は、合理的な一面をもっていました。シルクロード➡P.28にあった多数のオアシス国家は、モンゴル帝国に服従し、税を納めることで、他の外敵の侵入から保護されました。モンゴル帝国は、その地域の民族の宗教や文化的慣行には干渉しませんでした。

モンゴル帝国の出現は、歴史上初めて、アジアとヨーロッパを一つの版図の中で結びつけました。陸と海の交通路が整備され、東西の文化的・経済的交流がなされました。また、現代のヨーロッパの国々やロシア、ムガール帝国などを生み出すきっかけともなりました。モンゴル帝国の出現によって、孤立した文明圏がユーラシア大陸の東西に分立していた時代が終わり、つながりのある一つの世界の歴史（世界史）が、初めて成立したのです。

元の日本征服計画

5代目皇帝で元朝を開いた**フビライ**❺は、東アジアへの支配を拡大し、独立を保っていた日本も征服しようとくわだてました。フビライは、日本にたびたび使いを送って、服属するように求めました。❼

これに対し、鎌倉幕府の執権・**北条時宗**❻は、元の要求をはねつけました。朝廷も同じ歩調をとりました。幕府は、時宗を中心に元の襲来に備えました。

フビライの国書を当時の日本人はどう感じたのだろうか?

❻**北条時宗**（1251～84）
時宗はフビライの要求を拒否し、多くの御家人に戦う準備をよびかけました。（神奈川県・円覚寺蔵）

応じていたら、日本の歴史はどうなっていたでしょう。

❼フビライの国書（1268年）

わが祖先が天下を領有して以来、その威を恐れ徳を慕う異国は数え切れない。高麗の君臣は朕に感謝し、元とは父子のような関係にある。高麗はわが東の属国である。日本は高麗に近接し、過去には中国と交流していたようだが、朕が即位してからまだ一度も使いをよこさない。武力を用いるのは朕の本意ではないが、日本の王は、その点よく考えよ。

（「蒙古国牒状」）

チャレンジ 遊牧民と農耕民の生活のしかたの違いをあげてみよう。

❶蒙古の襲来（文永の役）で元軍と戦う御家人　右の武将は一騎打ち戦法で、元軍は火薬と集団戦法を用いました。（「蒙古襲来絵詞」 宮内庁三の丸尚蔵館蔵）宝

23 元寇

鎌倉幕府はどのようにして元の襲来をはねかえすことができたのだろうか。

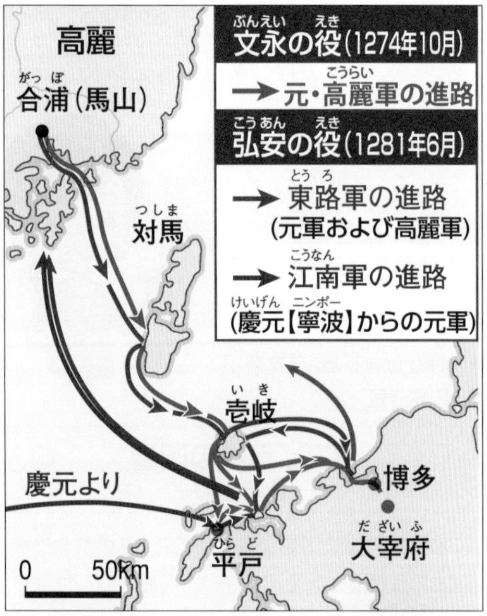

❷元軍の進路

台風のおかげだけでなく
武士たちが
必死で戦ったんだね。

二度にわたる元の襲来

1274（文永11）年、3万あまりの元・高麗連合軍が、対馬に現れました。これをむかえ撃ったのは、宗助国にひきいられた80余騎の武士でした。助国を先頭に武士たちは元軍の中に飛び込み、奮戦したのち全員討ち死にしました。元軍が博多湾に侵入してくると、これを国難と受けとめた鎌倉武士は、元軍の新奇な兵器に悩まされながらも、命を惜しまず勇敢に戦いました。元軍は、湾内の船に引きあげ、翌朝には撤退していきました（**文永の役**）❶。

7年後の1281（弘安4）年に、元は再び日本をおそいました（**弘安の役**）。このときの元軍は、朝鮮半島からの軍勢と中国大陸からの軍勢を合わせて14万人の大軍でした。これに対して日本の武士たちは、船で元軍の大船団に全力をあげて戦いをいどみました。一昼夜におよんだ伊万里湾（佐賀県）での海戦で、元軍の被害は大きく、しかもこの直後、台風が元軍をおそい、元軍の軍船はたがいに衝突して破損し、船団の大部分が荒波にのみこまれてしまいました。のちにこの暴風は「神風」とよばれました。

こうして、2度にわたって襲来した元軍は、ついに日本を占領することができませんでした❷。この2度にわたる元軍の襲来を、**元寇**❸❹といいます。

③ 元寇が変えた朝鮮半島の見方

長崎県の壱岐地方には「モクリコクリ」という言葉があります。モクリとはモンゴル兵、コクリは高麗兵のことです。子供が泣きやまないとき親が「いつまでも泣いていると、モクリコクリがくるぞ」と言って泣きやませたといわれます。

文永の役のとき、朝鮮半島から攻め込んだ元軍は、対馬、壱岐、博多で民家に火をつけ、飛び出してきた人を老人、女性、子供の別なく残忍な方法で殺害したり、捕虜として連れ去ったりしました。そのときの恐怖が今に伝えられているのです。

古代から朝鮮半島は大陸の文化が日本に入ってくる大切な架け橋でした。しかし元寇はその日本人の半島に対するイメージを変えました。明治時代、政府は「朝鮮半島がロシアの勢力圏に入ると、日本の安全が脅かされる」と警戒心を抱きました。元寇の体験が影を落としていたとも考えられます。

❹元寇防塁（一部復元）　福岡県博多湾に築かれた石塁の跡（福岡市提供）

鎌倉幕府の滅亡

日本はこのようにして未曽有の国難を切り抜けましたが、これによって鎌倉幕府は大きな影響を受けました。元との戦いで、幕府を支える御家人は多くの犠牲をはらいました。しかし、外敵との戦いだったので、新しい土地を獲得することはなく、幕府は十分な恩賞となる土地をあたえることができませんでした。さらに、御家人たちは兄弟による分割相続を慣習としていたので、相続をくり返すごとに領地がしだいにせまくなり、生活の基盤が弱まりました。幕府は御家人を救うため**徳政令**❺を出しました。❻

14世紀の初めに即位した**後醍醐天皇**➡P.84は、天皇みずからが政治を行う天皇親政を理想とし、その実現のために、討幕の計画を進めました。初めは計画がもれて２度も失敗し、後醍醐天皇は隠岐（島根県）に移されました。後醍醐天皇の皇子の護良親王や、河内（大阪府）の豪族だった楠木正成らは、近畿地方の新興武士などを結集して、幕府軍と戦いました。

やがて、後醍醐天皇が隠岐から脱出すると、形勢は一転しました。幕府軍からは御家人の脱落がつづき、**足利尊氏**➡P.84が幕府にそむいて、京都の六波羅探題➡P.75をほろぼしました。ついで新田義貞も朝廷方につき、大軍をひきいて鎌倉をおとし、1333（元弘３）年、ついに鎌倉幕府は滅亡しました。

❺ 永仁の徳政令（一部）
1297（永仁５）年

- 領地を質に入れたり売買したりすることは、御家人の窮乏のもとである。今後禁止する。
- 御家人以外の者が御家人から買い取った土地は、売買から何年たっていようとも、御家人に返さなければならない。

知っ得ポイント！
❻ 鎌倉幕府の末期

鎌倉幕府は元寇との戦いや分割相続で苦しくなった御家人たちを、借金から救うため1297（永仁5）年、上のような「永仁の徳政令」を出しました。しかし効果は少なく、むしろ社会の混乱を招きました。

さらにこのころになると、荘園などを襲う悪党という集団が現れ、土地を失った御家人もこれに加わるようになりました。しかし幕府はこれを有効に取り締まることができず、幕府の信頼をいっそう失わせることになりました。

チャレンジ　元寇をはねつけることが出来たのになぜ鎌倉幕府の力が衰えたのは何故か説明しよう。

❶鎌倉新仏教の６大宗派

法然（1133～1212）（京都府・知恩院蔵）	親鸞（1173～1262）（京都府・西本願寺蔵）	一遍（1239～89）（神奈川県・清浄光寺蔵）	日蓮（1222～82）（山梨県・身延山久遠寺蔵）	栄西（1141～1215）（京都府・建仁寺蔵）	道元（1200～53）（福井県・宝慶寺蔵）
浄土宗	**浄土真宗**	**時宗**	**日蓮宗**	**臨済宗**	**曹洞宗**
「南無阿弥陀仏」と一心に念ずれば極楽浄土に行けると説きました。公家や武士、庶民にも信仰されました。中心寺院は知恩院（京都府）。	善人より悪人こそ罪の深さを知るゆえに救われると説きました。武士や農民に信仰されました。中心寺院は東本願寺や西本願寺（いずれも京都府）。	踊り念仏で諸国をめぐり、念仏の札を配りました。念仏により救われると説き、武士や農民に信仰されました。中心寺院は清浄光寺（神奈川県）。	法華経を最高の教えとして「南無妙法蓮華経」を唱えれば救われると説きました。武士や商人に信仰されました。中心寺院は久遠寺（山梨県）。	坐禅を組みながら、師匠が与える問題（公案）を解決していけば悟りにいたると説きました。武士に信仰されました。中心寺院は建仁寺（京都府）。	ひたすら坐禅を組むことで、自力で悟りは得られると説きました。武士に信仰されました。中心寺院は永平寺（福井県）。

24 鎌倉文化

鎌倉時代の文化には
どのような特色があったのだろうか。

❶他力本願　衆生が阿弥陀仏の本願（願い）に頼って成仏を期するというのが本来の意味で、もっぱら他人の力に頼るということではありません。

❷民衆に教えを説く法然　鎌倉仏教の最大の特徴は、それまでの仏教が国家を護る役割や、貴族の信仰対象だったのに対し、歴史上初めて民衆の悩みに応え民衆の心を深くとらえる宗教となったことです。６つの宗派のなかで、こうした仏教のありかたに先鞭をつけたのは、法然の浄土宗でした。法然は民衆でも救われる教えを説きました。多くの武士や庶民が法然の説法を聞きに集まり、その中には女性の姿もありました。（「法然上人行状絵図」京都府・知恩院蔵）宝

鎌倉新仏教

鎌倉時代になると、仏教はより深く民衆の間に浸透していきました。戦乱や災害、飢饉におびえる民衆の心を救うために、源信、空也➡P.61につづく行動的な僧たちが比叡山➡P.60からあらわれました。

法然は**浄土宗**を開き、一心に「南無阿弥陀仏」と念仏を唱えれば誰でも極楽浄土に生まれ変われると説きました❷。その弟子の**親鸞**はさらに「善人よりも罪深い悪人こそ罪の深さを知るゆえに救われる」と説き、**浄土真宗**の基礎を築きました。**時宗**の**一遍**は念仏の札を配り、踊り念仏で諸国をめぐりました。

これらの新仏教❶は、いずれも人智の小ささと仏心の大きさを知った上での、他力本願❶の思想であるところに特徴があります。「ただ念仏を唱えて、すべてを仏意にまかせよ」という教えは、修行や学問に縁のない民衆には大きな救いとなりました。**日蓮**も、法華経を仏教の最高の教えだとして「南無妙法蓮華経」と唱えれば人も国家も安泰になると説きました（**日蓮宗**）。

宋から帰国した**栄西**と**道元**は**禅宗**を伝えました。栄西は**臨済宗**を開き、いかなる凡夫にも仏性があり、それを自覚すればそれが悟りだと説きました。道元は**曹洞宗**を開いて、ひたすら坐禅を組むことによって自力で悟りを得られると説きました。自己鍛錬を要する禅宗は武士の気風に合い、鎌倉幕府にも保護されました。

❸金剛力士像　阿形像(左)、吽形像(右)（奈良県・東大寺蔵）宝

吐く息の阿と、吸う息の吽の息が合うことを「阿吽の呼吸」と言うんだって。

❹重源上人坐像（奈良県・東大寺蔵）宝

鎌倉時代の美術

武家政治を象徴する美術は、彫刻によくあらわれています。写実的で力強い造形が、**運慶**・快慶とその弟子たちによって生み出されました。東大寺南大門の**金剛力士像**❸は、隆々たる筋肉と憤怒の表情で見る者を圧倒しました。興福寺（法相宗）にある古代インド仏教の学者・無著とその弟子・世親の像も運慶の作とされています。重源上人坐像❹（東大寺）は写実的な肖像彫刻の傑作です。

絵画では「平治物語絵巻」などの絵巻物や、似絵とよばれた写実的な肖像画に優れた作品が多く見られます。

鎌倉時代の文学

鎌倉時代には特徴ある文学作品も数多く生まれました。源平の戦いは深く民衆の心をとらえました。民衆の間では、勝った源氏より敗れた平氏への哀惜の情が強く、平氏滅亡を描いた**『平家物語』**❺は、盲目の琵琶法師❻の弾き語りで広く全国で親しまれました。

貴族社会では和歌がいっそう洗練され、藤原定家らによって新感覚の**『新古今和歌集』**が編纂されました。武士の身分を捨てて諸国を遍歴した西行や、私家集『金槐和歌集』を編んだ３代将軍源実朝など、異色の歌人が輩出しています❼。

随筆文学では鴨長明の**『方丈記』**、兼好法師の**『徒然草』**が仏教的な無常観に立ちつつ、争乱・飢餓・災害の中でも教養と信仰を深める武士や民衆の姿をつづりました。

❺『平家物語』の冒頭

祇園精舎の鐘の声、
諸行無常の響あり。
沙羅双樹の花の色、
盛者必衰の理をあらわす。
おごれる人も久しからず、
只春の世の夢のごとし。
たけき者も遂には滅びぬ。
偏に風の前の塵に同じ。

❻琵琶法師　慕帰絵（京都府・西本願寺蔵）重

❼平安末・鎌倉期の代表的和歌

藤原定家 (1162〜1241)	源実朝 (1192〜1219)	西行法師 (1118〜90)
見わたせば 花も紅葉もなかりけり 浦の苫屋の 秋のゆふぐれ	おほ海の 磯もとどろによする浪 われてくだけて さけてちるかも	願はくは 花の下にて春死なむ そのきさらぎの 望月のころ

チャレンジ
①どうしてこんなに多くの新仏教が生まれたのか、説明しよう。
②鎌倉時代の仏像と飛鳥〜平安時代の仏像を比べてみよう。

第2節 武家政治の展開

❶足利尊氏（1305 ～ 58）
一時は後醍醐天皇に従い功臣として一字をたまわり「高氏」から「尊氏」と改名しましたが、その後、反旗を翻し、天皇と対立しました。（大分県・安国寺蔵）

❷南北朝時代と室町時代の関係

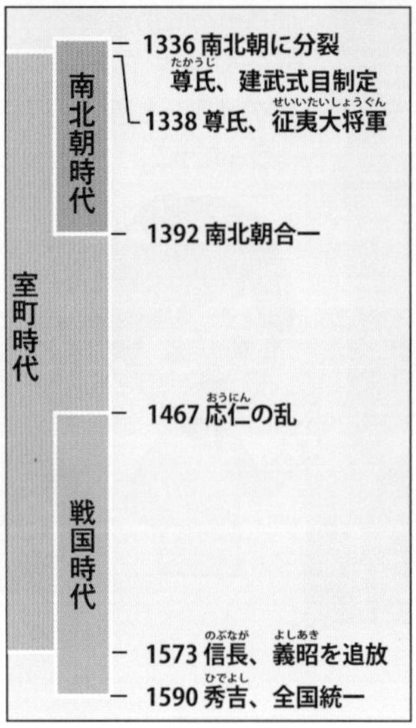

❸二条河原の落書

＊1334（建武元）年、京都の二条河原にかかげられた

このごろ都ではやっているものは、夜のどろぼう、強盗、にせものの天皇の命令書、囚人や急ぐ使いの早がけの馬、意味のない騒動、切って間もない首、僧から一般人に戻ったり勝手に僧になったり、急に大名になったり、逆に路頭に迷ったり、自分の土地を守ったり、恩賞ほしさにいくさをしていないのにやったと言う。領地を離れて訴訟のため上京する人、文書をいれたかごを持つ人、おべっかや他人をおとしめるため事実を曲げて言う人も。

（『建武年間記』より要約）

❹後醍醐天皇（1288 ～ 1339）
鎌倉幕府を滅ぼし、朝廷に政治の実権を取りもどそうと試みました。
（神奈川県・清浄光寺［遊行寺］蔵）重

25 南北朝の争乱と室町幕府

鎌倉幕府のあとの武家政治は、どのように展開したのだろうか。

❺南北朝時代の天皇の系図

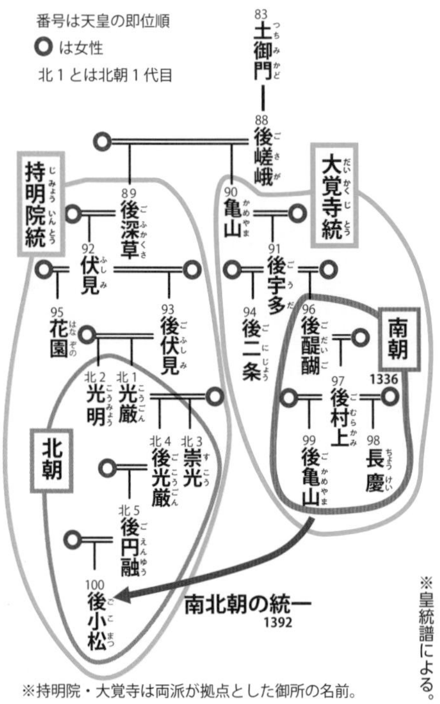

建武の新政

後醍醐天皇❹は隠岐を脱出し京都にもどると、天皇親政を目標としつつ、公家と武家の両方の力を合わせた新しい政治を始めました。幕府滅亡の翌年の1334年に、元号を建武と改めたので、これを**建武の新政**（建武の中興）といいます。

しかし、建武の新政は、武家社会の慣習を無視して領地争いに介入したり、貴族の慣例である世襲制を否定した人材登用を行ったりしたため、当初から政治への不満を多く生み出すことになりました❸。そのようなときに、足利尊氏❶が武家政治を再興しようと兵をあげ、建武の新政はわずか２年あまりで終わりました。

南北朝の争乱

1336（建武３）年、足利尊氏は京都に新しい天皇を立て、鎌倉時代に御成敗式目➡P.75を制定した北条泰時らの政治を手本として建武式目を定めました。尊氏は、1338年には光明天皇から征夷大将軍➡P.58.74に任命され、幕府を開きました❷。いっぽう、後醍醐天皇は吉野（奈良県）にのがれ、ここに２つの朝廷が並び立つ状態が生まれました。

吉野に置かれた朝廷を南朝、京都の朝廷を北朝といい、この両者はそれぞれ各地の武士によびかけて、約60年間も全国で争いをつづけました。両者は元号も互いに別のものを使いました。２つの朝廷が分かれたこの時代を、**南北朝時代**➡P.98❷といいます❺。

❻足利氏の系図

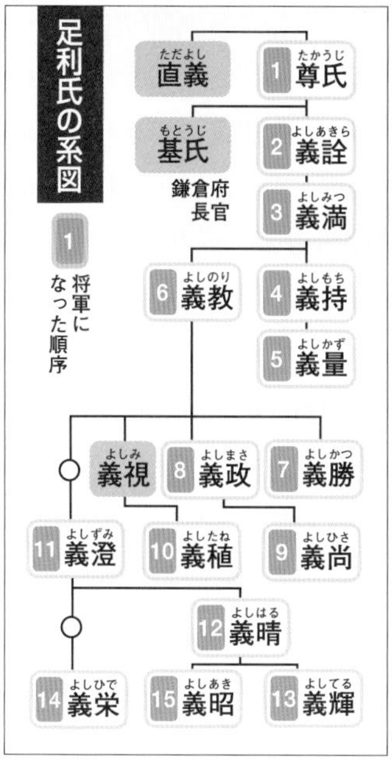

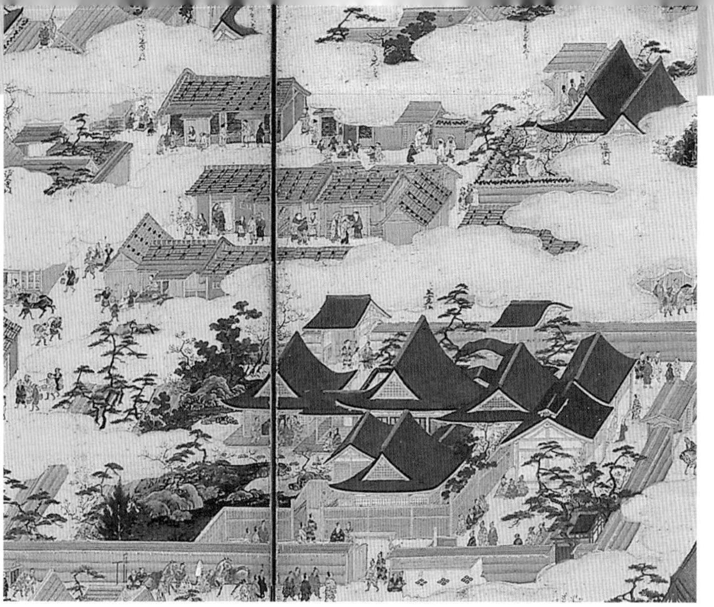

❼花の御所 洛中洛外図屏風　内裏北西の京都室町に置かれた将軍の邸宅。四季の花や木が植えられ、栄華を誇ったのでこの名があります。(山形県・米沢市上杉博物館蔵)宝

❽足利義満 (1358～1408)
(京都府・鹿苑寺蔵)重
足利将軍家最大の実力者。南北朝の合一を実現しました。

室町幕府と守護大名

足利尊氏の孫の**足利義満**❽は、京都の室町に邸宅を建て❼、そこで政治を行ったので、この幕府を**室町幕府**とよび、政治の中心を足利氏❻が占めていた235年間を**室町時代**といいます。尊氏が京都に幕府を開いた理由は、地の利のよさ、尊氏支持の有力な武士団の存在、そして、天皇の権威を利用して鎌倉時代から有力だった武士たちを従わせるためでした。

室町幕府❾は、地方の守護に、国内の荘園や公領の年貢の半分を取り立てる権限をあたえ、守護の力を強めて、全国の武士をまとめようとしました。守護は、荘園や公領を自分の領地に組み入れ、地元の武士を家来にしました。さらに、国司の権限も吸収して、➡P.55それぞれの国を支配するようになりました。これを**守護大名**❿と呼びます。

足利義満の政治

室町幕府は将軍の力が弱く、守護大名による連合政権の性格をもっていましたが、3代将軍義満の時代には、足利将軍家の力がもっとも大きくなり、幕府の最盛期となりました。義満は、南朝の勢いがおとろえたのを見はからい、1392（明徳3）年、南北朝の合一を実現し、戦乱をおさめました。そして、足利氏と関わりの深い守護大名を、将軍を補佐する**管領**という役職につけました。

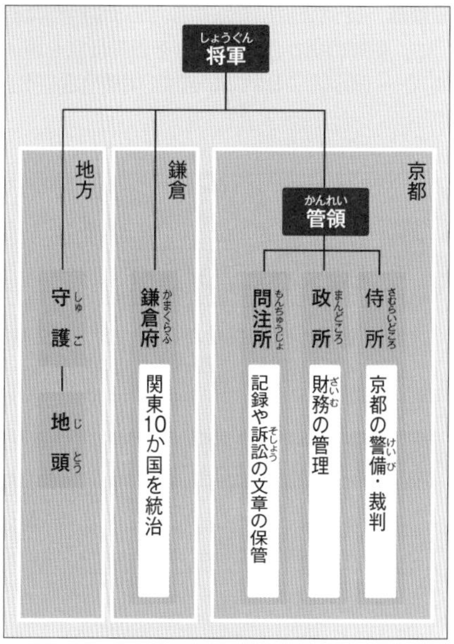

❾室町幕府のしくみ

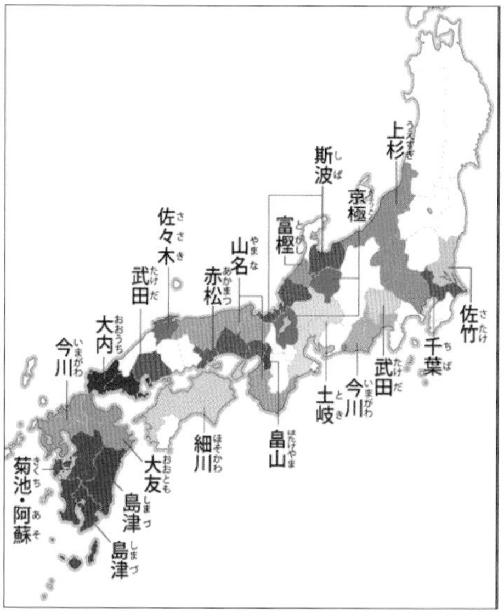

❿主な守護大名　(14世紀後半)　この中からのちに戦国大名になる者もいました。

チャレンジ　建武の新政が失敗した理由をまとめてみよう。

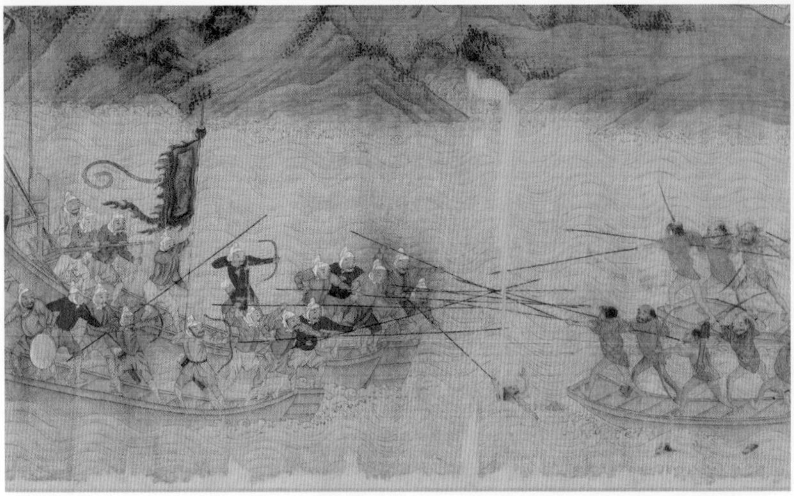

❶倭寇　徒党を組んで沿岸部をおそいました。左側が明船、右側が倭寇。朝鮮側の資料には、朝鮮の民が日本人の服を着て徒党を組み、乱暴を働く者が多く、倭寇のうち日本人は10～20%といわれています。(「倭寇図巻」東京大学史料編纂所蔵)

❷遣明船　真如堂縁起絵巻（京都府・真正極楽寺蔵）重

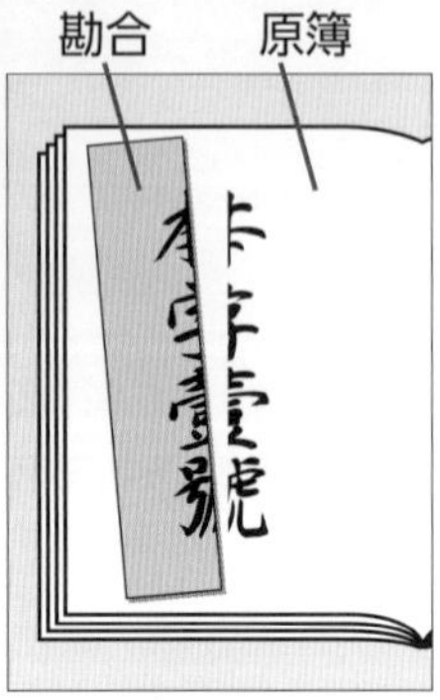

❸勘合　❶明は原簿と書類（勘合）に割印割書をし、勘合の側の100枚を室町幕府に渡します。❷幕府は遣明船に勘合1枚を渡します。❸遣明船が持参した勘合が原簿と合えば貿易船と認められました。

26 東アジアとの貿易と交流

勘合貿易はどうして始まり、東アジアの交易圏はどのようにして形成されたのだろう。

日明貿易

14世紀後半から15世紀にかけて、東アジアは大きく動きました。中国では、1368年、漢民族の王朝である**明**が建国され、元は北方に追われ➡P.78ました。明は、日本に、**倭寇**❶❺の取りしまりを求めてきました。

倭寇とは、かつて元の襲撃を受けた対馬・壱岐や松浦地方を根拠地とする武装貿易船団で、日本人のほか朝鮮人が多数ふくまれていました。彼らは、ときには数百人にもおよぶ船団を組み、朝鮮半島や中国大陸の沿岸に上陸して密貿易や略奪を行ったり、他の船舶に対して海賊行為をはたらいたりしました。

1404（応永11）年、当時の室町幕府の将軍、足利義満は、倭寇を取りしまることを条件に、明との貿易（**日明貿易**）を始めました❷❹。この貿易は、倭寇と区別するために、明の皇帝が支給した合い札の証明書（勘合）を使ったので、**勘合貿易**❸とよばれます。日本は刀剣・銅・硫黄・蒔絵などを輸出し、明から銅銭・絹織物・書画などを輸入して、室町幕府の重要な財源となりました。

朝鮮との貿易

14世紀末の朝鮮半島では、倭寇撃退に成果をあげた**李成桂**が高麗を倒し、➡P.801392年、**朝鮮**（李氏朝鮮）を建てました。朝鮮は日本に、倭寇の禁止と通交を求めてきました。幕府がこれに応じた結果、日朝貿易が始まりました。ところが、日本側の貿易船があまりにも多

④「日本国王」になった足利義満

明は民間人の貿易を禁止する海禁政策をとっていました。明との貿易は、明の皇帝の冊封を受けたうえで、明へ朝貢し、これに対して明からの返礼を受けるという形式をとる必要がありました。義満は明の皇帝にたびたび国書をもった使いを送り、1402年、「日本国王」に任命されました。

「国王」は古代以来、中国の服属国であることを示す称号で、明は義満に金印と明の暦をあたえました。暦を受けとることは、服属を認める象徴的行為でした。

1日本は、銅、硫黄、染料などを輸出し、朝鮮から木綿を輸入しました。木綿は麻よりも保温性がよく、日本で生産されていなかったので、応仁の乱（1467～1477年）のころよりさかんに輸入されました。

2奈良時代に「蝦夷」➡P.58とよばれた北方の人々は、平安中期以降は、同じ文字ですが、「蝦夷」とよばれるようになったと考えられます。また、「蝦夷」を「アイヌ」とみなした最初の文献は、1356年の『諏訪大明神絵詞』とされています。

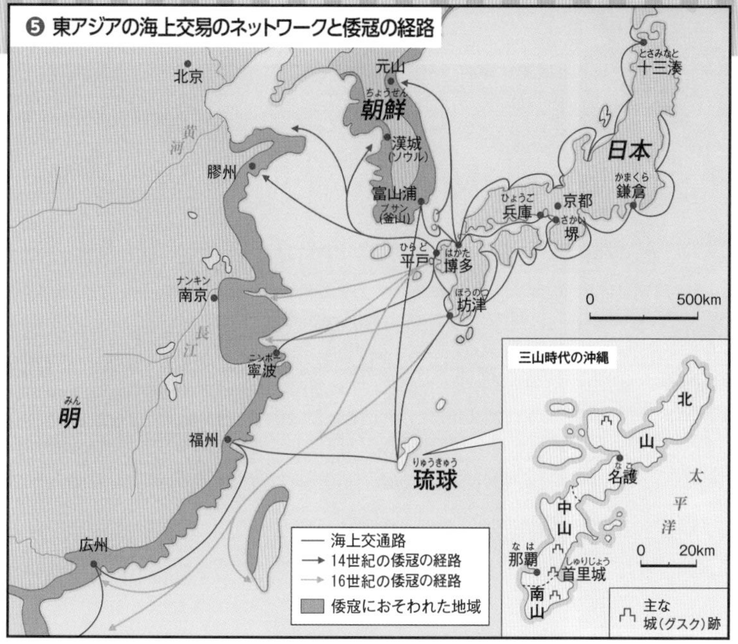

⬅後期倭寇は中国人を中心とした多国籍集団で、彼らは明の海禁政策をかいくぐり、貿易や海運を行ういっぽう、中国の沿岸を荒らしたので、明は国力を弱めました。また、鉄砲やキリスト教宣教師が倭寇の船によって日本に到達しました。

❻**紅型**　中国や東南アジアとの交流で育まれた琉球独自の文化の一つ。「紅」は赤い色だけでなく、色全般を指し、「型」は模様や柄を意味します。独特な染色の技法が用いられています。

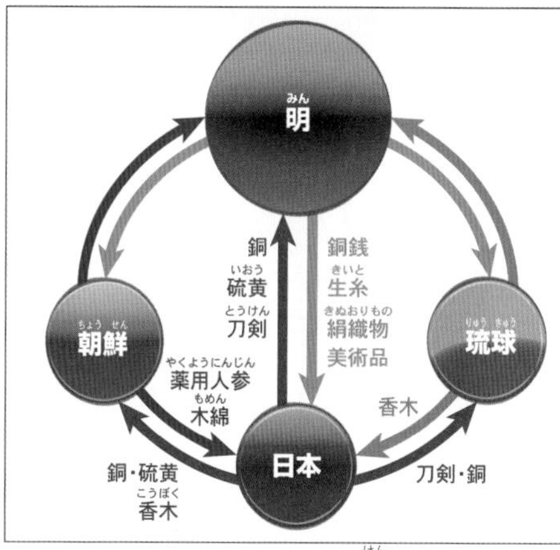

❼東アジアの交易圏

かったので、のちに、朝鮮は対馬の宗氏に貿易の独占権をあたえ、日本からの使節を受け入れる窓口として釜山に倭館をもうけました。 1 ➡P.80 ➡P.124

琉球の中継貿易

奄美や沖縄を中心にした南島地域の人々の主な祖先は、縄文時代に九州からわたっていった人々でした。その地域の言語は琉球方言とよばれる日本語の方言の一つです。

琉球では按司と呼ばれる有力者が互いに争い、北山・中山・南山の3つの勢力が、それぞれ城（グスク）を拠点にして対立していました。❺しかし、15世紀に入ると、1429（永享元）年、中山の尚氏が3つの勢力を統一して、**琉球王国**をつくりあげました。➡P.174

琉球王国は、明が民間貿易を禁止する海禁政策をとるなかで、明の冊封を受け、日本、朝鮮、さらには遠く東南アジアから、各地の産物を明にもたらす中継貿易で活躍し、繁栄しました。こうして、15世紀中ごろには、東アジアの海上交易のネットワークができあがりました。❺❼その中で、独自の文化も発達しました。❻ ➡P.29

蝦夷地との交易

蝦夷地（北海道）では、**アイヌ**とよばれる人々が、狩猟や漁業を行っていましたが、14世紀ごろに、津軽（青森県）の十三湊を拠点にした交易が始まると、鮭・昆布・毛皮などをもたらしました。それらの産物は、日本海を通って畿内へも運ばれるようになりました。❽ 2 ➡P.175 ➡P.175

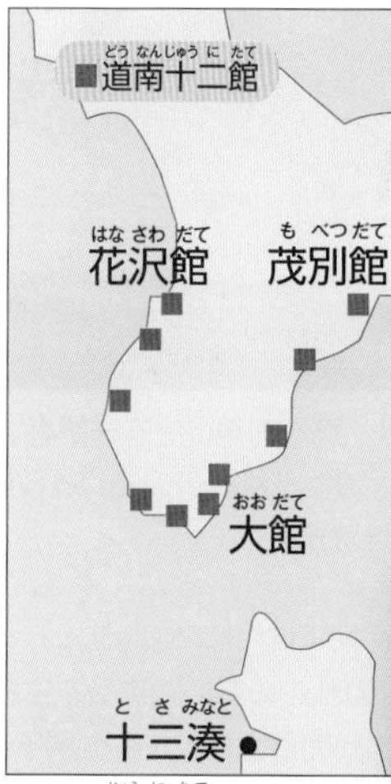

❽**道南十二館と発掘された銭**（右）津軽海峡の海に面した各地には、和人によって館が築かれました。写真は函館市郊外の志苔館近くで発掘された大量の宋銭。交易の広がりが分かります。

チャレンジ　東アジアの交易品のやり取りを確認してみよう。

❶田植え風景「月次風俗図屏風」 楽器の調べに合わせて男たちが音頭をとることで、女性たちの苗を植える間隔を指揮しています。（東京国立博物館蔵）重

❷鍛冶職人「職人尽絵」（埼玉県・喜多院蔵）重

27 産業の発達と自治の仕組み

中世の農業や商業の発達は都市、農村の自治にどうつながったのだろう。

❸馬借「石山寺縁起絵巻」 馬を利用した運送業者。都に近い滋賀県の坂本、大津などが馬借の拠点として有名です。（滋賀県・石山寺蔵）重

1 鎌倉時代から室町時代初期には月に3回開催される三斎市が主でしたが、応仁の乱ののちには物品の生産と流通の量が増加し、月に6回開催される六斎市が多くなりました。取引には、中国から輸入した銅銭が使われました。

2 座は、朝廷・貴族・寺社に営業税をおさめるかわりに、生産や販売を独占する権利を認められました。

農業の発達

中世の農業には、さまざまな技術の改良があり、生産性が高まりました。❶米と麦の**二毛作**が普及し、牛馬耕が広まりました。灌漑用に水車を利用し、刈草や牛馬の糞を肥料に使う工夫もなされました。

また、商品作物の栽培がさかんになり、桑・コウゾ・ウルシ・エゴマ・藍など、手工業の原料となる作物がつくられました。繊維では、麻の栽培に加えて、16世紀になると、朝鮮から伝わった綿の栽培も始まりました。

手工業・商業の発達

手工業では、地元の特色を生かした特産品がつくられたのもこの時代でした。❹京都の西陣織、博多の絹織物、美濃の和紙、灘の酒、能登の輪島塗などが有名です。また、すき・くわなどの農具や刀をつくる鍛冶職人❷、なべ・かまなどの日用品をつくる鋳物職人もあらわれ、生活を向上させました。農業や手工業の発達につれ、商業も活発になり、交通の要地や寺社の門前などで、**定期市**1が始まりました。産業がさかんになってくると、物資の輸送を管理する**問丸**、馬に荷物を乗せて運ぶ馬借❸、高利貸を営む土倉や酒屋などが活躍しました。職人や商人は、同業者の組合（**座**）2をつくりました。

都市と農村の自治

産業や交通の発達にともない、各地に商人や職人が集まって住む都市が形づ

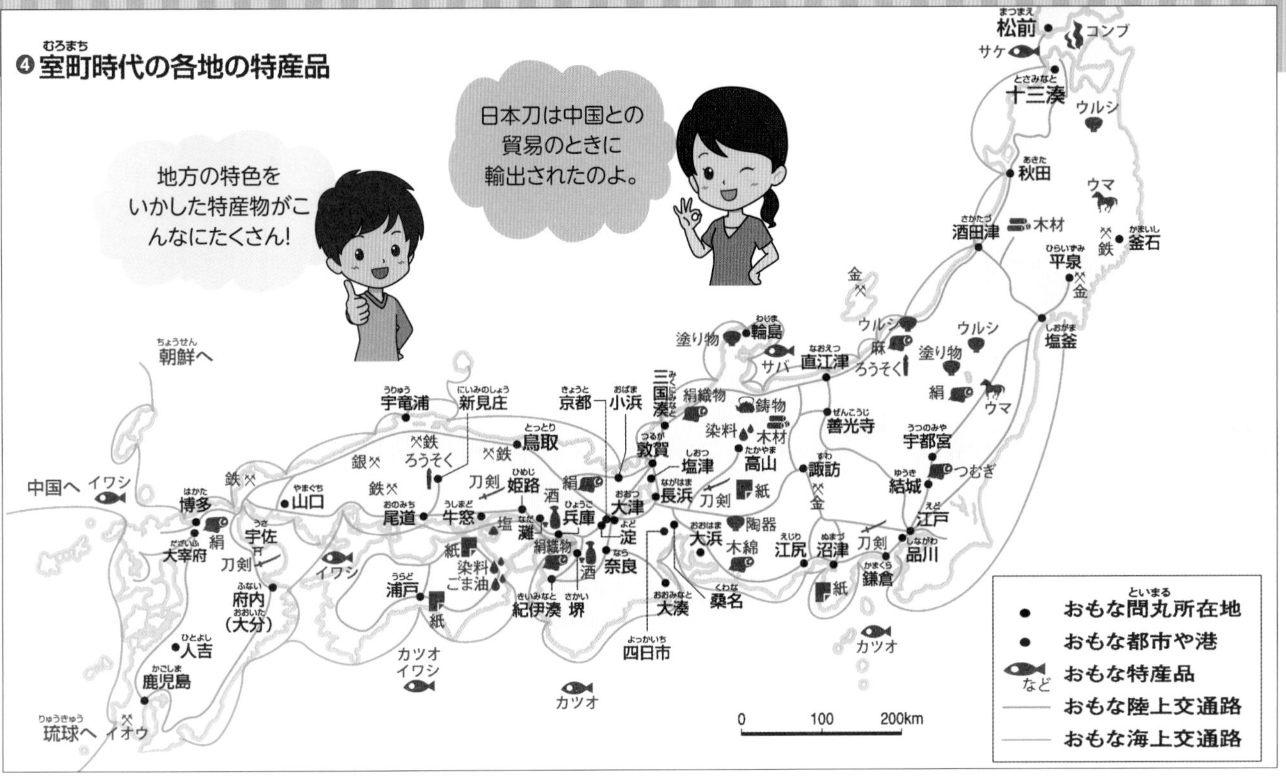

④室町時代の各地の特産品

くられました。日明貿易の拠点として栄えた港町の堺➡P.14（大阪府）や博多（福岡県）では、富をたくわえた有力な商人の合議によって町の政治が行われ、[3]自治都市としての性格を備えていきました。[4]京都では、裕福な商工業者である**町衆**[5]が、地域ごとに自治のしくみをつくりました。

自治の動きは農村でもおこりました。近畿地方やその周辺では、名主や地侍などとよばれた有力な農民を指導者として、荘園➡P.59の枠をこえた村のまとまりが生まれました。農民は、村の神社や寺などで**寄合**（会合）を開き、林野の共同利用、用水路の管理、祭りなどの行事、村の掟などを相談して決めました。こうした農民の自治組織を**惣**[5]（惣村）といいます。

惣が発達すると、領主のむやみな介入をしめ出し、年貢の納入を惣が一括して行う地下請や、犯罪捜査と裁判を惣独自に行う自検断が行われるようになりました。また、いくつもの惣が目的を同じくして結束し、幕府に借金を帳消しにする徳政令➡P.81の発布や、武士の地元からの追放、関所を取りはらうことなどを求め、武器をとって立ち上がることもありました。これを**土一揆**[6]といいます。

こうして、中世には、都市でも農村でも、逞しい自治の動きが民衆の間に生まれました。

⑤惣の掟の例

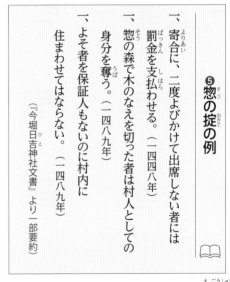

一、寄合に、二度よびかけて出席しない者には罰金を支払わせる。（一四四八年）

一、惣の森で木のなえを切った者は村人としての身分を奪う。（一四八九年）

一、よそ者を保証人もないのに村内に住まわせてはならない。（一四八九年）

（『今堀日吉神社文書』より一部要約）

[3]堺の場合、一部の大商人などからなる「会合衆」が政治を動かしていました。有名な茶人の千利休もその一人だったといわれ、彼は大名たちともほぼ対等の力をもっていました。➡P.12

[4]自治都市・堺について、あるイエズス会宣教師は「ベネチア（イタリア）のように執政官によって治められ、共和国のようだ」と表現しました。➡P.14

[5]京都の町衆は、応仁の乱ののち延暦寺が中止していた祇園祭の山鉾巡行を復活させ、現在にまで引きつがれています。

[6]土一揆「つちいっき」ともよむ。

チャレンジ　港町として栄えた博多や堺がどのようにして大名と対等にわたりあい自治権を得たのか理由を説明しよう。

❶**応仁の乱**　この戦乱のころから、足軽という軽装、徒歩のやとい兵が動員され、しだいに戦力の中心になっていきました。（真如堂縁起絵巻・部分図　京都府・真正極楽寺蔵）重

❷**応仁の乱の被災地**　平安時代からつづいた祇園祭も応仁の乱により中断されました。

28 応仁の乱と社会の変化

応仁の乱の前後で社会はどのように変化していったのだろうか。

❸『応仁記』より

いつまでも栄えると思っていた都が、今や打って変わってキツネやオオカミのすみかになってしまった。誰がこんなことを予想しただろうか。…応仁の乱は、仏教も政治もともに破壊し、多くの家々が失われてしまった。…

「汝や知る　都は野辺の夕雲雀　上がるを見ても　落つる涙は」（おまえは知っているだろうか、都はすっかり焼け野原になってしまった。夕方、都からヒバリが飛び立つのを見ても、涙がとめどなく落ちてしまう）

（一部要約）

応仁の乱

3代将軍足利義満の死後、室町幕府の力は次第におとろえ、かわって守護大名➡P.85の力が強くなっていきました。中でも大きな勢力をもつ細川氏と山名氏は、幕府の実権を争っていました。

8代将軍**足利義政**は、弟の義視をいったん後継者に決めながら、実子の義尚が生まれると、わが子に将軍の位を譲ろうとしました。これがもとで将軍家の跡つぎ争いがおこり、それに管領家➡P.85の跡つぎ争いが連動して、細川勝元と山名持豊（宗全）の対立に集約されました。こうして、1467（応仁元）年、**応仁の乱**❶が始まりました。全国の武士が細川の東軍と、山名の西軍[1]に分かれ、両軍で20万をこえる兵が、京都を主な戦場として戦いました。

戦いは11年間もつづき、他所から入ってきた盗賊による略奪や暴行もさかんに行われました。その結果、京都は荒れ果て、大半が焼け野原になってしまいました。❷❸

応仁の乱は、従来の体制がくずれ、日本の社会が激しく変化するきっかけになりました。室町幕府の将軍の権威はおとろえ、有名無実となりました。それにともない、幕府に支えられた守護大名の権力も、しばしば家臣団に奪われました。社会全体に、身分の下の者が上の者に要求を認めさせたり、実力で打ち勝ったりする、**下剋上**とよばれる風潮が広がるようになりました。

旧石器	縄文	弥生	古墳	飛鳥	奈良	平安	鎌倉	南北朝	室町	戦国	安土桃山	江戸	明治	大正	昭和	平成	令和

(世紀)	BC	AD 1	2	3	4	5	6	7	8	9	10	11	12	13	14	15	16	17	18	19	20	21

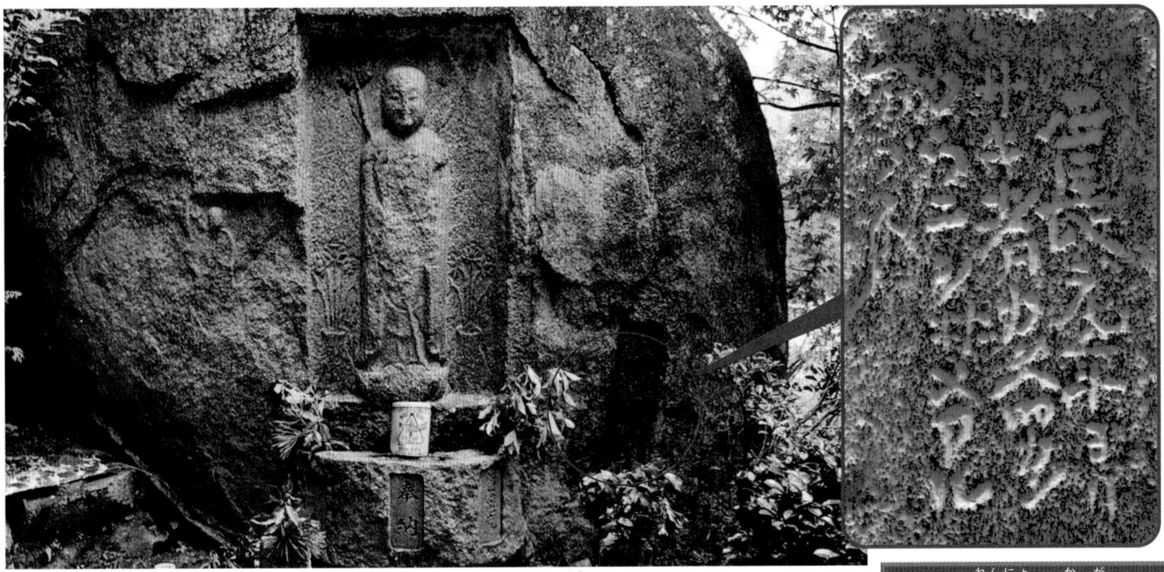

※正長元年ヨリ
サキ者カンヘ（神戸）四カン
カウニ（四箇郷に）ヲ井メ（負い目）アル
ヘカラス（べからず）

❹**徳政碑文（奈良市柳生）** 徳政一揆で借金帳消しの成果を刻んだ碑文。京都では多くの金融業者が襲撃を受け、幕府に衝撃を与えました。碑文は、「正長元年以前の神戸4か郷の借金はすべて帳消しとなった」という意味で、農民が一揆の成果を書き記したものと考えられています。（奈良市教育委員会提供）

自力救済と一揆

このように、政府が機能せず、治安を守ってくれる警察権力も存在しなかったため、武士はもちろんのこと、僧侶から庶民にいたるまで、あらゆる階層の人々がみずからの生命と財産を守るため武装しました。法律や権力に頼らず、自分たちのことは自分たちで解決するという、**自力救済**の思想が行きわたりました。

同じことは農村でもみられ、地域の自衛のために農民は武装しました。このようにして、侍でもあり農民でもあるような武士が多数生まれました。彼らは**地侍**とよばれました。

この時代の人々は、**一揆**➡P.99とよばれる固く結束した組織をつくって、共同で行動しました。1428（正長元）年には徳政（借金帳消し）を要求する土一揆がおこりました❹。山城国（京都府）南部では、1485（文明17）年、有力な武士（国人）を指導者として民衆が団結して守護大名を追放し、8年にわたり自治を行いました（**山城国一揆**）。

加賀国（石川県）では、一向宗（浄土真宗➡P.82）の信徒が、固い宗教的信念に結ばれて、1488（長享2）年から100年近く自治を行いました（加賀の**一向一揆**❺）。日本はこののち、戦国大名が出現し、たがいに力を争う戦国時代に入っていきました。

❺蓮如と加賀の一向一揆

浄土真宗本願寺第8世宗主となった蓮如は、1471（文明3）年ごろから越前国（現在の福井県）に移り、越前、加賀（現在の石川県）など北陸を中心に、親鸞の教えを軸に布教に力をいれました。このためこの地方では急速に浄土真宗が広まり、そのパワーで一向一揆も増えました。

特に加賀では1488（長享2）年、約20万人の信徒たちが、守護大名の富樫氏の城をとりまき、ついに攻め落とし、約100年間にわたり自治をしきました。こうした一向一揆は戦国時代になってもつづき、織田信長は10年以上も一向宗と戦うことになりました。

一向宗のパワーって
ものすごく
強かったのね。

❶山名宗全が率いる西軍は、室町幕府の「花の御所」の西側、現在の京都市西北部に陣を構えました。このためこの地は「西陣」といわれるようになりました。現在では高級織物の生産地として知られています。

チャレンジ　自力救済の社会とは、どのようなものか説明しよう。

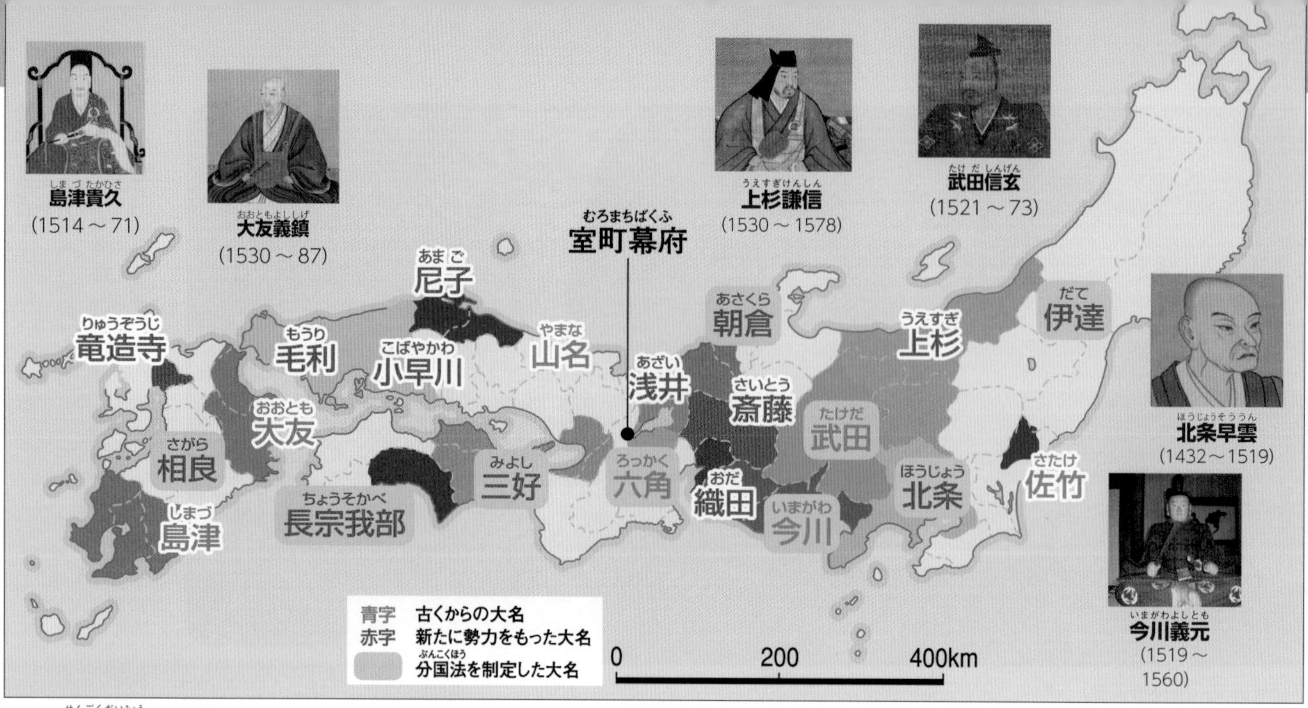

❶主な戦国大名（16世紀ごろ） 1560～72（各年により領地の増減があるので、図はおおまかな範囲を示す）

29 戦国大名

戦国大名は新しい型の統治者として、
どのような特徴をもっていたのだろうか

②300年以上命脈を保った毛利氏

毛利元就
(1497～1571)

守護大名の配下から下剋上でのし上がった戦国大名の代表的人物が、毛利元就です。元就が毛利家を継いだときは、豪族の尼子氏に仕える安芸（広島県）のひとりの国人にすぎませんでした。しかし、その後その尼子氏や守護大名の大内義隆を破った陶晴賢らを次々と破り、ほぼ中国地方全土を支配する大名となりました。

元就の孫、輝元の時代には豊臣秀吉政権の重臣となり、関ヶ原の戦いでは西軍に味方しましたが、東軍の徳川家康に敗北しました。しかし多くの戦国大名が滅んでいった中で、周防、長門両国（山口県）を治める大名として、江戸時代の幕末まで300年以上命脈を保ち、薩摩の島津氏とともに、明治維新の原動力の役割をはたしました。

戦国大名の出現

応仁の乱➡P.90のころから守護大名➡P.85の力がおとろえました。守護大名の家臣や地侍の中には、みずからの力で守護大名を倒し、一国を支配する者がいました（下剋上➡P.90）。彼らを**戦国大名**❶といいます。戦国大名には今までの統治者にない特徴がありました。

すでに、南北朝動乱のころから、農村社会では、農民の自治組織（惣）によって運営される自立的な村（惣村➡P.89）が形成されていました。いくつかの惣村が共通の利益のために一揆➡P.99を結んだり、地元の有力な武士（国人➡P.91）を中心に結束して、自分たちの主張を通すこともしばしばありました。

惣村は、境界争いなどを調停し、外敵から守ってくれる、より強い実力者を求めました。戦国大名は、このような要求にこたえる形で登場しました。

戦国大名は、領国内の武士を家来に組み入れて強力な家臣団をつくり、ほかの大名との戦いに備えました。主君への反逆や謀反は機敏な行動として評価されることもあり、必ずしも不名誉とはされませんでした。戦国大名の出自はさまざまで、甲斐の武田信玄は守護大名、越後の上杉謙信は守護代、安芸の毛利元就➡P.91は国人から戦国大名となりました。

旧石器	縄文		弥生		古墳		飛鳥	奈良	平安			鎌倉	南北朝 室町	戦国	安土桃山	江戸		明治	大正	昭和	平成 令和
(世紀)	BC	AD1	2	3	4	5	6	7	8	9	10	11	12	13	14	15	16	17	18	19	20	21

❸ 戦国大名と分国法

戦国大名は、領国内の領民をおさめたが、力による一方的な支配ではありませんでした。それは、分国法の条文によくあらわれています。

たとえば、甲斐の戦国大名武田信玄が定めた分国法『甲州法度』にある「喧嘩両成敗法」は、もともと農村社会で受けつがれた慣習法で、戦国大名はこのような慣習法も利用して領内の争いを裁定しました。

また、越前の戦国大名朝倉氏がつくった分国法には、「1年に3度くらいは、有能で正直な者に申しつけ、国内を巡視させて領民の申し出を聞き、そのことを参考にして政治の改革をしていくのがよい」と書かれていました。

領民の意見が領国の経営には不可欠であり、戦国大名はその声を吸収し、政治に反映させることで、よき統治者になることができました。

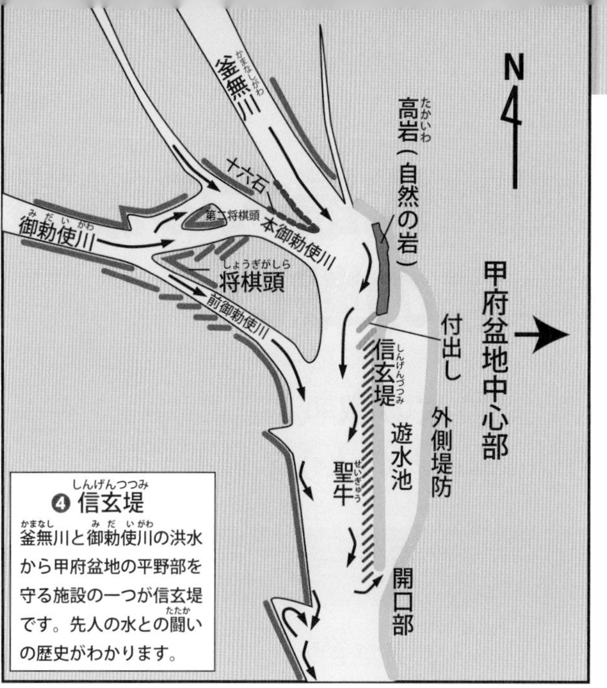

❹ 信玄堤
釜無川と御勅使川の洪水から甲府盆地の平野部を守る施設の一つが信玄堤です。先人の水との闘いの歴史がわかります。

城下町と領国経営

戦国大名が従来の幕府を背景にした守護大名と異なる点は、領国経営の実力を備えることが求められたことです。実力がなければ、すぐに家臣や領民から見限られ、別の実力者に首がすげかえられることもありました。

戦国大名は、守りのかたい山や丘に山城を築き、一ノ丸、二ノ丸、三ノ丸と幾重にも守りを固め、濠をめぐらして合戦に備えました。ふもとの平地に屋敷をかまえ、その周囲に家臣団や商工業者を住まわせて、**城下町**としました。城下町は、領国の政治、経済、文化の中心になりました。

また、戦国大名は、領国を豊かにするために、大規模な治水工事❹❺を行い、耕地を広げて農業をさかんにしました。鉱山[1]の開発や商工業の保護、交通制度の整備などにも力をそそぎました。家臣の取りしまりや、領民の保護と支配のために、掟書などの名称でよばれる独自の法律（**分国法**❸）を定めた例も少なくありません。このようにして、各地で実力を養った戦国大名が勢力をのばし、たがいに激しく争った15世紀末から約100年間を**戦国時代**といいます。

戦国時代ののち、戦国大名の中から全国を統一する者が現れ、幕府を開いて平和で安定した社会をつくった、16世紀末から19世紀中頃までの約250年間を近世といいます。

知っ得ポイント！

❺ 大名たちの治水

一瞬にして田畑から収穫物をうばってしまう暴れ川を治めること（治水）は、古代から統治者たちにとって欠かせない仕事でした。戦国大名たちにとってもそうであって、信玄堤だけでなく伊達政宗の貞山堀（宮城県）、北条氏房の荒川堰（埼玉県）などが知られ、遺跡が今も残っています。

また平成19年には、京都府宇治市の宇治川右岸で、豊臣秀吉が築いたとされる太閤堤の遺跡が発見されました。琵琶湖から流れでる宇治川はかつて京都の南部でしばしば洪水を起こしましたが、京都に伏見城を造った秀吉は宇治川を東寄りにつけかえて洪水を防ごうとしました。そのときの遺跡が太閤堤です。

[1] 代表的な鉱山に石見銀山（島根県）➡P.巻頭2がありました。14世紀に発見された豊富に銀を産出する銀山で、ここで多くの銀貨がつくられました。戦国時代には大内・尼子・毛利氏がつぎつぎと取り合い、江戸時代には江戸幕府が奉行をおいて直接に経営しました。

チャレンジ 戦国大名たちは領国を守り豊かにするためどんな工夫をしたのか箇条書きにしてみよう。

もっと知りたい
コラム

戦国時代最大の激戦 川中島の戦い

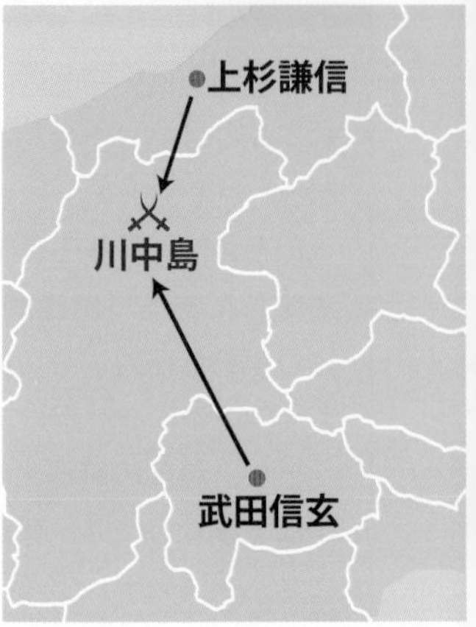

戦国史上最大の激戦と言われる川中島の戦いは当時の日本にどのような影響を与えたのだろうか。

◉天下一と言われた２つの軍

日本各地で戦国大名が争う 16 世紀中頃、周囲の大名たちから軍事力を恐れられたのが甲斐の武田信玄と越後の上杉謙信でした。

「武田と上杉の軍は天下一である」との噂を遠く離れた奈良・興福寺の僧が書き残しています（『蓮成院記録』）。

その武田信玄と上杉謙信が、直接戦った場所が長野県長野市南部に位置し、犀川と千曲川に囲まれた三角地帯である川中島です。

1553（天文 22）年から 1564（永禄 7）年にかけて、５度にわたり両者は川中島を中心に戦いましたが、決着がつくことはありませんでした。

◉両者にとって重要な地域となった川中島

1561(永禄 4) 年 10 月の４度目の戦いは両軍に多数の死傷者がでた戦国時代屈指の激戦となりました。

東の北条氏、南の今川氏との三国同盟を成立させた信玄は、甲斐の北にある信濃各地を次々と軍事的に制圧し、越後との国境を目前にしていました。

いっぽう、謙信の下には信玄に信濃を追われた領主たちから救いを求める要請が届いていました。また、謙信は幕府の役職である関東管領に任じられており、関東進出のためにも信濃を安定させる必要がありました。

川中島は、信玄にとっては信濃からさらに北に進んで越後へ進出するための重要な地点でした。しかし、同時に、それは謙信にとっても越後から信濃中心部へと南下するための要地でした。つまり川中島は、双方にとって勢力を広げる上での玄関口にあたる地点だったのです。

◉知略を尽くした信玄と謙信

この戦いで謙信は川中島より南にあり、戦場を広く見渡せる妻女山に陣を構えました。いっぽう、信玄はその東の海津城に入城し、両軍は約 2.5km の距離で決戦に備えました。

約 10 日間におよぶにらみ合いが続く中、信玄は大規模な別働隊を編成して妻女山を奇襲し、驚いて下山した上杉軍を川中島の八幡原に布陣した信玄の本隊が挟み撃ちにする作戦を立てました。

海津城跡　江戸時代に松代城と名を改められました。

しかし、謙信はこの信玄の作戦を見破り、武田の別働隊が妻女山にたどり着く前に夜陰に紛れて密かに下山し、翌朝、信玄の本陣に攻撃をしかけました。

裏をかかれた武田軍は信玄の弟・信繁や足軽大将の山本菅助（勘助）らが戦死し、危機に陥りました。

このような乱戦の中、謙信が馬上から信玄を斬りつけ、信玄がこれを防ぐ一騎打ちがあったとも伝わっています。

やがて、妻女山に向かっていた別働隊が川中島に到着し、武田軍は九死に一生を得ました。ここで謙信が撤退したことで、両軍合わせて２万人近い死傷者を出しながら戦いは勝敗がつかずに終わりました。

川中島跡にある両者の一騎打ち像　江戸時代には文学や浮世絵の題材として庶民にも広く知られました。

妻女山　山上から川中島を広く見渡すことができます。

◉織田信長の台頭とその後の武田・上杉

武田・上杉のそれぞれの外交関係の変化もあり、1564年の５度目の戦いを最後に信玄と謙信が川中島に出兵することはありませんでした。

戦いに決着を付けることができなかったことで、信玄と謙信は互いに東国を統一することができず、政治の中心であった京都に軍を進めることもできませんでした。

両者が東国で争う中、台頭したのが織田信長でした。信長は巧みな外交で信玄とも謙信とも友好関係を築き、京都に進出して権力を築くことに成功しました。後に信玄と謙信は信長と敵対することになりましたが、共に信長との対決を前に死去しました。

２人の跡を継いだ武田勝頼と上杉景勝は両家の過去の因縁を乗り越えて同盟を結び、信長に対抗しましたが、1582(天正10)年に織田軍が甲斐に侵攻し、武田氏は滅びました。

上杉氏は、信長の死後に政権を握った豊臣秀吉や徳川家康に従う道を選び、一大名家として近代まで生き残りました。

江戸時代になると川中島は武田氏の家臣であった真田氏(松代藩)の領地となり、父祖が戦った場所として戦いの跡は大切に保全され今に伝わっています。

❶**金閣**　足利義満が1397年に建てた山荘。建物自体に金箔を貼ったので、金閣とよばれるようになりました。(京都府・鹿苑寺) 世

❷**銀閣**　足利義政が1482年に造営を始めた山荘。黒漆塗りで、金閣に対比して銀閣と称されるようになりました。(京都府・慈照寺) 宝 世

30 室町文化

室町時代の文化にはどのような特色があったのだろうか。

1 猿楽・田楽　平安時代からある民間芸能。猿楽は滑稽味のある言葉やしぐさで楽しませる遊芸で、神楽の夜などに招かれて余興として演じられました。田楽は田植えを励まし、はやして踊った芸能で、貴族たちまで熱狂しました。

❸**能（能楽）**　社寺の祭事に上演された猿楽能に、田植え歌と踊りの田楽能の要素を取り入れ、舞台芸術となった芸能。演者は能楽師とよばれ、面（能面）をつけて演じました。

北山文化と東山文化

３代将軍足利義満は京都の北山に**金閣**❶を建て、８代将軍足利義政は東山に**銀閣**❷を建てました。室町時代の文化は、この２つの山荘が象徴する２つの時期に分けられます。

金箔が光り輝く金閣は３層の異なる建築様式からなっています。１層が寝殿造風➡P.61、２層が和様仏殿風、３層が禅宗様仏堂で、さまざまな文化が融合されています。王朝文化から武家文化への過渡期を象徴しているといえるでしょう。

芸能では義満の保護を受けた観阿弥・**世阿弥**の父子が、大衆芸能だった猿楽・田楽を❶**能**❸として大成させました。能の合間に演じられた**狂言**は、民衆の生活をよくあらわしたものでした。能・狂言は武家屋敷や寺社に招かれて演じられ、この時代を代表する芸能になりました。足利義満のころの文化を**北山文化**とよびます。

将軍義政の建てた銀閣では王朝風の寝殿造が姿を消し、１層が書院造、２層が禅宗風の仏殿で、渋い武家風に変わりました❺。武家の屋敷の中には、畳と襖、障子を取り入れた**書院造**や、書画を鑑賞する床の間が生まれました。

義政が保護した簡素な文化は、のちの時代の質素で落ち着いた侘び寂びの文化につながりました。**茶の湯**には、集団による賑や

旧石器	縄文	弥生	古墳	飛鳥	奈良	平安	鎌倉	南北朝	室町	戦国	安土桃山	江戸	明治	大正	昭和	平成	令和

(世紀)	BC	AD1	2	3	4	5	6	7	8	9	10	11	12	13	14	15	16	17	18	19	20	21

❹石庭　枯山水庭園の代表的な例。禅の文化の象徴として広く世界的に有名です。（京都府・龍安寺）世

❺書院造　東求堂同仁斎　将軍義政が東山の別荘（現・慈照寺）に設けた書斎。書院造の代表作です。（京都府・慈照寺）宝 世

1975年、日本へきたイギリスのエリザベス女王も石庭を絶賛したんだ。

かな茶会のほか、茶室でひっそり楽しむ侘び茶がありました。禅宗寺院では枯山水❹とよばれる簡素な庭園が好まれました。龍安寺の石庭や、苔寺とよばれた西芳寺の庭がその典型です。❻

絵画では**雪舟**が明の**水墨画**の技法を学び、日本の山水画を確立しました。人々が集まって和歌を歌いつぐ連歌は絶頂期をむかえました。宗祇が有名です。これらを**東山文化**とよびます。

地方や庶民に広がる文化

戦乱をさけて多くの公家や僧が京都から地方にのがれたため、京の文化が地方に伝えられました。上杉氏が保護した下野国の**足利学校**[2]は学問の中心となりました。各地の寺院では、武家や庶民の子供の教育が始まりました。識字率の高まりによって**お伽草子**とよばれる絵本物語がよく読まれ、浦島太郎や一寸法師などの昔話が親しまれました。

鎌倉時代に栄西が中国からもちこんだ茶は抹茶として飲む習慣が上流階層に広がりました。味噌や醤油も普及し、庶民の食卓は豊かになりました。住まいでは､それまで寝床の意味であった「床」が、書や絵を飾る「床の間」に変わりました。年中行事として盆踊りなどが始まったのもこの時代とされています。

鎌倉時代に生まれた浄土宗、日蓮宗、禅宗は、戦乱の無常感に打ちひしがれる庶民の間に広がり、のちにはそれぞれの宗派が教団として教義を広めていきました。

❻秋冬山水図　（雪舟筆　東京国立博物館蔵）宝

2 足利学校　関東管領で守護大名だった上杉憲実が1432（永享4）年、現在の栃木県足利市に復興させた関東の最高学府。学生は奥州や琉球など全国から集まり、儒学・易学・医学・兵学を学び、学費は無料。学内には薬草園もありました。

チャレンジ　同じ京都で栄えた 北山文化と東山文化の違いを表にして比べてみよう。

吉野と京都　2つの朝廷

2つの朝廷が並び立った南北朝時代とはどのような時代だったのだろうか。

南朝皇居跡に建てられた南朝妙法殿　吉野に逃れた後醍醐天皇はこの地を拠点とし、政務を行いました。

◉大覚寺統と持明院統

鎌倉時代中期から皇室では亀山天皇の子孫の大覚寺統と後深草天皇の子孫の持明院統と呼ばれる２つの血統がありました。裁断をあおがれた鎌倉幕府は、それぞれの血統から交代で天皇に即位するように仲介しました。

しかし、大覚寺統から即位した後醍醐天皇は幕府が皇位の継承に介入することは本来の姿ではないと考えました。後醍醐天皇は、鎌倉幕府の政治に反発する武士たちと結びつくことで皇位継承に影響力を持つ幕府を滅ぼし、大覚寺統の血統で皇位を継承していくことを決めました。

後醍醐天皇に排除されていた持明院統を擁立したのが足利尊氏でした。武家政治の復活を望む武士たちの声に押された尊氏は後醍醐天皇にそむき、1338（暦応元）年、京都で持明院統の光明天皇から征夷大将軍➡P.58に任じられ、室町幕府を開きました。いっぽう、後醍醐天皇は、逃れた吉野に朝廷を置き、政治を続けました。

こうして吉野に朝廷を置いた大覚寺統の南朝、室町幕府に支えられて京都に朝廷を置いた持明院統の北朝、２つの朝廷が並び立ち、公家や武家が分かれて争うことになりました。

◉長期化した争い

２つの朝廷の争いは、北朝・室町幕府側が有利に戦いを進めました。南朝は、楠木正成、新田義貞といった有力な武士が次々と戦死し、後醍醐天皇も1339年に亡くなりました。しかし、戦いは終わることがなく、南北朝の戦いはその後も約50年続きました。

戦いが長期化した理由は、室町幕府内部の争いでした。1350(観応元)年、将軍の足利尊氏と政治を主導していた弟の直義が対立し、今度は幕府が２つに分かれて争うようになりました。この時、直義が南朝と手を結んで尊氏と戦うことを選び、力を落としていた南朝は息を吹き返しました。

足利兄弟の争いは尊氏の勝利に終わりましたが、この後も幕府内の争いは続き、権力争いで敗れた側が南朝と手を結んで兵を挙げることが繰り返されるようになりました。こうして２つの朝廷の争いは、幕府内の争いを巻き込み、長期化しました。

◉足利義満が幕を引く

南北朝の争いに幕を引いたのは３代将軍の足利義満でした。義満は南朝が強い力を持っていた九州を平定し、南朝は幕府と戦えるだけの力を失いました。

これにより、ついに南朝は幕府からの和平の提案を受け入れることを決め、1392(明徳３)年に南朝の後亀山天皇が北朝の後小松天皇に三種の神器➡P.39を渡すことで２つの朝廷はおよそ60年ぶりに１つに戻りました。

一揆と合議の伝統

一揆と合議の伝統は室町時代以降の政治にどのような影響を与えたのだろうか。

「一味神水」をして「合議」する動物たち（「十二類合戦絵巻」）

◉一揆の始まり

「一揆」といえば、中世から近世にかけての土一揆➡P.89、百姓一揆➡P.127など農村の暴動を思い浮かべます。しかし、一揆の意味はそれだけではありません。「揆を一にする（気持ちを一つにする）」で、人々が共通の目的のために寄合をもち、立場の違いをこえて平等な資格で一致団結することをあらわす言葉です。

平安時代の末、寺院の僧兵➡P.71が訴えなどの行動をとるとき、団結を神仏に誓うため、行動の趣旨を書いた紙を焼いて水にまぜ、全員で回し飲みをしました。これが一揆の始まりといわれます。この慣習は、中世には「一味神水」とよばれました。神前にささげた神水の回し飲みは、神と人、一味（仲間同士）の一体化をうながし、神前での誓いによって、約束を違えた場合には神罰を受けると信じられました。

◉鎌倉幕府と一揆

鎌倉時代、幕府の第３代執権となった北条泰時は1225（嘉禄元）年、評定会議を設置しました。執権をはじめ有力御家人や幕府役人の代表によるこの会議でものごとを決定しようとしたのです。さらに1232（貞永元）年には御成敗式目➡P.75を定め、評定会議はこの法律に基づいて裁判を行うことになりました。御成敗式目が完成したさい、評定会議は次のような文書を作成しています。

「会議で訴訟について議論するときは、訴えた人や訴えられた人が自分と親しいとか、好きか嫌いかで判断してはならない。また会議では周囲の人に遠慮したり、地位の高い人を恐れたりせず、ただ道理だけに基づいて発言すべきである。会議の決定が結果として正しいものであろうと間違ったものであろうと、その決定は一同全員の責任である」。

評定会議では全員がこの文書に署名しました。これは評定衆が一致団結して公平な裁判を行うことを神仏に誓ったもので、まさしく一揆の結成でした。

一揆とはこのように、正しい決定をめざして参加者全員が徹底的に議論しようとする「合議」の精神をふくんだものでした。

◉村を守った一揆

室町時代、幕府や守護大名➡P.85の力がおとろえてくると、村の農民たちは一揆を結成して行動方針を合議し、武装して実力で自分たちの村を守ったり、統治者に対して要求を通そうとしたりするようになりました。

1428（正長元）年、近江国（滋賀県）に始まった農民一揆は、徳政（借金の帳消し）を要求し、京都の高利貸しを襲撃しました。このように、農民などの民衆が借金の帳消しを求める一揆を徳政一揆とよびます。

「合議」と「満場一致」を特徴とする一揆は、農村に限らず、武士・僧侶から職人にいたるまで、すべての階層において、人々が社会的に行動するときの、集団のあり方となりました。

日本人の名字の由来を訪ねてみた

●トップ・スリーは佐藤・鈴木・高橋

さくらさんのクラスでは、日本人の名字の由来について調べてみることになりました。きっかけは、ある生命保険会社が調べた「日本人の名字の多い順」という新聞記事です。650万人を超える保険加入者の名字を調べた結果で、トップテンの名字と出現率の高い都道府県名は右の表の通りです。この表を見ると佐藤、鈴木、高橋が東日本に多いのに対し、西日本では田中、中村、山本が上位を占めていることがわかります。人名は日本の歴史と深いかかわりがありそうです。

もうひとつ、調べた本によれば日本には30万もの名字がありますが、同じ漢字文化圏で人口が日本の10倍以上ある中国には約5千、韓国には250ほどしかないそうです。

●調べ学習　2つの課題

そこで、さくらさんのクラスでは、次の2つの課題を立てて、日本人の名字の由来（ルーツ）を訪ねることにしました。

<課題1>　個々の名字のルーツを調べる
（1）10の名字の有名人をあげてみる
…ウオーミングアップ
（2）主な名字のルーツを調べる
…グループで分担し発表
（3）自分の名字のルーツを調べる
…個人で各自が調べる
<課題2>　日本人の名字が多い理由は何か調べてまとめる

調査の方法は、図書館調査とインターネット調査としました。調べ始めて分かったことは、本によって、またネットの記事によって、内容はさまざまで、中には互いに矛盾することが書かれているケースもあるということです。そこで、

ア）どの資料にも共通に出てくる定説と考えられる説を採用する　イ）矛盾する内容の場合には、より確からしい説を採用するか、両論を併記するか、その話題は保留するか、よく考えた上でまとめる

という方針を立てました。

日本人の名字ランキングトップテン

順位	名字	出現の比率の高い都道府県
1	**佐藤**	北海道、東北各県、新潟など
2	**鈴木**	東京、神奈川、千葉、愛知など
3	**高橋**	群馬、秋田、宮城、埼玉など
4	**田中**	大阪、京都、兵庫、福岡など
5	**渡辺**	山梨、静岡、栃木、新潟など
6	**伊藤**	三重、岐阜、愛知など
7	**中村**	鹿児島、熊本、福岡など
8	**小林**	長野、山梨、群馬など
9	**山本**	高知、和歌山、山口など
10	**加藤**	岐阜、愛知、三重など

※明治安田生命の全国同姓調査による

<課題1>　主な名字のルーツ

クラスではグループに分かれて、トップツーの佐藤さん、鈴木さんと、生徒からリクエストのあった渡辺さん、武田さんの名字を調べました。

わかったこと①佐藤さんのルーツ

■佐藤さん（たち）は藤原氏の末裔（まつえい）

平安時代中期の貴族で、武将でもあった藤原秀郷（ひでさと）という人物がいます。百足（むかで）退治の伝説や平将門の乱を平定したことで知られます。その5代末裔に藤原公清という人がいて、左衛門尉（さえもんのじょう）という官位についたとき、「左衛門の藤原」ということで「左藤」を名乗り、やがて「佐藤」になりました。この子孫が関東から東北に散らばり、土地の地名をもとに、伊藤、尾藤、後藤や、藤田、藤山などのたくさんの名字が誕生しました。

藤原秀郷（ふじわらのひでさと）（東京都・築土（つくど）神社蔵）

古代日本で最も大きな勢力を誇った藤原氏は、現代でも多数の名字の人々のなかにちゃんと潜（ひそ）んでいたのです。

わかったこと②鈴木さんのルーツ

■「すずき」は稲穂・熊野信仰を広めた鈴木一族

鈴木は、鈴に木を吊したのかな、などと漢字から考えるよりも、「すずき」とは日本語（大和言葉）でどういう意味か調べた方が近道でした。それは和歌山県南部の熊野地方の方言で、刈り取ったあとの積み上げた稲穂を指す言葉でした。鈴木さんは神社の神官の家で、海南市の藤白に移り、熊野詣でを支えました。鈴木一族は各地に広がり、熊野信仰を広めました。特に三河国（愛知県）の三河鈴木一族は、徳川家康に従い江戸に移り住みました。このため東京には鈴木さんが多いといわれています。

藤白神社

わかったこと③渡辺さんのルーツ

渡辺綱

■渡辺さんは豪傑・渡辺綱の子孫

平安時代の中期、渡辺綱という豪傑がいました。嵯峨源氏の一族で、源頼光に仕え、盗賊の酒呑童子を退治した伝説で知られています。その綱が摂津（大阪）の渡辺に住み、名字として名乗ったのが渡辺氏の始まりとされています。そのあとを継いだ渡辺党は、瀬戸内海などを通じ全国に広がりました。漢字は違いますが渡部氏も同じです。

わかったこと④武田さんのルーツ

■地名を名乗り名字の数を増やした武田一族

源氏の一族だった源義清は常陸国の武田（茨城県ひたちなか市武田）に住みつき、その地名をとって武田を名乗るようになりました。武田氏はその後甲斐国（山梨県）に移り住み、戦国武将の雄・武田信玄を生み出します。武田一族はさらに住みついた土地の名前をとって、青木、大井、下条、柳沢などの名字を名乗りました。

※ここにまとめられているのはそれぞれ一つの説であり、別の説もあることに注意しましょう。

＜課題２＞　日本人の名字はなぜ多いのか

■姓と名字は別のもの

「姓」と「名字」は同じように使いますが、もとは別のものでした。古代の人名は、815年に成立した『新撰姓氏録』という書物に1182の姓が記載されています。姓とは、血縁をもとにした氏族の名称でした。

中世になると、地方に住みついた武士たちは、みずから切り開いた土地や先祖から受け継いだ土地を必死で守ろうとしました。そこで、同じ姓の人と区別するために、自分の土地の地名を家の名として名乗るようになったのです。これが名字の始まりです。ですから、武田信玄の姓は源、名字は武田ということになります。名字を苗字とも書くことからも土地とのつながりがわかります。

他方、中国では日本のような名字は生まれず、むしろ一族の名前を守ることが、同族集団としての結束を固めることになったようです。

■一所懸命の日本人

「一所懸命」という言葉があります。これは一つの土地に命を懸けるという意味で、武士の生き方を示す言葉でした。日本人が土地に愛着をもち、一所懸命にがんばった結果、地名と結びついた多数の名字が生まれました。その頑張りは日本人の国民性の一つとなりました。

自分が住んでいる土地の位置や形状などを表した山本、田中、谷口、小林などの名字もたくさん生まれました。日本人の名字の80％は、こうした広い意味での地名に由来するといわれています。

中世の日本

①10世紀頃から台頭した、天皇の子孫とされる2つの有力な武士団は？……… [1] と [2]

②皇位を譲った上皇が、天皇の後ろだてとして実権をにぎった政治は？……… [3]

③後白河天皇と崇徳上皇の対立に、貴族や武士が加担しておこった戦いは？……… [4]

④源頼朝が地方統治のために置いた2つの役職は？……… [5] と [6]

⑤「御恩と奉公」による主従関係を将軍との間に結んだ武士は？……… [7]

⑥鎌倉幕府において、将軍を補佐する北条氏がついた役職は？……… [8]

⑦北条泰時が御家人の権利や義務などを定めた武家独自の法律は？……… [9]

⑧モンゴル帝国を築いた人物は？……… [10]

⑨文永の役・弘安の役と呼ばれる2度にわたる元の襲来をまとめていうと？……… [11]

⑩琵琶法師の弾き語りにより、全国に親しまれた軍記物語は？……… [12]

⑪武家の気風を反映した力強い仏像彫刻を造った2人の作者は？……… [13] [14]

⑫鎌倉幕府を倒した後醍醐天皇による新しい政治は？……… [15]

⑬吉野と京都の2つに朝廷が分かれて争った時代は？……… [16]

⑭北朝の天皇から征夷大将軍に任じられた足利尊氏が開いた幕府は？……… [17]

⑮明の皇帝が支給し、日明貿易において用いられた合い札は？……… [18]

⑯将軍家と管領家の跡継ぎ争いからはじまる11年間もつづいた戦乱は？……… [19]

⑰室町時代の文化で、金閣・銀閣に象徴される2つの文化は？……… [20] と [21]

地図問題1

守護大名の領地の地図です。その後、戦国大名になった4家について、下表のア～エの記号を□に入れなさい。

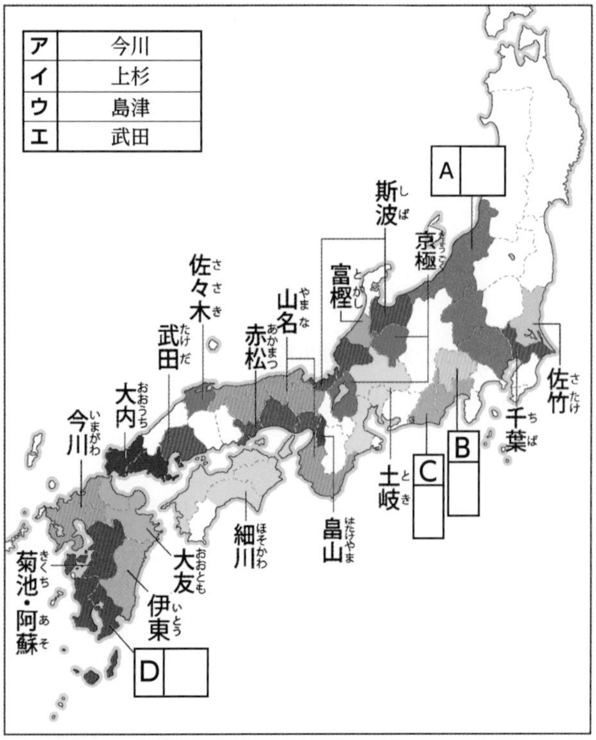

地図問題2

室町時代の京都の地図です。この時代の有名な建造物について、下表のア～ウの記号を□に入れなさい。

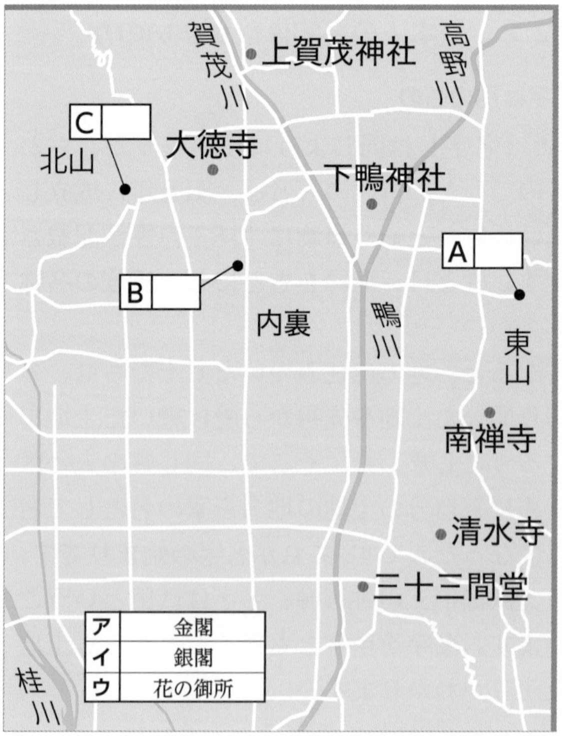

中世とはどんな時代だったのだろうか

中世という時代の特徴を大つかみにとえらるために以下の問題を解いてみよう。

◆「歴史用語ミニ辞典」の作成

歴史用語を３文で説明する「歴史用語ミニ辞典」をつくります。「中世までの日本」の章に登場する以下の歴史用語について、教科書をよく読み、ｐ67の赤字の説明と下の例にならって、３文でノートにまとめてみよう。

院政　保元・平治の乱　守護・地頭　鎌倉幕府　御家人　執権政治　承久の乱　御成敗式目　元寇　建武の新政　後醍醐天皇　南北朝の内乱　室町幕府　足利尊氏　足利義満　日明貿易　守護大名　応仁の乱　戦国大名

【さくらさんのノート　足利尊氏】

＊赤字は書き方の説明です。

①足利尊氏（1305 − 58）室町幕府を開いた中世の武将。←人物の記述は、人名の次に（　）でくくって生没年を書く。次に代表的な事績を入れて、時代と身分・職業を書き、文末は体言止めとする。

②鎌倉幕府の御家人であったが、後醍醐天皇の討幕に協力し、幕府を滅ぼした。←人物の主要な業績を書く。書くべきことが多い場合は、２文にわたって構わないものとする。

③その後、後醍醐天皇にそむいて室町幕府を創設し、新しい武士の政治を始めたが、約60年に及ぶ南北朝の内乱の原因となった。←人物の歴史的評価などを書く。

◆時代比較の問題

中世という時代の特色を考えるために、次の２つの事項について比較してその違いをノートに書いてみよう。

①平氏政権と鎌倉幕府
②鎌倉文化と室町文化

【翔太君のノート・①の答え】

平氏も鎌倉幕府を開いた源氏も、ともに天皇の子孫で、天皇や貴族を守る立場で力をつけた。

このうち平氏政権は、貴族社会に食い込みながら、宋との貿易を始め、経済力をつけた。

これに対し、源氏は貴族社会と距離を置き、天皇の権威は借りながらも、大きな土地を持つ東国の武士たちの勢力をバックに、鎌倉幕府を建てた。これによって、武士と貴族がせめぎ合う時代が始まった。

◆人物比較の問題

北条時宗と足利義満は、中国とのかかわり方が大きく異なっています。どう違うか、まとめてみよう。

【さくらさんのノート】

北条時宗が執権のとき、元のフビライが友好を求める国書を送ってきた。しかし時宗は、フビライの目的が日本を服従させることにあるとみて、返事を拒否し、守りを固めて、元の襲来に備えた。

これに対し足利義満は明との交易を望み、明側の方針に従い、明の皇帝の家来として従うと伝えた。明の皇帝もこれを認め、義満を日本国王に任命した。
このように、北条時宗と足利義満は、中国大陸との関わり方は異なっていた。

◆「ひとこと」作文

中世はひとことで言うと「○○」の時代だった。

この○○を埋めて200字以内の作文を作りましょう。

（例）武士、戦乱、自力救済、下剋上

【翔太君の作文「武士」】

中世とは、ひとことでいうと「武士」の時代だった。

平安時代の中ごろになって、朝廷の力が地方には及ばなくなり、そこでの土地争いや、都での治安の乱れは武力をもった武士にしか治められなくなったからだ。鎌倉時代に元が攻めてくるなどの国難を武力ではねのけることができたことも、武士の力を強めた。ただ、そうした中でも武士は天皇から征夷大将軍に任命されることをその政権の正統性としたから、朝廷の権威は維持されていたといえる。

《4 対話とまとめ図のページ

下の<まとめ図>を見ながら、お姉さんと妹が対話をしています。

(妹) 中世になって、いよいよ武士の登場ですね。

(姉) 中国大陸で唐の力が弱まり、日本が侵攻される危険が薄れる中で、貴族の勢力争いが激しくなったんだわ。院政を施(し)く上皇は、武士を重く用いたので、武士の政治的発言力が強まったのね。

(妹) 東国に源氏の棟梁(とうりょう)を頭(かしら)とあおぐ武士の政権ができたけど、全国を支配したわけではないのよね。

(姉) 貴族の力はまだ強かったし、それにこの時代は、寺社勢力も僧兵をかかえ政治に発言力をもっていたのよ。

(妹) 寺社に限らず、村も自力(じりき)で地域を守るために武装したんだわ。

(姉) その中から、惣(そう)という自治の仕組みがつくられ、集団の合議によって行動する慣行(かんこう)が発達したことも忘れてはならないわ。

(妹) 中世は、いろいろな社会的勢力がせめぎ合う混沌(こんとん)とした時代だったのね。

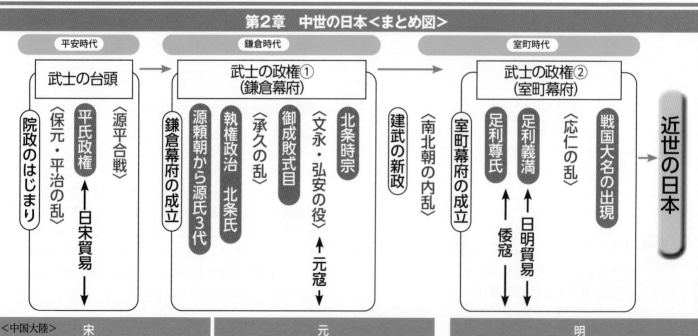

第2章　中世の日本<まとめ図>

平安時代

武士の台頭 →
- 院政のはじまり
- 〈保元・平治の乱〉
- 平氏政権
- ↑日宋貿易↓
- 〈源平合戦〉

鎌倉時代

武士の政権①（鎌倉幕府） →
- 鎌倉幕府の成立
- 源頼朝から源氏3代
- 執権政治　北条氏
- 〈承久の乱〉
- 御成敗式目
- 〈文永・弘安の役〉
- ↑元寇↓
- 北条時宗

- 建武の新政
- 〈南北朝の内乱〉

室町時代

武士の政権②（室町幕府）
- 室町幕府の成立
- 足利尊氏
- ↑倭寇↓
- 足利義満
- ↑日明貿易↓
- 〈応仁の乱〉
- 戦国大名の出現

→ 近世の日本

<中国大陸>　宋　｜　元　｜　明

第3章
近世の日本

安土桃山・江戸時代

三浦屋の高尾
歌川豊国
(1769～1825) 画

ゴッホの
「タンギー爺さん」は、
画商をモデルに
フランスで
描かれた絵だ。

翔太君

タンギー爺さん　ゴッホ (1853～90) 筆

五十三次名所図会 石薬師　歌川広重
(1797～1858) 画

あら、うしろに
日本の浮世絵みたいな
絵が見えるわ!
どういうことかしら?

謎解きは
➡ P.143

さくらさん

雲龍打掛の花魁
渓斎英泉 (1790～1848) 画

第3章　近世の日本<予告編>

登場人物紹介コーナー

小学校で学んだ人物を紹介

ザビエル → **織田信長** → **豊臣秀吉** → **徳川家康** → **徳川綱吉** → **徳川吉宗** →

ザビエル
日本でキリスト教を布教

織田信長
全国統一事業の開始
楽市楽座

豊臣秀吉
バテレン追放令
検地・刀狩り

徳川家康
安定した社会の基礎
江戸幕府を開く

徳川綱吉
生類憐みの令

徳川吉宗
享保の改革

歌川広重
浮世絵

本居宣長
「古事記」の研究

杉田玄白
「解体新書」の翻訳

伊能忠敬
日本地図を作る

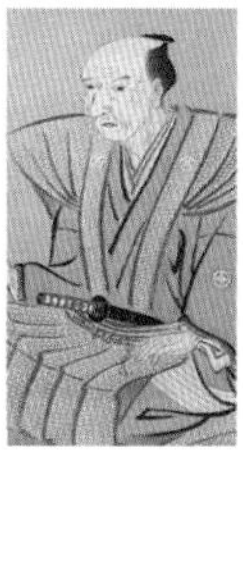

第1節 世界の動きと日本の統一事業

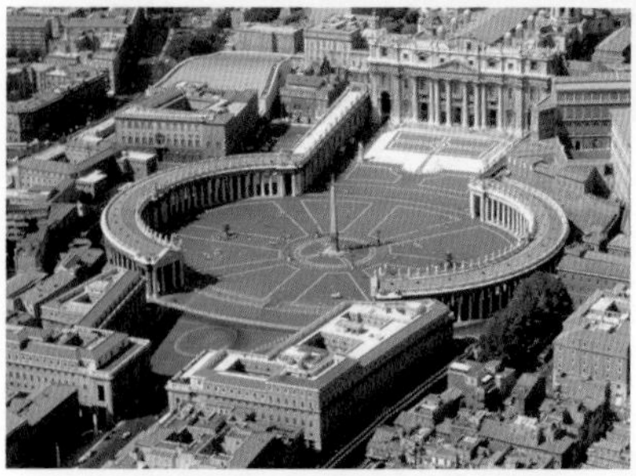

❶**サンピエトロ大聖堂**　カトリック教会の総本山。ローマの一角のバチカン市国にあります。㊥

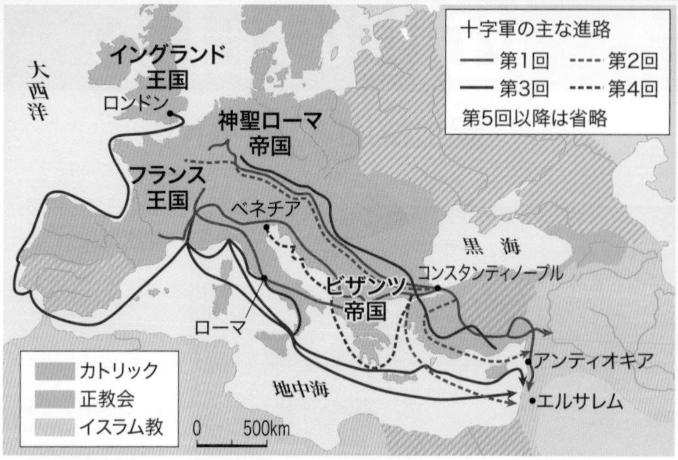

❷**十字軍遠征当時のキリスト教世界とイスラム世界**　イスラム勢力が西アジアからヨーロッパのイベリア半島にまで進出しているのがわかります。

❸**エルサレムの旧市街地と城壁群**　ユダヤ教・キリスト教・イスラム教の3つの聖地が重なっています。㊥

宗教はどのくらい政治への影響力があったのかしら。

31 ルネサンスと宗教改革

キリスト教世界とイスラム世界の対立は、ヨーロッパにどんな影響をもたらしたのだろうか。

❹**イスラム世界で発達した科学**　イスラム世界では古代ギリシャの文化を受け継ぎ、科学や技術が発展しました。火薬、鉄砲、羅針盤もイスラム世界が中国から受け入れました。

[1]「カトリック」は、「普遍的」という意味の言葉。

キリスト教世界とイスラム世界

西ローマ帝国は5世紀に、ゲルマン人の侵入によって滅亡し、西ヨーロッパはいくつかの王国に分かれました。ローマ帝国➡P.31の国教となっていたキリスト教は、帝国が滅びたあともヨーロッパ社会に根付いて、**キリスト教世界**をつくり出しました。そこでは、**ローマ教皇**（法王）を頂点とする伝統的な**カトリック教会**[1][❶]が国王をこえる絶大な影響力をもっていました。

いっぽう、7世紀にアラビア半島から広まったイスラム教は、周辺の諸国を征服しつつ布教を続け、たちまちのうちに広大な勢力圏を築きあげました。8世紀には、イスラム勢力は西アジアから地中海を経て、イベリア半島までを支配しました。

アラビア商人（ムスリム商人）は各地で活発な交易活動を展開し、**イスラム世界**[❷]の繁栄をもたらしました。この時代、イスラム教諸国は学問や芸術においても古代ギリシャ・ローマの文化を受け継ぎ、キリスト教諸国よりはるかに進んでいました。[❹]

失敗した十字軍の影響

二つの世界の対立は、流血の争いに発展することもありました。11世紀の末、ローマ教皇はイスラム勢力に占拠された聖地エルサレム[❸]➡P.32を奪い返すことを呼びかけました。各国の国王はそれに応えて、7回にわたって**十字軍**[❻]を派遣しました。十字軍は各地で凄惨な戦闘を繰り

❺2つの聖母子像　左は 11 世紀の作品、右はルネサンス時代の作品です。

❻十字軍　第1次十字軍がエルサレムを攻撃しているようすです。十字軍は異教徒とみなした人々を皆殺しにしようとしました。

返しましたが、目的を達することなく終わりました。

　ところが、十字軍の遠征でイスラム諸国の進んだ学問に接したヨーロッパ人は大きな刺激を受け、ルネサンスにつながりました。

ヨーロッパのルネサンス（文芸復興）

14 世紀のヨーロッパでは、人間の個性と自由が息づいていた古代ギリシャ・ローマの文化を復活させようとする風潮が生まれました。これは**ルネサンス**（文芸復興）とよばれ、イタリアの都市から始まりました。イタリアの都市の市民のなかには、アラビア商人との貿易で富を蓄えるかたわら、イスラム文化にいち早く接触して影響を受けた人々がいたからです。ルネサンスは 16 世紀に最盛期を迎え、多くの芸術作品を生み出しました。❺❼

宗教改革

ルネサンスの風潮の中で、ローマ教会にも批判の目が向けられるようになりました。ドイツの神学者・ルター❽は、1517 年、免罪符を買えば救われるとするカトリック教会のやり方を批判し、教会に頼らずに個人が『聖書』を通じて神と直接向かい合うべきだと主張しました。フランスの神学者・カルバン❽もスイスとフランスを拠点に活動し、カトリック批判を展開しました。彼らは、**プロテスタント**（抗議する人）とよばれ、カトリック教会とは別に教会をつくりました。この動きを**宗教改革**といいます。

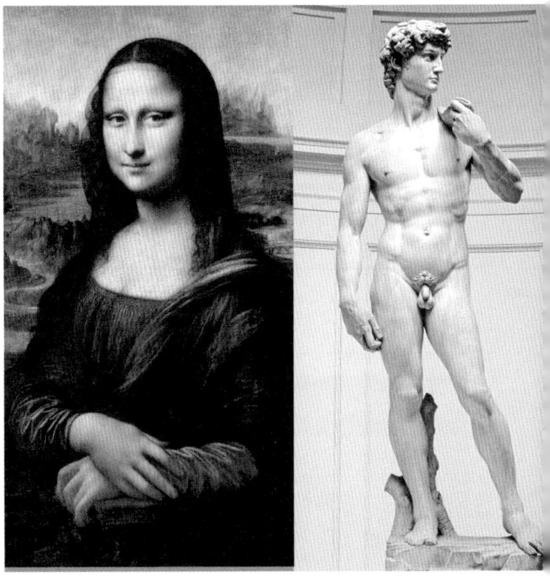

❼レオナルド・ダ・ヴィンチのモナリザ㊧とミケランジェロのダビデ像㊨

❽㊧**ルター**（1483 ～ 1546）と㊨**カルバン**（1509 ～ 64）

チャレンジ　❺の図を見て 11 世紀とルネサンス時代の聖母子像を比べて違いをあげてみよう。

❶イエズス会　1534年に結成されたカトリックの男子修道会で戦闘的思想で知られました。絵はローマ教皇に会設立を申請しているところです。

❷コロンブスの西インド諸島到達　スペイン女王の援助で大西洋を西に航海してたどりつきました。彼は生涯、自分の上陸した場所をインドだと思っていました。

32 ヨーロッパ人の世界進出

ヨーロッパ人はなぜ世界に進出し始めたのだろうか。

③なぜヨーロッパ人は香辛料を必要としたのか

当時のヨーロッパでは都市が形成され、多数の人々が生産地と切り離された生活をするようになりました。そのため肉を常食とするヨーロッパ人にとって肉の保存のため、胡椒などの香辛料は欠かせないものとなりました。ところがそれらをアラビア人の商人から購入すると胡椒1gを金1gで買ったといわれるほど高価でした。直接アジアに行って買いつけたいというのが願望となったのです。

ヨーロッパ人がアジアに求めた香辛料　①肉桂（シナモン）、②丁子（クローブ）、③胡椒（グリーンペッパー、ホワイトペッパー）など。

大航海時代

宗教改革によって誕生したプロテスタント諸派は、ヨーロッパの各国に信者をひろげていきました。その動きにカトリック教会は強い危機感を持ち、教会内部の改革を目指した**イエズス会**❶などは、失地回復のため海外への布教に積極的に乗り出すようになります。

いっぽう、イベリア半島では15世紀末に、キリスト教徒がイスラム勢力を追い出し（**レコンキスタ**）、スペインとポルトガルはキリスト教国に戻りました。両国は、国王を先頭に国をあげて海外との貿易に取り組み、国を富ませようとしました。主要な目当ては、インドを主産地とする胡椒などの**香辛料**❸でした。

この動向がカトリック教会などの布教と結びつき、キリスト教徒たちは、「胡椒と信仰のため」を合い言葉にして、アジアをめざしました。ところが、アジアへの最短距離の航路となる地中海は、イスラム勢力が制海権をにぎっていて通ることができません。

それに対して、ポルトガルはアフリカの西海岸を南下してインドに向かう航路の発見に乗り出しました。他方、スペインは、イタリア人の**コロンブス**を派遣して、大西洋をどこまでも西へと向かわせました。

このようにしてヨーロッパ人がアジアを中心に世界に進出した時期を**大航海時代**といいます。

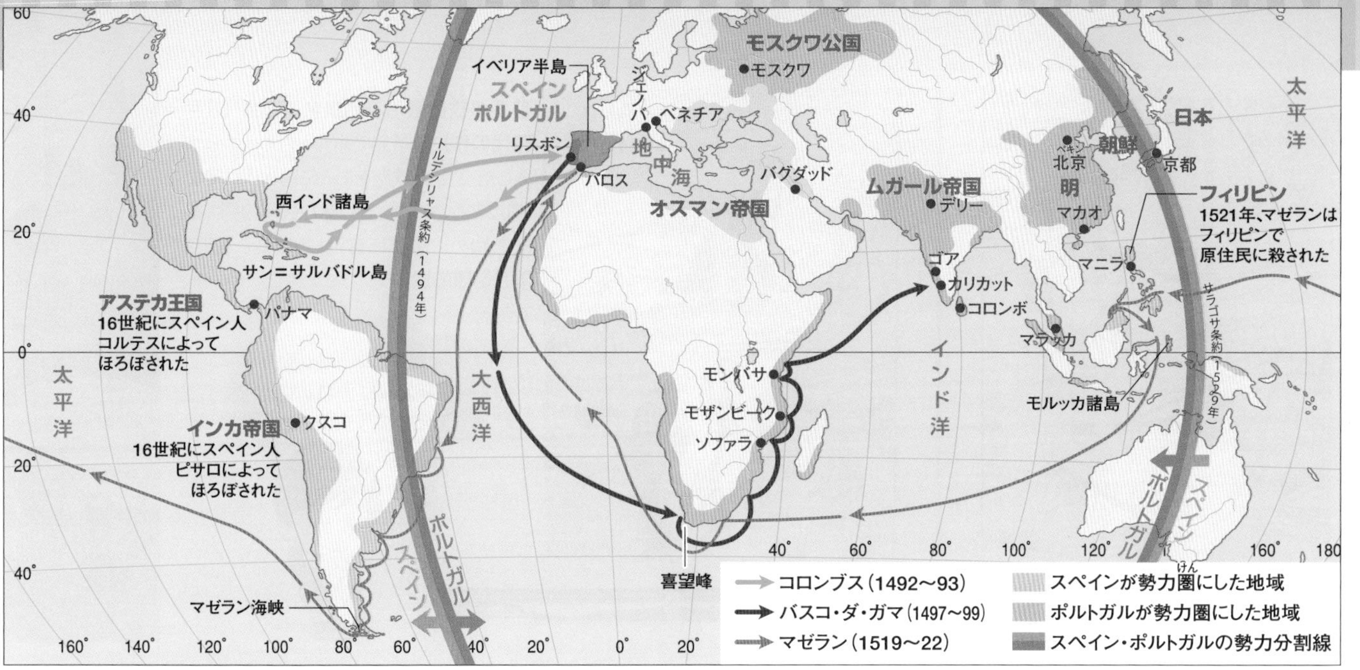

地球分割計画

1492年、コロンブスは西インド諸島に到達しました。❷ 彼はそこをインドと信じ込んだため、北米大陸の先住民は今でもインディオ、インディアンなどとよばれています。ポルトガルが派遣した**バスコ・ダ・ガマ**は1498年、アフリカ南端の喜望峰を経てアフリカ東岸を北上し、インドに到達する新航路を発見しました。❺ スペインの**マゼラン**は世界一周を試み、彼の部下達がそれを達成しました。

1494年、ポルトガルとスペインは大西洋を東西に分け、東半球で発見されるものはすべてポルトガル王に属し、西半球で発見されるものはすべてスペイン王に属すると取り決めて、ローマ教皇の承認を得ました。これを**トルデシリャス条約**❹といいます。

スペインの支配とオランダの台頭

アメリカ大陸には、アステカ王国やインカ帝国など、ヨーロッパ人の知らなかった独自の文明が栄えていました。スペイン人はそれらの文明を滅ぼし、先住民を銀山や農園で働かせたため、厳しい労働と伝染病で、人口は激減しました。その人口を補充するため、スペインはアフリカから黒人を連れてきて奴隷として働かせました。➡P.291

スペインはポルトガルを併合し、16世紀後半には「太陽の沈まない国」とよばれました。17世紀に入ると、スペインから独立したオランダが台頭し、**東インド会社**[1]を設立してアジア進出の拠点としました。

❹また、16世紀に入ると、東半球でも両国の勢力分割線が定められました。これをサラゴサ条約といいます。（地図参照）

世界をふたつに分けようなんてずいぶん勝手ね。
そんな勝手がどうしてできたんだろうか。

❺ヨーロッパ人による新航路の開拓
（ス）はスペイン、（ポ）はポルトガル

年	事　蹟
1492	コロンブス（ス）、大西洋を横断しアメリカ大陸に到達
1498	バスコ・ダ・ガマ（ポ）、アフリカ南端の喜望峰を回り、インドに到達
1522	マゼラン（ス）、南米大陸の南端を経て太平洋からフィリピン到達、世界一周を達成

※ 1534年、カトリックのイエズス会創立。

1 東インド会社　東洋貿易のためイギリス、オランダ、フランスの西欧諸国があいついで設立した特許会社。国からアジアとの貿易の独占権を与えられていました。香辛料の輸入が主な目的でしたが、植民地経営にもあたりました。

チャレンジ　ローマ教皇が決めた条約の名前をあげコロンブス、バスコ・ダ・ガマ、マゼランの足取りを地図と❺の表で確認してみよう。

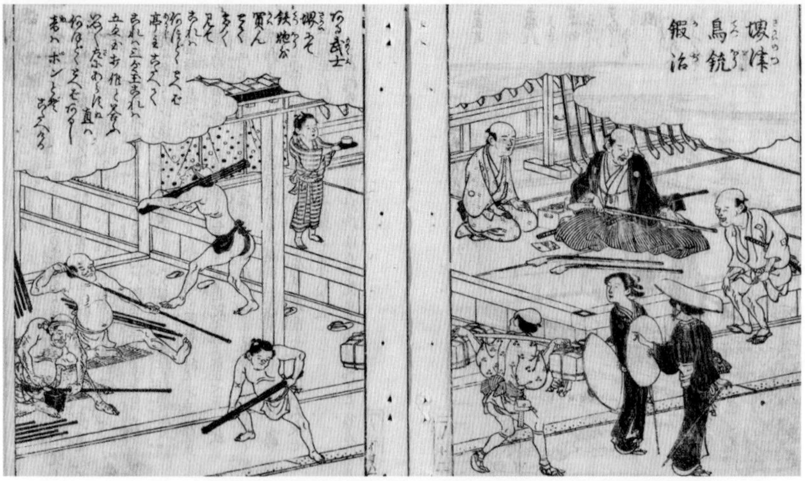

❷堺の鉄砲鍛冶　和泉名所図会（江戸時代の作）種子島でポルトガル人から購入した２挺の鉄砲をもとに日本人はその高い技術力によってわずか数年の間に量産を始め、急速に普及しました。（国立国会図書館蔵）

日本人って、外国の
技術を取り入れるのが
ほんとにうまいのね。

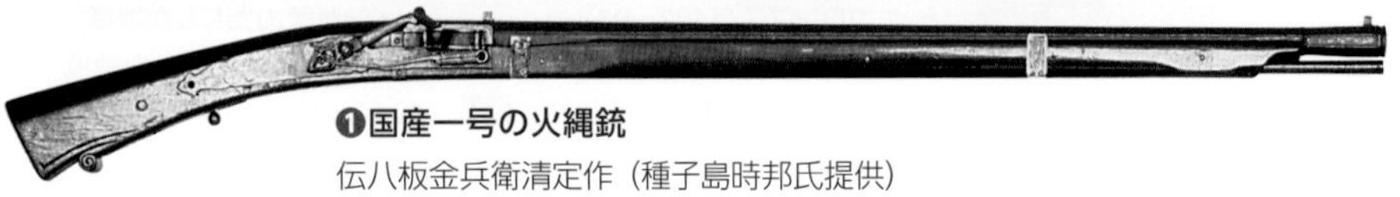

❶国産一号の火縄銃
伝八板金兵衛清定作（種子島時邦氏提供）

33 ヨーロッパ人の来航

ヨーロッパ人がもたらした鉄砲とキリスト教は、
日本社会にどのような影響をあたえたのだろうか。

鉄砲の伝来とキリスト教の布教

1543（天文12）年、シャム（現在のタイ）からポルトガル人を乗せた中国船が、暴風雨にあって種子島（鹿児島県）に漂着しました。彼らは日本に来た最初のヨーロッパ人でした。領主の種子島氏はポルトガル商人から**鉄砲**２挺を高額で買い取り、刀鍛冶に研究を命じました。❶

やがて、堺➡P.14（大阪府）など各地で刀鍛冶が鉄砲の生産を始める❷と、戦国大名たちが新兵器としてさかんに求め、日本はたちまち世界一の鉄砲生産国となりました。さらに戦国大名が鉄砲を採用したことは戦闘や築城の方法を大きく変え、全国統一を早める結果をもたらしました。

鉄砲伝来の６年後の1549（天文18）年、イエズス会➡P.108の宣教師**フランシスコ・ザビエル**❸が鹿児島に到着し、キリスト教の布教を始めました。その後もポルトガルの商人とともにやってきた宣教師たちは、熱心に布教し、キリスト教は西日本を中心に急速に広➡P.116がりました。宣教師は孤児院をつくるなどして人々の心をとらえました。戦国大名は、ポルトガル商人がもたらす珍しい舶来品を珍重しました。

❸フランシスコ・ザビエル（1506～52）
（兵庫県・神戸市立博物館蔵）重

フランシスコ・ザビエルはイエズス会創立者の一人。マレー半島のマラッカを拠点にして布教活動をしていたが、ヤジロー（弥次郎）という薩摩出身の日本人青年に出会い、その旺盛な知識欲に驚いて日本に興味をもち、布教する決意を固めたといわれています。

南蛮貿易

16世紀末にはスペインの武装商人もアジアにあらわれ、フィリピンを征服し

旧石器	縄文		弥生			古墳		飛鳥	奈良	平安			鎌倉	南北朝	室町	戦国	安土桃山	江戸		明治	大正	昭和	平成	令和
(世紀)	BC	AD1	2	3	4	5	6	7	8	9	10	11	12	13	14	15	16	17	18	19		20		21

右下に宣教師たちの姿がみえる。商人たちといっしょにやってきて熱心に布教していたみたいだね。

❹**南蛮屏風　狩野内膳筆**　長崎に入港したポルトガル船が、貿易品を荷あげするところ。南蛮貿易のようすが描かれています。カピタン（船長）の行列と、出むかえる宣教師たちの姿もあります。右上に南蛮寺が見えます。（兵庫県・神戸市立博物館蔵）重

て貿易の根拠地としました。彼らはポルトガル人とともに日本では南蛮人とよばれ、日本に火薬・時計・ガラス製品などヨーロッパの品々や、中国産の生糸や絹織物をもたらしました。彼らは世界有数の銀の産出国だった日本から銀を手に入れ、貨幣に鋳直してアジア各地との交易に用いました。❹これを**南蛮貿易**といいます。その後、日本人も南蛮貿易に乗り出し、東南アジアの各国に定住して日本町をつくりました。
➡P.122

キリシタン大名

南蛮貿易の利益に着目した西日本の大名たちの中には、キリスト教を保護し、自ら洗礼を受ける者もあらわれました。これを**キリシタン大名**といいます。最初のキリシタン大名となった九州の大村氏は、長崎を開港してイエズス会に寄進しました。天然の良港だった長崎は、南蛮貿易と布教の拠点となって急速に発展し、その後もヨーロッパとの窓口となりました。

イエズス会はキリシタン大名の保護を受けて長崎・山口・京都などに教会（南蛮寺）を建て、キリスト教はさらに広がりました。

1582（天正10）年、3人のキリシタン大名が4人の少年使節をローマ教皇のもとに送りました（**天正遣欧少年使節**❺）。少年たちは3年かけてローマに着き、教皇に謁見して大歓迎を受けました。そのため、ヨーロッパでは日本に対する関心が高まりました。

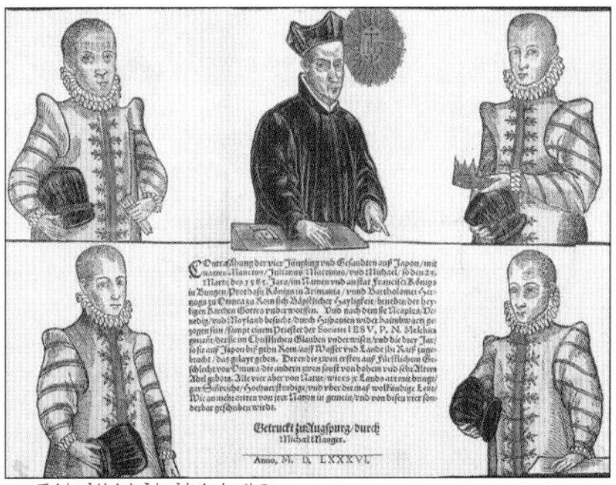
伊東マンショ（主席）
中浦ジュリアン
千々石ミゲル
原マルチノ

❺**天正遣欧少年使節**　九州のキリシタン大名によって派遣され、帰国して豊臣秀吉にローマでの見聞を伝えましたが、そのときすでにキリスト教は禁じられていました。上記氏名中、カタカナは洗礼名。こののち中浦ジュリアンは長崎で殉教、千々石ミゲルは棄教して日蓮宗に改宗しました。（京都大学附属図書館蔵）

この少年たちはヨーロッパへ渡って帰国した最初の日本人なのよ。
ヨーロッパから印刷機も持ち帰ったらしいよ。

チャレンジ　少年使節が果たした役割をまとめてみよう。

❶**長篠合戦図屏風**　この戦いで織田・徳川連合軍は最新の武器である鉄砲を多数そろえ、当時最強といわれた武田軍を破りました。（愛知県・犬山城白帝文庫蔵）

❷**織田信長**（1534～1582）

34 信長と秀吉の全国統一

織田信長と豊臣秀吉はどのように
全国統一を進めたのだろうか。

❸信長は「天下布武」の印判を書状に押して、武力で天下を取る決意を表明しました。（愛知県・名古屋市博物館蔵）

本能寺の変はどうして起ったのかな?
いろいろな説があるそうよ。

織田信長の台頭

戦国時代、群雄割拠する戦国大名の中で、尾張（愛知県西部）の**織田信長**❷が、斬新な戦略と京都に近い地の利を生かして頭角をあらわしました。1560（永禄3）年、駿河（静岡県）の今川義元を桶狭間で破った信長は、やがて京都にのぼると足利義昭を将軍に擁立して全国統一に乗り出しました❸。

その後、信長は義昭と対立するようになり、1573（天正元）年、義昭を京都から追放しました。ここに、室町幕府は230年の歴史の幕をとじました。

信長は敵方の大名についた比叡山延暦寺➡P.60を焼き打ちにし、浄土真宗の一向一揆➡P.91も降伏させました。これによって、中世以来の権門（特権的家柄の勢力）の一つだった寺社勢力の政治への発言力が弱まり、政治と宗教の分離が進みました。

信長は1575（天正3）年、当代最強といわれた甲斐（山梨県）の武田勝頼の騎馬軍団を鉄砲隊で撃ち破りました（長篠の戦い）❶。

信長の政治

その翌年、信長は京都に近い琵琶湖畔に壮大な安土城を築きました。信長は政治に介入する仏教勢力をおさえるいっぽうで、地球の裏側から荒波をこえてやってきたキリシタン宣教師の勇気を称えました。

信長は、**楽市・楽座**の政策をとって城下の商工業者に自由な営

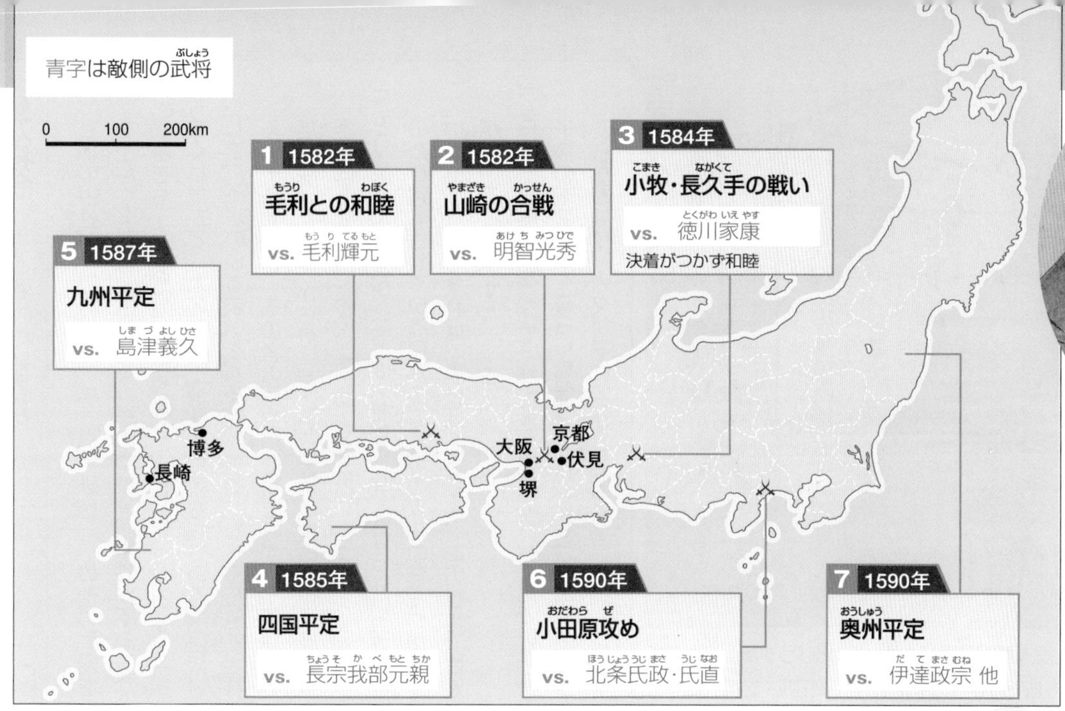

❹豊臣秀吉の天下統一地図

❺豊臣秀吉（1537～1598）
（大阪府・逸翁美術館蔵）重

秀吉は低い身分の家に
生まれたのにいろんな
努力を重ねて
出世していったんだね。

業を認め、流通のさまたげとなる関所を廃止しました。

このように信長は旧来の政治勢力や社会制度を打破し、全国統一への道を切り開きました。しかし、1582（天正 10）年、家臣の明智光秀の謀反にあい、京都の本能寺で自害しました（**本能寺の変**）。

豊臣秀吉の全国統一

織田信長の事業を受けついで全国統一をなしとげたのは、重臣の羽柴秀吉（のちの**豊臣秀吉**❺）でした。備中（岡山県）高松城の毛利軍と対陣していた秀吉は、本能寺の変を知ると直ちに毛利氏と和を結び、いち早く軍を引き返して、京都・山崎の天王山で明智光秀を討ちました（中国大返し）。

1583（天正 11）年、秀吉は信長の安土城をモデルにした壮大な大阪城❻の築城に着手し、全国を統治しようとする意思を示しました。1585（天正 13）年、秀吉は関白➡P.59に任ぜられ、その翌年、朝廷より「豊臣」の姓を賜わりました。秀吉は天皇の名により全国の大名に、停戦して秀吉に服属することを命令し、諸大名を次々と平定していきました❹。

1590（天正 18）年、秀吉に歯向かう大名がいなくなって戦火は止み、秀吉の全国統一事業は完成しました。翌年、関白を養子秀次に譲り、みずからは太閤[1]になりました。

❻大阪城　秀吉時代のおもかげを伝えています。（「大坂夏の陣図屏風」大阪城天守閣蔵）重

[1]太閤　関白の職を子に譲った人物を太閤といいます。

チャレンジ　信長はなぜ宗教勢力と対決しようとしたのかまとめてみよう。

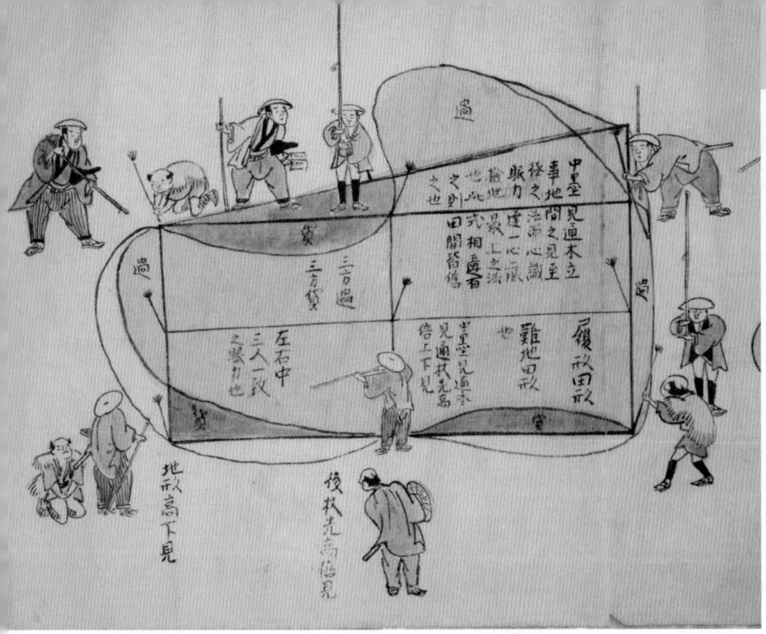

❶検地図絵（江戸時代の作）　役人が田の面積を測っているようすが、描かれています。太閤検地もこのような方法で行われたようです。（秋田県・玄福寺蔵）

❷刀狩令　1588年（一部要約）

一、各地の百姓が、刀や短刀、弓、槍、鉄砲、その他の武器をもつことをかたく禁止する。そのわけは、百姓が不必要な武器をもっていると、年貢や税を出ししぶり、おのずと一揆をくわだてて、大名から土地をあたえられている家臣に対して、不法のふるまいをする者が出て、もちろん処罰される。そうすると、その者の田や畑は耕されずに、領地がむだになってしまうからだ。そこで、大名や家臣、代官は、以上の武器をすべて集め、さし出しなさい。

一、とり集めた刀や短刀などは、むだにしてはならないので、このたび建てさせている京都の方広寺の大仏のクギやかすがいに使う。そうすれば、現世はもちろん、あの世まで百姓が助かることになる。

一、百姓は農具だけをもって、ひたすら農業に打ちこんでいれば、子孫の末まで長く暮らしを保つことができる。じつに国内が安らかとなり、人々が幸せになるもとである。

35 秀吉の政治と朝鮮出兵

秀吉の政治は、
どのような特徴をもっていたのだろうか。

知っ得ポイント！

秀吉の刀狩の実態

刀狩令は農民からすべての武器を没収するとしています。しかし最近の研究では、没収は刀や脇差を中心に行われ、弓矢や槍、鉄砲など刀以上に威力のある武器が多く農村に残されていたことがわかっています。このことは秀吉の刀狩の意図が、農村を非武装化し一揆を防ごうとするよりも、武士とそれ以外とを区別する兵農分離にあったことを示しています。逆にいえば、武士にだけ刀を持たせることにより、軍事に専念することの自覚と誇りをもたせようとしたといえます。

太閤検地と刀狩

秀吉は、1582（天正 10）年から各大名に命じて米の収穫高を正確に調べ、土地の等級と**石高**を示す検地帳[1]を作成させました。これを**太閤検地**❶といいます。検地によって荘園領主だった中央貴族などの権利は奪われ、荘園制度は崩壊しました。➡P.59農民は土地私有権を認められ、その領主である大名に年貢をおさめることとなりました。

1588（天正 16）年、秀吉は**刀狩令**❷を発して農民や寺院から刀などの武器を没収しました。農民が耕作に専念することによって、子々孫々までの安泰を保証し、領内の自衛・治安と国防は武士の役割としたのです。これを、**兵農分離**といいます。

キリスト教の禁止

秀吉はキリスト教の保護者でしたが、1587（天正 15）年、突如として**バテレン**[2]**追放令**❸を発し、キリストの禁教政策に転換しました。➡P.117ただし、いっぽうで貿易による利益を重視して、南蛮商人の入港は引きつづき認めたため、禁教政策は不徹底なものとなり、バテレンの追放も実現しませんでした。秀吉は庶民の信仰までは禁じなかったので、キリシタン信徒はその後も増えつづけ、江戸時代の初めには 30 万人に達しました。

フィリピンを拠点にしていたスペインの宣教師たちは、キリスト教を広めるため、南アメリカやアジアと同じように、武力によっ

[1] 土地の等級は、上田、中田、下田、下々田などであらわしましました。石高は、それぞれの等級での耕地1反（約10アール）あたりの米の収穫高に面積をかけて計算しました。

[2] バテレンとはキリスト教の神父のこと。伴天連とも書きました。ポルトガル語のパードレ（神父）に由来します。

旧石器	縄文	弥生		古墳			飛鳥	奈良	平安				鎌倉	南北朝	室町	戦国	安土桃山	江戸			明治	大正	昭和	平成	令和
（世紀）		BC	AD 1	2	3	4	5	6	7	8	9	10	11	12	13	14	15	16	17	18	19		20		21

❸バテレン追放令　1587年（部要約）

一、日本は神国なので、キリシタンの国から邪教（キリスト教）を伝えることは許さない。
一、バテレンが地元の人々を近づけて信者にし、彼らをそそのかして神社や寺院を打ちこわしているのは、これまでに一度もなかった悪事である。
一、バテレンを日本に住まわせることはできないので、二十日以内に準備して帰国せよ。
一、ポルトガル・スペイン船が貿易に来るのは事情が違うので、今後も自由に売り買いしてよい。
一、仏教をさまたげない者は、商人はもちろん、誰でもキリシタン国と自由に行き来してよい。

キリスト教宣教師の影響力を警戒して出されたもの。しかし、実際にはバテレン追放は実現しませんでした。

❹秀吉とフェリペ2世

ちょうど秀吉が天下統一をなしとげたころ、スペインでは、国王フェリペ２世がイスラム勢力を打ち負かし絶頂期にありました。アジアに派遣されたスペイン人宣教師たちは、中国への武力征服を進言し、日本の利用価値を書簡でフェリペ２世に説きました。

しかし秀吉と同じ 1598 年にこの世を去ったので、征服計画は実現しませんでした。

て中国や日本を征服する計画を立てていたといわれています。❹

朝鮮出兵

全国を統一した秀吉は、スペインに先んじて明を征服するという、壮大な計画を立てました。➡P.86 1592（文禄元）年、秀吉は 15 万の大軍を朝鮮に送りました（**朝鮮出兵**❺）。加藤清正や小西行長などの武将にひきいられた秀吉の軍勢は、たちまち首都の漢城（現在のソウル）を落とし、朝鮮北部にまで進みました。しかし、朝鮮側の李舜臣がひきいる水軍の活躍、明からの援軍などで次第に敗勢となり、明との和平交渉のために兵を引きました（**文禄の役**）。

1597（慶長２）年、明との交渉が決裂し、秀吉はふたたび約 14 万の大軍を派遣しました。しかし、明の反撃で今度は朝鮮南部から先に進むことができず、翌年、秀吉が死去したため、撤兵しました（**慶長の役**）。

秀吉が目指したのは、あくまで大陸の明でしたが、途中の経路にあたる朝鮮は戦場にされ、国土や人々の生活は荒廃しました。また、この出兵に莫大な費用と兵力を費やしたため、豊臣家の支配はゆらぎました。このとき豊臣政権の重臣の徳川家康は朝鮮出兵に賛成し、九州まで出陣しましたが、渡海することはありませんでした。

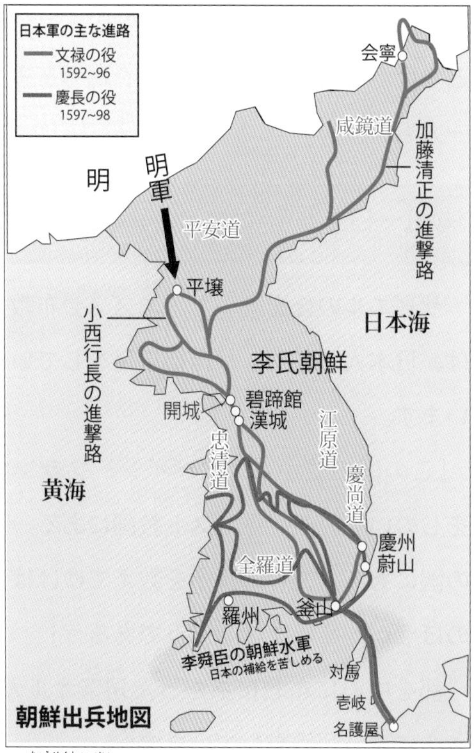

❺朝鮮出兵地図

チャレンジ　朝鮮出兵のねらいと失敗の理由をいくつかあげてみよう。

宣教師が見た日本

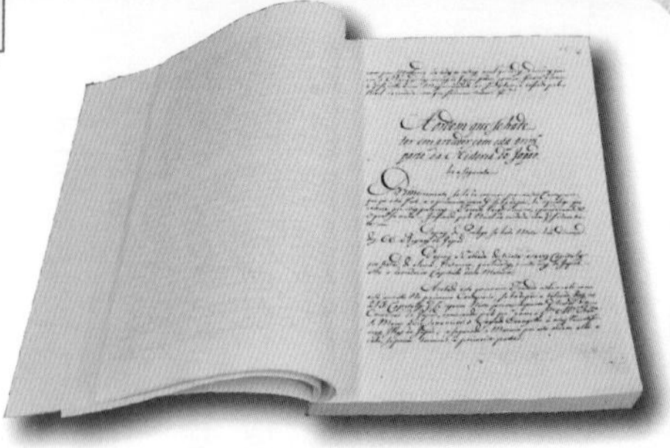

フロイス『日本史』
（長崎県・大村市教育委員会提供）

◉「傑出した国民」「良い素質」

16世紀、日本にやってきたキリスト教の宣教師たちは、極東の島に思いがけず、文明化した誇り高い民族を発見しておどろきました。何よりも、身分の低い者でさえ盗みをせず、読み書きができることに強い印象を抱きました。

イエズス会➡P.108の宣教師ザビエル➡P.110は、ゴア（インド）の教会への手紙にこう書いています。

「日本人は、私が遭遇した国民の中ではもっとも傑出している。異教徒の中で日本人にまさるものはあるまいと考える。彼らは総体的に良い素質を有し、悪意がなく、交わってすこぶる感じがよい」

「日本人はたいてい貧乏である。しかし、武士たると平民たるとを問わず、貧乏を恥辱と思っている者は一人もいない」

◉ヨーロッパ人をしのぐ賢明さ

ザビエルの後を継いだイエズス会布教長のトルレスは、日本人の暮らしが自給自足をしていて豊かだと言います。

「この国の豊かさはスペイン、フランス、イタリアをしのいでいる。キリスト教国にある一切のものがこの国にある。彼らの長所を数えてゆけば、紙とインクのほうが先に尽きてしまうであろう」

都を中心に布教にあたった司祭オルガンチーノは、さらに高い評価をしています。

「私たちヨーロッパ人は互いに賢明に見えるが、日本人と比較すると、はなはだ野蛮であると思う。私は本当のところ、毎日、日本人から教えられていることを白状する。

私には全世界でこれほど天賦の才能をもつ国民はないと思われる」

◉日本の教会の統括は日本人に

ただ宣教師たちの誰もが日本人を高く評価していたのではありません。トルレスの次の布教長カブラルは、日本人の信徒を司祭に登用せず、司祭に必要なラテン語も学ばせませんでした。彼は冷淡にこう言っています。

「彼ら日本人教徒が（修道会に入って）共同の、そして従順な生活をしているのは、ほかに生活手段がないからだ」

これに対しイエズス会の東インド巡察師として来日したヴァリニャーノは、そうした態度は布教のさまたげになるとして、カブラルを解任し、こう述べました。

「日本人は、外国人の支配に耐えしのぶほど無気力でもなければ、無知でもない。日本の教会の統括は日本人にゆだねるよりほかに考えるべきではない」

『日本史』を書き残した司祭フロイスは、日本と西洋がまったく正反対である点を列挙して「日本人は罪人を平然と斬首するが、家畜を殺すと仰天する」と首をかしげています。彼らにとって日本はやはり「不思議の国」だったのです。

もっと知りたい コラム

秀吉はなぜバテレン追放令を出したのだろうか

■キリシタン大名の領地では、しばしば強制的な改宗や寺社の破壊が行われました。南島原では、仏像を山の洞窟に隠して守ろうとした人たちもいましたが、探し出されて壊されてしまいました。今では「穴観音」として知られています。

◉高山右近の棄教拒否

日本は昔から多神教の国であり、異国の新しい宗教に対しても門戸が開かれていました。織田信長も豊臣秀吉もキリスト教を優遇し、信徒やキリシタン大名➡P.111が増え、ヨーロッパとの南蛮貿易も盛んになりました。

ところが秀吉はザビエルの布教開始から40年もたたない1587（天正15）年６月、突然、バテレン（神父）追放令を出します。このとき秀吉は九州制圧のため博多にいましたが、バテレンがキリシタン大名をそそのかし、領民を強引に入信させ、神社や寺を壊していること、ポルトガルが日本人を奴隷として売り飛ばし、イエズス会がこれに関与していることを知りました。

激怒した秀吉は、陣営にいたキリシタン大名の高山右近に「キリスト教を捨てるか、領国から追放されるか」と迫りました。右近が「信仰を守る」と返答すると、秀吉は即座に右近の領地召し上げと追放を命じました。

◉イエズス会宣教師への詰問

いっぽう、秀吉は、平戸（長崎県）から訪ねてきたイエズス会の日本準管区長ガスパール・コエリョに対し４項目について詰問しました。

①なぜ領民を強引に改宗させるのか

②なぜ神社仏閣を破壊するのか

③なぜ家畜を殺してその肉を食うのか

④なぜポルトガル人は多くの日本人を奴隷として買って連れ帰るのか。

コエリョは秀吉を納得させる答えを出せませんでした。怒りを増した秀吉は側近の大名たちの前で「バテレンの説く掟は悪魔のものだ」と厳しくキリスト教を批判し、「バテレン追放令」を布告しました。

しかし、秀吉は南蛮貿易をやめることができなかったため、外国人バテレンの国外追放は実行できませんでした。コエリョは司祭たちに、イエズス会員はそのまま日本にとどまり、各地に潜伏するように命じました。

◉バテレン追放令から禁教へ

その後、1596（慶長元）年、土佐（高知県）沖で難破したスペイン船サン・フェリペ号の航海長が日本の奉行に対し次のように語ったといわれます。（サン・フェリペ号事件）

「われらはまず宣教師を送り込んで先住民を改宗させ、つづいて軍隊が入って多くの王国を征服してきた」

これを聞いた秀吉はキリシタン取り締まりを強化しました。秀吉はキリシタンの問題が日本の防衛の問題であることを理解したのです。ただ、秀吉の政策では、一般領民の信仰の自由までは禁じていませんでした。

この後に成立した江戸幕府は、次々とキリスト教禁止令➡P.123を出すことになります。

❶**唐獅子図屏風**　金地の背景に唐獅子が堂々と歩き、天下統一をめざす戦国大名の気風を伝えています。（狩野永徳筆　宮内庁三の丸尚蔵館蔵）宝

36 桃山文化と南蛮文化

桃山文化にはどのような特徴があるのだろうか。

❷**茶室「待庵」**　2畳の茶室で、千利休の茶室としては現存する唯一のもの。（京都府・妙喜庵蔵）宝

1 姫路城　日本の城を代表する天守閣を持つ城で、1610年、池田輝政によって完成されました。白く輝く天守閣や土塀の美しさで知られ、白鷺城とも呼ばれています。1993年、日本で初めて世界文化遺産に登録されました。（➡P.巻頭1）

武将や豪商の文化

戦国時代を実力で勝ち抜いた戦国大名たちは、その権勢を誇るように雄大な文化を生み出しました。信長の安土城と秀吉の伏見城（桃山城）にちなんで信長・秀吉が活躍した時代を**安土桃山時代**といい、この時代の文化を**桃山文化**とよびます。

信長、秀吉らが築いた城には壮麗な天守閣がありました。1 天守閣は司令塔・展望台とされますが、権勢を象徴する装飾としての性格が強いものです。信長の安土城の内装は金箔がほどこされ、「殿中ことごとく金なり」と称えられました。金箔の地に濃彩の絢爛豪華な襖絵や屏風絵を描いたのは❶❸**狩野永徳**ら狩野派の絵師たちでした。秀吉が建てた大阪城の障壁画も彼らの作品です。

堺の茶人である**千利休**2 ➡P.14は、こうした華美な趣味に背を向けるように、狭い茶室で静かにたしなむ侘び茶を完成させました。茶室❷の内装はすべて土壁で、床の間には竹の花入れをかけ、茶碗は京都の楽焼を好みました。利休の確立した茶道は日本人の間に「侘び」「さび」という美意識をはぐくみました。また、室町時代に生まれた華道は、初代池坊専好によってこの時期に完成されました。

庶民の生活と文化

庶民の間にもこの世を楽しむ風潮が広まりました。小唄が流行し、三味線の

❸洛中洛外図屏風　織田信長から越後の有力な戦国大名である上杉謙信に贈られたもの。都のようすが細かく描かれています。（狩野永徳筆　山形県・米沢市上杉博物館蔵）宝

伴奏で浄瑠璃が語られ、これに合わせて演じる人形浄瑠璃が生まれました。出雲大社➡P40の巫女と称する出雲阿国が始めたかぶき踊りは、江戸期に確立する歌舞伎の源流となりました。❹

衣服は活動的な小袖➡P137が一般的になり、麻にかわって木綿の衣料が普及し始めました。木綿は着心地がさっぱりしていて丈夫な上、色柄を染められるという特性がありました。

南蛮文化

この時期には、西洋の天文学[3]・医学・航海術が日本に伝わり、活版印刷によって『聖書』や『イソップ物語』などが出版されました。南蛮人や南蛮風俗をテーマにした屏風絵が描かれ、衣服・工芸・食文化にも南蛮趣味が広がりました。南米原産のタバコが伝わって喫煙の風習も始まり、トランプ遊びも広まりました。このほか、カステラ、パン、マント、ジュバンなどさまざまな分野で南蛮語が新しい日本語になりました。

こうして、西洋人が伝え、日本で花開いた異国情緒ある文化を**南蛮文化**とよびます。南蛮貿易➡P.111で巨利を得た豪商が堺や博多などにあらわれ、南蛮文化を支え、広げました。南蛮文化の隆盛はその後のキリスト教の禁教のため短期間で終わりましたが、その一部は日本社会に定着し、中国やインドのさらに向こうに広大な異文化があるということを日本人が知るきっかけとなりました。

日本語の中に
南蛮語由来のものが
ずいぶん
あるんだね。

❹ 出雲阿国と歌舞伎

出雲阿国は出自ははっきりしませんが、江戸時代の初期、京都・鴨川の四条河原でかぶき踊りを上演し、かぶき者といわれる派手な男装などで人気をよんだといわれます。やがて大阪や江戸の河原でも同じような踊りを見せる芝居小屋が登場しました。

これに対し江戸幕府は風紀が乱れるとして禁止したり、女性役も男が演じる条件で許可したりしました。しかし、元禄時代になって近松門左衛門らの作家や、名優たちが現れ、町人たちの絶大な支持を受けて歌舞伎という演劇として確立されていきました。

[2] 千利休は堺の豪商の生まれで、信長・秀吉に仕え、当代第一級の茶人として知られました。茶道具の目ききで、茶道家元・千家の始祖。多くの弟子を輩出しましたが、秀吉と対立して切腹を命じられました。

[3] 南蛮貿易によって、地球儀も日本に持ち込まれました。しかし人々が「地球が丸い」と理解するまでには時間がかかりました。

チャレンジ　桃山文化と南蛮文化が現代におよぼしている影響をいくつかあげてみよう。

第2節 江戸幕府の政治

❶徳川家康（1543～1616）（狩野探幽筆　大阪城天守閣蔵）

❷関ケ原合戦図屏風（岐阜県・関ケ原町歴史民俗資料館）

37 江戸幕府の成立と大名統制

江戸幕府は大名をどのように統制したのだろうか。

❸武家諸法度（部分要約）

将軍の代替わりごとに出され、文言も修正されました

■1615 年の法令
一、文武弓馬の道（学問と武芸）に常にはげむこと。
一、城を修理するときは、必ず幕府に届け出ること。新たに城を築くことは固く禁ずる。
一、幕府の許可無く婚姻関係を結んではならない。

■1635 年の法令
一、諸国の大名は、領地と江戸に交代で住むこと。毎年 4 月中に江戸に参勤すること。
一、500 石以上積める船を造ってはならない。

徳川家康と江戸幕府

戦国時代末期、豊臣秀吉の次に最大の実力者となったのは、**徳川家康**❶でした。秀吉は大阪の近くに家康のような実力者がいることを警戒して、家康の所領を本拠地の三河地方から関東に移しました。家康は辺境の地を開拓して江戸の町をつくり、実力をたくわえました。秀吉の死後、家康は多くの有力武将を味方につけ、1600（慶長５）年、秀吉の重臣だった石田三成ら西国の対抗勢力を「天下分け目の決戦」となった**関ヶ原の戦い**❷で破りました。

1603（慶長８）年、家康は朝廷から征夷大将軍に任命され（➡P.58）、**江戸幕府**を開きました。1615（元和元）年には、豊臣秀吉の遺児秀頼を大阪城に攻め滅ぼし（大阪夏の陣）、全国支配を完成させました。徳川氏が将軍として 15 代にわたって統治し❺、大規模な戦乱のなかった約 260 年間を**江戸時代**といいます。

将軍の直轄領地である**天領**（幕領）と、直属の家臣である旗本[1]の領地を合わせると約 700 万石で、幕府は全国石高の約４分の１を支配しました。また、幕府は外交と貨幣鋳造の権限を独占しました。幕府のしくみは３代将軍**徳川家光**のころまでに、老中を筆頭に若年寄・目付・奉行などの職制が整いました。将軍といえども独断専行を慎み、評定とよばれる合議で政治が行われました。

[1] **旗本**　将軍に面会できる直属の家臣で、5000人ほどいました。その下の御家人（約1万7000人）は将軍に面会できませんでした。

旧石器	縄文		弥生		古墳		飛鳥	奈良	平安			鎌倉	南北朝 室町	戦国	安土桃山	江戸		明治	大正	昭和	平成 令和
（世紀）		BC	AD1	2	3	4	5	6	7	8	9	10	11	12	13	14	15	16	17	18	19	20	21

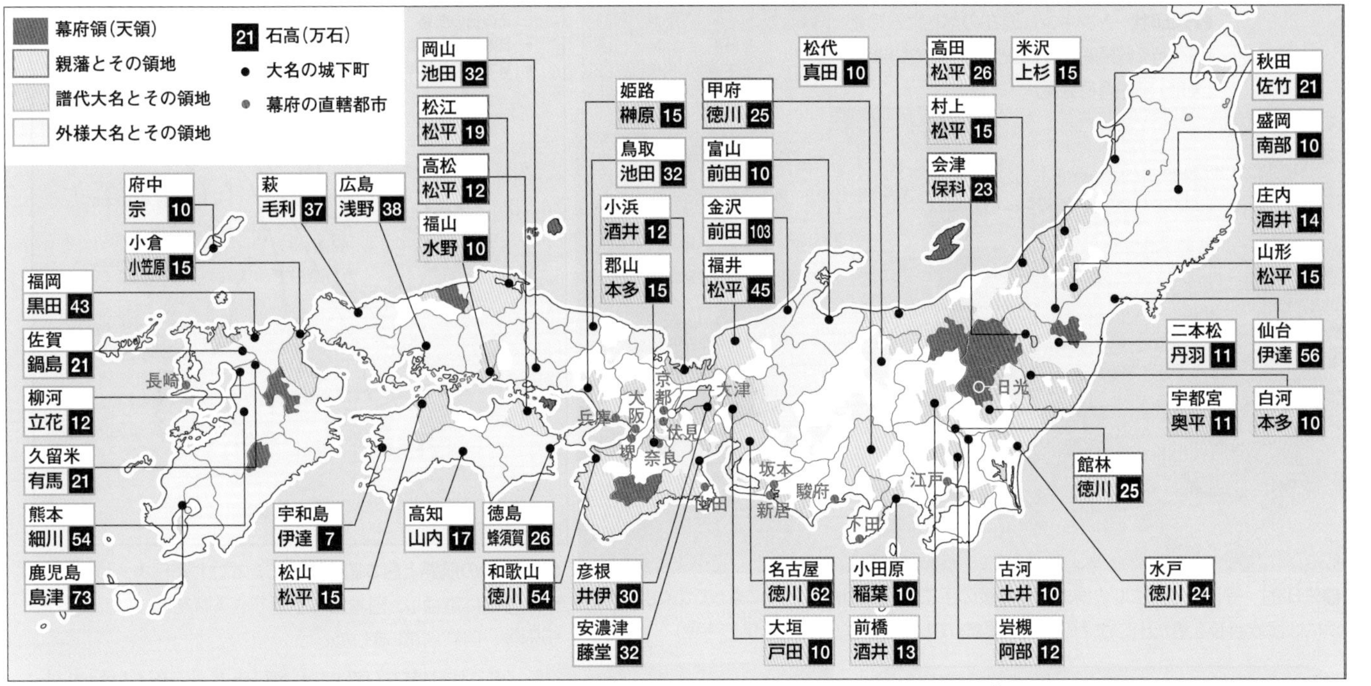

❹江戸初期の主な大名の配置　1664（寛文4）年当時　外様大名を江戸からできるかぎり遠ざけながら、親藩や譜代大名をくさびのように配置して監視していたようすがわかります。天領には鉱山や山林の豊かな地域が多くふくまれていました。

将軍と大名の関係

江戸時代の大名は将軍から１万石以上の領地をあたえられた武将をさし、将軍と主従関係を結びました。幕府は全国260あまりの大名を徳川一族の**親藩**、関ヶ原の戦い以前からの家臣である**譜代大名**、関ヶ原の戦い以後に徳川氏に臣従した**外様大名**の３つに分け、外様大名は遠国に配置するなど、幕府への反抗が起こりにくいように配置しました。❹大名の領地と、領地をおさめる組織を**藩**といいます。

1615（慶長20）年、幕府は**武家諸法度**❸を定め、幕府に許可なく城を新改築したり、大船を建造したり、大名家が無断で婚姻することなどを禁じました。大名に不始末があれば、領地没収のお家取りつぶしや、領地を入れかえる国替を行いました。また、大名が１年ごとに領地と江戸を往復する**参勤交代**の制度を定め、大名が国元にいる間は妻子を江戸屋敷に置いて人質にするなど巧みに統制しました。❺将軍は江戸城の改築・修理や全国の河川の工事などを命じ、大きな藩に多大な負担をあたえることで財政力を削ぐこともありましたが、日常の領地経営はそれぞれの大名に任されました。こうして、それぞれの地域で地方色豊かな文化が育ちました。

❺徳川家の系図

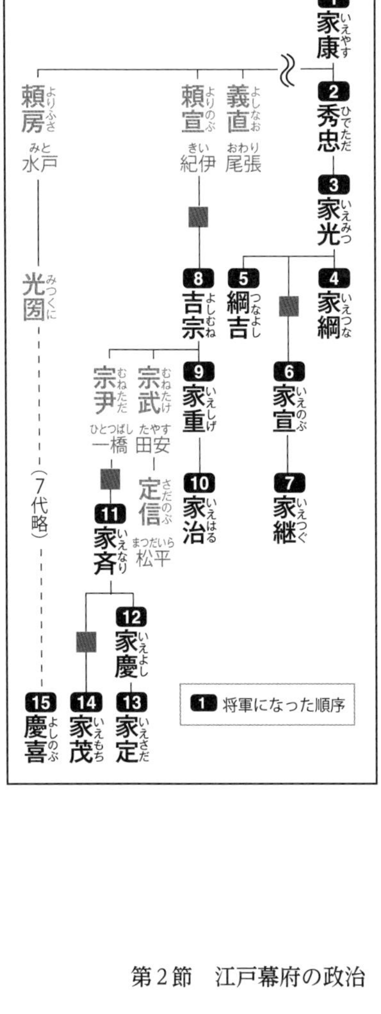

チャレンジ　江戸幕府から見て大名は、親藩・譜代大名・外様大名に分かれますが、それぞれ３人の大名家をあげてみよう。

❷朱印状　トンキン（現在のベトナムの都市）へ行く貿易船であることを証明しています。（東京・前田育徳会蔵）

❶朱印船　異国の港についた朱印船が3隻の手こぎ舟に引かれて岸に寄っていくようす。浜には民族衣装を着た出むかえの人々が集まっていました。（愛知県・情妙寺蔵）

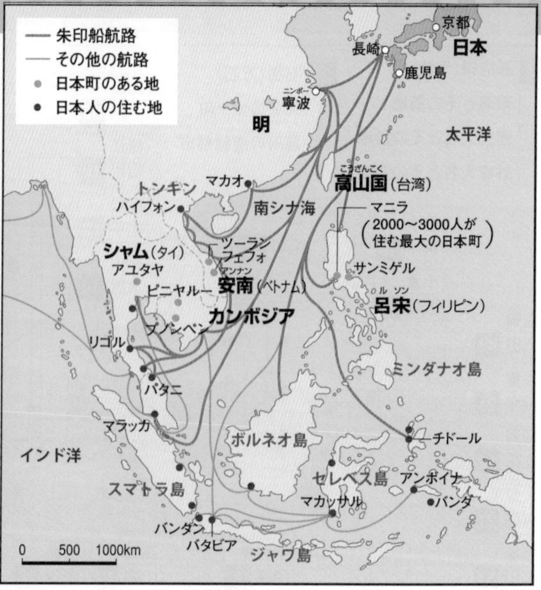

❸朱印船の航路と日本町　貿易にたずさわる日本人は東南アジア各地に定住し、日本風に生活できる町を形成しましたが、鎖国後、自然消滅しました。

38 朱印船貿易から鎖国へ

幕府が貿易重視から鎖国へと転換したのは、どうしてだろうか

❹山田長政（?〜1630）
駿河国（静岡県）出身。1612（慶長17）年ごろ朱印船でシャム（タイ）にわたりました。アユタヤ郊外の日本町の頭領となり、日本人義勇軍を率いてシャムの内戦や外征で活躍、シャム国王から最高の官位を授けられましたが、王位継承の内乱に関与しその地位を失ったとされます。（静岡県・静岡浅間神社蔵）

1 島原・天草一揆　かつては島原の乱とよばれました。この一揆で籠城して最後まで抵抗した1万9000人は全滅しましたが、幕府軍も戦死者1130人、負傷者8000余人の犠牲を出しました。幕府にとって、これは衝撃でした。幕府は島原藩の責任を追及し、藩主・松倉勝家を江戸に護送して処刑しました。

朱印船と日本町

徳川家康は貿易を奨励し、西日本の大名や長崎・堺の大商人などの貿易船に**朱印状**❷をあたえて、海賊船ではないことを保証しました。**朱印船**❶は安南（ベトナム）、呂宋（フィリピン）、シャム（タイ）など東南アジア各地に出かけて、活発な活動を展開しました。

現地に住みついた人々による**日本町**❸の人口は、合わせて1万人にもおよびました。その中には大阪の陣に敗れて亡命した浪人などもおり、山田長政❹のようにシャムの国王から高い官位をあたえられた者もいました。

貿易重視からキリスト教の禁止へ

家康はキリシタン禁教よりも南蛮貿易➡P.111の利益を優先したため、信者が増えていきました❽。やがて、幕府はこれを脅威と感じ始め、その対策に苦慮しました。

その頃、おくれてアジア貿易に参入したオランダとイギリスは、「スペインとポルトガルは日本を征服しようとしているが、われわれプロテスタント➡P.107は交易だけで布教はしない」と弁明して、日本との貿易に食い込んできました。

幕府は1612（慶長17）年からキリスト教禁止令（禁教令）を3回発令し、スペインとポルトガルの来航を禁止しました。1635（寛永12）年には、日本人の海外への渡航も帰国もすべ

❺島原・天草一揆　島原陣図屏風　原城に立てこもる反乱軍を攻撃する幕府軍。（福岡県・朝倉市秋月博物館蔵）

歴史の言葉　❻鎖国

「鎖」はくさり、「鎖国」は国をとざすことを意味しますが、幕府はポルトガル、スペインと断交しただけで、国をとざすつもりはありませんでした。

鎖国という言葉は、長崎通詞の志筑忠雄がドイツ人ケンペルの『日本誌』の一部を翻訳し、『鎖国論』（1801年）というタイトルをつけたのが始まりで、歴史用語として使われるようになったのは、明治以後のことです。ケンペルは日本人を「世界でまれにみる幸福な国民」と讃えています。

て禁止して統制を強化しました。

島原の乱と鎖国

1637（寛永14）年、九州の島原と天草地方でキリシタンを含む百姓など約4万人が一揆をおこしました。島原藩主・松倉勝家の重税と過酷なキリシタン取り締まりに抗議する人々は、15歳の天草四郎時貞を総大将に立てて決起しました。これを**島原・天草一揆**❺（島原の乱）といいます。激しい抵抗に手を焼いた幕府は翌年、約12万人の大軍を送り、3か月もの期間をかけて鎮圧しました。[1]

幕府は、島原の乱を教訓として、キリスト教の禁止政策をいっそう強めました。幕府は、全住民を寺の宗門改帳に登録させ、キリスト教徒ではないことを証明する寺請状を寺に出させました。これを寺請制といい、今に残る檀家制度の始まりとなりました。また、キリスト教徒ではない証しとして絵踏❼をおこなわせました。

1639（寛永16）年、徳川家光は5回目の禁令を出して、オランダと中国以外の外国船の入港を禁じました。さらに、1641年、オランダ商館を平戸から長崎の**出島**に移して封じ込めました。

オランダ・中国以外の国との貿易と出入国を禁止するこの制度は、のちに**鎖国**❻とよばれました。鎖国の目的はキリスト教の影響力の排除と幕府の貿易独占でしたが、結果として社会秩序の安全と文化の成熟をもたらしました。

❼踏み絵　イエス・キリストの像などを役人の前で踏ませて、キリスト教徒でない証しとしました。踏み絵を踏ませることを絵踏といいます。（東京国立博物館蔵）

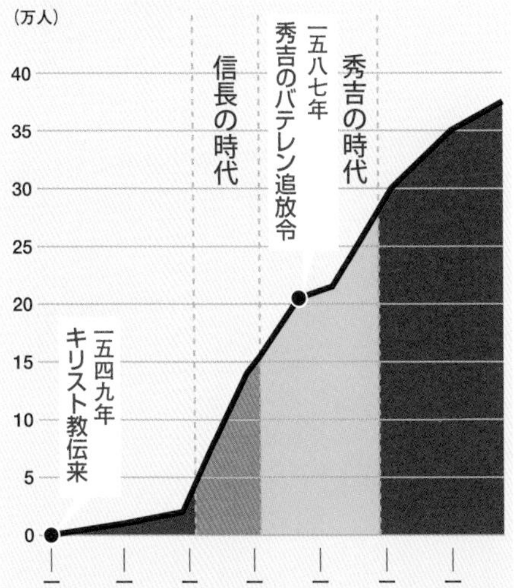

❽キリスト教徒の増加（五野井隆史『日本キリスト教史』より作成）

チャレンジ　江戸時代は、なぜきびしくキリスト教を禁止するようになったのだろうか、理由をあげてみよう。

❶**長崎の出島**　扇形の埋め立て地で、東西70m、扇形の長辺が190mでした。オランダ商館や通訳の家、倉庫などが並んでいました。(「寛文長崎図屏風」長崎歴史文化博物館蔵)

❷**オランダ商館の宴会**　母国の生活様式をもちこんだオランダ商館の内部のようす。食卓上の肉、ワイン、猫を抱いた日本女性も見えます。(唐蘭館絵巻より「宴会図」　長崎歴史文化博物館蔵)

39 鎖国日本の4つの窓口

鎖国下でも、幕府の統制のもとで貿易は活発に行われたが、それはどのようなしくみだったのだろうか。

1 17世紀の中ごろ、明が国内の反乱によってほろび、女真族が建国して清となりました。

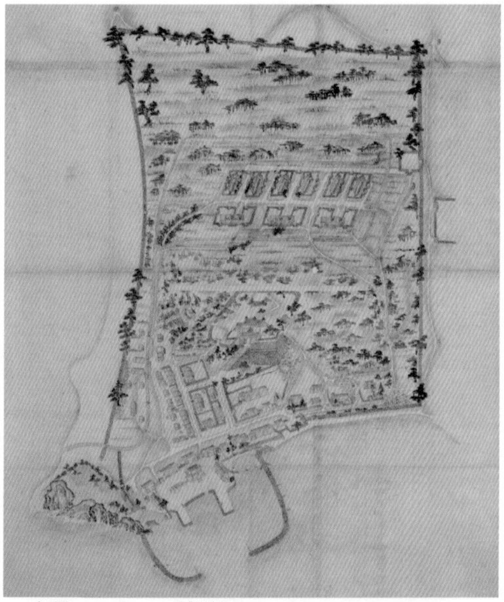

❸**倭館**　正式には草梁倭館といい、日本人居住区の面積は10万坪で、出島の25倍でした。対馬藩から派遣された役人や、商人、留学生など約500人が住み、貿易などにたずさわりました。(長崎県立対馬歴史民俗資料館蔵)

出島の貿易

長崎の**出島**❶には、オランダ船がヨーロッパから時計・書物など数々の文物をもたらし、さらに中国(**清**)1に立ち寄って生糸・綿織物・書籍を買い込んで運んできました。日本からは初めのころは銀や銅、のちには伊万里焼などの工芸品が輸出されました❻。幕府はオランダ❷商館長に「オランダ風説書」の提出を義務づけ、海外の情報を集めました。長崎には中国船も来航し、唐人屋敷から提出される「唐船風説書」でアジアの情報を得ました。

朝鮮・琉球・蝦夷地

徳川家康は対馬領主の宗氏を介して、➡P.87秀吉の出兵で断絶していた朝鮮との国交を回復しました。朝鮮からは将軍の代がわりのたびに**朝鮮通信使**とよばれる使節が将軍を表敬訪問❹しました。宗氏は朝鮮の釜山に置かれた**倭館**❸を活動の拠点としました。

1609(慶長14)年、薩摩藩は琉球王国➡P.87に兵を送って尚氏を服属させました。薩摩藩は検地を行い、常設の役所を置きました。琉球王国は清にも朝貢外交をしましたが、幕府は貿易の利益のため、事実上黙認しました。清に朝貢して得られた物資と情報は、薩摩藩を通じて幕府にももたらされました❼。

蝦夷地(北海道)➡P.87の南部を支配した松前藩は、漁労に従事するアイヌ➡P.87との交易権を独占❺し、海産物や熊・アザラシの毛皮などを

旧石器	縄文		弥生		古墳			飛鳥	奈良		平安			鎌倉	南北朝	室町	戦国	安土桃山	江戸	明治	大正 昭和	平成 令和
(世紀)	BC	AD1	2	3	4	5	6	7	8	9	10	11	12	13	14	15	16	17	18	19	20	21

❹**朝鮮通信使来朝図**　使節は1607年から1811年まで計12回来日しました。（兵庫県・神戸市立博物館蔵）

❺**松前藩とアイヌの人々との交易の儀式**（復元模型　北海道立総合博物館蔵）

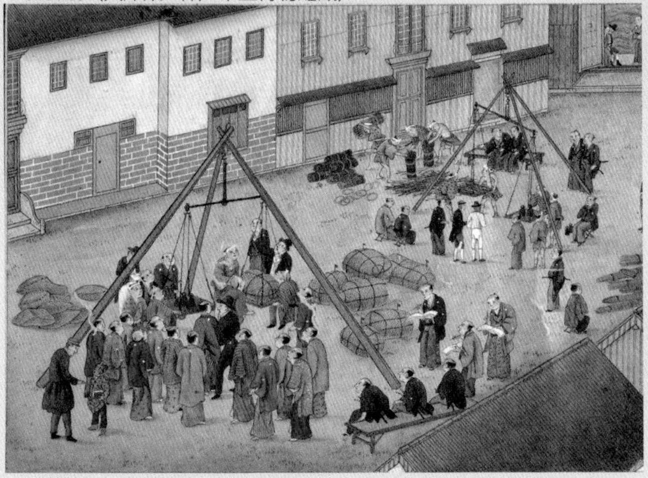

❻**出島でのオランダ人との交易のようす**（唐蘭館絵巻より「商品計量図」 長崎歴史文化博物館蔵）

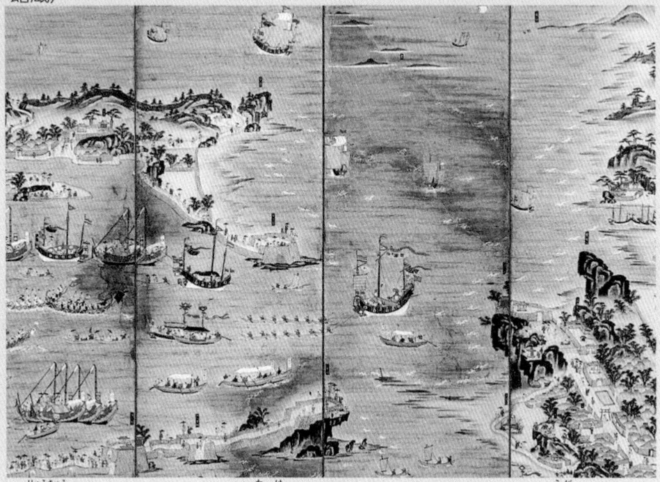

❼**琉球貿易図屏風**　琉球の那覇港が貿易船でにぎわうようすが描かれています。（滋賀大学経済学部附属史料館蔵）

入手していました。アイヌは千島列島や樺太、満州などとも交易をしており、彼らを通して蝦夷錦とよばれる中国産の織物も流入しました。1669（寛文９）年、アイヌは、松前藩が貿易を独占することへの反発から、シャクシャインを頭領として蜂起しました。この背景には、アイヌ内部の対立や抗争がからんでいました。シャクシャインは敗北し、松前藩による統治はさらに強固なものとなりました（シャクシャインの戦い）。

4つの窓口

このようにして、鎖国下の江戸時代には、長崎、対馬、薩摩、松前の４つの窓口❽が海外に開かれていました。それらを通して貿易が行われ、世界の情報も入ってきました。幕府は貿易を統制し、利益や情報を独占しようとしましたが、多くの藩でも「オランダ風説書」などを入手し、海外の情報に接していました。

❽**鎖国日本の4つの窓口**

チャレンジ　鎖国時代に開いていた４つの窓口の交易相手をあげてみよう。

❶江戸時代の農村のようす　取り入れた稲を効率よく脱穀する千歯こき（中央奥）や、風をおこして米ともみがらを吹き分ける唐箕（手前）など、改良された農具が見られます。（「農耕春秋図屏風」宮森正弘提供）

40 江戸の社会の平和と安定

江戸時代の社会の安定は
どのようにもたらされたのだろうか。

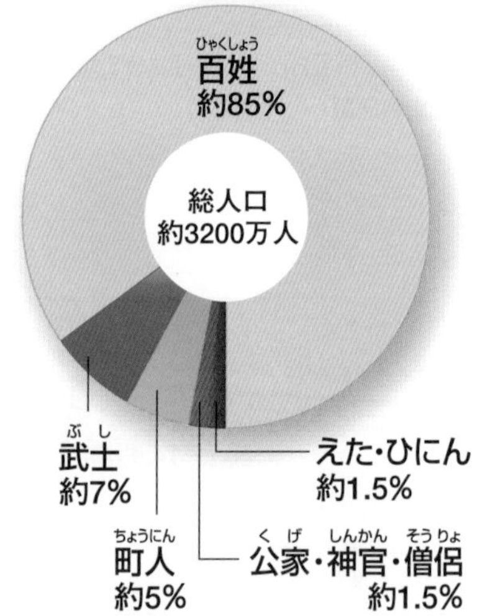

❷江戸時代末の人口の割合　（関山直太郎『近世日本の人口構造』（吉川弘文館）より作成）

身分制度

江戸幕府は秀吉の刀狩の方針を受けつぎ、➡P.114武士・百姓・町人の３つの身分❷❸を区別する身分制度を定めました。それによって、争いのない穏やかな社会秩序に基礎を置く、平和で安定した社会をつくり出しました。

武士は名字帯刀の名誉を有し、治安・国防と行政事務にたずさわりました。百姓・町人は生産・加工・流通にかかわり、幕府および藩の財政をささえました。このうち、百姓は農村❶に住む人々で、町人は城下町に住む人々を指しました。このように、異なる身分の人々が相互に依存しながら、豊かな社会をつくりました。

武士と百姓・町人を分ける身分制度は、必ずしも厳格に身分が固定されていたわけではありません。武士が百姓や町人になり、町人が武家の養子になるなど、身分の間の移動も認められていました。そのほか、公家や神官・僧侶などの人々がいました。

これとは別に、えた・ひにんとよばれる身分が置かれました。これらの身分の人々は、農業のほかに、牛馬の死体処理、武具の皮革製品などの特殊な工芸に従事し、特定の地域に住むことが定められるなどきびしい制限を受けました。

村と百姓

江戸時代の村では、有力者が名主（庄屋）、組頭、百姓代などの**村役人**となり、

旧石器	縄文	弥生	古墳	飛鳥	奈良	平安	鎌倉	南北朝	室町	戦国	安土桃山	江戸	明治	大正	昭和	平成	令和
(世紀)	BC	AD1 2 3	4 5 6	7	8	9 10 11 12	13	14	15	16		17 18 19			20		21

③身分制度と百姓・町人

江戸時代には、「士農工商の4つの身分があった」といわれることがあります。しかし、「工」(手工業者)と「商」(商人)の間には身分上の区別はありませんでした。「士農工商」は中国の古い書物にある言い方にすぎず、江戸時代に実際に行われていた身分制度は、武士、百姓、町人の3つの身分を区別するものでした。

江戸時代の身分制度は、職業による身分の区分であり、血統による身分ではありませんでした。その区別はきびしいものではなく、百姓や町人から武士に取り立てられる者も、反対に武士から町人などになる者もいました。武士の家でも、長男が家をつげば、二男・三男らは農家の養子になることもありました。

町人は、城下町に住んでいる、武士以外のさまざまな職業の人をさし、百姓は、村に住んでいる人々をさしました。したがって、城下町で営業する鍛冶屋は町人で、「村の鍛冶屋」は百姓であり、漁業や林業に従事する人々も百姓でした。だから「百姓=農民」とは限らないことに注意しましょう。

職人としてはたらく町人　近世職人絵尽　村から城下町へ出た農家の息子たちは職人の家に住みこんで技術を学び、やがて一人前になると独立を許されました。(国立国会図書館蔵)

年貢の徴収、入会地の調整、用水・山野の管理など、村全体にかかわる仕事を行いました(**村請**)。村の自治は中世以来の惣の伝統を受けつぎ、寄合の合議によって行われました。➡P.89

村人は五人組に組織され、年貢の徴収や犯罪の防止に連帯責任を負いました。村には「結」「催合」[1]などさまざまな相互扶助の慣行がありました。また、重大な罪を犯した者や、寄合で定めた掟を守らない者には**村八分**[2]の制裁が加えられました。

幕府は年貢を安定的に確保するため、原則として田畑の売買を禁じました。百姓は年貢をおさめることを当然の公的な義務と考えていましたが、不当に重い年貢を課せられると、結束して軽減を訴えました。これを**百姓一揆**[4]といいます。一揆は暴動の形をとることはめったになく、たいていは領主との団体交渉で解決しました。大名はできるだけ要求を受け入れて、穏やかにことをおさめようとするのが普通のやり方でした。

城下町と町人

城下町では、武士と町人の住む地域は区別されました。武士は城を守るように住まい、町人は街道にそって下町を形成しました。大工町、鍛冶町、呉服町のように職業別に集まり住むこともありました。商人がおさめる冥加金・運上金とよばれる営業税は、藩にとって年貢米とともに重要な収入源でした。また、町の有力者が町役人[3]となり、一定の自治を行いました。➡P.136

④百姓一揆

幕府の直轄地だった佐渡では、享保年間(18世紀の初め)島のすべての村の名主を集め作物の取れ高に応じて課税する「検見法」と税額を一定に固定する「定免法」のどちらが良いかを選ばせました。農民は定免法を選びました。そのほうが収穫が増えれば生活が豊かになるからです。ところが、その後幕府が約束を破ったので、一揆を起こしました。

一揆の動機は、貧しさよりも幕府の不誠実に対する抗議でした。江戸時代の農民は堂々と誇りをもって武士と渡り合い、幕末には武士全体の収入の平均値を上回るほど豊かになりました。動物以下の生活を強いられた百姓が起こした暴動のように百姓一揆を描くのは実態と異なります。

(田中圭一『百姓の江戸時代』より)

[1] 結や催合も鎌倉時代にさかのぼる村落の労働互助組織で、結は農村、催合は漁村・山村に多くありました。結は短い期間に集中する田植え、稲刈り、屋根ふきなどを共同で行う組織。催合は網元を中心とした漁業のための共同組織です。

[2] **村八分**　村の住民が、火事と葬式の手助けを除き、その人物との交際や取引を断つことをいいます。

[3] 町役人は町人から職業別に選ばれ、合議に基づく自治を行いました。武士身分の町奉行が町役人をまとめていました。ただし、自治に参加できるのは営業税を納め、店を構えた町人であり、長屋住まいの職人や奉公人がその下で働いていました。

チャレンジ　武士、百姓、町人の3つの身分について要点をまとめてみよう。

❶聖堂講釈図　(模写　東京大学史料編纂所蔵)

❷徳川綱吉（1646～1709）　生類憐みの令で庶民を悩ませましたが、戦国以来の殺伐とした気風を戒め、儒教や仏教にのっとって弱者をいたわろうとしました。(奈良県・長谷寺蔵)

41 綱吉の政治と元禄文化

上方を中心に花開いた元禄文化の特色はどのようなものだったのだろうか。

❸新井白石（1657～1725）
(早稲田大学図書館蔵)

綱吉の文治政治

17世紀のなかばになると、戦国時代の荒々しい気風も次第に弱まっていきました。5代将軍**徳川綱吉**❷は1687（貞享4）年、**生類憐みの令**を発し、あらゆる生き物の殺生を禁じました。犬や猫でも虐待したら島流しになるとされ、綱吉は「犬公方」とよばれました。

いっぽうで綱吉は、湯島聖堂❶を建てて儒学の普及につとめ、学問による統治をめざす**文治政治**を始めました。信仰心のあつい綱吉は、多くの寺社の造営や修理を行いました。

綱吉没後の1709（宝永6）年、6代将軍家宣はただちに生類憐みの令を廃止しました。1 寺社の建設も当分中止させたうえ、**新井白石**❸を登用して財政立て直しの倹約政策に着手しました。

元禄文化

綱吉の時代には産業が発展し、大名をしのぐ豪商もあらわれました。経済力をつけた町人は、大阪や京都を中心に日々の暮らしを豊かにする新しい娯楽や文化を生み出しました。これを**元禄文化**といいます。

大阪の**井原西鶴**は、庶民の浮世の欲望を肯定的に描いた『日本永代蔵』などの小説を書きました。当時の小説は浮世草子とよばれました。**近松門左衛門**❺ ➡P.119 は歌舞伎や人形浄瑠璃の台本作者として、『曽根崎心中』『心中天網島』など、人間らしく生きようとするゆえに身を滅ぼす悲劇を描きました。**松尾芭蕉**❻ ➡P.97 は連歌の発句を発展

1 「生類憐みの令」が廃止されると、獄中や遠島からぞくぞくと囚人が釈放されました。犬や猫をいじめた者や釣りをしただけの者、ウナギ料理の罪でとらわれた者までいました。

❹燕子花図屏風（右隻）（尾形光琳筆　東京都・根津美術館蔵）宝

❺近松門左衛門（1653～1724）
（重徳筆　兵庫県・柿衛文庫蔵）

❻松尾芭蕉（1644～94）
（小川破立筆　三重県・芭蕉翁顕彰会蔵）

させて俳諧（俳句）を完成させました。

絵画では江戸初期の俵屋宗達の画風を引きついだ尾形光琳が、装飾性豊かな屏風絵❹を大成させました。菱川師宣は、町人の風俗を描いた**浮世絵**❼➡P.137を確立しました。浮世絵は版画として手に入れやすい値段で売り出され、多くの庶民に親しまれました。

学問の発達

江戸時代には、秩序を重んじて社会を安定させる学問として、儒学が奨励されました。幕府は、儒学の中でも正邪をきびしく問い、社会道徳の基礎を重視する朱子学を採用し、林羅山らを登用しました。水戸藩主徳川光圀は、大義名分を重んじる朱子学と尊王論に立って『大日本史』❽の編纂に着手し、のちの国学➡P.133の成立にも影響をあたえました。

いっぽう、知行合一を説く陽明学者の中江藤樹は朱子学を空論と批判し、学んだら実践せよ、と説きました。山鹿素行・伊藤仁斎・荻生徂徠らも解釈の学に堕した朱子学を批判し、論語➡P.28の原義を学べととなえました。

自然科学の分野でも日本独自の発達が見られます。**関孝和**は独力で代数学を編み出し、円周率を算出しました。和算とよばれるこの日本式数学は、町人のみならず、きこりや樽職人までもが問題を出し合って楽しみ、しかもその内容は高度なものでした。

❼見返り美人図（菱川師宣筆　東京国立博物館蔵）

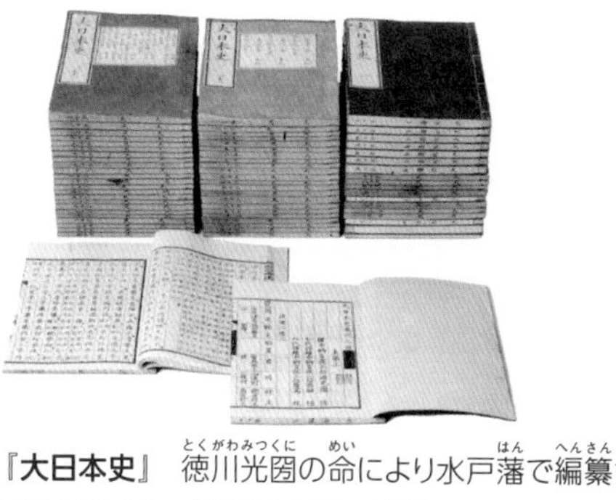

❽『大日本史』徳川光圀の命により水戸藩で編纂された歴史書です。（茨城県立歴史館蔵）

チャレンジ　元禄文化を担った人物をあげてみよう。

第3節 産業の発達と町人文化

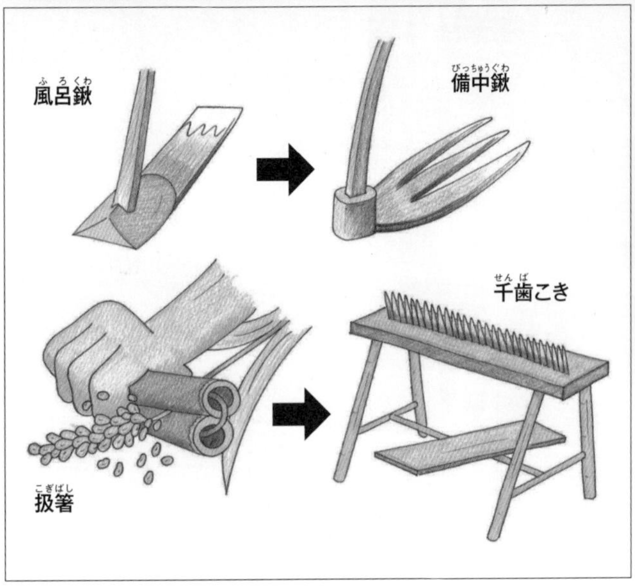

❶農機具の発達

❷江戸時代の代表的な農機具　(江戸東京博物館蔵)

42 農業・産業・交通路の発達

江戸時代の前半に、農業・産業・交通はどのように発達したのだろうか。

田畑の広さが室町時代から何倍にもなったのね。なぜだろう。

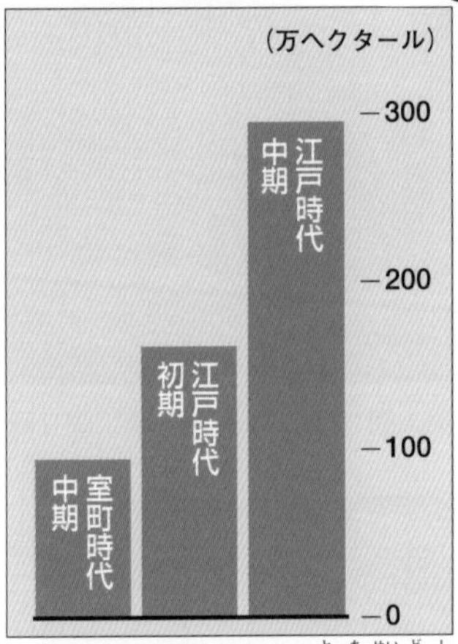

❸田畑の面積の増加（『土地制度史Ⅱ』より作成）

[1]今日、日本各地で見られる広々とした水田風景は、この大開発の時代に生まれました。

[2]米の生産高は上がりましたが、年貢は据え置かれたため、実際の年貢率は収穫高の3割程度まで軽減しました。

農地大開発の時代

平和な社会が到来し、幕府や大名も農地の拡大[1]につとめ、干潟や河川敷などを中心に、新田の開発が大規模に行われました。江戸幕府が開かれてから100年の間に、全国の田畑の面積は、およそ2倍近くに増加[❸2]しました。

大開発にともない、農機具[❶❷]の改良も行われました。田畑を深く耕せる備中鍬や、脱穀のための千歯こきが用いられ、農作業の能率が向上しました。肥料は、干鰯や油粕を購入して用いるようになり、土地の生産力が高まりました。

農村における商品作物の栽培もさかんになり、染料の藍や紅花、油をとる菜種、織物の麻が生産されました。18世紀には綿の栽培が全国に広がり、養蚕も普及しました。➡P.43

産業と交通の発達

肥料の干鰯を大量に生産するため、房総（千葉県）では網を使ったイワシ漁がさかんになりました。土佐（高知県）沖のカツオ・クジラ漁、蝦夷地（北海道）➡P.87でのニシン・コンブ漁、瀬戸内海沿岸の製塩業も発達しました。

鉱山の開発も進み、佐渡（新潟県）の金山、生野（兵庫県）の銀山、足尾（栃木県）や別子（愛媛県）の銅山が有名になりました。幕府の統制のもと、金・銀・銅で貨幣がつくられ、銀・銅は[3]

旧石器	縄文	弥生	古墳	飛鳥	奈良	平安	鎌倉	南北朝・室町・戦国	安土桃山	江戸	明治	大正	昭和	平成	令和

(世紀) BC AD1 2 3 4 5 6 7 8 9 10 11 12 13 14 15 16 17 18 19 20 21

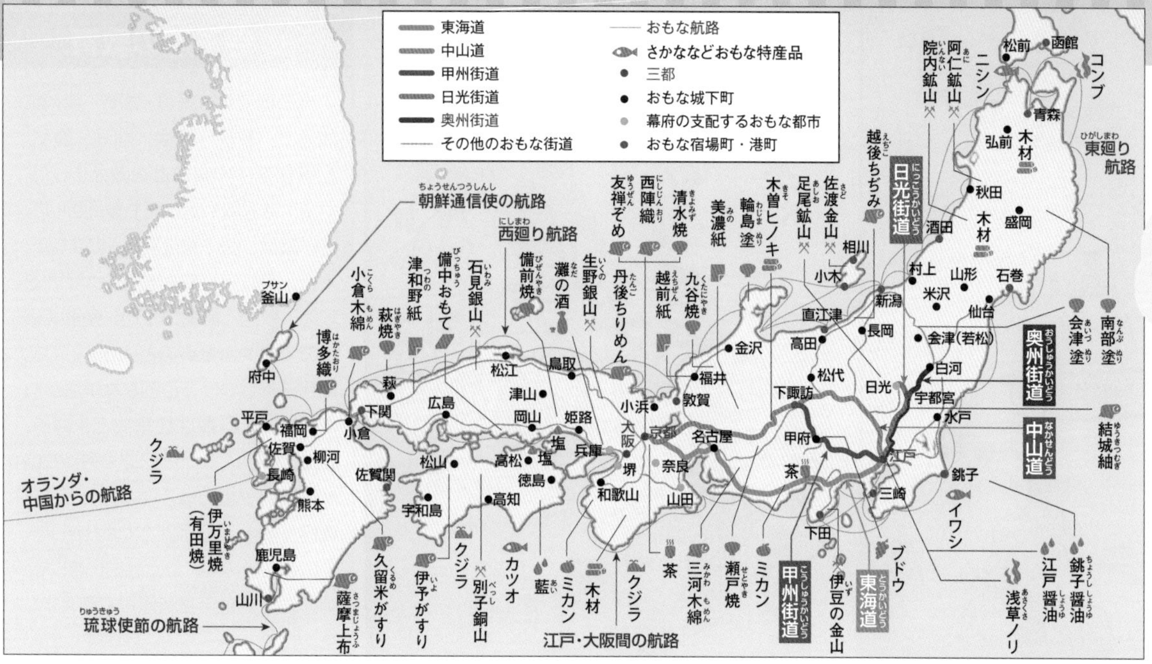

❹江戸時代の交通路と都市および各地の特産品

こんなにたくさんの特産品が都市に運ばれていたんだ。

国外にも輸出されました。江戸をはじめ、各地で城下町の建設が進むと、家屋建築のための木材の需要が高まり、林業がさかんになりました。

家康は江戸幕府の始まりにあたって、日本橋を起点とする**五街道**を開く計画をたてました。五街道は約160年後に完成しました。日本橋から始まる一里塚を建て、エノキ・マツを植えて目印とし、2～3里ごとに宿場町を置きました。街道は参勤交代➡P.121の要路であり、人の往来と、各地の産物・文化を交流する機能をはたしました。幕府は街道の要所に**関所**を置いて人々の通行を管理するいっぽう、手紙を運ぶ飛脚の制度をつくり、通信の便宜をはかりました。❹

三都の繁栄

江戸は「将軍様のお膝元」とされ、商人や職人が多数集まり、18世紀の初めには、人口100万をこえる世界最大の都市となりました。

大阪は、米、木綿、醤油、酒などのさまざまな物産の集散地となり、「天下の台所」とよばれて栄えました。❻大阪に集められた物産の多くは、**菱垣廻船**❺や**樽廻船**によって江戸に運ばれ、清酒や織物などは「下りもの」として珍重されました。

京都は、「帝のおはすところ」として1000年間の首都で、神社、仏閣など古い文化を誇りました。江戸・大阪・京都を合わせて三都といい、三都はたがいに競い合い、補い合って栄えました。

❺**菱垣廻船**（右上の海上に浮かぶ帆船） 江戸時代の輸送は海路を利用し、一度に大量の物産を運びました。菱垣廻船では、木綿や醤油などが運ばれました。(大阪城天守閣蔵)

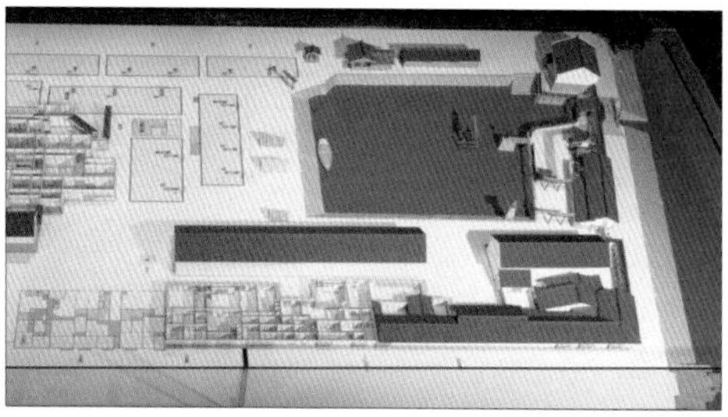

❻**広島藩蔵屋敷** 右手の堂島川から蔵屋敷の内側まで「船入り」とよばれる入り江がつくられていました。(模型 大阪歴史博物館蔵)

3 17世紀初頭、日本の銀輸出量は年間200トンにも達したといわれ、同時期の世界の銀の総産出量の3分の1近くと推定する資料もあります。

チャレンジ 江戸・大阪・京都の三都の特徴を示す言葉をあげてみよう。

❶寺子屋のようす　（「一掃百態」　渡辺崋山筆　愛知県・田原市博物館蔵）

②寺子屋の教育

寺子屋では、読み・書き・算術に加えて、教訓、社会、地理、歴史、礼儀作法、実業などを教えました。女子には裁縫や活け花も教えました。寺子屋は、徳の育成を重んじました。孝行、正直、心のもち方の大切さを教え、敬語と言葉づかい、勉強のときの姿勢や、食事のとり方などの礼儀作法をしつけることに力が注がれました。教科書は往来物とよばれ、7000 種類以上が今日でも残っています。寺子屋の教師は武士・僧侶・神官が多く、手習師匠とよばれました。全国の師匠の中には女性もいました。師匠は、全身全霊を傾けて教えました。

43 新しい学問と思想の展開

江戸時代に、教育と文化はどのように全国に普及していったのだろうか。

寺子屋

安土桃山時代に日本を訪れたキリスト教宣教師は、「日本では女子供まで字が読める」というおどろきを報告しています。➡P.116江戸時代になると庶民の子も読み書きを学びました。江戸時代の後期には、江戸の識字率は 80％と世界最高のレベルにまで高まり、この当時のロンドンやパリの識字率をこえていたといわれています。

江戸時代の庶民教育の場は**寺子屋**❶でした。僧侶や浪人が寺や自宅を開放して教師役になり、寺子屋は全国に約 1 万 5000 軒以上ありました。江戸や大阪の大きな寺子屋には、500 人から 600 人の寺子がいました。男女とも 7 歳か 8 歳で入学し、4 年か 5 年で修了しました❷。

藩校と私塾

武士の子弟はそれぞれの**藩校**❺で、文武両道を学びました。藩校の数は全国で 280 余りで、水戸の弘道館、長州の明倫館、薩摩の造士館などが有名です。

それとは別に、**緒方洪庵**❸の適塾、**シーボルト**❹の鳴滝塾、吉田松陰の松下村塾➡P.160などの**私塾**❺が全国にありました。優れた学者のもとに向学心に燃えた若者たちが集まり、**蘭学**や医学などを懸命に学びました。彼らは、のちに日本の近代化に貢献する人材となりました。

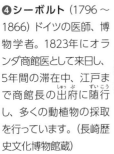

❸緒方洪庵
（1810～63）備中国（岡山県）出身。江戸や長崎で蘭学を学んだあと、大阪に適々斎塾（適塾）を開き、大村益次郎、橋本左内、福沢諭吉らの逸材を輩出しました。（大阪大学適塾記念センター蔵）

❹シーボルト（1796～1866）ドイツの医師、博物学者。1823年にオランダ商館医として来日し、5年間の滞在中、江戸まで商館長の出府に随行し、多くの動植物の採取を行っています。（長崎歴史文化博物館蔵）

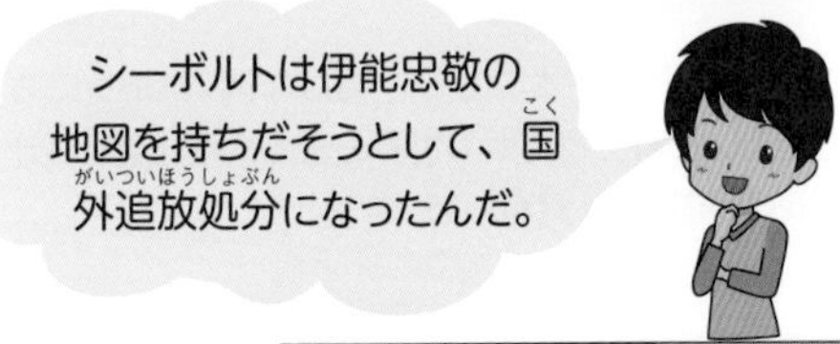
シーボルトは伊能忠敬の地図を持ちだそうとして、国外追放処分になったんだ。

旧石器	縄文	弥生			古墳		飛鳥	奈良	平安			鎌倉	南北朝	室町	戦国	安土桃山	江戸		明治	大正	昭和	平成	令和
（世紀）		BC	AD 1	2	3	4	5	6	7	8	9	10	11	12	13	14	15	16	17	18	19	20	21

❺おもな藩校と私塾一覧

おもな藩校

設立	所在地	藩校
1641	岡山	花畠教場
1697	米沢	興譲館
1719	萩	明倫館
1736	仙台	養賢堂
1755	熊本	時習館
1773	鹿児島	造士館
1784	福岡	修猷館
1789	秋田	明徳館
1792	金沢	明倫堂
1799	会津	日新館
1805	鶴岡	致道館
1841	水戸	弘道館

代表的な私塾

設立	指導者	私塾	所在地
1648	中江藤樹	藤樹書院	近江
1709	荻生徂徠	蘐園塾	江戸
1817	広瀬淡窓	咸宜園	日田
1838	緒方洪庵	適塾	大阪
1857 (松陰が教育開始)	吉田松陰	松下村塾	萩

新しい学問の発展

寺子屋などの庶民の教育の普及によって、全国で町人や農民の生活に即した実学が❻花開きました。**石田梅岩**は私塾を開放し、勤勉・倹約・正直・孝行など、庶民の生き方をわかりやすく説いて、**石門心学**と呼ばれました。

本居宣長は、『古事記』など日本の古典の研究を通して、儒教や仏教など「漢意」の影響を受ける以前の日本人の「真心」の美➡P.134しさを明らかにしました。また、日本が優れている理由は、皇室の系統が絶えることなくつづいていること（万世一系）であると説きました。こうして宣長は、日本の国の成り立ちと精神を研究する学問である**国学**の礎を築きました。

８代将軍の徳川吉宗➡P.136は、禁教であったキリスト教とは関係のない洋書の輸入を初めて許したため、ヨーロッパの学問をオランダ語で学ぶ蘭学が発達しました。**杉田玄白**と前野良沢はオランダ語の解剖書を苦心して翻訳し、**『解体新書』**❼をあらわして外科医学に貢献しました。華岡青洲は、全身麻酔薬「通仙散」を開発し、無痛の乳がん手術に成功しました。**平賀源内**❽は独力で摩擦発電機（エレキテル）・耐火布・寒暖計をつくりました。

伊能忠敬は蝦夷地（北海道）➡P.124をふくむ日本全国を歩いて測量し、初めて正確な日本地図をつくりました。また、最上徳内らは千島列島まで足をのばして、未知の島々を踏査しました。

⑥石田梅岩の石門心学

石田梅岩（1685～1744）は江戸時代中期に、商人や庶民のための「人生哲学」を説きました。当時としては異色の学者・教育者でした。

梅岩は丹波国桑田郡（現京都府）に生まれました。京都（京都府・明倫舎蔵）で長年、商家に奉公しながら、神道、儒教、仏教などを学んだあと、45歳で自宅に私塾を開き、聴講無料、紹介者不要という開放的な方式で教えを始めました。その中身も、勤勉・倹約・孝行といった、庶民にもわかりやすい徳目を中心においていました。また商人の利潤の正当性を認め、商人を軽視するような社会の風潮を批判しました。このため庶民層に人気を得て、石門心学と言われるようになりました。

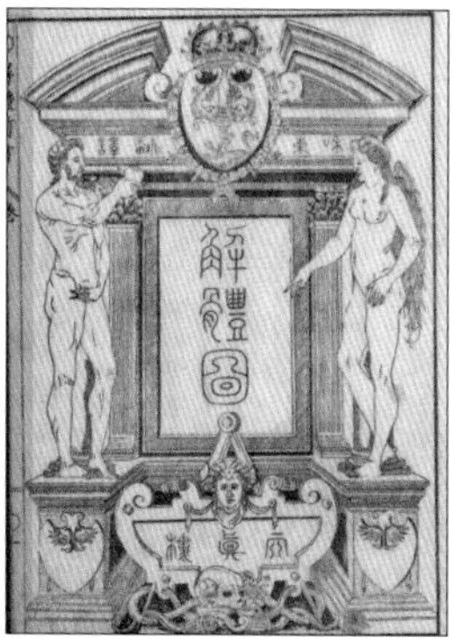

❼**『解体新書』の扉**　1774（安永3）年出版。杉田玄白は人体の解剖図を見て西洋医学の正確さにおどろきました。（兵庫県・神戸市立博物館蔵）

❽**平賀源内**（1728～80）　讃岐国（香川県）出身。長崎や江戸で本草学を学び、家督を妹婿に譲った後、独学でエレキテル（摩擦発電機）、寒暖計などを復元しました。洋画や浄瑠璃作家などとしても才能を発揮しました。（慶應義塾図書館蔵）

土用の丑の日に
ウナギを食べるのは
平賀源内の
アイディアみたい。

チャレンジ　当時の寺子屋・藩校・私塾について説明してみよう。

人物クローズアップ コラム

「古事記」をよみがえらせた本居宣長

◉読めなくなっていた『古事記』

江戸時代の国学者、本居宣長が、その生涯をかけて研究したのは『古事記』でした。『古事記』は奈良時代初頭の712年、太安万侶が編纂したとされる現存する日本最古の史書です。720年に完成した勅撰国史の『日本書紀』と同様、神話から古代天皇の事跡を記していますが、この2書の書きぶりには大きな違いがありました。

片仮名や平仮名もなかった時代、『日本書紀』は古い記録や言い伝えを、漢文に「翻訳」して書かれています。漢文の素養があれば、誰でも読みとくことができました。これに対し『古事記』は、日本の古語を漢字の読みで表した万葉仮名を交えた和漢混淆文で書かれています。しかしこの古語は江戸時代になるとほとんど使われておらず、どんな意味なのか、わかる人は少なくなっていました。ですから当時、『古事記』は一部の人を除いて読めなくなっていたのです。

◉万葉集の大切さを教えた賀茂真淵

宣長は「古い日本語で書かれた古事記を読まなければ、古代の日本人の心（古道）はわからない」と考え、古事記研究を始めたのです。そこには国学の先輩だった賀茂真淵との出会いがありました。

伊勢国（現三重県）松阪で医師をしながら国学の研究をしていた宣長は33歳のころ、この地を訪れた真淵を宿舎に訪ね一夜、教えをこいました。古事記を研究したいという宣長に真淵は「私も古事記を研究したかったが、それにはまず万葉集を学ばなければならないと思った」と答え、やはり古語で詠まれた万葉集の研究の大切さを教え、宣長を励ましました。この逸話は「松阪の一夜」として語り継がれました。

◉35年かけて『古事記伝』

以来、宣長は万葉集の古語などに学びつつ35年の歳月をかけて『古事記伝』全44巻を完成させました。その後多くの学者が注釈を加えましたが、基本的には宣長の読み方が基本になっています。「松阪の一夜」がなければ、日本人は日本の神話や歴史がつめこまれた『古事記』を読むことはできなかったのです。

宣長は『古事記』のほかにも『源氏物語』などの研究にもあたりました。また上田秋成ら学者らとも論争しながら、古代の日本人の生き方、すなわち古道をあきらかにし、江戸時代中期以降の国学隆盛の基礎を築きました。

本居宣長（1730～1801）
（三重県・本居宣長記念館蔵）

正確な日本地図をつくった伊能忠敬

◉命がけの測量

伊能忠敬は上総国（千葉県）に生まれ、佐原村で酒造業などを営んでいました。50歳のとき家督を息子に譲り、江戸に出て幕府のお抱え天文学者、高橋至時に天文学や暦学を学びました。

1800（寛政12）年には、幕府から蝦夷地（北海道）の測量を命じられました。当時、ロシア人が樺太、千島、蝦夷地に頻繁に姿をあらわしており、幕府は国土を守るために正確な地形を知る必要に迫られていたのです。

忠敬や助手たちは量程車をころがしながら、海岸にそって歩き、距離を測ります。日中は太陽、夜は恒星を目印にして位置を確認しました。測量は命がけで、とがった大岩が立ち並ぶ海岸の難所を通りぬけ、長距離を歩きました。

◉全国を歩き、伊能図を完成

江戸にもどった忠敬は、蝦夷地の東南海岸部分と奥州街道の地図を完成させ、幕府に提出しました。部分的ではありましたが、日本の国土の形と位置を初めて明らかにした画期的な実測図でした。この後、全国を測量して回った忠敬は、実測図をもとに日本全図の作製にとりかかりました。歩いた距離は約3万5000km、地球を1周するのに近い長さでした。

忠敬はその完成を見ないまま、73歳の生涯を終えましたが、幕府の暦局によって、1821（文政4）年に『大日本沿海輿地全図』として完成しました。それは、別名「伊能図」と呼ばれました。

幕末に来日したイギリスの海軍将校は、日本を後進国と侮っていましたが、伊能図を見て「西洋の技術も使わずに、なんと正確なことか」とおどろきました。伊能図は、和算の水準の高さ、科学をきわめようとする精神、困難にめげない不屈の魂の記念碑なのです。

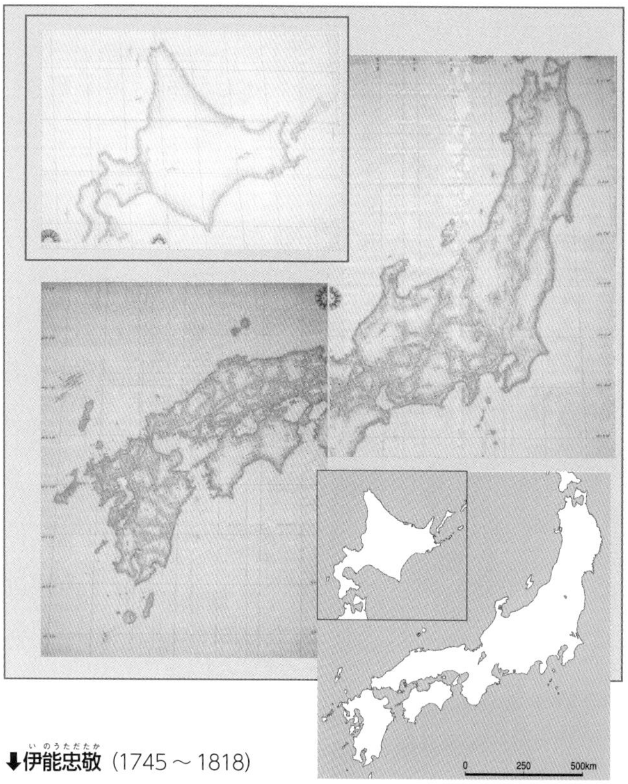

⬆伊能忠敬のつくった日本地図・大日本沿海輿地全図　現在の日本地図（右下）と比較してみれば伊能忠敬の測量が正確だったことがわかります。（東京国立博物館蔵）

⬇伊能忠敬（1745～1818）
（千葉県・伊能忠敬記念館蔵）

享保の改革	18世紀前半（1716～1745）	徳川吉宗　第8代将軍	・大名に石高の100分の1の米を上納させる「上米の令」を定める ・新田開発で米の増収をはかり、百姓に5公5民の年貢義務付け ・町人たちの意見を聞くため「目安箱」を設置
田沼時代	18世紀後半（1767～1786）	田沼意次　老中	・商工業者の株仲間を奨励、特権を与える代わりに営業税を徴収 ・商人たちに資金を出させ、印旛沼を干拓し、新田開発をはかる ・蝦夷地でとれる海産物の輸出を奨励、金・銀の輸入をはかる
寛政の改革	18世紀末（1787～1793）	松平定信　老中首座	・江戸などに流れ込んでいた百姓に資金を与えて村に帰す（帰農令） ・旗本や御家人らが、商人から借りていた借金を帳消しにする（棄捐令） ・武士には倹約を徹底させる、学問や武術（文武）を奨励
化政文化期	19世紀始め（1804～1830）	徳川家斉　第11代将軍	・歌舞伎や落語、大相撲、浮世絵などが庶民の人気を集める ・幕府政治を批判し、世相を皮肉る川柳や狂歌などが流行する ・伊勢神宮に集団参拝するおかげ参りなど庶民の旅行が盛んになる
天保の改革	19世紀前半（1841～1843）	水野忠邦　老中首座	・営業を独占する株仲間を解散させ、物価上昇の抑制をはかる ・都市の百姓を農村に帰し、百姓が商業に手を出すことを禁止 ・倹約令を出し、派手な風俗を取り締まり、風俗を乱す書籍を禁止

❶幕府の経済政策の変遷

44 幕府の三大改革

江戸時代の政治改革は
どんな功罪をもたらしたのだろうか。

享保の改革

18世紀に入ると、年貢米に依存する幕府財政は、米価の変動に苦しむようになりました。1716（享保元）年、８代将軍となった**徳川吉宗**は、財政立て直しのため、家臣や町人に倹約令を出しました。

諸大名には石高の100分の１の米を幕府に上納させる「上米の令」を発しました。また、新田開発による米の増収につとめ、百姓には作柄にかかわらず５公５民の年貢を義務づけました。

吉宗は庶民の意見を聞くため目安箱を設置するなど、江戸町人に関わる制度をつくりました❷。これらを**享保の改革**といいます。しかし、幕府の緊縮政策は景気の停滞をまねきました。

田沼時代

1772（安永元）年、吉宗の引退後、老中となった**田沼意次**は、商業・流通の活性化によって財政を豊かにしようと考えました。

田沼は商人組織の**株仲間**を奨励し、彼らの利益の独占を認めるかわりに多額の運上金（営業税）➡P.127を徴収しました。新田を増やすため、印旛沼（千葉県）の干拓に商人の資金を出させました。蝦夷地（北海道）を開発し、海産物の流通ルートを開いたのも田沼意次でした。約20年間の田沼の在職期間を田沼時代といいます。

寛政の改革

1787（天明７）年、11代将軍家斉のとき、幕府は白河藩主・**松平定信**を老

❷町火消し　享保の改革で生まれました。家屋が密集する江戸の町にとって、一番怖いのは火事でした。出火に備え町人自身による防火組織が生まれました。（東京消防庁提供）

歴史の言葉　❸町人たちの狂歌・落首

江戸町人は幕府への意見や不満を目安箱とは別に狂歌・落首であらわしました。定信の登場には「田や沼やよごれた御代を改めて清くぞすめる白河の水」と町人は歓迎しました。しかし、さかんに文武を奨励する定信にいやけがさしたか「世の中にか（蚊）ほどうるさきものはなしぶんぶぶんぶ（文武文武）と夜も眠れず」「白河の清きに魚の住みかねてもとの濁りの田沼恋いしき」という狂歌も詠まれました。

④江戸幕府の三大改革はなぜ失敗したのか

左のページの表は江戸時代の三大改革とその間にはさまれた時期を示したものです。時代順に改革期と反動期が交互に現れています。三大改革の指導者は良いこともした立派な人物ですが、経済政策としてはことごとく失敗しています。

この場合、「改革」とは、米を中心とした現物経済の社会に引き戻し、緊縮財政政策をとることを意味します。都市の百姓を農村に帰す政策はわかりやすい例です。これらの政策の元にある考え方は、米を中心とした自給自足の現物経済を理想とし、他方で貨幣を中心とした経済をいやしいものと見なす朱子学の思想でした。

ところが、貨幣経済は早くも江戸時代の初期から農村に浸透し、自給自足の経済はもはや成り立たなくなっていました。他方、投資による経済成長が始まり、腐敗政治として批判されてきた田沼や家斉の時代が、経済の活性化と成長をうながす役割を果たしたことが評価されるようになりました。

❺富嶽三十六景・神奈川沖浪裏　富嶽三十六景は、さまざまな距離、方角から見た富士山を素材として連作にしたもの。（葛飾北斎画　東京国立博物館蔵）

中首座に任命しました。定信は凶作や飢饉に備えて農村に備蓄米制度を定めるいっぽう、都市に流れこんだ百姓に資金をあたえて帰村させました。また、借金苦の旗本や御家人を救うため、商人からの借金を帳消しにさせました。そのかわり、武士には倹約を徹底させ、学問・教養・武術を奨励しました❸。これを**寛政の改革**といいます。

➡P.120

化政文化

文化・文政年間（1804 ~ 30）は、寛政・天保の二つの改革の時代にはさまれ、幕府が緊縮財政を緩めた時代で、江戸を中心に庶民文化が頂点を極めました。これを**化政文化**❻といいます。浮世絵❺、小説、俳諧が新たな展開を見せ、庶民は歌舞伎や落語を楽しみ、お伊勢参りも盛んでした。

➡P.143
➡P.119

天保の改革

天保年間には大飢饉や百姓一揆がおこり、**大塩平八郎の乱**❼は幕府に衝撃を与えました。1841（天保 12）年、老中首座になった**水野忠邦**は、農村再建と商業抑制に取り組みました。人返しの法をつくって都市の百姓を農村に帰し、農民が商業に手を出すことを禁じました。物価を下げるため株仲間の解散を命じ、倹約令を出して歌舞伎や大衆向け文芸を取りしまりました。これを**天保の改革**といいます。

享保・寛政・天保の改革をあわせて、幕府の三大改革といいます。幕府の緊縮財政が特徴で、いずれも景気の低迷をもたらしたという共通点がありました❶❹[1]。

⑥化政文化と浮世絵

化政文化は江戸を中心に地方にも広がりをみせたところに特色があります。江戸が上方に追いついたともいえます。

化政文化を代表するのは浮世絵（錦絵）です。多色刷りの版画技術が発達し、黄金時代を迎えました。喜多川歌麿は美人画に筆をふるい、東洲斎写楽は個性的な役者絵を多く残しました。その後、葛飾北斎が奇抜な構図と華麗な色彩で「富嶽三十六景」など風景画の傑作を描きました。北斎の影響を受けた歌川広重は「東海道五十三次」「江戸名所百景」など雄大な風景画で名をなしました。

皮肉や滑稽を喜ぶ文藝が発達したことも特徴です。その代表は十返舎一九の「東海道中膝栗毛」です。俳諧では小林一茶、与謝蕪村が名前を残し、歌舞伎や落語などの大衆芸能も盛んでした。

❼大塩平八郎の乱　大塩平八郎（1793 ~ 1837）は大阪町奉行所の元与力で陽明学を修めました。1836年の大飢饉の翌年に米の放出を要求して挙兵しました。幕臣の大塩が反乱を起こしたことが幕府の衝撃を大きくしました。（大阪城天守閣蔵）

[1]財政問題をかかえていた薩摩藩（鹿児島県）と長州藩（山口県）でも改革が行われました。これらの藩では、下級武士からも有能な人材を登用し、商人からの借金を棒引きにするとともに、特産物の生産を奨励しました。藩財政の立て直しに成功した薩長両藩は発言力を強め、幕末には幕府に対抗する勢力になりました。

チャレンジ　3 大改革と田沼時代・化政文化期との大きな違いを 2 つあげて説明しよう。

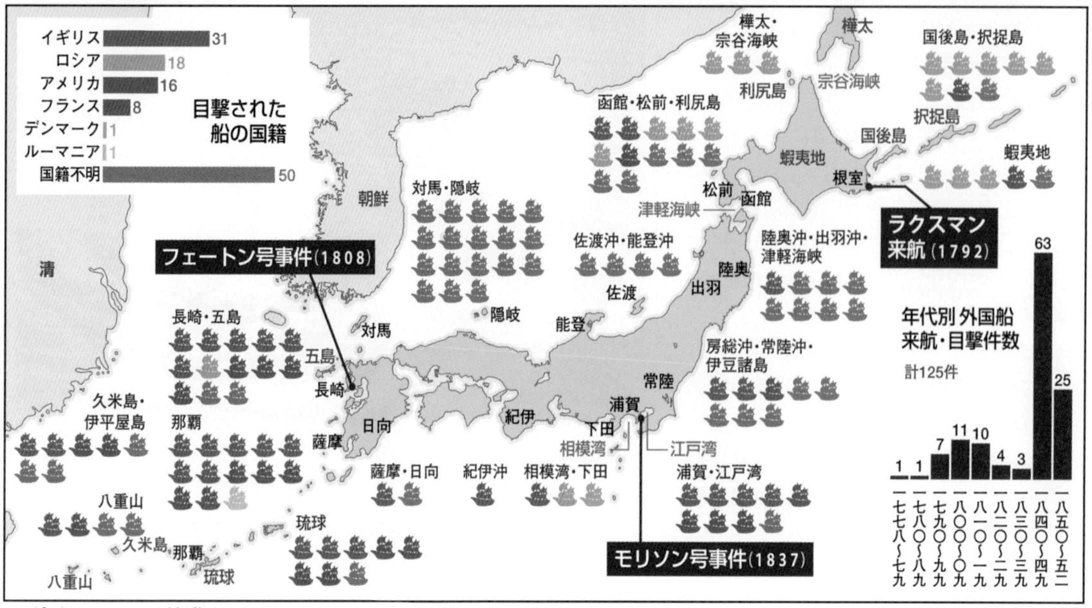

❶欧米諸国の船が目撃された件数　1778～1852年（講談社『再現日本史』より作成）

こんなにたくさんの外国の船がきたら幕府だって動揺するわね。

45 欧米諸国の日本接近

外国船の接近によって、幕府政治はどのように動揺し、対策をとったのだろうか。

❷主な外国船の接近

年	人名・船名	国	来航地	目的等
1792	ラクスマン	露	根室	通商要求
1804	レザノフ	露	長崎	通商要求
1808	フェートン号	英	長崎	蘭船追尾
1818	ゴルドン	英	浦賀	通商要求
1837	モリソン号	米	浦賀	通商要求
1853	ペリー	米	浦賀	開国要求

ロシアの接近

18世紀の末ごろから、日本列島の海域に欧米諸国の船が出没するようになりました。❶❷最初にやって来たのは、ロシアでした。ロシアは16世紀後半からシベリアの征服を開始し、その勢力は17世紀末にはカムチャツカ半島にまで達しました。

ロシアは酷寒の地シベリアを経営するための食料など生活必需品の供給先を日本に求めようと考えました。そこで、1792（寛政4）年に最初の使節**ラクスマン**を派遣し、日本人漂流民（大黒屋光太夫ら）[1]を送り届け、日本に通商を求めました。

1804（文化元）年には**レザノフ**が派遣されて幕府に通商を求めましたが、幕府は鎖国を理由に拒否しました。その後、樺太や択捉島にある日本人の居留地を襲撃し日本人を殺傷しました。この報告が届くと、国内ではロシアに対する危機感が高まりました。[2]

幕府は松前藩の領地である蝦夷地（北海道）を幕府の直轄地にしてロシアに備え、近藤重蔵や**間宮林蔵**に、樺太を含む蝦夷地の大がかりな調査を命じました。間宮林蔵は蝦夷地から樺太にかけて踏査し、従来大陸の陸続きであると思われていた樺太が島であることを発見しました（間宮海峡）。

イギリスとアメリカの接近

19世紀に入ると、イギリスとアメリカの船も、日本近海にやって来ました。❸

[1] **大黒屋光太夫**　船頭として1782(天明2) 年 12月、伊勢の白子から江戸へ米を積んで航行中に遭難し7ヵ月あまり漂流したあげく、帰国を願いつつシベリアを横断する数奇の体験をしました。ロシアのエカテリーナ女帝に面会しました。

[2] 小林一茶は次の俳句をよみました。「春風の国にあやかれおろしあ（ロシア）舟」。これはレザノフの来航を背景にしています。乱暴を働くロシアの船について、一茶は、春風の国（日本）のようにおとなしくしてほしいとねがったのです。

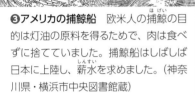

❸アメリカの捕鯨船　欧米人の捕鯨の目的は灯油の原料を得るためで、肉は食べずに捨てていました。捕鯨船はしばしば日本に上陸し、薪水を求めました。（神奈川県・横浜市中央図書館蔵）

❹モリソン号　日本人の漂流民を送り届けにきたが、幕府は砲撃して打ち払いました。（江川文庫蔵）

❺異国船打払令（1825）

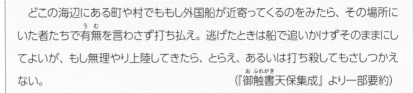

　どこの海辺にある町や村でももし外国船が近寄ってくるのをみたら、その場所にいた者たちで有無を言わさず打ち払え。逃げたときは船で追いかけずそのままにしてよいが、もし無理やり上陸してきたら、とらえ、あるいは打ち殺してもさしつかえない。
（『御触書天保集成』より一部要約）

❻高野長英の幕府批判（1838）

　モリソン号がうわさ通り、わが漂流民の送還のため渡来したのならば、之を打ち払うなら日本は「民を憐れみない不仁の国」とみなされるだろう。わが国は義国の名を失い、今後どのような害をもたらすかわからない。モリソン号の入港を認め、漂流民をうけとったうえで、いざ交易の話となったら、国の方針を厳しく言い渡せばいいだろう。
（『戊戌夢物語』より一部要約）

1808（文化５）年、イギリスの軍艦フェートン号は、オランダ船を追って長崎に入港しました。フェートン号は出迎えたオランダの商館員をとらえ、湾内を探索し、薪水（薪と水）や食料を強奪しました（**フェートン号事件**）。その後も諸藩と異国船をめぐる事件が相次いだため幕府は、1825（文政８）年、**異国船打払令**❺を出し、外国船が来たら直ちに打ち払えと命じました。

　1837（天保８）年、アメリカの商船モリソン号❹が、通商を求めるとともに、救助した７人の日本人漂流民を送り届ける目的でやって来ました。幕府はこれを異国船打払令に従い、砲撃して追い払いました（**モリソン号事件**）。モリソン号の船長は、「日本を開国させるためには、政府の強く賢明な行動がぜひとも必要である」と手記に書きました。

海防論の展開

こうした動向のなかで、欧米諸国の接近に脅威を感じて、国防の必要を説く人々が出てきました。**林子平**は『海国兵談』をあらわし、島国日本が海に囲まれていることの、国防上の得失を論じ、海防論を展開しました。水戸藩の儒学者・会沢正志斎は、皇室を尊び、結束して外国を打ち払う尊王攘夷を説きました。蘭学者の**高野長英**❼は、異国船打払令を批判❻して投獄され、**渡辺崋山**❽も幕府を批判して幽閉されました❸（**蛮社の獄**）。

➡P.160

❼高野長英
（1804～50）
長崎でシーボルトに蘭学を学び、江戸で医者を開業。渡辺崋山らと尚歯会を結成しました。（岩手県・高野長英記念館蔵）

❽渡辺崋山
（1793～1841）
三河国田原藩の家老でしたが、儒学や蘭学にも通じていました。また西洋画法を使った文人画家としても知られていました。（愛知県・田原市博物館蔵）

❸渡辺崋山は地元田原で蟄居（活動禁止）、高野長英は永牢罪（終身刑）となりました。崋山は後に自刃（刀による自殺）し、長英は牢獄に放火されたので脱獄しましたが、諸国に潜伏した後、自刃したとされます。

チャレンジ　ロシア・イギリス・アメリカの外国船が日本に接近したときの幕府の対応をまとめてみよう。

もっと知りたい コラム

武士道と「主君押し込め」

『葉隠』江戸時代中期（1716年後ごろ）に書かれた書物。佐賀鍋島藩士・山本常朝（1659-1719）が、藩主に仕える武士の心得を口述したもの。（佐賀県立図書館）

◉諫言こそ真の忠義

江戸時代の武士は社会を統治する身分として位置づけられ、武士にはその身分にふさわしい生き方や道徳が求められました。それが武士道です。武士道には、主君に対する忠義を土台として、尚武、剛健、信義、節操、廉恥、仁愛、礼儀、質素、などの徳目が含まれていました。

このうち武士道の中核をなす忠義については、主君の命令に絶対的に服従することが武士道であるというイメージで語られることもあります。しかし、藩の領民を苦しめる暴政を行ったり、悪しき素行にふけったりする主君も時には現れます。そんな場合、家臣である武士はどう対処すべきなのでしょうか。武士なのだから間違っていることが明らかでも、主君の命令には絶対に従うべきなのでしょうか。

そうではありません。武士道の教えを記した代表的な書物である『葉隠』には、主君の言動が間違いだと思われる時には、たとえ主君の怒りをかったとしても、その間違いをいさめ、主君に諫言することが真の忠義であり、真の武士のあり方であると書かれています。武士にはものごとに対する主体的な判断が求められていたのです。

◉「主君押し込め」のルール

では、もしそうした諫言にも耳を傾けないで暴虐の振る舞いが収まらない主君にはどう対応すべきなのでしょうか。そのような場合、藩の家老や重臣の合議に基づき、家臣団の手で藩主を座敷牢に監禁する慣行がありました。これを「主君押し込め」といいます。

「主君押し込め」には、正式な作法とルールがありました。まず、藩の家老たちは表座敷で主君と対座し、しばらくは謹慎してくださいと申し上げるのです。そして主君の身柄を拘束し、大小の刀を取り上げ座敷牢に入ってもらいます。

その後、主君が十分に反省し、暴虐の政治をやめて善政に努め、家老たちに報復をしないことが約束されれば座敷牢から出して再び主君の座に返り咲いてもらいます。もし反省がないようならば隠居してもらい、主君の実子などを新しい藩主に擁立するのです。

◉個人を超えた「公」の利益

武士道とは、主君に対する絶対の服従を意味するものと捉えられがちですが、実際はどうしても他に手段がない場合、「主君押し込め」のような行為が認められていました。そして、実際に、「主君押し込め」が実行されたケースも記録されています。

結局、武士道における主君への忠義は、究極的には主君個人のために求められたのではなく、家臣や領民から成る共同体としての家や藩の存続のために求められたのです。その意味で、武士道には「個人」の利益よりも「公」の利益を優先する思想が含まれていました。

幕末に外国の勢力が日本に襲いかかってきたとき、武士のもっていた忠義の理念は、藩の枠を超えたより大きな「公」としての日本の存続のために献身する行動を生み出すことになるのです。

人物クローズアップ コラム

二宮尊徳と勤勉の精神

◉ 14歳から働きつつ学ぶ

二宮尊徳（通称・金次郎）は1787（天明7）年、現在の神奈川県小田原市の農家に生まれました。実家は比較的裕福でしたが、たび重なる酒匂川の氾濫で田畑を失ったうえ、父が病死し、金次郎は14歳で貧乏な家庭を支えることになりました。

金次郎は山で刈った柴や、夜なべして編んだ草履を売り歩いて生計をたてたといわれます。しかし、その間も学問を忘れませんでした。柴刈りの途中も『大学』などの漢籍（漢文で書かれた中国の書籍）を読みつづけました。

16歳で母も無くして一家は離散し、金次郎は伯父の家に預けられました。伯父は灯油を惜しんで夜の読書を禁じましたが、金次郎は自分で作った菜種油に火をともして勉強しました。戦前、政府はその勤勉・節約・忍耐の精神を学ばせるため、全国の小学校に金次郎の銅像を建てました。

◉「積小為大」を貫く

金次郎は「積小為大」という信念で生きていました。小さいことでも積み重ねると、大を為すという意味で、何事も無駄にせず、工夫をこらしました。田植えの後に捨てられた苗を拾い集めて植え、何俵もの米を実らせました。

農業指導者、経営者として成長した金次郎は二宮家を再建し、頼まれて小田原藩家老、服部家の財政を5年でたてなおしました。

続いて、小田原藩主の命を受けた金次郎は、6尺（182

二宮尊徳（1787～1856）

cm)、25貫（94kg）の巨躯をもって下野国桜町領（栃木県真岡市など）の新田開発や荒れ地の再生にかけ回りました。みずから田畑に入って実地指導しました。用水堰をつくり、治水を行い、橋をかけ、町村を復興させました。天保の大飢饉でも領内では1人の餓死者も出しませんでした。

◉徳を以て徳に報いる

二宮尊徳は単に勤勉を説いただけではなく、合理的な考えをもち、金銭の使い道をよく心得た財政家だったのです。スケールの大きい社会運動家でもありました。「徳を以て徳に報いる」という尊徳の精神は、明治維新後も引きつがれ、近代国家建設のバックボーンとなりました。

もっと知りたい コラム

エコロジー都市 江戸

◉ 100 万都市だった江戸

徳川将軍家のおひざ元である江戸は開府当時、人口15万人ほどだったといわれますが、120年後の江戸時代中期には100万人をこえました。当時、ヨーロッパ最大の都市だったフランスのパリが54万人ですから、江戸は世界一の大都市でした。これだけの住民が暮らすための衣・食・住はどうしていたのでしょう。

実は江戸の町は膨大な人口を養うために、資源を無駄にしない合理的な都市機能を備えていたのです。

◉完備された上水道

江戸の町を開いた徳川家康は1590（天正18）年から、西部の井之頭池を水源とする水道敷設を命じ、これがのちに神田上水と呼ばれました。多摩川上流から引いた玉川上水と合わせると、総延長が150kmの上水道で、技術的に難しい暗渠工事もやり遂げました。

イギリスのロンドンは、江戸より約30年遅れて30kmの上水道ができました。パリ市民は、19世紀末まで生活排水でにごったセーヌ川の水を買って生活していました。

江戸には下水道もありましたが、糞尿は農家が肥料として買い取り、代金は金銭や作物で支払われました。長家には大小便に分けた共用の厠（トイレ）があり、品質ごとに単価が異なりました。栄養価の高い大名屋敷の糞尿は高値で取引され、汲取り権の入札をする専門の問屋までありました。

『南総里見八犬伝』を書いた滝沢馬琴は、その日記に汲取り権について「1人あたり年間干し大根50本」と記しています。

◉無駄のない資源再生システム

江戸市中のゴミは定期的に集められ、船で運ばれて、江戸湾の埋め立てに使われました。また、古い帳簿などの紙クズや、こわれた鍋、包丁、傘、釘、茶碗にいたるまで回収し、修理して再利用されました。

衣料は貴重品なので、何度も仕立て直されました。古着商が日本橋や神田川べりに軒をつらねて繁盛し、その組合には行商人もふくめて1100人も加盟していました。

江戸時代はこのような高度に発達したリサイクルをふくむエコロジー社会ができていました。環境面ばかりでなく、物価をみても、飢饉のときや幕末を除いて米価は比較的安定し、そば代も銭湯代も200年間据え置きという安定した社会がつづいたのです。

玉川堤（歌川広重画）

外の目から見た日本

浮世絵とジャポニスム

フランスの
画家たちはみんな
日本の浮世絵に
注目したのね。

◉日本ブームと印象派

1878（明治11）年、パリ万国博覧会が開かれました。そこで日本の浮世絵が紹介されると、フランスに空前の日本ブームが巻きおこりました。印象派と言われた画家たちは、浮世絵の明るい色彩や大胆な構図に魅了され、熱心に模写しました。クロード・モネは自宅に池や太鼓橋のある日本庭園をつくり、水面の睡蓮や生い茂る草花を描きました。

➡P.137

浮世絵の影響は、表面的な日本趣味や技法だけにとどまりません。印象派は、それまでの観念的だった宗教画を否定し、人々の生活や自然の中に美を見いだそうとしました。ありのままの人間や自然の姿を題材にした浮世絵が大きな影響を与えたのです。

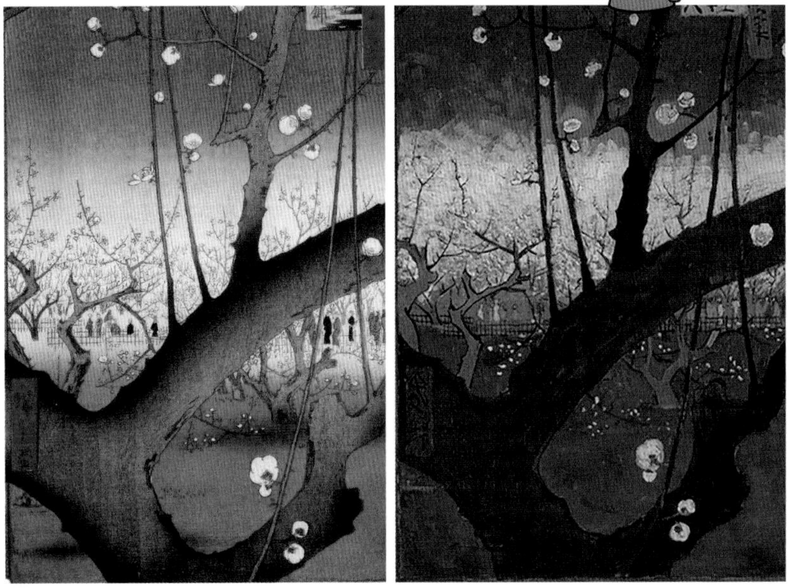
歌川広重・画「亀戸梅屋敷」（左）と、それを模写したゴッホの梅の木の絵（右）

このように、日本の芸術が西洋に与えた影響をジャポニスム（フランス語で「日本趣味」）といいます。ジャポニスムはその後もポスターやガラス細工など、西洋美術の多様な分野に及びました。

◉ゴッホと歌川広重

上の２枚の絵を見てください。左は歌川広重が1856（安政3）～58年ごろに書いた「亀戸梅屋敷」で、右は後期印象派の画家、ビンセント・ヴァン・ゴッホがこれを模写したものです。

さらにゴッホには、かつて世話になった画材屋を描いた「タンギー爺さん」という絵（本章扉参照）がありますが、その背景には６枚の浮世絵が飾られています。そのうちの２枚は広重の絵です。ゴッホがいかに浮世絵に、中でも広重に魅せられていたかがわかります。弟あての手紙にこう書いています。

「印象派の画家たちはみな日本の絵を愛し、影響を受けている。私たちはフランスの日本人だ」

明治になると、日本人は身近にある浮世絵の価値に無頓着で、輸出する陶磁器の包み紙として海を渡ったものもありました。パリ画壇に強い衝撃をあたえたのは、陶磁器よりもその包み紙だったのです。西洋美術を必死に学んでいた明治の日本人は、自国の伝統美術の価値を西洋人の目で再発見したのでした。

歩いてみよう! 江戸の町

さくらさんたちのグループでは、授業で江戸の活気ある町人文化を学びました。人間味あふれる江戸の暮らしをもっと知りたいと思い、資料館に行くグループと町を歩くグループに分かれ、調べることにしました。

江戸の庶民はどんな暮らしをしていたのかしら?
住まいや暮らしぶりは?治安は? どんなものを食べていたのかしら? 次から次へと疑問が浮かぶわ。

「江戸八景日本橋の晴嵐」(国立国会図書館蔵)

深川江戸資料館(江東区白河)に行ってわかったこと

【住まいは?】

✼武士・僧侶・町人などの身分によって、住む場所が決められていた。

✼庶民は、商店が並ぶ表通りの裏につくられた長屋に住み、大家さんが管理していた。

✼多くの住まいは、「九尺二間の裏長屋(くしゃくにけんのうらながや)」といわれる4畳半に土間の台所がついたものだった。

【暮らしぶりは?】

✼部屋は狭いが、季節で必要な物(蚊帳(かや)・炬燵(こたつ))は、レンタルするなどし人々は簡素に暮らしていた。

✼長屋の一角に、守り神としての稲荷(いなり)があり、共同の井戸、ゴミ箱、厠(かわや)(トイレ)の4点がセットで設置された。

✼江戸の中心部では、井戸で上水を引いており、この井戸端で炊事の準備や洗濯を行っていた。水代は地主などの町人が支払っていた。

✼厠の排泄物は、近郊の農家が肥料として買い取り、代金は大家に支払われた。

✼木と紙で作られ、密集(みっしゅう)していた家では、火の不始末(ふしまつ)を防ぐため風呂をつくることは禁止された。町内には、共同の湯屋があった。

【治安は?】

✼隣町との境には、町木戸が設けられた。町木戸は明け六つ(午前6時頃)に開き、夜四つ(午後10時頃)に閉じられ、治安が守られた。

長屋の一角。稲荷(右奥)、井戸(右手前)、ゴミ箱(左手前)、厠(左奥)。

4畳半に平均4人が住んでいた

＊これらの展示はともに復元

江戸東京博物館（墨田区横網）に行ってわかったこと

「東都名所　高輪廿六夜待遊興之図」　歌川広重（1834 年）人間模様も豊かな屋台の賑わい。寿司、てんぷら、そば、だんごなどの文字も見える。

箱膳　日常の食事

【食生活は？】

✲江戸中期から行灯に使う菜種油が安くなり、夜も活動できるようになった。食事は、1日2回から3回に増えた 。

✲ご飯は1日分を朝にまとめて炊き、昼と夜は取り置きを食べた。白米が自慢の江戸っ子はビタミン B1 が不足して「かっけ」になり、「江戸わずらい」といわれた。

✲おかずは、天秤棒の前後に荷かごをつけた振売が、魚介類や納豆、豆腐などを長屋の路地に売りに来ていた。

✲食事は一人ずつの「箱膳」で出された。各自の食器もコンパクトに、しまわれた。

✲江戸後期になると、立ったまま食べられるファストフードの屋台は、いそがしい江戸っ子に歓迎された。

振売の様子

古地図を見ながら町を歩いてわかったこと

✲江戸時代の川や堀が、現在の道路になっているところがあった。

✲職業がそのまま地名になって残っている銀座・呉服町・鍛冶屋町・麹町・箪笥町・人形町などもあることがわかった。

✲家族で食べに行く、そば屋さんやお寿司屋さんにも、江戸時代創業と書かれた看板がある。200 年間も代々続いているそうだ。

✲飛鳥山（北区）近くの道路に、江戸の一里塚と二本の榎がそのまま残っていた。

✲浅草寺に当時の「時の鐘」があった。江戸城からの太鼓の音を聞いて鐘撞役が鐘を鳴らして時刻を知らせた。

✲記号のようなものが彫ってある石垣があった。聞いてみたら江戸城の内堀や外堀などに使われていたもので、刻印は工事を担当した大名家の印を刻んだものであるとわかった。

近世の日本

問題	解答欄
①ヨーロッパ人がアジアに胡椒(こしょう)を求めたことから始まった時代の名は？	1
②キリスト教を保護し、自ら洗礼を受けた大名は？	2
③織田信長による城下の商工業振興のための政策は？	3
④信長の後を継ぎ、関白となって全国統一をなしとげた人物は？	4
⑤豊臣秀吉が兵農分離を進めるために行った２つの政策は？	5 / 6
⑥信長と秀吉に仕え、茶の湯を完成させた茶人は？	7
⑦ 16 世紀に西洋人が伝え、日本で花開いた異国情緒ある文化は？	8
⑧ 1600 年、徳川家康と石田三成などの西国勢力との決戦は？	9
⑨江戸幕府が大名を統制するために参勤交代などを定めた法令は？	10
⑩幕府に許可を得た大名や大商人が東南アジア各地で行った貿易は？	11
⑪外国から国を守り、キリスト教の影響力を排除するためにとられた制度は？	12
⑫将軍の代がわりの時、表敬訪問するために派遣された朝鮮の使節団は？	13
⑬幕府が定めた３つの身分は？	14 / 15 / 16
⑭文治政治を行った５代将軍の名は？	17
⑮水戸藩主徳川光圀(とくがわみつくに)が朱子学と尊王論に立って編纂(へんさん)に着手した歴史書は？	18
⑯江戸時代に武士や庶民の教育が行われた３つの場は？	19 / 20 / 21
⑰江戸の三大改革とは？	22 / 23 / 24

地図問題 1

五街道の図です。下表のア～オの記号を地図の□に入れなさい。

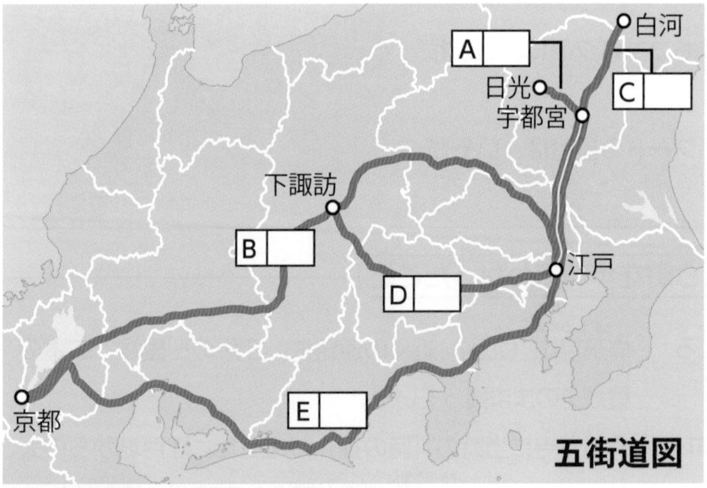

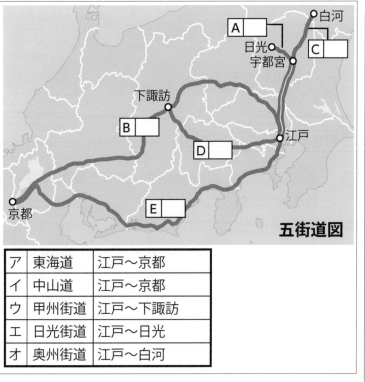

ア	東海道	江戸～京都
イ	中山道	江戸～京都
ウ	甲州街道	江戸～下諏訪
エ	日光街道	江戸～日光
オ	奥州街道	江戸～白河

地図問題 2

鎖国下で交易が行われた「四つの窓口」です。下表のア～エの記号を地図の□に入れなさい。

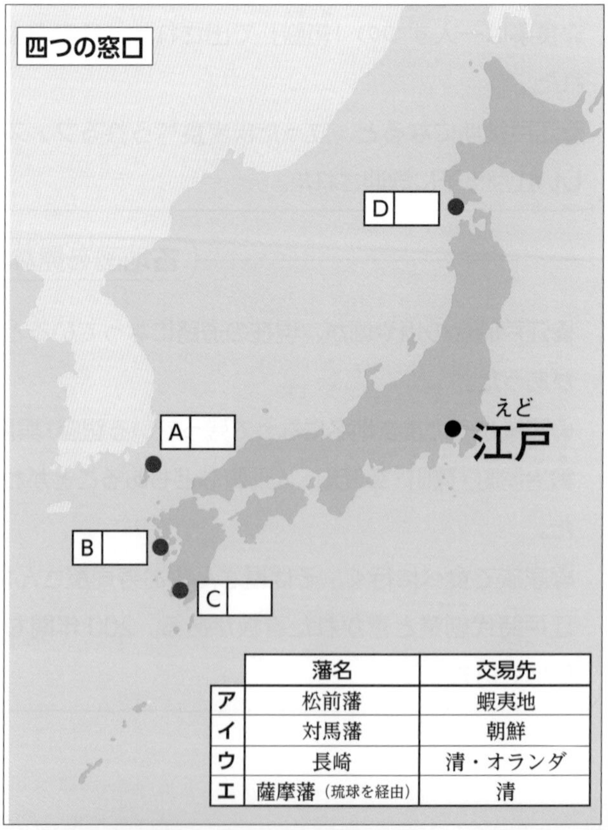

	藩名	交易先
ア	松前藩	蝦夷地
イ	対馬藩	朝鮮
ウ	長崎	清・オランダ
エ	薩摩藩（琉球を経由）	清

近世とはどんな時代だったのだろうか

近世という時代の特徴を大づかみにとえらるために、以下の問題を解いてみよう。

◆歴史用語ミニ辞典の作成

歴史用語を３文で説明する「歴史用語ミニ辞典」をつくります。「近世までの日本」の章に登場する以下の歴史用語について、教科書をよく読み、p 67・p 103の赤字の説明を参照して、３文でノートにまとめてみよう。

トルデシリャス条約　鉄砲伝来　本能寺の変　太閤検地　刀狩り　バテレン追放令　朝鮮出兵　江戸幕府の成立　徳川綱吉　享保の改革　田沼時代　寛政の改革　天保の改革　寺子屋

◆時代の流れを整理する問題

（1）西ヨーロッパで起こった宗教改革から、日本にキリスト教が伝来するまでの出来事を、①②③・・・などの通し番号をつけて、順を追って書き出してみよう。

（2）秀吉のバテレン追放令から、江戸時代初期に鎖国政策が完成するまでの流れを、順を追って書き出してみよう。

【翔太君のノート　(1) について】

① ルターやカルバンがカトリックを批判した宗教改革によって、プロテスタントはヨーロッパ諸国に急速に勢力を広げた。

②プロテスタントの動向に危機感を覚えたカトリックは、広く海外に勢力を伸ばすことを考えた。

③いっぽう､肉の香辛料として珍重される胡椒を求めて､ヨーロッパ各国は、競ってアジアを目指した。

④キリスト教の布教と胡椒を求める二つの動機が結びついて、カトリック教徒がアジアに進出した。

⑤フランシスコ・ザビエルもその使命のためにイエズス会から派遣された一人で、鹿児島に上陸して熱心に布教に努めた。

◆時代比較の問題

①豊臣秀吉の刀狩を基準に、刀狩以前と以後の時代はどんな違いがあったのだろう。

②鎖国を基準に、同じ江戸時代の鎖国以前と鎖国以後で、それぞれの時期の特徴をあげてみよう。

③江戸時代の元禄文化と化政文化を、a）時期、b）場所、c）中心となった人々、d）特徴、の４項目について比較する表をつくってみよう。

【さくらさんのノート　①について】

「刀狩が行われるまでは、武士以外の農民や僧たちも武器を持っていたわけだから、しばしば土一揆や宗教一揆が起こった。また武士同士の争いに農民たちまで巻き込まれ、農村の生産性が落ちることもあった。

刀狩によって農民は耕作に専念できるようになり、そのかわりに武士たちは農民を守るという仕組みができ、江戸時代の平和で安定した社会をもたらしたといえる」

◆人物比較の問題

①キリスト教を優遇した織田信長と鎖国政策を実施した徳川家光の違いを、まとめてみよう。

②江戸中期の老中、田沼意次と、寛政の改革の松平定信を、ア）政策　イ）効果､結果　ウ）後世の効果と評価の変遷に分けて、まとめてみよう。

【翔太君のノート　①について】

信長はそれまでの政治勢力や、慣習を一新して国を統一しようとした。政治に口を出す一部の仏教勢力を抑えるいっぽう、西欧諸国と交易をするため、キリスト教の宣教師たちを優遇した。他方、家光の時代には、徳川家による統治がほぼ完了していたところへ島原の乱が起き、キリシタンの存在が脅威に感じられるようになった。家光は、キリスト教の禁止強化と鎖国に踏み切ったのだと思う。

◆「ひとこと」作文

江戸時代とはひとことでいうと「○○」の時代だった

あなたはこの○○に何を入れますか。

（例）鎖国　平和　町人文化

【さくらさんの作文「平和」を選択】

江戸時代とはひとことでいうと「平和」の時代だった。江戸時代になると､一部の窓口を除いて鎖国を進めたことで、外国とのトラブルは起きなかった。

また国内では参勤交代などによって、上手に全国の大名を統治し、島原の乱以後、国内での戦争も起きなかった。この200年以上続いた平和で町人社会が豊かになり、さまざまな庶民文化が花開き、教育も進んだ。他方、黒船来航では軍事的対応が遅れることになった。

《4 対話とまとめ図のページ

下の<まとめ図>を見ながら、お兄さんと弟が対話をしています。

(兄) 戦国大名の中から織田信長があらわれて、全国統一に着手するのが近世の幕開けだね。

(弟) 戦国大名は、合戦のイメージが思い浮かぶけれど、重要なのは治山治水、産業の振興など領国経営に力を注いだことなんだ。領民の声をよく聞くことを家訓にした大名もいたね。

そういう領国経営に成功した戦国大名の中から、信長・秀吉・家康が現れ、全国統一事業を完成させたんだ。戦乱がやみ、武士・百姓・町人の役割を決めて、平和・安定・繁栄の社会をつくった。それが江戸時代だね。

その意味で、近世全体は全国統一によって安定した社会を作った時代とも言えるね。

この時代、もう一つ大きな出来事は、日本人が歴史上初めてヨーロッパ文明に出会ったことだね。

鉄砲の伝来は戦国時代の戦闘を変えたし、キリスト教の伝来により日本は、国の安全の問題に目覚めるきっかけになったんだね。

のちに鎖国とよばれる政策は賢明だったと思う。ポルトガル・スペインがこれに従ったのは、日本が軍事的に強かったからだよ。

弱かったから鎖国したのではなく、強かったからはねつけたということだね。

長崎の出島など例外を除けば、次の西欧との接触は、250 年後の幕末なんだよ。

第3章　近世の日本<まとめ図>

全国統一へ

- 全国統一を進めた三人の大名
- 織田信長　全国統一に着手
- 豊臣秀吉　兵農分離
- 徳川家康　江戸幕府開府・武士の統制
- 全国統一の実現

鎖国と身分制度の完成

- キリスト教の伝来
- 秀吉のバテレン追放令　スペインへの対応
- 家康の禁教令
- 島原の乱
- 家光による鎖国の完成
- 平和で安定した江戸社会の実現

幕府政治の展開

- 改革と経済成長のサンドウイッチ
- 享保の改革　上米(あげまい)の令・人返し・倹約令
- 田沼時代　株仲間の奨励・資金の投下
- 寛政の改革　倹約励行・財政引締め
- 化政文化　江戸中心の文化・地方へも
- 天保の改革　株仲間の解散・人返し

→ 近代の日本

第4章
近代日本の建設
幕末・明治時代

沖縄県の宮古島（みやこじま）にある石碑（せきひ）です。「勇気」「決断」と書いてあるわ。どういうことかしら？

さくらさん

久松（ひさまつ）五勇士記念碑（沖縄県・宮古島市役所提供）　碑の中に描かれているのは5人の男。（右の拡大図参照）。星が出ている。どこからどこへ行こうとしているのだろうか。　謎解きは➡P.194

第4章　近代の日本と世界＜予告編＞

登場人物紹介コーナー

小学校で学んだ人物を紹介

江戸時代

ペリー　日本を開国させる

西郷隆盛・**大久保利通**（薩摩藩）

吉田松陰・**木戸孝允**（長州藩）

勝海舟（江戸幕府）

江戸から明治へ

明治時代

明治天皇

近代立憲国家の君主となる

福沢諭吉

文明開化の啓蒙家（けいもうか）

伊藤博文

大日本帝国憲法を制定

東郷平八郎

日露戦争を勝利に導く

小村寿太郎

外交官として奔走

科学と文化

北里柴三郎

破傷風菌（はしょうふうきん）の発見

野口英世

黄熱病の研究

夏目漱石

近代文学を確立

❶イギリス海軍、スペインの無敵艦隊を撃破（1588年）

❷イギリスの名誉革命（1688年） 議会にむかえられた国王が、即位に先立ち、議会の決めた法を守ることを約束しています。

46 イギリスの市民革命とアメリカの独立

欧米の近代国民国家は
どのようにして生まれたのだろうか。

❸クロムウェル(1599-1658)
議会派の指導者として国王を処刑しピューリタン革命をなしとげた後、議会を解散し独裁政治を行いました。

1 ピューリタン（清教徒）自己に対して厳格・潔癖な人という意味の言葉。

> ❹ **権利章典（1689年・イギリス）**
>
> （第1章）
> 国王は議会の同意なしに、法律とその効力を停止することはできない
> （第4章）
> 議会の承認と違う方法で、国王のために金銭を徴収することはできない
> （第5章）
> 国王への請願は国民の権利であり、請願を理由に逮捕したり裁判にかけたりすることはできない

西洋諸国の動向

15世紀から17世紀の初めまでの大航海時代➡P.108から、西欧諸国は海上の覇権をめぐって、激しく争いました。初めはポルトガルが、次いでスペインが強力になり、1580年に、スペインはポルトガルを併合しました。

そのスペインの無敵艦隊は、1588年、イギリスとの海戦に敗れ、その後、海上の覇権は徐々にイギリスに移って行きました。❶ また、スペインの属国だったオランダは、17世紀には海外貿易で繁栄し、1648年、スペインからの独立を果たしました。

イギリスの名誉革命

17世紀の中頃から150年間、西欧諸国では市民革命➡P.153とよばれる新しい政治の動きが起こりました。

イギリスでは、国王と、地主や商工業者の利益を代表する議会とが長年対立し、抗争を続けました。1642年、国王は議会を無視して重税を課し、議会の多くを占めていたカルバン派のプロテスタント➡P.107を弾圧しました。両者の対立は内戦に発展し、その結果、クロムウェル❸に率いられた議会派が勝ち、国王を処刑して共和政➡P.290を宣言しました。これを**ピューリタン革命**1といいます。しかし、国王の処刑は人心を荒廃させ、クロムウェルは議会を解散し、独裁政治を行ったので、彼の死後、王政に復帰しました。

❺**イギリスの議会** 18世紀初めころ

❻**ボストン茶会事件** イギリスは植民地にしていたアメリカで紅茶を販売する権利を東インド会社に独占させようとしました。これに反発した植民地の人々はボストンで紅茶運搬船を襲い、紅茶の箱を海に投げ捨てました。

1688年、再び国王と議会の激しい対立が起こりました。議会派は、今度は流血を避けて国王を国外に亡命させ、かわってオランダから新しい国王を迎えて、議会を尊重する誓約をさせました(**権利章典**)[4]。これを**名誉革命**[2]とよびます。イギリスは、世界で初めて、**立憲君主制**➡P.291に基づく議会政治を確立しました[5]。

❼**ジョージ・ワシントン**
(1732～99)
アメリカ合衆国の初代大統領。建国の父とよばれています。

アメリカの独立

イギリスの植民地➡P.290となっていたアメリカでは、18世紀の中頃までに、東部に13の植民地がつくられました。当時、イギリスはフランスとの戦争に国費を費やしていたので13植民地に重税を課しました。これに抗議して、植民地側は「代表なくして課税なし」とのスローガンを唱えて反対運動[6]を起こしました。これをイギリスが弾圧したため、独立戦争が始まり、植民地側は1776年、**アメリカ独立宣言**[8][9]を発表しました。

アメリカ側はフランスの支援もあり、独立戦争に勝利しました。独立後制定された合衆国憲法は、三権分立➡P.152、連邦制などを特徴とするもので、世界の憲法典のモデルの一つとされました。また、世界で初めて大統領制が誕生し、独立戦争の司令官だったワシントン[7]が初代の大統領に就任しました。しかし、アメリカには奴隷制が続き、人種差別問題は解決されませんでした。

❽**アメリカの独立宣言**(1776年) アメリカ東海岸の13のイギリス植民地の代表が集まり、本国からの独立宣言に調印しています。

❾アメリカ独立宣言(1776年)

すべての人は造物主(神)によって平等につくられ、ゆずりわたすことのできない権利を与えられており、その中には、生命、自由、幸福の追求がふくまれる。

(一部要約)

チャレンジ イギリスの名誉革命までの道のりを順序だてて書いてみよう。

 **ロック** (1632～1704) イギリスの哲学者・政治思想家 社会契約説 著書 『統治二論』	 **モンテスキュー** (1689～1755) フランスの法学者・政治思想家 三権分立論 著書 『法の精神』	 **ルソー** (1712～78) フランスの作家・啓蒙思想家 社会契約説・人民主権論 著書 『社会契約論』
「社会は個人の契約でなりたっており、政治権力も神から授けられたものではなく、個人の契約、委託によって権力を与えたとされている。したがって権力者が個人の意に反する権力行使を行った場合、契約は取り消され、権力は失われる」。➡市民革命の指導的原理となりました。	「権力をみだりに使用させないため、権力を分立することが重要だ。法をつくる立法、法のもとに政治を実施する行政、法に基づき裁判を行う司法をそれぞれ独立させ、法の精神を徹底させるべきだ」。➡アメリカ合衆国憲法やフランス革命に大きな影響を与えました。	「主権のみなもとはそもそも人民にあり、権力は人民との契約に基づくものであり、これに基づかない権力は何者であってもこれを用いることはできない」。➡フランス革命時の「人権宣言」やその後の民主主義理論に影響を与えました。

❶代表的な3人の啓蒙思想家

47 啓蒙思想とフランス革命

西欧社会に登場した啓蒙思想はフランス革命にどんな影響を与えたのだろうか。

啓蒙思想の展開

西欧では、17～18世紀に、王や貴族、平民の間の身分差別に基礎を置く社会のあり方を批判し、自由で平等な新しい社会を構想する一連の思想家が現れました。❶

ロックは**社会契約説**をとなえ、**モンテスキュー**は三権分立を説きました。**ルソー**は人民主権を主張しました。彼らは**啓蒙思想家**とよばれました。その啓蒙思想は、本や雑誌、さらに百科事典で広まり、市民革命の展開に影響を与えました。

フランス革命

啓蒙思想の影響を最も強く受けたのは**フランス革命**でした。フランスは、第一身分（聖職者）・第二身分（貴族）・第三身分（平民）の3つの身分で構成される社会❸で、ブルボン王朝のもとで、王によって議会を無視した政治が行われていました。これを**絶対王政**❷といいます。

フランスはアメリカの独立戦争を支援したために財政難におちいり、政治が混乱して、1789年、国王や貴族に対する反乱がおこりました。❹革命派は、身分の特権を廃止し、自由・平等・友愛をうたう**人権宣言**❺を発表しました。

しかし、フランス革命は、やがて、国王を処刑し、革命派の指導者たちも互いにギロチンで殺し合う、過激な流血事件に発展し

②フランスの絶対王政

フランスの絶対王政の隆盛を極めたのはルイ14世（1638～1715）で、東方に領土を拡大していくいっぽう、豪勢なヴェルサイユ宮殿を建設するなどで太陽王と呼ばれました。

18世紀後半に王となったルイ16世（1754～93）はアメリカの独立戦争を支持したこともあり、財政赤字を招き、貴族への増税で乗り切ろうとしましたが、貴族と民衆双方が反発し、革命を招きました。そしてルイ16世と王妃マリー・アントワネットはギロチンで殺害されました。

さまざまな啓蒙思想がひろがった時代なんだね。

❸旧体制（アンシャンレジーム）の風刺画
聖職者と貴族が、平民を巨大な石に乗って踏みつけています。

❹バスチーユ牢獄を襲う市民（1789年） 重税に苦しむパリ市民が、圧政の象徴であるバスチーユ牢獄を襲撃しました。

ました。イギリスの思想家、エドモンド・バーク❻はフランス革命を批判し、保守思想の草分けとなりました。

ナポレオンの登場

フランス革命が起こると、ヨーロッパの王国は革命の広がりを恐れて、フランスに対する干渉戦争を始めました。これと戦うフランス軍の中心となった**ナポレオン**❼は、次々と敵を撃破し、一躍、英雄となりました。ナポレオンは市民の私有財産や平等な権利を保障する**ナポレオン法典**（民法）を制定し、革命の成果を守りました。ナポレオンは1804年に、国民投票によって皇帝となりました。

ナポレオンに敗れたプロイセン（のちのドイツ）など西欧の国々では、国民の間に**ナショナリズム**➡P.155（国民主義）➡P.291が高まりました。

市民革命と国民国家の成立

イギリス、アメリカ、フランスで起こった革命は、身分に基づく王や貴族の特権を廃止し、人々が平等な市民として活動する社会を目指したので、**市民革命**とよばれます。

市民革命は、身分制を廃止し、同等の権利を有する「国民」によって担われる国民国家➡P.290への転換をもたらすことで、国民の活力を引き出しました。市民革命のあと、さらに産業革命を達成した欧米諸国は、世界の他の地域よりも優位に立ち、さらに世界中に進出するようになりました。

❺人権宣言（1789年・フランス）

・人は生まれながらにして自由で平等な権利を持つ
・主権の源はもともと国民の中にある

❻フランス革命を批判したエドモンド・バーク

エドモンド・バーク(1729～97)は、イギリスの政治家・政論家。国王ジョージ3世の専制に反対し、アメリカの独立戦争に同調しました。しかし、フランス革命が起きると、伝統を破壊する思想や行動を批判し、「祖先をかえりみない人々は、子孫のことも考えないだろう」とのべました。

❼ナポレオン
(1769～1821)
国内の不安定な政局と対外戦争の危機のなかでフランス国民は強力な指導者を求めました。軍人のナポレオンはこれにこたえて台頭しました。

チャレンジ 市民革命について「国王」「市民（国民）」の言葉を使って説明しよう。

❶**飛び杼** 織物はタテ糸の間にヨコ糸をくぐらせることによってつくられます。このヨコ糸を運ぶ道具が杼とよばれるもので、先のとがった舟の形をしています。ジョン・ケイは杼が自動的に飛んでいって往復運動を繰り返すしくみをつくりました。これが織物業の機械化の出発点となりました。

❷**イギリスの産業革命** 1840 年ごろのシェフィールドの製鉄工場。煙突から出る煙で空がどんより曇っています。手前には蒸気機関車が走っています。イギリスは「世界の工場」とよばれました。

48 産業革命と欧米の発展

産業革命はヨーロッパ諸国の関係をどう変えたのだろうか。

❸綿とシルクのベスト。1770 年ころ。

❹産業革命期の発明年表

1733	ジョン・ケイ、飛び杼
1764	ハーグリーブス、ジェニー紡績機
1765	ワット、蒸気機関を改良
1779	クロンプトン、ミュール紡績機
1814	スティーブンソン、蒸気機関車の試運転に成功
1825	ストックトン=ダーリントン間に鉄道開通

イギリスの産業革命

18 世紀になると、ヨーロッパの人々の生活に新しい変化が起こりました。人々は、従来の毛織物にかわって、インド産の木綿を原料にした、軽くて丈夫な綿織物の衣服❸を好んで着用するようになりました。綿製品は、衛生的であり、安価なことでも人気がありました。簡単な道具を用いた手作業では、生産が間に合わないほどでした。

このような需要を背景に、18 世紀の後半にイギリスでは、綿糸をつくる紡績業や、綿糸で布を織る綿織物業の分野で、素早く大量に製品を製造できる機械が次々と発明されました❶。また、石炭を燃料とする蒸気機関も改良され、紡績機や織機などの動力として用いられるようになりました❹❼。

人々は大きな工場に集められ、機械のそばで集団で働くようになりました。分業に基づく協業によって、生産力は飛躍的に増大し、社会の需要を満たすとともに、新しい需要をつくり出していきました。このような生産方法の大変革を**産業革命**といいます。

かつてのイギリスは、田園が広がり、馬車がのどかに行きかう農業中心の社会でしたが、産業革命の結果、黒い煙を吐き出す工場が建ち並ぶ工業都市があちこちに出現し、それらを結ぶ鉄道も発達して、工業と都市を中心とする社会に変化していきました❷。産業革命は、19 世紀なかばには、フランス、ドイツ、アメリカ

❺**産業革命時の炭鉱**　子供たちまで働いているようすがうかがえます。

⑥資本主義社会を批判したマルクス

1848年、マルクスは『共産党宣言』という題のパンフレットを発表しました。その冒頭には、「すべての歴史は階級闘争の歴史である」と書かれていました。資本家によって抑圧され搾取（さくしゅ）された労働者が、団結して資本家を追放する革命を起こし、生産手段を共有化して社会主義・共産主義の社会をつくることをマルクスは提唱しました。この理論を実現したのは20世紀のロシア革命です。

マルクス
(1818～83)

にも広がっていきました。

社会問題の発生

産業革命によって世の中は豊かになりましたが、その反面、大きな問題を抱えることにもなりました。生産の元手（もとで）となる資本を投下し、利益を目的として、機械と原料を購入し、労働者を雇（やと）って生産を行う仕組みを**資本主義**（しほんしゅぎ）といいます。資本家は新しい競争相手と争いつつ、新たな機械を導入して、大規模な工場生産を展開しました。工場では大量の労働者が雇われました。資本家は利益を上げるために、労働者の賃金を抑え、炭鉱（たんこう）では婦人や子供まで、坑内（こうない）で長時間働かせました❺。都市は不衛生で、住宅は不足し、貧困、失業など深刻な社会問題を生み出しました。

社会主義思想の誕生

こうした社会問題を鋭（するど）く批判し、資本主義社会を否定する**社会主義**（しゃかいしゅぎ）の思想が生まれました。その中の代表的な人物である**マルクス**❻は、労働者の貧困の原因は、究極（きゅうきょく）的には私有財産を認めるところにあると考え、私有財産制度を廃止した**共産主義**（きょうさんしゅぎ）社会を理想として主張しました。

マルクスが活動した19世紀中頃の初期の資本主義が労働者への過酷（かこく）な扱いをしたことは確かですが、19世紀の後半には生産力が増大したことや、労働運動の成果もあって、労働者の生活は改善されました。マルクスの理論と思想は、20世紀になっても社会の各分野に広い影響力を持ちましたが、他方で、理想とは逆の悲惨な結果をもたらすことにもなりました。

❼**ランカシャーの織物（おりもの）工場**　蒸気機関の導入でさまざまな生産工程が動力化されました。

知っ得ポイント！

ドイツの発展

ドイツはそれまで神聖ローマ帝国としてゆるやかな国家連合を形成していましたが、フランスのナポレオンによって滅ぼされました。その後、国民意識が発達し1871年に鉄血宰相（てっけつさいしょう）といわれたビスマルクの指導のもとプロイセンを中心にドイツ帝国として統一されました。ドイツはその後産業革命もなしとげ、ヨーロッパでイギリスにつぐ強国となりました。明治維新期の日本は科学技術など多くのことをドイツに学びました。

チャレンジ　産業革命における生産力を増大させた３つの要因を書いてみよう。

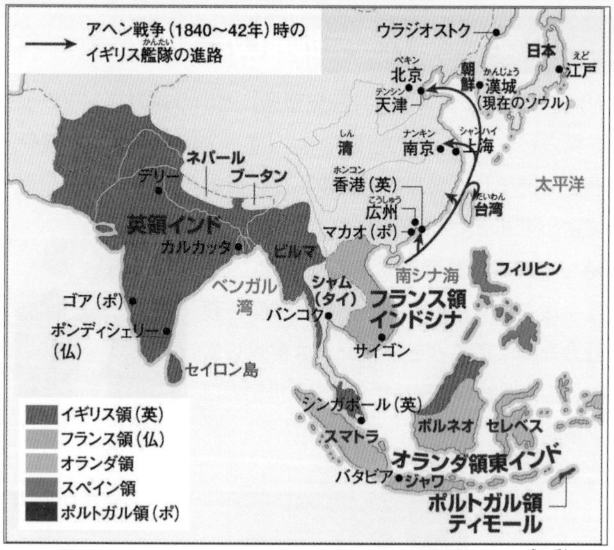

❶19世紀後半のヨーロッパ列強のアジア進出地図　貿易の拠点となる港湾都市もヨーロッパ各国がそれぞれ確保していました。

❷インド綿織物業の壊滅

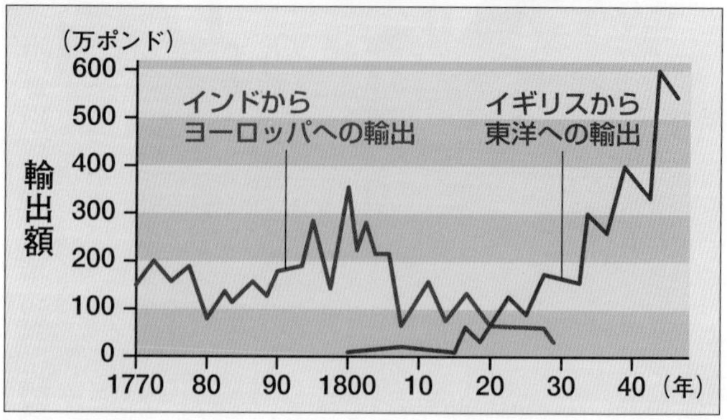

産業革命とともにインドからヨーロッパへの輸出が減少し、イギリスから東洋への輸出が急増しています。機械制大工場によって生産されたイギリスの製品が手工業によるインド製品を圧倒したためで、インドの綿織物業はほぼ壊滅しました。当時のインド総督は「織布工たちの骨はインドの平原を白くしている」と述べています。

（吉岡昭彦『インドとイギリス』）

49 欧米列強のアジア進出

欧米列強はどのようにしてアジアに進出したのだろうか。

❸インド大反乱　インドを支配するイギリス人をインド兵がおそったが、鎮圧されました。イギリスはインドを植民地にしました。

❹ヨーロッパの戦争

　ヨーロッパでは、フランドル地方の領有権などをめぐり、イギリスとフランスの間で1337年から100年以上にわたって断続的に戦争が行われました（百年戦争）。さらに、ドイツを中心とした三十年戦争（1618〜48)、プロイセンとオーストリアなどによる七年戦争（1756〜63）など、国家間の戦争が何度も起こりました。

　ほかにもイギリス国内のバラ戦争、イタリアの内戦であるイタリア戦争なども起こり、ヨーロッパ中で戦乱が絶えず、このため戦争技術も飛躍的に伸びたといえます。

イギリスによるインド支配

市民革命と産業革命をなし遂げた欧米諸国は、安い原料を大量に確保するため、また、大量生産された自国の商品を売る市場を求めて、アジアに進出しました。❶ 欧米列強の先頭に立っていたのは、イギリスでした。

　インドに進出したイギリスは、イギリス東インド会社が主体となって、イギリスの大工場で大量生産された綿織物をインドに売り込みました。インドの手工業は、安価なイギリスの製品との競争に負けてたちまち衰え、多数の職人が失業しました。❷

　1857年、イギリス東インド会社に雇われていたインド兵の反乱をきっかけに、不満を持っていた手工業者や農民が合流し、全国的な反乱となりました（**インド大反乱**❸）。これを武力で鎮圧したイギリスは、インド全土を支配下におさめ、植民地としました。➡P.290

軍事力の格差

16世紀から18世紀にいたる300年間に、ヨーロッパでは戦乱が続き、❹ 驚くほど軍事技術が発達しました。他方、アジアでは、国内の戦乱がおさまり、社会が安定すると、江戸時代の日本も、清朝の中国も、軍事技術の発達に関心を持たなくなっていました。東アジアでは、250年間、平和な時代が続いていたのです。

　こうして、ヨーロッパの軍事力は、アジア諸国を圧倒するよう

❺アヘンをめぐる三角貿易
①茶を購入してイギリス本国で売りさばき、②イギリスの安い綿製品をインドに売り、③アヘンを栽培させて清に売りました。

❻ケシの実 イギリスはインドの高原地帯でケシを栽培させ、アヘンに精製しました。今日、日本をふくむ多数の国で、ケシの栽培は固く禁じられています。

❼アヘン戦争 中国の帆船を砲撃するイギリス艦（右端）は最新の蒸気船で、産業革命によって生じた西洋とアジアの力の差を象徴しています。

になっていました。かつて、モンゴルの騎馬軍団➡P.78は、馬を走らせて草原を征服し続けましたが、この時期のヨーロッパ人は、アジア諸国を次々に植民地化していきました。

アヘン戦争とイギリスの中国進出

18世紀になると、ヨーロッパ人の生活にもう一つの変化が起きました。それは紅茶を飲む習慣です。特にイギリスでは、清から輸入する茶は生活必需品となり、多額の費用がかかりました。茶は高価な商品だったので、イギリスはインド人にアヘンをつくらせ[❻❾]、茶の代金を得るため清に売りつけました[❽]（**三角貿易**[❺]）。

清がアヘンの輸入を禁止すると、イギリスは、自由貿易を口実に軍艦を派遣して戦争をしかけ、1840年、**アヘン戦争**[❼1]が始まりました。戦争は2年余りも続き、圧倒的な力をもつイギリスの海軍が海上を封鎖して、1842年、清は屈辱的な**南京条約**[2]に調印しました。こうして、香港がイギリス領になり、外国人が中国から土地を租借して自国の法律を適用することも始まりました。この情報は日本にもたらされ、大きな衝撃を与えました。

イギリスとならんで、フランスもアジアに進出しました。北から迫ってきたのは、大国ロシアでした。

❽アヘンを吸う清国人 アヘンは清の国力を大きく低下させました。

❾インドのアヘン倉庫 広大なケシ畑と大規模な工場で生産されたアヘンが格納、管理されていました。

1 アヘン戦争の後、中国では1851年、洪秀全による太平天国の乱がおきました。アヘン戦争で国力が弱っていた清国はその鎮圧に手間取って、イギリスやフランスの力を借りることになり、ヨーロッパ諸国の半植民地化への歩みを早めました。
2 清は賠償金も支払い、上海など5港の開港、香港の割譲などを認めました。

チャレンジ イギリスのアジアへの進出のしかたを順序立てて説明してみよう

第2節 明治維新と近代国家の成立

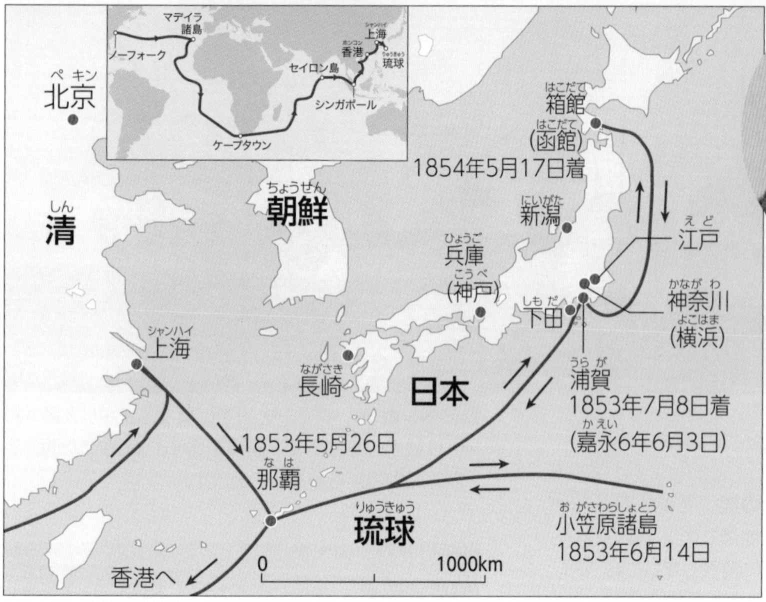

❶ペリー来航の経路

❷ペリー（1794～1858）（神奈川県・横須賀市自然・人文博物館）

❸日本人が写生した黒船　船体をタールでぬっていたので黒船とよばれていました。細密な観察から、西欧文明への研究心がうかがわれます。（神奈川県立歴史博物館蔵）

50 ペリーの来航と開国

日本が開国せざるを得なくなった
いきさつはどんなものだったのだろうか。

黒船の衝撃

1853(嘉永6)年6月、4隻の外国軍艦が江戸(東京)湾入り口の浦賀(神奈川県)沖に姿をあらわしました。艦隊を率いていたアメリカの海軍提督**ペリー**❷は、アメリカ船への水や食料の補給と通商を求める大統領の国書をたずさえていました。ペリーは国書を受け取るよう、軍艦を江戸湾内にも侵入させて幕府を威圧しました。多数の大砲を積んだ巨大な船団を人々は「黒船❸」と呼び、驚きおびえました。幕府はやむなく国書を受け取りました。ペリーは，回答を受け取るために翌年また来航すると告げ、立ち去りました。❶[1]

幕府の苦悩

回答を求められた老中・阿部正弘❹ら幕府の幹部は未曽有の国難を前に意見をまとめることができませんでした。外交は幕府の専権事項だったので、ペリーの要求をはねのけ武力で打ち払うという選択肢もありましたが、それは圧倒的な軍事力の差から不可能であることを、アジア諸国の例からも分かっていました。

困りぬいた幕府はそれまでの慣例を破り、朝廷をはじめ諸大名や幕臣たちにまで、意見を求めました。

幕府はいっぽうで江戸湾の品川沖などに台場（砲台をすえた人工の島）を建設したり、各藩が大船をつくることを許可したりして、備えを強化しました。しかし、自ら国の守りの方針を打ちだ

❹阿部正弘（1819～57）
福山藩主で、水野忠邦のあとを受けて老中首座となりました。（広島県・福山誠之館同窓会蔵）

[1] ペリーは幕府が開国を拒否した場合でも蒸気船の燃料の補給のため、琉球の港を占拠するつもりでした。

[2] この条約で外国の金貨銀貨が日本で通用することになりました。しかし、金銀の交換比率が日本では約1対5、外国で1対15と約3倍の差があったため、日本の金貨が海外に流出し、国内経済を混乱させる要因となりました。

旧石器	縄文		弥生		古墳		飛鳥	奈良	平安			鎌倉	南北朝	室町	戦国	安土桃山	江戸		明治	大正	昭和	平成 令和
(世紀)	BC	AD1	2	3	4	5	6	7	8	9	10	11	12	13	14	15	16	17	18	19	20	21

❺**ペリー提督・横浜上陸の図**　1854年1月、2回目に来航したとき、前年を上回る7隻（のちに9隻）の艦隊をひきつれ、約500名の兵士が儀仗兵のいでたちで上陸し、整然とした隊列の動きはさらに日本側を威圧しました。（神奈川県・横浜開港資料館蔵）

せなかったことで、幕府の統制力はいちじるしく低下しました。

日米和親条約と修好通商条約の締結

翌1854（安政元）年1月、ペリーは7隻の艦隊を率い、江戸湾の奥深く神奈川（横浜市）沖にやってきました。❺この圧力のもと、幕府はペリーの求めに応じ3月、アメリカとの間に**日米和親条約**を結びました。❼この中で日本は下田（静岡県）、箱館（北海道函館市）の2港を開き、アメリカの船に石炭、水、食糧を補給するいっぽう、下田にアメリカ領事館を置くことを認めました。本格的開国に向けて大きくかじを切ったのです。

1856（安政3）年、下田に着任した初代アメリカ総領事の**ハリス**❻は、貿易を始めるため新たな通商条約を結ぶことを要求しました。幕府が**孝明天皇**➡P.163の許可（勅許）を求めると、天皇は通商がアヘン戦争の二の舞になることを恐れて応じませんでした。

幕府の大老・**井伊直弼**は、1858（安政5）年、独断で**日米修好通商条約**を結び、箱館、神奈川、新潟、兵庫、長崎の5港を開くことを決めました。

その後、日本は諸外国と同様の条約❷を締結しました。いずれも日本での外国人の犯罪を日本側が裁けない**領事裁判権**と、日本に輸入関税率を自由に決定する**関税自主権**がない不平等な条約で、➡P.180のちのちまで問題を残しました。

❻**ハリス**
（1804～1878）
来日から2年ごしの粘り強い交渉で通商条約を結ばせました。（静岡県・玉泉寺ハリス記念館蔵）

外の目から見た日本

❼ペリーは日本人をどう見たか

「読み書きが普及しており、見聞を得ることに熱心である。･･･ 彼らは自国についてばかりか、他国の地理や物質的進歩、当代の歴史についても何がしかの知識をもっており、われわれも多くの質問を受けた」

「日本人がひとたび文明世界の過去・現在の技術を有したならば、機械工業の成功をめざす強力なライバルとなるであろう」

「日本人は一所懸命にはたらくが、時々の祭日をもって埋め合わせをし、また夕方や暇なときには勝負事や娯楽に興じる」

「若い娘は姿よく、とても美しく、立ち居振るまいはたいへん活発で自発的である。それは、彼女たちが比較的高い尊敬を受けているために生じる、品位の自覚から来るものである」

（ペリーの『日本遠征記』より）

チャレンジ　来航したペリーが、幕府に要求した2つのことを書きだしてみよう。

❶桜田門外の変（江戸東京博物館蔵）

❷井伊直弼（1815～60）先祖は徳川家康の側近だった彦根藩主。（東京都・豪徳寺蔵）

❸徳川斉昭（1800～60）（国立国会図書館蔵）

51 尊王攘夷運動の展開

尊王攘夷運動はどうして生まれ、どんな経過をたどっていったのだろうか。

❹吉田松陰（1830～59）
萩におじの開いた松下村塾で弟子を教育していたが、安政の大獄のさい、江戸で処刑されました。そのとき「身はたとひ　武蔵の野辺に朽ちぬとも　留めおかまし　大和魂」という辞世の歌をよみました。（山口県文書館蔵）

1 攘夷の「攘」は「攘つ」で武力で排除すること、「夷」は外国をさします。すなわち、攘夷とは外国を打ち払うことです。

安政の大獄と桜田門外の変

幕府が朝廷の意向を無視して通商条約を結んだことに対し、外国の圧力に屈したという批判がわき上がりました。批判は、幕府ではなく朝廷をもり立てようとする尊王思想と、日本の独立を守るため外国を打ち払うべきだという攘夷思想[1]とが結びつき、**尊王攘夷運動**に発展しました。

これに対し条約締結を進めた彦根藩主で幕府の大老・井伊直弼❷は1858（安政5）年から翌年にかけ、尊王攘夷をとなえる公家や大名、志士たちを大量に処罰しました。前水戸藩主の徳川斉昭❸は終身的に謹慎する永蟄居を命じられ、長州藩の**吉田松陰**❹や越前福井藩の橋本左内は斬首に処せられました。これを**安政の大獄**といいます。

安政の大獄は尊王攘夷派の強い怒りを買い、1860（万延元）年3月、井伊直弼は江戸城に登城する途中、桜田門付近で水戸藩浪士らによって襲撃され、殺害されました（**桜田門外の変**❶）。大老という最高責任者が暗殺されたことで、幕府の権威は一挙に失われました。翌年、ロシアが対馬を占拠する事件も起こりました。❻

過激化する尊王攘夷運動

幕府批判勢力の中心となっていたのは長州藩です。中でも吉田松陰は、黒船来航時にアメリカに渡ろうとして失敗したあと、萩の町の松下村

➡P.132

❺長州藩の下関砲台を占拠した四か国連合艦隊の兵士たち　長州藩は馬関海峡（現関門海峡）を封鎖し、通行する外国船を攻撃しましたが、四か国連合艦隊17隻に砲撃されて敗北しました。（ベアト撮影　神奈川県・横浜開港資料館蔵）

塾という私塾で、門下生の若い藩士たちに尊王攘夷を説き、大きな感化をおよぼしていました。その松陰が安政の大獄で処刑されると、久坂玄瑞、高杉晋作、桂小五郎（木戸孝允）らは強く反発し、藩の実権を握りました。このため長州藩全体が過激な攘夷論となり、一部の公家たちと結んで朝廷をも動かしていくようになりました。

いっぽう、朝廷の攘夷要求に押された幕府は1863（文久3）年、各藩の攘夷を認めました。これを受けて長州藩は馬関海峡（関門海峡）を封鎖し、通行する外国船を攻撃しますが、報復にきたアメリカ、イギリスなど欧米四か国の連合艦隊の圧倒的火力によって敗北、下関砲台を占拠されました（**下関戦争**）❺。

攘夷論から現実主義へ

1862（文久2）年、長州藩と並ぶ雄藩の薩摩藩では、神奈川で藩士が行列の前を馬で通ったイギリス人を殺傷し（**生麦事件**）、翌年、報復のため来襲したイギリス艦隊と鹿児島湾で戦いました（**薩英戦争**）。薩摩藩は国産化していた西洋式大砲などで善戦し艦隊に大きな打撃を与えたものの、鹿児島城下は炎上しました。この薩英戦争を機にイギリスは薩摩藩の気概に一目置き、薩摩藩もイギリスから最新兵器を購入するなど、互いに接近していきました。

外国との戦争を経験した薩長両藩は外国の軍事力の現実を認めるようになりました。「単純な攘夷論は国を滅ぼすだけ」であり、西洋文明を積極的に取り入れ、近代的な軍事力を持つ統一国家をつくらなければならないと考えるようになりました。[2]

❻ 対馬事件

外国の脅威は北からもやってきました。1861（文久元）年2月、ロシアの軍艦ポサドニック号が、突然、対馬の浅茅湾に来航しました。360人のロシア兵が島の一部を占拠し、島民殺害事件までおこしました。ロシアの目的は、イギリスに対抗して対馬を太平洋進出の軍事基地にすることでした。

幕府はイギリスの力を借りて退去させましたが、半年にわたり日本の領土を占拠されたこの事件は、幕末の人々に国防の重要性を認識させました。

[2] 薩摩藩は現在の鹿児島県、長州藩は山口県にあった藩です。ともに関ヶ原の戦いで西軍について敗れ、江戸時代には外様大名として扱われました。これに対し水戸藩（茨城県）は徳川将軍家の親戚である親藩として、優遇されていましたが、伝統的に尊王思想が強かったといわれます。

薩摩も長州も
初期の攘夷論を
変えたわけね。
どうして
変えたのか
考えてみよう。

チャレンジ　薩摩藩と長州藩の尊皇攘夷運動に関わる事件を年表にまとめ、両藩が現実的な考えに変わっていった理由を説明してみよう。

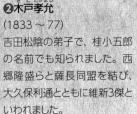

❶**第二次長州征伐**　薩長同盟のあと、長州が幕府を破りました。(山口県・下関市立歴史博物館蔵)

❷**木戸孝允**
(1833～77)
吉田松陰の弟子で、桂小五郎の名前でも知られました。西郷隆盛らと薩長同盟を結び、大久保利通とともに維新3傑といわれました。

❸**大久保利通**
(1830～78)
薩摩藩の倒幕派として、岩倉具視らと王政復古を推進しました。のちに明治新政府の中心的指導者となります。

52 倒幕運動と王政復古

江戸幕府はどのようにして
終末を迎えたのだろうか。

❹**高杉晋作**
(1839～67)
身分にとらわれない奇兵隊を組織し、長州藩の実権を握り、藩の攘夷運動を主導しました。(国立国会図書館蔵)

❺**坂本龍馬**
(1835～67)
土佐藩を脱藩した浪人で、薩摩、長州両藩を説いて薩長同盟を実現させました。土佐藩の後藤象二郎に説き、藩を通じて徳川慶喜に大政奉還をはたらきかけたともいわれます。(高知県立歴史民俗資料館蔵)

薩長同盟と倒幕運動

1863（文久3）年、幕府は長州藩士やこれと結ぶ急進的攘夷派の公家たちを朝廷のある京都から追放しました。長州藩は翌年京都に兵を進めたものの、幕府側に敗れました（**禁門の変**）。幕府はさらに諸藩を率いて長州藩を攻め、降伏させました（第一次長州征伐）。

これにより、**西郷隆盛**や**大久保利通**❸ら下級武士出身者が実権を握っていた薩摩藩が長州藩にかわって朝廷への影響力を強めました。長州藩では高杉晋作❹が幕府に屈した藩政府に反乱を起こし、**木戸孝允**❷らとともに、実権を取り戻し、再び倒幕姿勢を鮮明にしました。

いっぽう、土佐藩出身の浪人、**坂本龍馬**❺は、西郷隆盛や木戸孝允を説き、1866（慶応2）年、薩摩と長州との**薩長同盟**を結ばせました。外国に対抗できる強力な統一国家をつくるためには、それまで対立することの多かった二つの大藩が力を合わせることが必要だと考えたからです。

同盟により長州は、イギリスに習って軍備の近代化を進めていた薩摩を通じて武器を購入し、幕府の第二次長州征伐❶に反撃して大勝しました。こうして尊王攘夷運動は尊王倒幕運動へと転化していきました。

旧石器	縄文	弥生	古墳	飛鳥	奈良	平安	鎌倉	南北朝 室町 戦国	安土桃山	江戸	明治	大正	昭和	平成	令和

(世紀) BC AD1 2 3 4 5 6 7 8 9 10 11 12 13 14 15 16 17 18 19 20 21

❻孝明天皇（1831～66）
攘夷の意志を持ち、朝廷と幕府は連合して西洋列強に対処すべきだという公武合体の立場を支持しました。（東京国立博物館蔵）

❼大政奉還　将軍・徳川慶喜が重臣たちを京都の二条城に集め、政権を朝廷に返上する意向を述べています。（邨田丹陵筆　東京都・聖徳記念絵画館蔵）

徳川慶喜の大政奉還

1866年、幕府では水戸藩出身の**徳川慶喜**❽が第15代将軍となりました。朝廷では幕府と朝廷との協調に力を注いだ孝明天皇❻が突然崩御し、翌年14歳の**明治天皇**が即位しました。朝廷内部では倒幕派が優勢となりました。

こうした中、慶喜は土佐藩などの提言を受け入れ、1867（慶応3）年10月、政権を朝廷に返上しました（**大政奉還**❼）。もはや幕府という形で政権を保つことは不可能と判断したからです。慶喜は自らが議長となり諸大名の合議制で政治を進めていこうと考えていました。

❽徳川慶喜
（1837～1913）
実父は水戸藩の徳川斉昭。（千葉県・松戸市教育委員会提供）

王政復古と江戸幕府の滅亡

いっぽう、薩摩藩の西郷隆盛、大久保利通や長州藩の木戸孝允、謹慎を解かれたばかりの公家、岩倉具視ら倒幕派は、それでは統一国家はできないと考えました。かれらはたくみに朝廷を動かし、この年の12月、**王政復古の大号令**❾を出しました。この中で朝廷の摂政・関白➡P.59や幕府をすべて廃止し、武家政治でも公家政治でもない、天皇中心の全く新しい政府の樹立を宣言しました。

同時に、この新政府の名によって、徳川慶喜に対して官位と領地の返上（辞官納地）を命じました。これにより鎌倉幕府以来700年近く、江戸幕府としては約260年間続いた武家政治が幕を閉じました。

❾王政復古の大号令（1867年）

今度の国難にあたり（天皇は）王政復古、国威挽回の基本方針を立てられた。これより以降、摂政・関白、幕府等を廃絶し、総裁・議定・参与の三職を置き、政治を行わせる。すべて、神武創業の原点に基づき、公家、武家、身分の上下の別なく至極当然の議論を尽くし、国のために尽くしこれに報いるとの精神でもって奉公すべきである。（部分要約）

※「神武創業」とは初代神武天皇による建国のこと。

チャレンジ　大政奉還と王政復古はどのように異なるか説明しよう。

❶**江戸城無血開城**　江戸攻撃について談判する西郷隆盛（左）と勝海舟（右）。勝は開明的な幕臣で、徳川慶喜や新政府側双方の信頼があつく、会談を成功させました。（結城素明筆　東京都・聖徳記念絵画館蔵）

❷**自刃する白虎隊士たち**　会津藩では老若男女が新政府軍に徹底抗戦しました。少年たちによる白虎隊の悲劇は今も、地元で語りつがれています。（白虎隊記念館蔵）

53 明治新政府の誕生

**明治維新にあたって政府は
どのような国づくりの方針を示したのだろうか。**

❸**錦の御旗**　軍の先頭にかかげ、天皇の命を受けた正当な軍勢（官軍）であることを示す旗。写真はその一例で、錦の赤地に金色で菊の紋章をかたどったものです。かつて、承久の乱の後鳥羽上皇や建武の新政の後醍醐天皇がかかげたともいわれています。（江戸東京博物館蔵）

戊辰戦争と江戸城無血開城

天皇のもとにつくられた新政府の指導者たちによって、官位と領地の返納を命じられた徳川慶喜は、そのとき、京都の二条城にいましたが、混乱を避けるため、大阪城に移りました。慶喜に従っていた会津藩や桑名藩を中心とする旧幕府側勢力は、新政府の慶喜への処置に反発しました。旧幕府軍は1868（慶応4）年1月、京都の郊外で薩摩、長州両藩を主力とする新政府軍と戦い、敗れました（**鳥羽・伏見の戦い**）。

新政府軍は、官軍（天皇の軍隊）であることを示す錦の御旗❸を掲げたことや、徳川慶喜が恭順（服従）の意を示したことから優位に進軍を続け、江戸に到達しました。

その際、新政府軍の西郷隆盛と幕府方の**勝海舟**❶とが話し合い、江戸城は無抵抗で明け渡され、江戸が火の海になることはありませんでした（**江戸城無血開城**）。しかし徹底抗戦を主張する一部の幕臣たちは彰義隊を結成して上野の寛永寺にたてこもりました。これに対し新政府軍は、新式砲の砲弾を撃ち込むなどして、彰義隊を敗走させました。

幕府を支えていた会津藩の前藩主松平容保は、奥羽と越後諸藩による奥羽越列藩同盟と連携して、会津など各地で新政府軍と激しく戦いました❷。新政府軍と幕府の戦いは翌年5月、最後の拠

❹**五箇条の御誓文の発布**　右側に明治天皇。天皇に代わって新政府副総裁の三条実美が神前で御誓文を読み上げました。（乾南陽筆　東京都・聖徳記念絵画館蔵）

❺**明治天皇**（1852～1912）自らも皇后とともに宮中の古いしきたりを改革し、進んで西洋化を受け入れ、模範を示されました。（江戸東京博物館蔵）

❻**東京に入る天皇**　1000年以上続いた都が京都から東京へ移りました。（東京都立中央図書館蔵）

点となった北海道・箱館の五稜郭が新政府軍の手に落ち、終結しました。1年半におよぶこの戦いを**戊辰戦争**といいます。

五箇条の御誓文と近代国家建設

戊辰戦争の最中の1868（慶応4）年3月、明治天皇は諸大名や公家らとともに神々に誓う形で、**五箇条の御誓文**❼を定めました❹。発足したばかりの明治新政府の基本方針を示したものです。

そこには、会議を開いて世論に基づいた政治を行うこと、旧来の悪い習慣を破ること、世界から新しい知識を学ぶこと、などがうたわれています。これにより日本が世界に窓を開き、近代的な**立憲国家**[1]として発展していくべき道筋が切り開かれました。

首都・東京の誕生

この年の9月、新政府は元号を慶応から明治に改め、以後、一代の天皇に一つの元号をあてる一世一元の制を定めました。また江戸は東京と改称されました。明治天皇❺は京都から東京に移り❻、翌年、東京は新しい首都とされました。こうして東京は近代日本の政治の中心地となりました。

この幕末から明治時代にかけて行われた一連の改革を、**明治維新**とよびます。

❼**五箇条の御誓文**（原文はカタカナ）

一、広く会議を興し　万機公論に決すべし
一、上下心を一にして　盛に経綸を行うべし
一、官武一途庶民に至るまで各其志を遂げ、人心をして倦まざらしめん事を要す
一、旧来の陋習を破り　天地の公道に基くべし
一、知識を世界に求め　大いに皇基を振起すべし

[1]**立憲国家**　近代憲法に基づいて政治が行われる国家を立憲国家といいます。三権分立➡P.152や選挙で選ばれた議会、法律による統治などの仕組みを持つことが特徴です。日本は1889（明治22）年の大日本帝国憲法の制定によって立憲国家となりました。

チャレンジ　1868年の出来事を順序立ててあげてみよう。

❶**廃藩置県の布告**　1871（明治4）年、明治天皇の名のもと、東京滞在の旧藩主らに言い渡されました。（小堀鞆音筆　東京都・聖徳記念絵画館蔵）

②廃藩置県を武士はどう受けとめたか

北陸の福井藩に、アメリカ人のグリフィスという人が藩校の教授として来ていました。廃藩置県の知らせが東京から届いたとき、失業することになる藩の武士たちは憤慨して大騒ぎとなりました。しかし、その渦中にあっても、教え子の武士たちは「これからの日本は、あなたの国やイギリスのような国々の仲間入りができる」と意気揚々と語ったことが、グリフィスの日記に書かれています。

旧幕臣の福沢諭吉は「一身にして二世を経るが如し（まるで一生に2つの人生を生きる思いだ）」と述べ、廃藩置県の知らせを聞いたら死んでもよいと、感激して友人に書き送ったのです。先見の明のある武士は、改革の必要性をよく理解していたのでした。

54 廃藩置県と中央集権国家の実現

中央集権国家と身分制度の廃止はどのようにして実現したのだろうか。

③太政官（新政府）を構成する要人

太政大臣	三条実美（公家）
右大臣	岩倉具視（公家）
参議	木戸孝允（長州） 西郷隆盛（薩摩） 大隈重信（肥前） 板垣退助（土佐）
大蔵卿	大久保利通（薩摩）
外務卿	副島種臣（肥前）
陸軍卿	山県有朋（長州）
海軍卿	勝　海舟（旧幕臣）
司法卿	江藤新平（肥前）
文部卿	大木喬任（肥前）
工部卿	伊藤博文（長州）

※「卿」は、現在の「大臣」にあたる職です。

版籍奉還

戊辰戦争が終結に近づいていた1869（明治2）年1月、薩摩、長州、土佐、肥前の4藩の藩主が領地（版）と領民（籍）を天皇に返すことを願い出て、他の藩主たちもこれにならいました。**版籍奉還**といいます。それまで新政府といっても、実態は諸藩の集まりで不安定なものでした。日本国全体の規模で改革を進めようとしても、各藩の意向を尊重しなくてはならず、困難がつきまといました。そこで新政府の中心となっていた4藩の出身者がそれぞれの藩主を動かし、版籍奉還にこぎつけたのです。

これにより全国の土地と領民は政府に属することになりました。1871（明治4）年からは太政大臣を筆頭とする閣議が政治を指導する仕組みとなりました❸。しかし地方では版籍奉還後も藩主は知藩事として残り、武力の行使や税金を徴収する権限は各藩がにぎり、改革を進めるには不十分な体制でした。

廃藩置県

政府は1871（明治4）年7月、東京に滞在していた元藩主たちをもとの江戸城に集め、天皇の名のもとに**廃藩置県**を布告しました❶。地方組織として藩に代わって府や県をつくり❹、旧藩主ではなく政府が新たに府知事や県令（後の県知事）を統治責任者として派遣するというものです。これにより政府は、軍事や税の徴収などの改革に

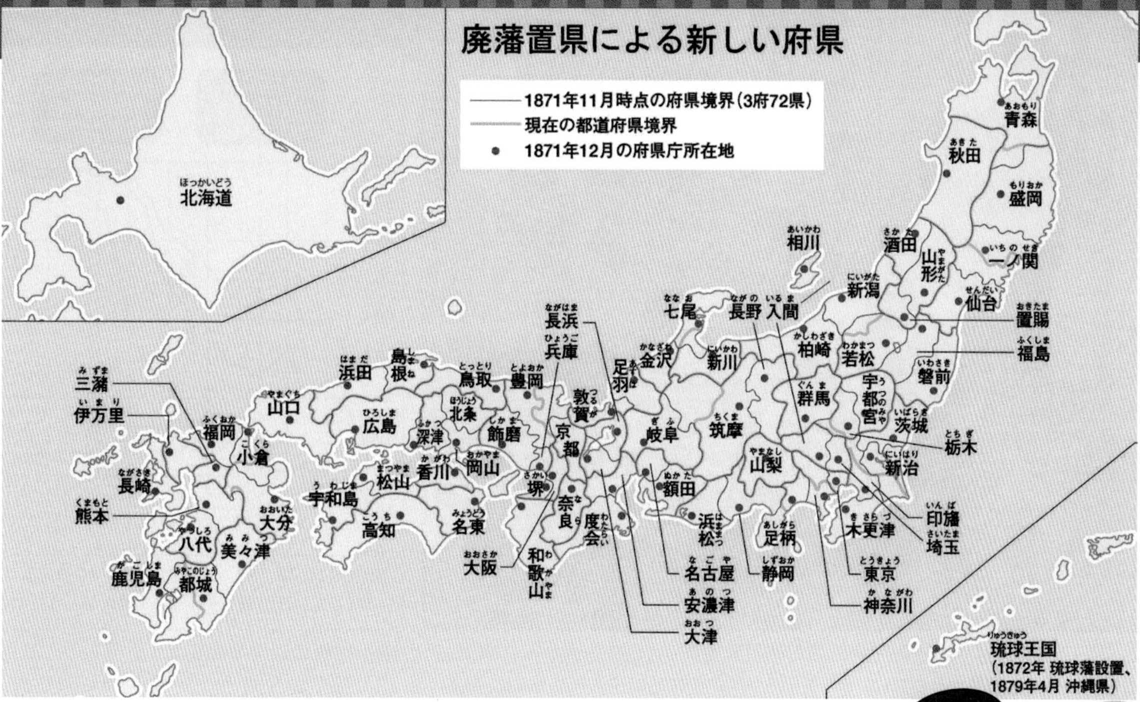

❹1871(明治4)年7月、全国に3府（東京府・京都府・大阪府）302県が置かれ、半年後には3府72県に統合されました。1888(明治21)年にはほぼ現在の区分に整いました。

より日本の政治全体の権限を手にしました。日本は統一された**中央集権国家**となったのです。

しかし廃藩置県は、藩主ばかりでなく藩から禄（年俸）を得ていた武士たちもその職を失うことになります。政府は武士たちの反乱を恐れ、言い渡しにあたって天皇直属の御親兵約１万人を東京に配置しましたが、大きな混乱は起きませんでした。武士の禄をしばらくの間、政府が支給したこともありましたが、武士たちの多くが廃藩置県の意味や必要性を理解していたからです。❷ 戦いによらない大改革は欧米でも高く評価されました。

身分制度の廃止

政府は近代国家を目指し、人々を平等な権利と義務を持つ国民としてひとつにまとめていこうとしました。江戸時代の身分制度を廃止し、藩主と公家を華族、武士を士族、百姓、町人を平民と分類❺したうえで、旧武士の身分の象徴だったチョンマゲや帯刀を禁止しました。さらに平民にも名字をおおやけに名乗ることを認め、すべての人の職業選択、結婚、居住、旅行の自由を保障しました。

1871（明治４）年には解放令を出し、えた・ひにん➡P.126とよばれて差別されていた人々も平民となり、平等の地位を得ました。しかしこれらの人々への社会の差別意識は、その後も結婚や就職などの面で根強く残っていきました。

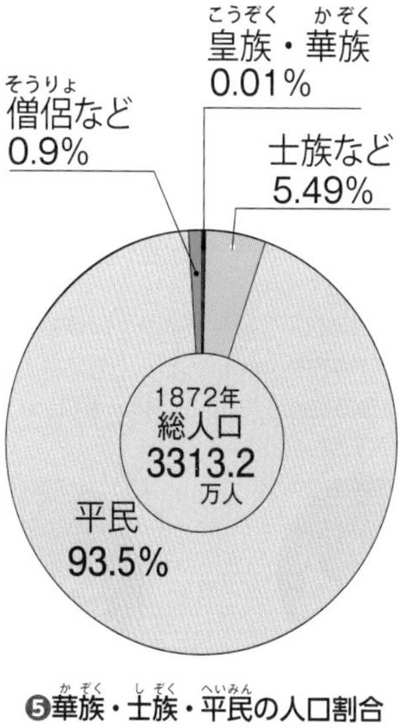

❺華族・士族・平民の人口割合
（『近現代日本経済史要覧』三和良一・原 朗編
東京大学出版会）

チャレンジ 廃藩置県によって武士たちの立場はどのように変わったか説明しよう。

❶**小学校の授業風景**　学校制度をすばやく全国に整備したのは明治維新の大きな功績の一つでした。西欧文明を取り入れて社会を急速に発展させる基礎となりました。(国立教育政策研究所教育図書館蔵)

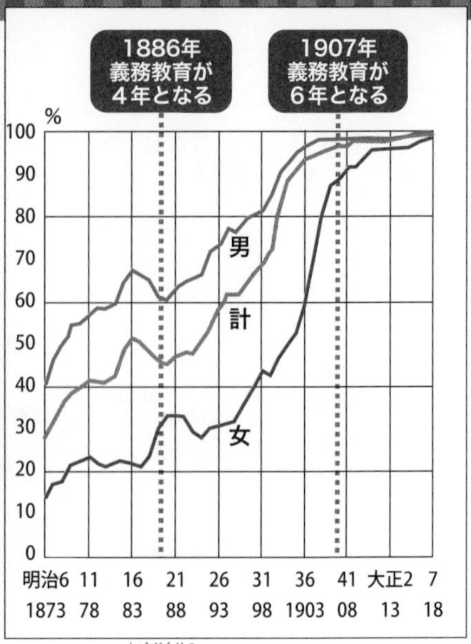

❷**小学校の就学率の変化**　世界有数の教育大国のもとになりました。

55 学制・兵制・税制の三大改革

明治維新の三大改革は
どのようにして進められたのだろうか。

❸学事奨励に関する仰せ出だされ書 (1872年)

「必ず邑に不学の戸なく家に不学の人なからしめん事を期す」

<現代語訳>

「どの村にも子供を学校に行かせない家は一軒もなく、どの家にも学校に行かない子供は一人もいないようにする」

要するに、みんな学校へ行きなさいということね。
学制は国づくりの第一歩だったんだ。

学制の発布

明治政府は、3つの強力な制度改革、すなわち学校制度（学制）・徴兵制度（兵制）・租税制度（税制）の改革をおし進め、平等な国民によって構成される近代国民国家建設の基盤を固めました。この**三大改革**は、やがて国民の側から、就学・兵役・納税の三大義務として、広く一般に理解されるようになりました。

1872（明治5）年、**学制**が発布されました。「学事奨励に関する仰せ出だされ書」❸では、男女の区別なく国民はすべて教育を受けて自立せよ、とうたわれました。小学校は義務教育となり、江戸時代の寺子屋➡P.132の多くが小学校に転換されたため、わずか数年で2万6000校の小学校が設置されました。❶就学率は、初めは50%以下でしたが、その後急増し、明治末年には100%近くに達しました。❷

徴兵令の公布

兵制では、1873（明治6）年に**徴兵令**が公布されました。新しく採用された軍事制度に基づき、東京・仙台・名古屋・大阪・広島・熊本に鎮台（のちの陸軍師団）が設置されました。20歳に達した男子は、士族・平民の区別なく兵役に服することになりました。❹徴兵令は、西洋の制度を取り入れ、近代国家の理念に基づく国民軍をつくるための改革でした。

❹**最初の徴兵検査に集まった若者たち**　士族、平民の区別なく広く徴兵されました。

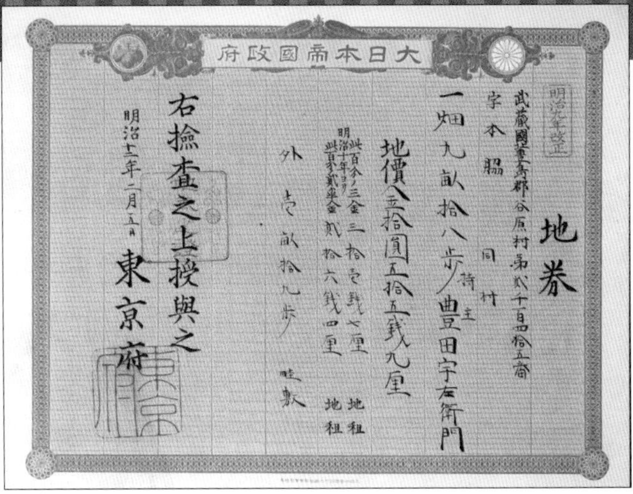

❺**地券**　土地の所有者を確定し、土地の公的な価値評価を面積によって金銭価値として算出しています。（税務大学校租税史料室提供）

徴兵令はどのように受けとめられたのでしょうか。江戸時代には、武器を帯びて戦うのは武士に限られていましたが、これは武士の名誉であり、特権でもありました。徴兵制は、士族からは、特権を奪うものとして反発を買い、平民からは、一家の若い働き手を出すのが負担だったので、始めは不満を生みました。❼

地租改正

1871（明治４）年、政府は、農民が田畑に何を作付けするかは自由であるとし、翌年には、田畑の売買も認めると宣言しました。さらに政府は、全国の地価（土地の価格）を定め、土地所有者を確定して、彼らに地券❺を交付しました。地券には所有者・面積・地価・地租（税金）などが記されています。そして、1873年、地券をもとに政府は**地租改正**とよばれる税制改革を行いました。

江戸時代の年貢は、収穫高に基づいて米を物納するもので、税率も各藩でまちまちでした。地租改正により、地価の３％にあたる地租を貨幣でおさめる制度に改められたので、全国の土地に一律に課税することが可能になりました。地租改正は、土地を保有する農民に、土地所有権を正式に認めた上で納税の義務を課すものでした。地租は、後年、民間産業が発達して企業の法人税や個人の所得税が政府収入に占める割合が大きくなるまで、安定した歳入を政府にもたらしました。❻こうして、わが国は近代国家として歩んでいくための財政基盤を固めることができました。

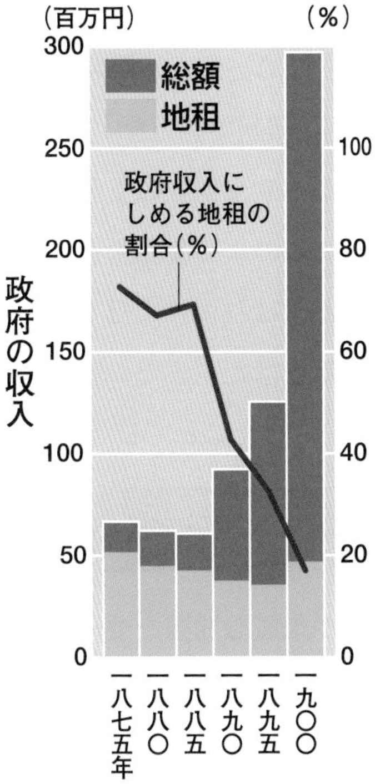

❻**政府収入の中での地租の変動**
5年ごとに見ても金額に大きな変動はなく、国にとって安定した財源になっているのがわかります。（『本邦主要経済統計』より）

❼徴兵令の免除規定

徴兵令には、徴兵を免れる多くの免除規定がありました。身長が規定に及ばない者、病弱者、官吏、官立学校生徒、戸主、徴兵在役中の者の兄弟などです。このため、実際に徴兵されたのは農家の次男、三男が多かったといわれています。

チャレンジ　学制・兵制・税制の三大改革の要点をそれぞれ説明しよう。

もっと知りたい コラム

明治維新とは何か

一国の統治者たちが、みずからその身分を廃止して新しい国をつくった世界に例のない改革は、なぜ実現できたのだろうか。

◉欧米列強の植民地化をまぬがれる

欧米列強は1800年には、地球の陸地の約35%を支配していましたが、第一次世界大戦が始まる1914年ごろには、その支配圏は約84%にまで拡大していました。もし明治維新で強力な中央集権国家をつくらなかったら、日本は欧米列強の支配下に組み入れられていたでしょう。このような欧米列強による領土拡大政策は帝国主義➡P.291とよばれます。日本が独立を維持して、大国の仲間入りをはたすまでの歴史は、こうした帝国主義の時代におこったことでした。

◉2つの中心が日本を救った

ペリーが来航し開国を要求してからわずか15年後に江戸幕府は倒れ、明治政府が成立しました。李朝（李氏朝鮮）が倒れたのは、欧米列強がおし寄せてきてから44年後、清朝は72年後でした。

わが国が新しい時代に対応する政治体制への切りかえを比較的早くすることができたのはなぜでしょうか。

大きな要因のひとつは、江戸時代の日本の政治のしくみの中にあったと考えられます。江戸時代は武家政権の時代であり、江戸幕府が政治の実権をにぎっていました。

それでも、江戸幕府の将軍（征夷大将軍）を任命するのは天皇であり、武士は天皇に仕える身分であるという関係は、それ以前の時代と変わりませんでした。権威と権力は分離され、権威は天皇に、権力は幕府に帰属するものとされました。

このように、日本には2つの中心がありました。それが幕末の危機を回避するのに役立ちました。列強の圧力が強まると、幕府の権威は衰えましたが、天皇を日本の統合の中心とすることで、政権の移動が短期間でスムーズに行われたのです。

◉アヘン戦争で強い危機感

江戸時代を通じて、社会を運営する中心となった身分は武士でした。武士は、幕末の欧米列強の軍事的脅威に敏感に反応し、とくに1840年に始まったアヘン戦争➡P.155で大国の清が敗れたことに強い危機感をいだきました。

また薩摩と長州という2つの有力な藩は、それぞれ幕末に欧米諸国と戦争をしました。その結果、欧米と日本の軍事力の差を痛切に認識し、両藩の指導者たちは欧米に対抗するために、西洋文明を積極的に学ぶという方向に政策を転換しました。

明治維新によって江戸時代の身分制度は廃止され、自由に経済活動ができるようになり、武士の特権はなくなりました。廃藩置県によって、武士の身分そのものが事実上消滅したのです。

明治維新はフランス革命➡P.152とは異なり、市民が暴力で貴族の権力を倒した革命ではありません。武士の身分を廃止したのは、ほかならぬ武士の身分の人々によって構成されていた明治新政府でした。

あるフランス人の学者は次のように述べています。「日本の特権階級であった武士はほかの階級によって倒されたのではありません。外国の圧力の前に、みずから革命を推進し、そのためみずからを消滅させるという犠牲をはらったのです。革命といっても、それはある階級がほかの階級を倒すという、普通の革命ではありません。武士たちの望みは、日本という国の力をよびさますことだったのです」（モーリス・パンゲ『自死の日本史』より）

明治維新は、公のためにはたらくことを自己の使命と考えていた武士たちによって実現した、世界に例をみない改革でした。

◉「米百俵」の伝統

明治維新では、多くの改革が実現しましたが、中でも新しい国づくりの基礎として重要視されたのは教育でした。教育を重視する思想は江戸時代から引きつがれたものでした。

たとえば長岡藩（新潟県）は戊辰戦争において幕府方について、新政府軍に敗れました。その戦乱と洪水の被害が重なって、深刻な食糧不足に悩まされていました。その苦しみを見かねて、親類筋の藩から米百俵が見舞いとして送られてきました。しかし藩の責任者だった小林虎三郎は、その米を一粒も藩士たちには分配せず、将来の人材育成のため、国漢学校という藩の学校を開校する資金に回してしまいました。

将来に備えて資金を人づくりに重点的に配分する、このような思想（米百俵の精神）が、日本の近代化を成功させるもとになったのです。

今の自分たちの利益よりも子孫のことを考えたのね。
武士の使命は公のために働くことだと、みんな考えていたからね。

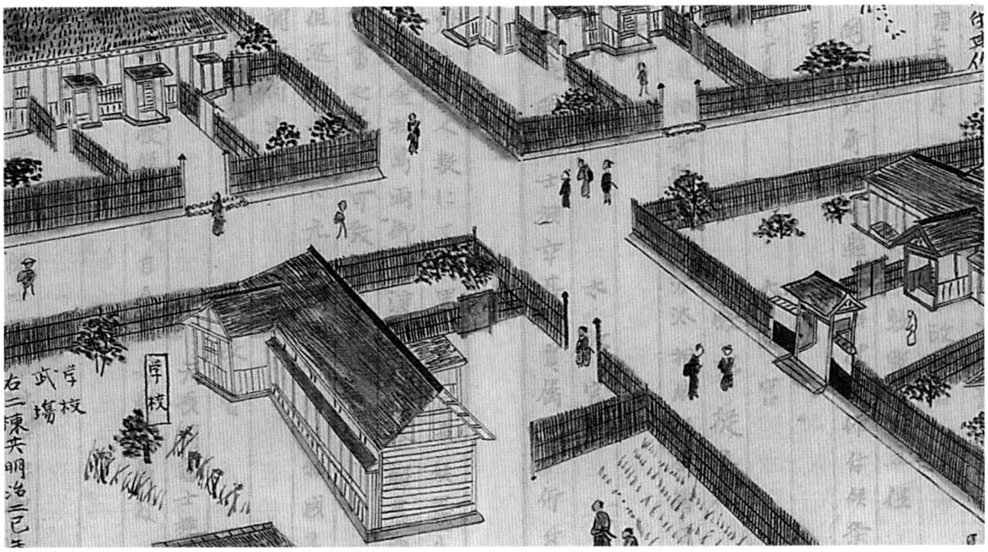

国漢学校の図　長岡懐旧雑誌（新潟県・北方文化博物館蔵）

小林虎三郎（1828～77）
長岡藩士の三男として生まれ、藩校で学んだあと江戸に遊学、佐久間象山の門下に入りました。戊辰戦争で政府軍との戦いに反対し、藩の大参事に抜擢されました。（新潟県・興国寺蔵）

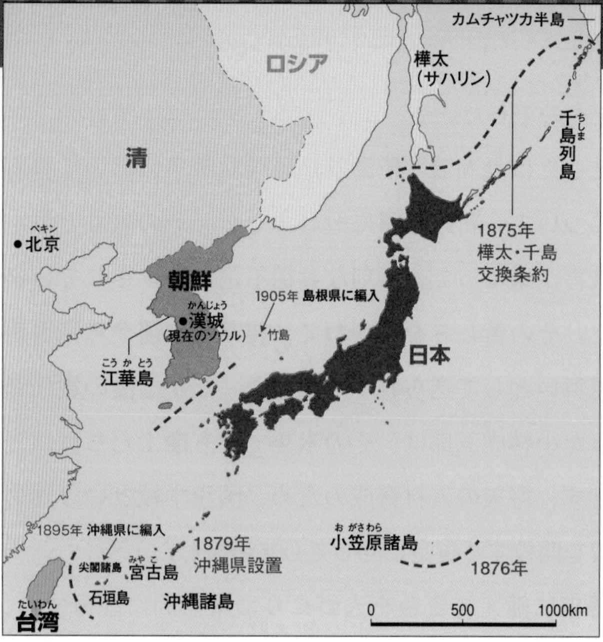

❶**近隣諸国との国境画定**　近代の日本の領土の範囲は、明治時代までに決まりました。

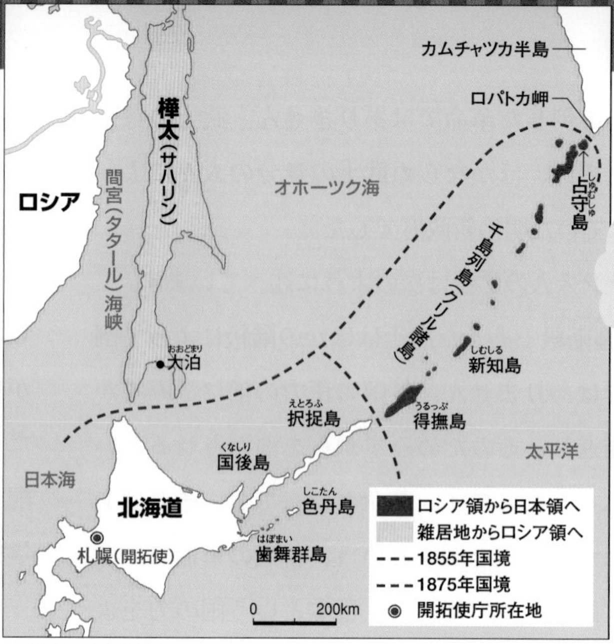

❷**樺太・千島交換条約**　歯舞、色丹、国後、択捉の北方4島は、この交換条約以前から日本領として確定していたことがわかります。

56 近隣諸国との国境画定

近隣諸国との国境は
どのようにして画定していったのだろうか。

❸日清修好条規
(1871年)

第1条
日清両国は友好を深め、たがいに領土を尊重し合う。

第2条
もし他国からの不当な干渉があれば両国は相互に援助し合う。

(一部要約)

❹「蛍の光」と国境

「蛍の光」はスコットランド民謡の曲に日本語の歌詞をつけた「小学唱歌」として1881（明治 14）年に生まれました。その後、卒業式などでの別れの歌として親しまれてきましたが、その4番にはこんな歌詞がありました。「千島のおくも沖縄も　やしまのうちの護りなり…」。これは、国境が画定したのを受けて、千島から沖縄までが日本（やしま）だということを歌ったものであり、このような知識は、国民国家をつくる上で重要なことでした。

北方の領土画定

明治維新をなしとげた日本は、近代国民国家の建設をめざしました。近代国家が成り立つ要件は、①明確な国境線をもつ領土、②国民、③国民を統治する政府、です。国境があいまいなままだと、政府は国民の生命や財産を保障し、国民としての平等な権利をあたえる範囲を決めることができません。

北方の樺太（サハリン）に住んでいたアイヌの人々は日本人と考えられていました。1679（延宝 7）年には松前藩の陣屋（藩の役所の建物）が大泊に設けられるなど開拓が始まっていました。

1855 年、幕府はロシアと**日露和親条約**を結び、択捉島と得撫島の間を国境と定めました。樺太はそれまでどおり国境を決めず、両国民の混住の地とされました。

イギリスは、もし日本がロシアと戦争をすれば、樺太はおろか北海道まで奪われるだろうと明治政府に警告してきました。明治政府はロシアとの衝突をさけるために、1875（明治８）年、ロシアと**樺太・千島交換条約**❷を結びました。その内容は、日本が樺太の全土をロシアに譲り、そのかわりに千島列島（クリル諸島）を日本領にするというものでした。

太平洋方面では、1876（明治９）年、日本は小笠原諸島を日本領とし、各国の承認を得ました。小笠原諸島にはイギリス船が

❺**台湾の原住民**　いくつもの部族に分かれ、言語や習慣もさまざまでしたが、いずれも勇敢でした。

❻琉球国王を「琉球藩王」に任命する文書をもって那覇港に入った使節団一行（山田真山筆　東京都・聖徳記念絵画館蔵）

自国の国旗を立てていましたが、アメリカが反対しました。

台湾出兵と琉球処分

日本は、清との国交樹立のため、1871（明治４）年、国際法の原理に基づく、両国対等の関係を定めた**日清修好条規**❸を結びました。同年７月、日本政府は琉球を鹿児島県の管轄下に置きました。同年 10 月、琉球御用船が難破して台湾に漂着し、琉球島民（宮古島の住民）54 人が原住民に殺害されました。日本はその責任を清に問いましたが、清は台湾の住民を「化外の民」❺（国家統治のおよばない者）であるとして、責任を回避しました。そこで日本政府は、台湾の住民を罰するのは日本の義務であるとして、1874（明治７）年、台湾に兵を送りました（**台湾出兵**）。この衝突は、近代国民国家の概念をまだ十分に理解していない清と、日本との考え方の違いからおこった事件でした。❼

清との協議の結果、問題は解決しましたが、清はこれにより、琉球島民を日本国民と認めることになりました。日本はそこで、1879（明治 12）年、琉球を正式に日本の領土とし❻、沖縄県を設置しました（**琉球処分** ➡P.174）。日本はこうして、1870 年代に、近隣諸国との間の国境をほぼ画定することに成功したのです。❶❹❽

⑦ 冊封体制と万国公法秩序

古代から、中国の皇帝は、周辺国の王を臣下として冊封体制を維持してきました。冊封された国々の外交は制約されていました。

いっぽう、欧米では、それぞれの国家を、領土・国境を画定した独立国家と見なし、対等に国交を結ぶ万国公法（国際法）秩序を築いてきました。日本は黒船来航以来、欧米型の国家をめざし、万国公法秩序に組み込まれていたため、中国の影響を受けていた台湾・琉球や朝鮮との間で摩擦を生みました。

⑧ 尖閣諸島と竹島の領土編入

尖閣諸島は沖縄県の石垣島から約 170 km離れた８つの小さな島からなります。日本政府は 10 年あまりの調査によってこの地がどの国にも属さないことを確認した上で、1895 年、日本の領土として沖縄県に編入しました。

竹島は日本海に浮かぶ２つの小さな島で、江戸時代からの漁場でした。江戸幕府は 17 世紀の半ばには領有権を確立しました。1905 年、日本政府は竹島を日本の領土として島根県に編入しました。

チャレンジ　樺太・千島交換条約に至る経緯を説明しよう。

もっと知りたい
コラム

琉球処分とは何か

琉球を正式に日本領とした「琉球処分」の背景には何があったのだろうか。

◉支配ではなかった冊封

鹿児島県の奄美地方や沖縄県を中心とした南島地域の人々の主な先祖は、縄文時代に九州からわたっていった人たちです。遺伝子的には中国大陸の人々と大きく異なり、日本語の方言の一つである琉球方言が使われています。

この地域では11世紀ごろ、農耕社会に移行しました。各地には按司といわれる首長が生まれ、城（グスク）を構えて相争いました。やがて北山（今帰仁）、中山（浦添）、南山（糸満）の3人の王が対立するようになります。15世紀前半には中山王の尚氏が3つの国を統一しました。これが琉球王国です。

琉球王国は明、清から冊封➡P.29を受け、形式的には服属関係にありましたが、実質的な支配を受けているわけではありませんでした。朝鮮、ベトナム、ビルマ、さらにはオランダも一時冊封を受けていましたが、支配されていたわけではありません。朝貢貿易をするためには、こうする必要があったのです。

徳川家康から琉球出兵の許しをもらった薩摩藩は1609（慶長14）年、琉球に軍を派遣し首里城を占領しました。尚寧王は連行され、駿府城で家康に、江戸城で将軍秀忠に謁見しました。薩摩藩は琉球全土の検地を行うなどして支配体制を固めました。

◉一種の「奴隷解放」だった琉球処分

清国との冊封関係を終わらせたのが、1879（明治12）年、琉球を正式に日本領とした琉球処分でした。沖縄学の父といわれる伊波普猷は「琉球処分は一種の奴隷解放だ」と表現しました。薩摩藩支配下の「一種の奴隷状態」から解放され、また琉球王国下の身分差別からも解放されて、沖縄の住民は日本国民となったからです。琉球王国の内部は、沖縄県として近代化していこうとする日本派と清国の権威に頼ろうとする守旧派に分裂していましたが、日清戦争➡P.188で日本が勝利したことで、この対立は終わりをつげました。

明治政府は日清戦争後、沖縄の近代化に本格的に取り組み、行政組織を整え、土地の所有権を明確にするための土地整理事業などを行いました。1909（明治42）年、沖縄県会が設置され、1912（明治45）年には沖縄県民も国政に参加できるようになりました。それでも県民の平均所得水準は低く、高等教育機関もない状態が長く続きました。

伊波普猷（1876～1947）著書に『沖縄歴史物語』『校訂おもろさうし』など。民俗学・歴史学・言語学を通して沖縄学の基礎を築きました。（那覇市歴史博物館蔵）

日本の近代化とアイヌ

日本政府が北海道の開拓に乗り出したとき、アイヌの人たちをどう扱ったのだろうか。

クナシリ島のアイヌの人々に種痘を施す江戸幕府の医師　幕末、ロシアの南下にそなえて、江戸幕府は蝦夷地を直轄領としました。折から天然痘が流行したので、幕府は1857年、数名の医師を派遣しました。千島のクナシリ島ではほぼ全員のアイヌの人々に種痘を実施しました。（平沢屏山『蝦夷人種痘之図』、北海道大学北方資料データベース）

◉アイヌの人々の文化と生活

蝦夷地（北海道）では、日本本土が農耕社会に変わってからも、縄文文化を受けついだ狩猟採集の社会を維持していました。蝦夷地の人々は本土から移住してきた人々や樺太からやってきた人々と交わりながら、アイヌといわれるようになりました。

アイヌの人々は、12世紀から13世紀にかけて、殺した熊の魂を神のもとに送り返すイヨマンテという祭りや音楽など、特色のあるアイヌ文化をはぐくみました。さらに狩猟採集で得たサケ、コンブ、毛皮などを東北地方などの人々と交換する交易で、金属製品やコメ、衣服、漆器などの生活必需品を得ていました。

江戸時代、幕府はアイヌの人口を増やすため、若い男女に結婚を奨励したり、天然痘を防ぐための種痘を実施したりしました。江戸時代末には人口は約２万人でした。

◉アイヌの保護と日本国民化

明治時代になると、政府は本土から屯田兵➡P.178を入植させて北海道の開拓につとめました。アイヌの人々に対しては、農業のやり方を指導し、農耕民として定住生活をするようすすめました。このために、死者が出たときに家を焼きはらう慣習を禁止しました。また、文明開化の観点から、男の耳環と女の入れ墨も禁止しました。

さらにアイヌの子弟に文字を教えるために学校を設立し、親に金銭をあたえて、子供を学校に通わせるよう指導しました。学校では給食を提供しました。

しかしアイヌの人々は、土地を所有する観念がなかったので、新たに明治政府から認められた土地も、不利益な条件で賃貸したり手放したりしました。

そこで政府は1899（明治32）年、「北海道旧土人保護法」を制定し､農業を希望するアイヌに５町歩（約5万㎡）の土地を与えました。

そして、契約に慣れていないアイヌの人が和人（本土の日本人）に土地を取られないように、相続以外の土地の譲渡を禁止しました。このように、明治政府はアイヌを日本国民として保護しました。

◉アイヌ文化振興法

ところが、この法律のもとでは農耕に適さない土地を与えられるような問題もありました。そして、戦後の占領軍による農地改革によってアイヌの人々の土地のほとんどが没収されたため、この法律はアイヌ保護法としての存在意義をなくしてしまいました。

また「旧土人」という呼称がしだいに差別的な意味合いを持つようになったため、法律は1997（平成9）年に廃止されました。

かわりに同年、アイヌ文化振興法が制定され、日本語と異なるアイヌ語や舞踊、工芸などのアイヌ文化を保存・振興していくことになりました。

❶**岩倉使節団の要人たち**　左から木戸孝允、山口尚芳、岩倉具視、伊藤博文、大久保利通。(山口県文書館蔵)

❷**岩倉使節団の出発風景（横浜港）**　小舟に分乗し沖合のアメリカ号に向かっています。(山口蓬春筆　東京都聖徳記念絵画館蔵)

57 岩倉使節団と征韓論

岩倉使節団が世界で見てきたことは、その後の日本の国づくりにどのような影響をあたえたのだろうか。

どうしてこんなに多くの人が欧米社会を見にいったのかな。

岩倉使節団

1871（明治４）年、廃藩置県のあと、明治政府は、**岩倉具視**を全権大使とする使節団を、アメリカとヨーロッパに派遣しました❶❷（**岩倉使節団**）。使節団には、大久保利通、木戸孝允ら政府の主要メンバーの半数が参加しました。視察団の目的は、条約改正の予備交渉と欧米文明の視察でした[1]。使節団は、約２年におよぶ見聞をもとに、日本の欧米諸国からの遅れをおよそ40年と見積もり、近代産業の確立（富国）を優先して欧米に追いつく方針を打ち出しました。

朝鮮との外交と征韓論

明治政府は、維新直後の1868（明治元）年、朝鮮と新たに国交を結ぶため、使節団を派遣しました。しかし、朝鮮は日本と外交関係を結ぶことを拒否しました[2]。1873（明治６）年、日本に対する朝鮮の態度を無礼だとして、士族たちの間で、武力を背景に朝鮮に開国をせまる**征韓論**がわきおこりました❸。

廃藩で失業した士族たちは、明治政府が行う西洋技術や文化の導入政策は、彼らが受けついできた武士の気概と日本のよき国柄を損なうとして不満を抱いていました。彼らが期待をかけたのは、岩倉使節団の留守を預かっていた西郷隆盛❺でした。

西郷は政府にあって近代国家をつくる改革を進めながらも、士族たちに社会的な役割と名誉をあたえねばならないと考えていま

[1] 岩倉使節団にはアメリカで勉強するために5人の幼い女子留学生が随行していました。のちに女子教育に貢献した津田梅子➡P.18はわずか6歳でした。

[2] 日本の国書の中にあった「皇」「勅」「朝廷」などの文字は、中国の皇帝のみが属国に対して使うことのできるもので、日本が朝鮮を属国にする野望を示すものであると朝鮮側は主張しました。

[3] こののち、1875年、日本の軍艦雲揚号が朝鮮の江華島沖を測量して威圧しました。朝鮮側がこれを砲撃し、交戦となりました（江華島事件）。日本は翌76年、日朝修好条規を結んで朝鮮を開国させました。この条規は「朝鮮は自主の国である」とうたっていました。ただし、日本が欧米から受けていた領事裁判権➡P.159を朝鮮に求めました。

❸征韓論をめぐる閣議の紛糾　明治維新の中心人物たちが真っ二つに割れました。(鹿児島県立図書館蔵)

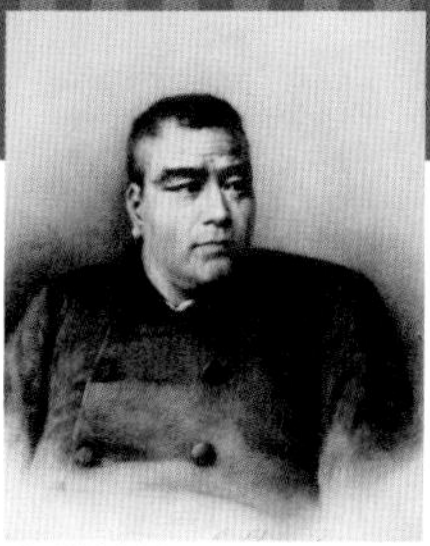

❺西郷隆盛（1827～77）
幼少時は同郷の大久保利通らとともに育ちました。西南戦争で反乱軍にかつがれてこれを率い、明治政府からは「逆賊」とされましたが、鹿児島を中心にその人気はいつまでも続き、明治政府は1889（明治22）年の大日本帝国憲法発布のときにその名誉を回復する措置を取りました。（キヨソネ筆　鹿児島県歴史資料センター黎明館蔵）

❹西南戦争（田原坂激戦の図）　政府軍と薩軍との最大の激戦になった熊本県北部での戦いのようす。ここで勝利した政府軍が戦いの流れを決めました。(熊本博物館蔵)

した。西郷は、自分が使節として朝鮮に行くことを強く主張し、政府の決定を取りつけました。西郷自身は、決死の覚悟の交渉によって、朝鮮に門戸を開かせようと考えていました。[3]

政府の分裂と西南戦争

これに対して、欧米諸国の強大な軍事力を目のあたりにして帰国した岩倉具視と大久保利通らは、国力の充実を先に図るべきであると考え、出兵は欧米の干渉を招くと恐れました。そこで岩倉らは、朝廷や政府内で工作し、閣議で正式に決まっていた西郷の使節派遣を延期させました。これに怒った西郷と板垣退助らは、政府の役職を辞任しました。新政府に出仕していた鹿児島の士族の多くも、西郷を慕って帰郷しました。❼

1876（明治９）年、政府は、士族に給付していた禄を、一時金と引きかえに打ち切りました（**秩禄処分**）。同年、**廃刀令**が発せられました。刀を取り上げられ、武士の誇りを傷つけられたとして怒りを爆発させた士族は、熊本、福岡、山口などで反乱❻をおこしましたが鎮圧されました。鹿児島の士族の間では、政府に対する不満はきわめて強く、1877（明治10）年、一部の士族は、西郷を総指揮官として兵をあげました（**西南戦争**❹）。反乱軍は徴兵制による政府軍に敗れ、西郷が死亡して戦いは終わりました。これ以後、士族の反乱はなくなり、国民皆兵体制が定着していきました。

❻士族の反乱

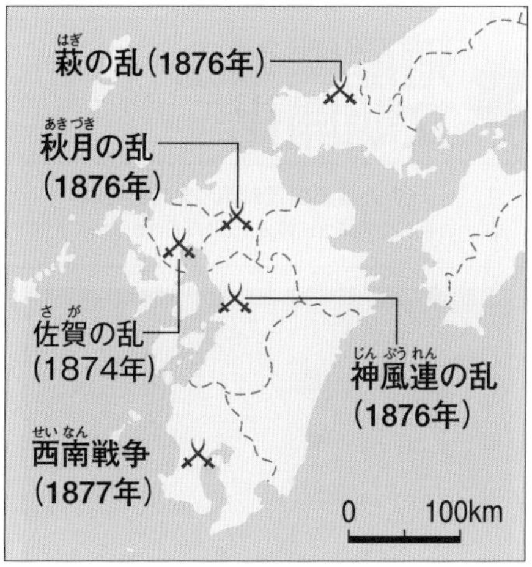

知っ得ポイント！

❼明治と薩摩人

明治新政府は維新に功績のあった多くの薩摩出身者が要職を占めていましたが、西郷隆盛の下野でこれに従う者と、大久保利通らの政府側に残る者とに分裂しました。下野した者の多くは西南戦争で戦死しましたが、残った者は西郷の実弟で海軍大臣などをつとめた西郷従道をはじめ大山巌、東郷平八郎、山本権兵衛らが海軍、陸軍の中枢を占めました。

チャレンジ　岩倉使節団の２つの目的を書きだしてみよう。

❶富岡製糸場工女勉強之図 富岡製糸場は1872（明治5）年、群馬県富岡に設置された官営模範工場。全国から士族の子女らが集まり、技術を習得した子女らは出身地へもどり機械製糸の指導者となりました。生糸は当時の日本の主要な輸出品目で、工女たちは期待を寄せられていました。（群馬県立図書館蔵）

❷殖産興業に関する大久保利通の建白書

1874（明治7）年

そもそも国の強弱は人民の貧富によるものであり、人民の貧富は物産の多少とかかわりがある。そして物産の多少は人民が工業にはげむかどうかに根差すが、そのおおもとは、どこの国でも政府の指導奨励によるのである。

（『大久保利通文書』より一部要約）

58 殖産興業と文明開化

政府の殖産興業政策と文明開化はどのように進んだのだろうか。

❸屯田兵による北海道開拓 屯田兵とは、平時は開拓農民としてはたらき、有事のさいには兵士として出動できる予備兵の役割をになっていました。（高村真夫筆 東京都・聖徳記念絵画館蔵）

殖産興業

明治改元以後も、欧米列強によるアジアの植民地化は進められていました。政府は、日本を欧米諸国に支配されない強い国にしようとして、**「富国強兵」**を合言葉に、国家の建設にはげみました。

1868（明治元）年、政府は、幕府が経営していた鉱山や造船所を官営にしました。交通と通信の方面でも、1869（明治２）年に電信制度、1871（明治４）年に郵便制度がしかれ、さらに翌1872（明治５）年には、新橋－横浜間に鉄道が開通しました。❹

西郷らが政府を去ったあと、政府の中心となった大久保利通は、政府資金の投入により近代産業を育成する**殖産興業**に乗り出しました。❷外国の機械を購入し、技術者を招いて、製糸、紡績、炭鉱、造船、セメントなどの**官営模範工場**❶➡P.200をつくり、のちに民間にはらい下げて、工業発展の基礎としました。日本は、すでに江戸時代に技術の成熟があり、国民の勤勉さと結びついて、近代産業が発展する条件が備わっていました。また政府は、1869（明治２）年、蝦夷地を北海道と改称し、**開拓使**という役所を置き、士族や**屯田兵**を入植させて、開拓に力を注ぎました。❸

廃仏毀釈

政府は1868（慶応４）年、奈良時代からつづいてきた神仏習合➡P.60の慣習を改めようと考え、神社から仏教色をなくす**神仏分離令**を定めました。

❹新橋汐留ステーション 現在のJR新橋駅よりやや海よりの汐留にありました。1872（明治5）年、新橋～横浜間に、日本初の鉄道が開通しました。（江戸東京博物館蔵）

❺市中にあふれる文明開化「東京繁栄車往来の図」 左は1868（明治元）年、外国人用に建てられた築地ホテル。道には乗合馬車、人力車や木製の三輪自転車が行きかっています。（東京都立中央図書館蔵）

政府はこれによって、**神道**➡P.38による国民意識の統合をはかろうとしました。

いっぽう、幕府のもとで特権をもっていた仏教勢力への反発もあり、各地で寺院や仏像を破壊する過激な動きが起こりました（**廃仏毀釈**）。このとき、多数の仏像が世界に流出しました。行きすぎた動きを見た政府は、神道・仏教・儒教の３教により国民の意識を統合する方針に切りかえました。

文明開化

1873（明治６）年、**太陽暦**➡P.11が採用され、１日が24時間、１週間が７日間で、日曜日が休日とされました。キリスト教の信仰も認められるようになりました。

廃藩置県の前後から、**福沢諭吉**➡P.187の『学問のすすめ』などの啓蒙書が広く読まれるようになりました。身分ではなく実力がものをいう社会の中での、独立自尊の精神の大切さが説かれて、大きな影響を与えました。多数の新聞や雑誌も創刊され、欧米諸国の生活や風俗、思想を紹介するようになりました。❻

人々の生活にも大きな変化が生じました。東京などの都市では、帽子・洋服の着用、牛肉食、ランプの使用が広がりました。❼レンガを使った洋風建築の街並みに、ガス灯がともり、人力車や馬車が走る**文明開化**の光景が出現しました。❺

❻ 明治の大ベストセラー『西国立志編』

幕府の留学生だった中村正直(まさなお)が、多くの欧米人の成功談を収めた英国サミュエル・スマイルズの“Self-Help”を明治4(1871)年に翻訳出版しました。西洋諸国の発展が、国民一人ひとりの志を原動力にしている事を明らかにし、明治の終わりまでに100万部以上売れて、当時の国民の気概を奮い立たせました。

❼生活の文明開化 牛鍋（すき焼き）を食べる男。①ざんぎり頭②ワイシャツ③新聞④シルクハット⑤洋傘。（仮名垣魯文「安愚楽鍋」のさし絵より　神奈川県・横浜開港資料館蔵）

チャレンジ 官営工場殖産興業が果たした役割を説明しよう。

❶鹿鳴館での舞踏会のようす　文明国であることを示すため井上馨外務卿が推進した欧化政策の象徴となった。（兵庫県・神戸市立博物館蔵）

59 条約改正への苦闘

幕末に欧米諸国と結んだ不平等条約を、日本はどのように改正しようとしたのだろうか。

②フランス料理と黒の喪服

外国の客を招いて行われる晩餐会では、インドではインド料理というように、その国の民族料理を出すのが国際的な慣例です。ところが、日本では今でも皇居の晩餐会で、日本料理ではなくフランス料理で客をもてなしています。

また、江戸時代まで、葬儀の喪服は白い服でしたが、皇室が西洋にならって黒い服を着るようになったので、民間にも次第に広がりました。いずれも、不平等条約改正のため、日本が文明国であることを示そうとした、涙ぐましい努力の名残です。

不平等条約の問題点

幕末に日本が欧米諸国と結んだ条約は、相手国の領事裁判権を認める治外法権と、関税自主権の剥奪という２点で、日本の国益に反し日本人の誇りを傷つける不平等条約でした。欧米諸国との法的な差別を解消する**条約改正**は、明治の日本人の悲願であり、日本外交最大の課題となりました。

➡P.159

1872（明治５）年、岩倉使節団はアメリカとの間で条約改正の予備交渉を行おうとしました。しかし、日本では刑法などの法律が整備されていないことを理由に、相手にもされませんでした。

そこで日本は、条約改正の重点を関税自主権の回復に置いて各国と交渉しました。しかし、日本の方針に同意したのはアメリカだけで、英仏両国の反対で、交渉は失敗に終わりました。

1877（明治 10）年、イギリス商人が麻薬のアヘンを密輸入する事件が起こりました。イギリスは領事裁判権を行使し、アヘンは薬として輸入したのだから条約違反ではないとの判決を下しました。判決の不公平は日本人を怒らせました。政府は領事裁判権の撤廃要求に交渉の重点を切りかえました。

鹿鳴館とノルマントン号事件

1883（明治 16）年、日本政府の外務卿の**井上馨**❸は、東京の日比谷に**鹿鳴館**❶❹という洋風建築物を建て、外国人を招いてさかんに舞踏会を開き

❶イギリスの汽船ノルマントン号が和歌山沖で暴風雨のため沈没。このとき船長以下、イギリス人船員は救命ボートで脱出しました。しかし、日本人乗客は放置されて 25 人全員が溺死しました。

旧石器	縄文	弥生	古墳	飛鳥	奈良	平安	鎌倉	南北朝	室町	戦国	安土桃山	江戸	明治	大正	昭和	平成	令和				
(世紀)	BC	AD1	2	3	4	5	6	7	8	9	10	11	12	13	14	15	16	17	18	19	20	21

❸井上馨
(1835～1915)
長州藩出身。外務卿として不平等条約の改正につくした。(国立国会図書館蔵)

❹文学に描かれた鹿鳴館

鹿鳴館での宴は、後に芥川龍之介の小説『舞踏会』や三島由紀夫の戯曲『鹿鳴館』などの文学にも描かれました。『舞踏会』は1886（明治19）年11月3日、鹿鳴館で開かれた明治天皇の誕生日祝賀の宴を舞台に、日本の令嬢と後に作家となるフランスの海軍将校との出会いを中心に、その華やかさとともに宴のもつむなしさのようなものも描いています。

❺条約改正に関する外務大臣・陸奥宗光の議会演説

(1893年)

「条約改正の目的、否、日本外交の目的は、国として受けるべき権利は受け、国としてつくすべき義務を全うすることにあります。すなわち、日本帝国が、アジアの中にありながら、欧米各国から、他のアジアの国が受けられない特別の待遇を受けようというのでありますから、それならば、日本国内でも他のアジアの国にはない政策、方針を行い、日本人民も他のアジアの国にはない特別な進取の気性を示さねばならないのであります。」(国会議事録より要約)

※治外法権の撤廃と引きかえに、日本の内地を開放し、外国人の自由な活動を認めることの意義を強調したもの。

ました。日本も欧米なみの文明国であると世界に誇示し、条約改正を有利に進めようとするねらいでした。

1886（明治19）年、**ノルマントン号事件**[1]がおきました。審査をしたイギリス領事裁判所は、船長を禁固3か月という軽い刑にしたので、国民の不平等条約に対する反発はさらに強まりました。

40年がかりの条約改正

日本は欧米諸国に対等な文明国として認められるようになるため、血のにじむような努力を重ねました❷。1889（明治22）年、日本が憲法を制定した最大の動機は、条約改正だったのです。

イギリスは、日本の近代化の努力を認め、また極東に進出してきたロシアに対抗するためもあって、日本との条約交渉に応じました。交渉の責任者だった**陸奥宗光**❺外務大臣の努力が実を結び日清戦争が始まる前の1894（明治27）年、日本は国内での自由な居住・旅行・営業を外国人に認めるのと引きかえに、領事裁判権をふくむ治外法権が撤廃されました（**日英通商航海条約**）。

その後、日清戦争に日本が勝利したのち、アメリカをはじめ各国とも領事裁判権を廃止しました。関税自主権の回復はさらに遅れ、日露戦争に日本が勝利した後の1911（明治44）年に、アメリカとの間の交渉に成功しました。岩倉使節団の交渉から40年の歳月が経っていました❻。

❻条約改正の歩み

年	
1872	岩倉使節団、準備不足で交渉断念
1887	井上馨の欧化政策に国民が反発し挫折
1889	大隈重信の外国人裁判官任用案が発覚。国民の怒りを買い、爆弾を投げられ片足を失う。案は撤回
1894	陸奥宗光、イギリスの治外法権撤廃に成功
1911	小村寿太郎が関税自主権の回復に成功

(人名はいずれも外務大臣)

これでやっと外国と対等の立場になれたというわけね。
うーん。それにしても長い時間がかかったんだね。

チャレンジ 日本政府の条約改正の苦闘を書き出してみよう。

第3節 立憲国家の成立と日清・日露戦争

❶自由民権派の演説会につめかけた聴衆　明治会堂演説之図（大分県立先哲史料館蔵）

❷民撰議院設立の建白書 1874年

板垣退助
（1837～1919）
（国立国会図書館蔵）

今日、政権の中心がどこにあるかを考えてみると、上の天皇にあるのでもなく、下の人民にあるのでもなく、有司（一部の役人）のもとにある。彼らは天皇を尊び人民を大切にすると口では言うが、実際には多くの法令を出し、絶えず変更している。……これでは国家は崩壊してしまう。これを救う唯一の道は、言論を張り、民撰議院（国会）を設立することである。

（板垣退助『自由党史』より）

60 自由民権運動と政党の誕生

自由民権運動はどのようにして始まり、政党の誕生につながっていったのだろうか。

❸オッペケペ節　自由民権思想を広めるため、川上音二郎が歌って流行した。「権利幸福きらいな人に自由湯をば飲ませたい」などと節をつけて歌いました。（江戸東京博物館蔵）

❹ 立志社と自由民権運動

立志社は自由民権運動の結社であるとともに、教育機関の役割もになっており、若者に普通の学問だけでなく、ミルの『自由論』など西欧の啓蒙書も教えたといいます。このため初期の立志社の中から植木枝盛などの後の自由民権運動を支えた運動家たちが育っていきました。

自由民権運動の始まり

1868（明治元）年に発布された五箇条の御誓文➡P.165は、広く会議を開き、世論に基づいて政治を行うことを国の根本方針として宣言しました。

1874（明治7）年、前年の征韓論➡P.176をめぐる政変で政府を去った**板垣退助**らは、**民撰議院設立の建白書**❷を政府に提出しました。その中で、国民が政治に参加できる国会の開設を求めました。[1]

建白書の提出とともに、板垣は高知県に士族中心の政治結社である立志社❹をつくりました。板垣らは、政府が薩摩・長州などの出身者からなる藩閥政府[2]であると批判し、これに対抗して、国民の自由な政治参加を主張する運動を始めました。この動きは全国に広まり❶❸、**自由民権運動**とよばれました。

政党の結成

1878（明治11）年、政府は国会開設に先立ち、地方議会として府県会を開設しました。自由民権派は地方議会に進出し、各地に政治団体をつくり、全国的な結びつきを強めました。1880（明治13）年には、大阪に代表者が集まって**国会期成同盟**を結成し、新聞や演説会を通して活動を広げていきました。

自由民権運動が盛り上がるなかで、国会開設の時期について、政府の内部でも意見が分かれました。1881（明治14）年、参議の**大隈重信**❻は、２年後に国会を開設し、政党内閣制を実現するこ

⑤民間の憲法草案

明治初期には各地に学習結社がつくられ、会読が行われていました。翻訳された法律や政治経済の西洋書物の内容をめぐって討論を行い、相互に批判しあうものでした。このような会読を通じて西洋の立憲主義の思想を学習し、各地で私擬憲法といわれる民間の憲法草案が作成されました。その総数は全国で100件を超えるものでした。こうした民間の主な憲法草案には次のようなものがありました。

・日本憲法見込案（内藤魯一）
・東洋大日本国国憲按（植木枝盛）
・日本憲法見込案（立志社） **写真**
・日本帝国憲法<五日市憲法>（千葉卓三郎）
・岩倉具視憲法綱領（井上毅）

いずれも日本は立憲君主制の国家であるとの趣旨の規定が盛り込まれていました。

たとえば、東京の五日市で作られた五日市憲法草案には次の規定が盛られていました。

◆国帝の身体は神聖にして侵すべからず又責任とする所なし（以下略）

◆国帝は立法行政司法の三部を総轄す可し

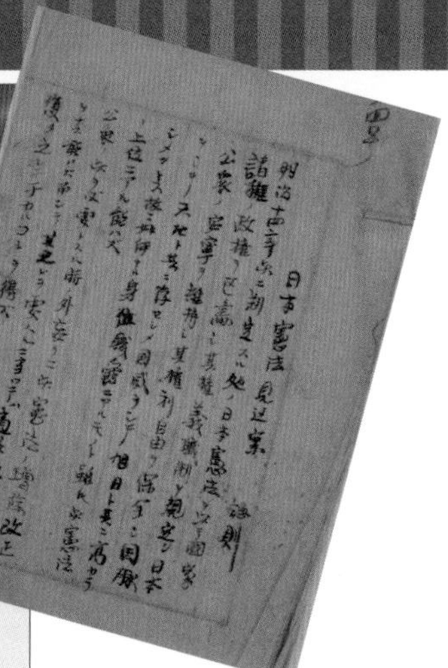

とを主張しました。**伊藤博文**❼➡P.197は、時期尚早として、大隈をやめさせました（**明治14年の政変**❸）。同時に、政府は、国会開設の勅諭を出し、10年後に国会を開くことを国民に約束しました。ここから、国会開設に備える政党結成の動きが始まりました。板垣退助は1881年に**自由党**を、大隈重信は翌年、**立憲改進党**を組織しました。

政府と民間の憲法準備

地方の志ある人々の中には、自分たちで独自に外国の文献を研究し、憲法草案をつくるグループもあらわれました❺。これは一般国民の向学心と知的水準の高さを示すとともに、国民の強い愛国心をあらわすものでもありました。これら民間の憲法草案は、すべて**立憲君主制**➡P.291をめざす内容でした。

条約改正と近代国家の建設のために憲法と国会が必要であると考える点では、政府と自由民権派の間に違いはありませんでした。ただ、自由民権派は早急に事を進めようとし、政府は慎重に進めようとしていました。

政府は伊藤博文をヨーロッパに派遣して、プロイセンやベルギー、イギリスなどの憲法を調査・研究させました。帰国した伊藤は、井上毅➡P.186らとともに憲法草案づくりに取りかかり、ヨーロッパの憲法を参考にした上で、日本の伝統的な宗教や文化を土台とする憲法草案を、苦心の末につくりあげました。

❻大隈重信
（1838～1922）
肥前藩出身。政府内で国会の早期開設を主張し、伊藤博文と対立しました。立憲改進党を組織し、のちに板垣退助と合流し、首相となります。（早稲田大学図書館蔵）

❼伊藤博文
（1841～1909）
長州藩の下級武士の出身。伊藤のもとでできた憲法草案は、まず天皇の地位を示したうえで、立憲君主制の国家であることを明らかにしています。（国立国会図書館蔵）
➡P.197

1 1869（明治2）年に設けられた建白書制度を利用したものでした。身分や男女を問わず、だれでも政府に意見を述べることができました。1890年の国会開設まで20年間つづき、国会開設後は議会への請願制度に受けつがれました。

2藩閥・藩閥政府 藩閥とは、明治・大正期に旧藩に由来する政治集団のことですが、狭い意味では明治維新をリードした薩摩、長州などの出身者が政府の要職を占めようとしたことを指します。「藩閥政府」とは、これを批判した側が名付けた言葉です。
➡P.218

3明治14年の政変 10月11日夜、10年後の国会開設などとともに、筆頭参議・大隈重信の罷免を決めました。当時、開拓使という役所による工場などの民間への払い下げ価格が安すぎるという癒着疑惑が新聞で追及されました。これは大隈が情報を流したためというのが罷免の直接の理由でしたが、憲法をめぐる伊藤と大隈の対立が根底にあったとされます。

チャレンジ 憲法制定と国会開設の進め方について政府と自由民権派の考え方の違いを説明しよう。

❶**大日本帝国憲法の発布**　憲法は君主の意思で制定される欽定憲法の形をとっていましたので、1889（明治22）年2月11日、明治天皇が憲法原本を総理大臣の黒田清隆に手渡しました。（衆議院憲政記念館蔵）

❷**憲法発布を喜ぶ国民**　祝賀の観兵式にのぞむ明治天皇を乗せた馬車が皇居を出るところ。周囲では憲法の誕生を祝う人々が、お祭り騒ぎを繰り広げています。（江戸東京博物館蔵）

61 大日本帝国憲法と立憲国家

大日本帝国憲法はどのように制定され、どんな内容だったのだろうか。

みんな憲法ができたことを、すごく喜んでいたのね。
世界中の人たちもほめていたみたいだね。なぜだろう。

大日本帝国憲法の発布

1889（明治22）年2月11日、**大日本帝国憲法**が発布されました❶。この日は、前夜からの雪で東京市中が一面の銀世界となりましたが、祝砲がとどろき、山車が練り歩き、仮装行列がくり出して、祝賀行事一色となりました❷。

大日本帝国憲法は、まず、天皇が元首として日本を統治すると定めました。その上で、実際の政治は、各大臣の輔弼（助言）に基づいて行うものとされ、天皇に政治的責任を負わせないこともうたわれました（**君主無答責**）[1]。国民には兵役と納税の義務が課せられるとともに、法律に反しない限り言論・集会・結社・居住と移転・信教などの自由が保障されました❺。国民は選挙権をもち衆議院議員を選ぶことになりました[2]。法律や予算の成立には衆議院の承認が必要とされました。議会には、国民の選挙による衆議

❸憲法を称賛した内外の声

憲法が発布されると、それまで政府批判の論調が強かった国内の新聞も、「聞きしにまさる良憲法」「実に称賛すべき憲法」などと称えた。憲法は翻訳されて、世界各国に通告されました。

イギリスの新聞は、「東洋の地で、周到な準備の末に、議会制憲法が成立したのは何か夢のような話だ。これは偉大な試みだ」と書きました。イギリスのある学者は、日本の憲法が古来の歴史と習慣をもととした穏健な立場でつくられていることがもっとも賛成できる点である、と述べました。

ドイツのある法律家は、議会を両院に分け、衆議院のほかに貴族院を設けた知恵を高く評価しました。その理由は、どこの国でも下院（衆議院）は急進的になるものだが、その暴走による社会不安を和らげるには、国に対する責任感と良識のある人々からなる上院（貴族院）が欠かせない、というものでした。

外の目から見た日本

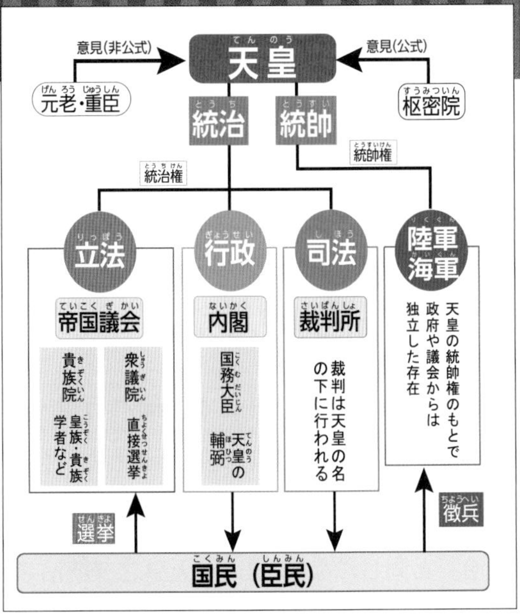

❹大日本帝国憲法による立憲国家のしくみ

❺大日本帝国憲法の主な条文

第 1 条	大日本帝国は万世一系の天皇これを統治す
第 3 条	天皇は神聖にして侵すべからず
第 4 条	天皇は国の元首にして統治権を総攬し、この憲法の条規によりこれを行ふ
第 5 条	天皇は帝国議会の協賛をもって立法権を行ふ
第 11 条	天皇は陸海軍を統帥す
第 20 条	日本臣民は法律の定むる所に従い兵役の義務を有す
第 29 条	日本臣民は法律の範囲内において言論著作印行集会および結社の自由を有す
第 55 条	①国務各大臣は天皇を輔弼しその責に任ず ②すべて法律勅令その他国務に関する詔勅は国務大臣の副署を要す
第 57 条	①司法権は天皇の名において法律により裁判所これを行ふ

❻教育勅語

国民は、父母に孝行し、兄弟は親しみあい、夫婦は仲むつまじく、友人は信じあい、つつしみ深く、高ぶらず、民衆に広く愛をおよぼし、学問を修め、それによって知能を啓発し、徳と才能をみがき、世のため人のため進んで尽くし、憲法を重んじ法律に従い、もし国家や社会の非常事態がおきれば、義勇の心を発揮して、国の命運を助けなければならない。(現代文で要約)

❼帝国議会　第1回帝国議会の衆議院。300議席のうち自由民権派が171議席を占めました。首相は長州閥の山県有朋でした。(衆議院憲政記念館蔵)

院のほか、華族や功労ある学者および官僚出身の議員などからなる貴族院が置かれました。❸❹

衆議院選挙と帝国議会

翌 1890（明治 23）年には、初めての衆議院選挙が行われ、第 1 回**帝国議会**❼が開かれました。これによって日本は、立憲政治は欧米諸国以外には無理だと思われていた時代に、アジアで最初の、議会をもつ本格的な**立憲君主国家**として出発することになりました。

教育勅語の発布

同年、議会の召集に先立ち、天皇の名によって「教育ニ関スル勅語」（**教育勅語**）❸が発布されました。これは、父母への孝行、学問や公共心の大切さ、そして非常時には国のために尽くす姿勢など、国民としての心得を説いた教え❻で、1945（昭和 20）年の終戦にいたるまで、各学校で用いられ、近代日本人の生き方に大きな影響をあたえました。

1 君主無答責　大日本帝国憲法の第 3 条が、その条文にあたります。条文の意味は、天皇に政治責任を問うことはできないというもので、天皇は立憲君主なので政治的決定権をもたないという意味をふくんでいました。

2 選挙権は満 25 歳以上の男子で、直接国税 15 円以上を収める者に限られていました。当時、イギリス、アメリカなど、どこの国でも身分や納税額などによって選挙権は限られていました。

3 教育勅語　明治になって、急速な近代化、欧米化の中で教育の「知育偏重」が問題となりました。そこで国民の指針となるよう、12 の徳目を天皇の言葉として短くまとめたものです。学校の儀式で読み上げられました。また多くの言語に翻訳され、海外にも知られました。

チャレンジ　大日本帝国憲法は天皇の地位をどう定めているかを説明しよう。

人物クローズアップ コラム

明治憲法草案を書いた井上毅

大日本帝国憲法は西欧流の立憲国家を目指しながらも、日本の伝統も保つ憲法として、当時高い評価を受けた。それはどんな考え方に基づいていたのだろうか。

◉日本の古典を読みこなす

大日本帝国憲法の条文は、伊藤博文首相（後に枢密院議長）を中心につくられましたが、その最初の草案を書いたのは井上毅という人でした。井上は熊本の出身で、フランスなど西欧で法学を学びました。帰国後は、日本の司法制度の近代化にあたりましたが、憲法制定の作業が始まると、その草案作りにとりかかりました。

井上はまず、「憲法は君主の命で政府が定める欽定憲法とする」ということを提言、伊藤らの了承を得ました。そして草案を書くにあたっては、その第１条では日本という国の有りよう（国体）を示すべきだと考えました。そして国体とは何かを知るため、井上は『古事記』をはじめ日本の古典を徹底して読み込みました。

◉日本は「天皇の知らす国」

その結果、これらの古典は同じ「統治」を意味する「シラス」と「ウシハク」を使い分けていることに気がつきました。「シラス（知らす、治す）」は天照大神や歴代天皇、「ウシハク」は豪族らの行為に使われていました。「知らす」は豪族や外国の領主のように、領土や領民を私物として支配するのではなく、天皇が国民の心に寄り添いながら治めることだと理解しました。

◉日本の伝統に基づく立憲君主制

そこで、日本の国体は「天皇が知らす国」だという結論になり、憲法草案の第１条を「日本帝国ハ万世一系ノ天皇ノ治ス所ナリ」とし、伊藤に提出しました。伊藤も井上の考えを理解しましたが、古語の「シラス」も英訳すれば「統治」と同じになるとし、「天皇之ヲ統治ス」と改めました。

のちに伊藤の名前で出された憲法の解説書である『憲法義解』でも「統治」と「治す」が同義であることを認めています。

この第１条によって、大日本帝国憲法は、西洋に習っただけではなく、日本の伝統に基づく独自の立憲君主制➡P.291を打ち出すことができました。

憲法発布の翌1890年、井上毅は首相の山県有朋から今度は、教育勅語の政府案の作成を依頼され、同じ熊本出身で明治天皇の側近だった元田永孚にも意見を聞きつつ草案をつくりました。井上は「日本は天皇の知らす国」との考えから、勅語を上からの押し付けではなく、天皇からの呼びかけという形とし、山県によってほぼそのまま政府案として採用されました。

井上毅（1844～95）
（国立国会図書館蔵）

福沢諭吉の『学問のすすめ』と脱亜論

日本・朝鮮・清国3国の連帯を主張してきた福沢が なぜ「脱亜論」を書くことになったのだろうか。

◉「一身独立して、一国独立する」

福沢諭吉は幕末から明治30年代にかけ活躍した啓蒙思想家です。1872（明治5）年に発表した『学問のすすめ』で「一身独立して、一国独立する」という名言を残しました。日本人一人ひとりが独立心をもつことが、日本を西洋列強と対等に付き合うことができる自立した国家にするもとだ、というのです。

福沢は同じ考えのもと、お隣の清（中国）や朝鮮も外国に侵されない独立した国になることを望みました。清はアヘン戦争後、イギリスなど西洋列強に国土を侵されてきましたが、国を守るための近代化が遅れていました。朝鮮はその清を宗主国とする冊封体制➡P.29にとどまっていました。ロシアが朝鮮半島をねらってくることに対しても、近代的な軍隊を持つことができませんでした。

福沢はこう考えました。「西洋が東洋に迫るそのありさまは、火事が燃え広がるのと同じである。この火事から日本という家を守るには、日本の家だけを石造りにすればすむというものではない。近隣に粗末な木造家屋があれば類焼はまぬがれないからである」

◉朝鮮近代化の挫折と「脱亜論」

朝鮮には、自国の置かれている危うさに気付いている政治家もいました。福沢はその一人の金玉均ら開化派にはたらきかけ、朝鮮政府が近代化を進めるのを支援しました。1884（明治17）年、金玉均➡P.188らの開化派は日本を後ろ盾として、近代化をはかるためのクーデターを起こしましたが、朝鮮を属国と見ている清は軍隊を出してこれを鎮圧しました。（甲申事変）清軍はこのとき、日本居留民を残虐に殺しました。

福沢諭吉（1834～1901）
（国立国会図書館蔵）

こうした状況に福沢はなかば絶望しました。それで、自ら創刊していた「時事新報」という新聞に「脱亜論」という論文を発表しました。この中で「わが国は、朝鮮や清の開明を待ってアジアを興す猶予はない」とし、これからは朝鮮、清と謝絶し「西洋の文明国と進退をともにすべきだ」と主張しました。しかしその後も、朝鮮や清の覚醒に期待しつつ、ねばり強く近代化を訴え続けました。

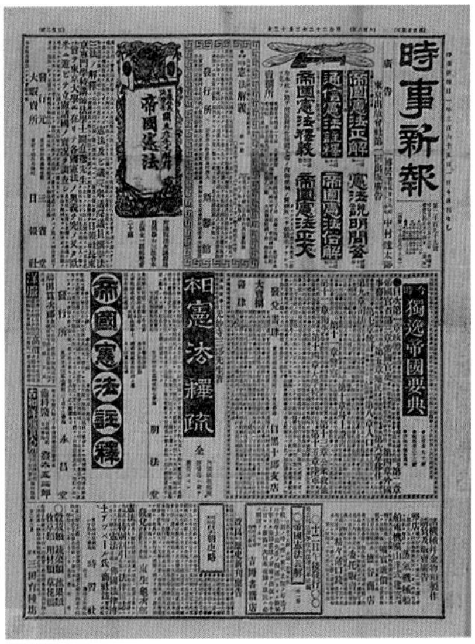

時事新報

時事新報 1882(明治15) 年に福沢諭吉が創刊した新聞。1885年3月16日付に「脱亜論」が掲載されました。

①金玉均と甲申事変

金玉均は李氏朝鮮における支配階級・両班の出身で科挙試験に合格した役人でした。朝鮮の独立と近代化の必要を痛感した金は、同志を集めて開化派（独立派）を結成し、日本の明治維新にならった改革を進めようとしました。「日本がアジアのイギリスならわが国はアジアのフランスになる」というのが金の口癖でした。

金玉均（1851～94）

1884（明治17）年、開化派は清仏戦争の機会をとらえて、保守派の事大党の政権を倒すクーデターに決起し、政権奪取に成功しました。しかし、3日後、朝鮮を支配下におきたい清は軍隊を朝鮮に送り、開化派を弾圧しました。金玉均は日本に亡命しましたが、10年後、上海滞在中に李朝の刺客に暗殺されました。

❷長崎事件　当時、清国の北洋艦隊は「定遠」「鎮遠」という7千トン級の戦艦を持ち、3千～4千トン級の巡洋艦が主力の日本の海軍力を圧していました。1886（明治19）年8月には、この「定遠」「鎮遠」など4隻が修理のため長崎港に入港しました（写真は「鎮遠」）。上陸した500人の清国水兵は酔って乱暴をはたらき、日本の警察隊と騒乱となり、双方に死傷者が出ました。しかし、清側は日本側に謝罪もせず高圧的な態度に出たため、日本人の清に対する恐れと怒りが広がりました。

62 日清戦争と三国干渉

日清戦争とはどんな戦争だったのだろうか。

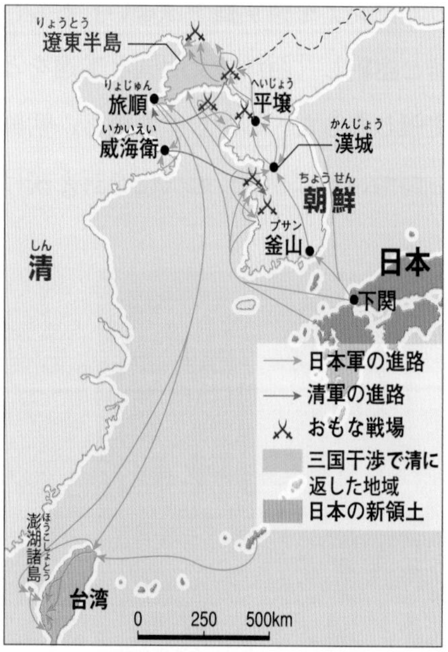

❸日清戦争の主な戦場
威海衛は清国海軍の根拠地。旅順には陸軍の要塞がありました。日本は24万の兵力と6万トンの艦船で、63万の兵力と8.5万トンの艦船を持つ清国と戦いました。

朝鮮をめぐる日清の抗争

1875（明治8）年**江華島事件**➡P.176が起き、日朝が対立しました。1882（明治15）年には、一部の朝鮮軍人が冷遇されたと不満を持ち、暴動を起こしました（壬午事変）。宗主国である清は、数千の軍隊を派遣してただちに暴動を鎮圧し、日本の影響力を弱めました。1884（明治17）年には、日本の明治維新にならって近代化を進めようとした**金玉均**らのクーデターがおこりましたが、このときも清の軍隊は、これを鎮圧しました（**甲申事変**❶➡P.187）。

朝鮮における清との勢力争いに２度敗北し、清の横暴なふるまい❷を体験した日本は、清との戦争を予想して、急速に軍備を拡張し、やがてほぼ対等な軍事力をたくわえるにいたりました。

日清戦争と日本の勝因

1894（明治27）年、朝鮮の南部で、東学党とよばれる民間宗教の団体を中心とした農民の暴動（**甲午農民戦争**）がおこりました。農民軍は、外国人と腐敗した役人の追放をさけび、一時は朝鮮半島の一部を制圧するほどになりました。わずかな兵力しかもたない朝鮮王朝は、清に鎮圧のための出兵を求めましたが、日本も清との申し合わせ[1]に従って軍隊を派遣したため、日清両軍が衝突して**日清戦争**❸が始まりました。

戦場は朝鮮のほか、満州（現・中国東北部）の南部などに広が

旧石器	縄文	弥生	古墳	飛鳥	奈良	平安	鎌倉	南北朝	室町	戦国	江戸	明治	大正	昭和	平成	令和

(世紀)	BC	AD 1	2	3	4	5	6	7	8	9	10	11	12	13	14	15	16	17	18	19	20	21

❹**下関講和会議** 1895年①総理大臣の伊藤博文、②外務大臣の陸奥宗光、③中国側の全権代表の李鴻章。（永地秀太筆　東京都・聖徳記念絵画館蔵）

り、日本は陸戦でも海戦でも清を圧倒し、勝利しました。[6] 日本軍と清軍は、ともに近代化した装備をもっていました。しかし、清軍に比べて日本軍は訓練・規律が行き届いており、戦う意欲も上回りました。清の国民は政府との一体感をもたなかったのに対し、日本の国民は政府の方針をわがことと受け止め、戦いに協力しました。この違いが、戦いの勝敗を分けました。

下関条約と三国干渉

1895（明治 28）年、日清両国は**下関条約**を結びました。[4] 清は朝鮮の独立を認めるとともに、遼東半島や台湾などを日本に譲りわたしました。[2] そして、日本政府の財政収入の約３倍に当たる３億円あまりの賠償金を日本に支払いました。敗戦は清にとってはアヘン戦争とは比較にならないほどの衝撃で、清はたちまちに欧米列強に分割されていきました。[5]

日本は日清戦争の勝利によって近代国家としての実力を示しましたが、日本が簡単に欧米列強と対等になることは許されませんでした。東アジアに領土的野心をもつロシアは、ドイツ、フランスを誘って、強大な軍事力を背景に、遼東半島を清に返還するよう日本にせまりました。これを**三国干渉**といいます。

三国干渉を拒否するだけの力をもたない日本は、遼東半島を手放さざるを得ませんでした。３年後、ロシアはこの半島の旅順・大連を租借し東洋最大の軍事基地をつくりました。日本は、「**臥薪嘗胆**」[3] を合言葉に、ロシアに対抗するため、官民あげて国力の充実につとめるようになりました。

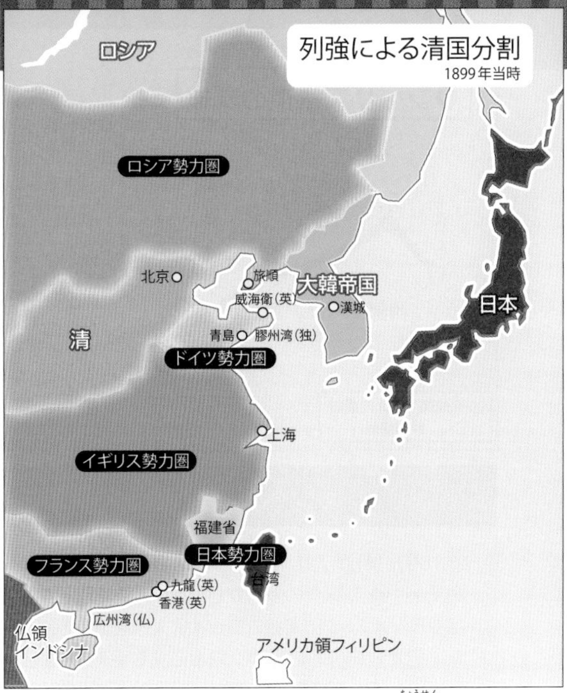

❺**列強による清国分割**（1899年当時） 朝鮮、台湾に近い福建省が日本の勢力圏（植民地ではないが、政治的・軍事的に影響下にある地域）でした。

❻ 正岡子規と日清戦争

明治時代の有名な俳人、正岡子規は「日本」という新聞の記者をしていましたが、日清戦争が始まると従軍記者として戦地で取材することを希望しました。当時結核を患っていましたので、なかなか許可されませんでしたが、1895（明治28）年3月、ようやく遼東半島へ向かいました。しかし、子規が着いたころには戦火はやみ、下関で講和会議が始まっていました。日本のあまりの圧勝で従軍記者は空振りに終わったのです。

1 1885（明治 18）年、日清両国が朝鮮に出兵する際には事前に通知しあうという条約が両国間で結ばれていました。

2 台湾については、日本が下関条約締結から２か月後の 1895 年６月、台湾総督府を置き統治を始めました。当初は現地民らの激しい抵抗にあい、軍を送り制圧しましたが、第４代総督時代から台湾の古い慣習や制度を生かしつつ、民生向上につとめた結果、台湾統治は次第にスムーズに進んでゆきました。

3 **臥薪嘗胆** 薪の上に寝て痛みにたえたり、胆を嘗めて苦みを味わったりすることで、仕返しを忘れまいとしたという中国・春秋時代の故事です。

チャレンジ 日清戦争はどのような戦争だったのか、原因と結果をまとめてみよう。

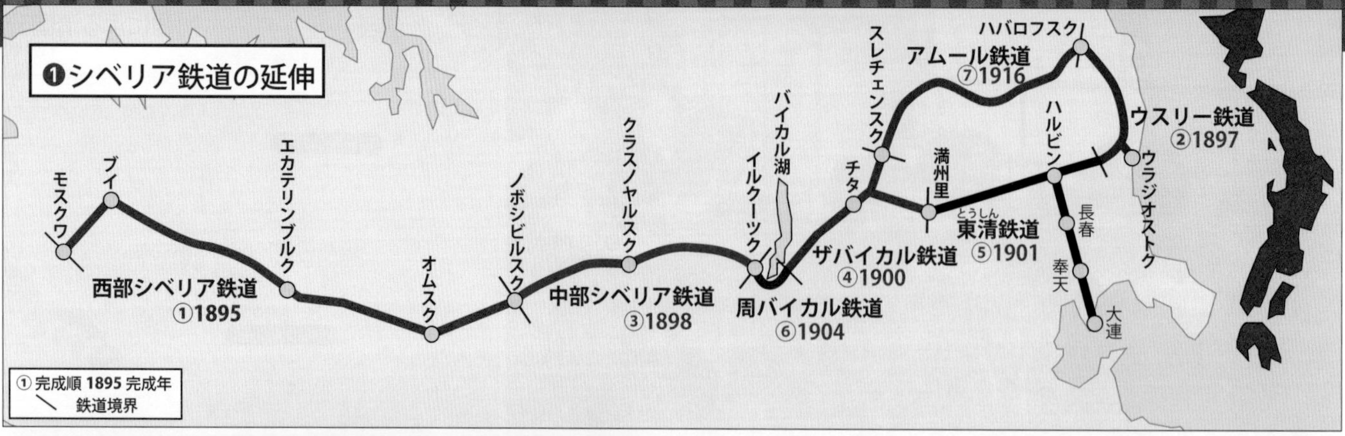

②シベリア鉄道と大津事件

1891（明治 24）年、ロシアは極東のウラジオストクとウラル山脈東のチェリャビンスクの双方からシベリア鉄道建設に着手しました。ロシアはウラジオストクに海路ニコライ皇太子を派遣し、起工式に臨席させました。日本政府はその途中、日本に立ち寄ることをロシア政府に要請しました。大国ロシアのアジア進出を恐れ、「友好関係」を築こうとしたからです。

皇太子は４月末に長崎に到着し、船と汽車で東京に向かいましたが、途中滋賀県の琵琶湖で遊覧後、警備中の日本人警察官に切りつけられ負傷しました。明治天皇は直接お見舞いをしました。日本政府はロシアの報復を恐れ、この警察官を特別に死刑にしようとしましたが、司法当局がこれを拒否し、司法の独立をめぐる論争となりました（大津事件）。皇太子はそのままウラジオストクに向かい、日本は事なきを得ました。

63 日英同盟

日本はなぜ、自国の安全保障のため日英同盟を選択したのだろうか。

義和団事件とロシア

19 世紀の末、ロシアは不凍港を求めて東アジアに目を向け始めました。1891 年には、大陸を横断して東の玄関ウラジオストクにいたるシベリア鉄道の建設に着手しました。❶❷ さらに、朝鮮半島に入って鉱山・鉄道敷設・租借地などの利権の獲得につとめました。

1900 年、清で**義和団事件**がおこりました。義和団とは、伝統宗教の流れをくむ民間の自衛組織で、外国人を排斥しました。山東省で蜂起した数万人規模の義和団は、宣教師や外交官を殺害し、北京の各国公使館を包囲しました。日本軍を主力とするイギリス、ロシアなど８か国が軍隊を派遣し❸、これを鎮圧しました。

この事件の翌年、清と各国との間に**北京議定書**が結ばれました。事件が終息すると各国の軍隊は引きあげましたが、ロシアは、満州に建設中の東清鉄道を保護する名目で送りこんだ２万の兵を撤退させず、英米日の抗議を無視して居座りつづけました。❹

❸義和団事件　清朝の天津で、右手側の義和団の暴徒を左手側の8か国連合軍が鎮圧しようとしています。「義和団民大戦天津紫竹林得勝図」（東京都立中央図書館蔵）

❹露清条約と日本

満州に居座ったロシアは清に対し、秘かに露清条約の締結を迫りました。①万里の長城以北の清国の領土から諸外国の権限を除外する②満州の防衛はロシアに委ねる―ことなどを求めていました。事実上、満州を清国から奪うもので、清からの情報でこれを知った日本はロシアに厳重抗議し、締結を断念させました。

日英同盟の締結

南下するロシアに日本は危機感を抱きました。伊藤博文、井上馨らは、ロシアと戦争をしても勝てないから、交渉をして満州はロシアの勢力圏に、朝鮮半島は日本の勢力圏にすることで妥協しようと主張しました（満韓交換論）。山県有朋、桂太郎、加藤高明、小村寿太郎らは❺、日本に接近してきたイギリスと同盟を結んでロシアと戦

❻小村意見書

❺小村寿太郎（1855～1911）
外務大臣として日露戦争を支えた外交のベテラン。列強どうしの関係をたくみに利用して日本の国益を守りました。

日露条約の問題点

❶一時的には東洋の平和を維持できるであろうが、ロシアの侵略主義は到底これに満足しないから、長期的な保障とはならない。❷シベリアは、将来は別として、現状では経済的利益は小さい。❸最近、清国人は、上下ともに日本に対して友好的な感情をもってきているが、ロシアと結ぶと清国人の感情を害して、清国における日本の利益を損ずることになる。❹英国の海軍力に対抗しなければならなくなる。

日英同盟の利点

❶アジアにおける英国の目的は領土拡張でなく、現状維持と通商利益であり、英国と結べばロシアの野心を制して、比較的長く東洋の平和を維持できる。❷したがって、日英条約は平和防衛的なものとして国際世論からも支持される。❸英国と結ぶと清国はますます日本を信頼するようになり、日本の利益を増進する。❹韓国問題を解決するためには、他の強国と結んで、ロシアがやむをえず日本のいうことを聞くようにするほかはない。英国は同盟を結ぶのにもっとも適当な国である。❺英国と結べば、日本の経済についての国際的信用を高める。また、英国人は、同盟国の共通利益ということで、日本に財政上、経済上の便宜をはかるだろう。❻大英帝国とシベリアでは、日本にとっての通商上の価値は比較にならない。❼ロシアの海軍は、英国の海軍よりも弱く、対抗するのが容易である。

❼日英同盟の更新を記念するはがき（㈱三越伊勢丹 提供）

うべきであると主張しました。

論争に決着をつけたのは、外務大臣の小村寿太郎が提出した意見書❻でした。それは、日露と日英のどちらの同盟が日本の国益になるかを論じ、**日英同盟**をとるべきであると主張したものでした。小村意見書は、政府の方針として採択され、それに基づいて交渉した結果、1902（明治35）年、日英同盟が締結されました❽。日英同盟はこののち20年間、日本の安全と繁栄に大きく役立ちました❼。

日露開戦へ

日本の10倍の国家予算と軍事力をもっていたロシアは、満州の兵力を増強し、鴨緑江河口の龍岩浦に軍事基地を建設し始めました。このまま黙視すれば、ロシアの極東における軍事力は、日本が太刀打ちできないほど増強されるのは明らかでした。政府は手遅れになることを恐れて、ロシアとの戦争を決意しました[4]。

❽夏目漱石と日英同盟

当時の最先端国、イギリスとの同盟を多くの日本人は歓迎しました。特にイギリスに在住していた日本人は熱狂的で、寄付金を集め、同盟締結に尽力したイギリス駐在の林董公使に記念品を贈りました。英文学研究のためロンドンに留学していた後の文豪、夏目漱石（金之助）も寄付に応じましたが、東京の義父あての手紙では、「留学費の中からの臨時支出は困る」とぼやいています。

[1]ロシアが朝鮮のすぐ北、日本海に面して建設した港町のウラジオストクは、ロシア語で「東方を征服せよ」という意味でした。

[2]日本は義和団事件のあと、他の列強諸国と同様に中国と結んだ条約（北京議定書）によって、北京周辺に5000人の軍隊を駐屯させていました。

[3]各国の軍の中で、会津出身の柴五郎が指揮する日本軍の勇敢さと規律のよさは世界に報道され、のちの日英同盟を実現させる一要因となりました。

[4]ロシア側は日清戦争後にロシアの商人が韓国➡P.193から得た森林開発の権利に基づくものとしていましたが、実態は在満ロシア軍人も加わった「国家による進出」でした。

チャレンジ 日本がロシアとではなく、イギリスと同盟を結んだ理由を3つあげてみよう。

❶日露戦争の戦場　ロシアは開通したシベリア鉄道を使って、本国から大量の兵員や武器・弾薬を送り込みました。

❷水師営の会見　旅順攻防戦の後、乃木希典大将（中列左から2人目）は降伏したロシアのステッセル中将（乃木の向かって右）と水師営で会見、「昨日の敵は今日の友」と厚遇しました。これが世界中に報道され、敵将を思いやる日本の武士道として感銘を与えました。（東京都・乃木神社蔵）

64 国家の命運をかけた日露戦争

日露戦争はどのように戦われ、日本の勝利はどのような影響を世界にもたらしたのだろうか。

❸日本を勝利に導いた秋山兄弟

兄の秋山好古（写真左、1859～1930）は奉天会戦などで騎兵隊を指揮してロシアのコサック騎兵と戦い、日本騎兵の父といわれています。弟の秋山真之（同右、1868～1918）はアメリカ留学後、連合艦隊の参謀として、日本海海戦の完勝の戦術を考えました。（常磐同郷会蔵）

1 政治家の金子堅太郎は開戦後アメリカにわたり、留学時代からの親友だったルーズベルトと接触し、仲介を働きかけていました。

2 トルコのイスタンブールでは、東郷や乃木にちなんで、地名に東郷通り、乃木通りという名をつけました。フィンランドは東郷の肖像画を入れた「アミラール（提督）」というビールをつくりました。

奉天会戦と日本海海戦

1904（明治37）年2月、日本はロシアに国交断絶を通告し、**日露戦争**の火ぶたが切られました。主な戦場になったのは朝鮮と満州でした。❶

乃木希典のひきいる陸軍部隊は日本の脅威となっていた旅順要塞を攻略し、❷苦戦の末に港内のロシア旅順艦隊を全滅させました。各地で勝利した日本軍は北進して、1905年3月、**奉天会戦**に勝利しました。しかし、日本軍は損耗が激しく、ロシア軍を追撃できませんでした。

ロシアは、1904年10月、バルト海からバルチック艦隊を派遣しました。1905年5月、東郷平八郎司令長官ひきいる日本の連合艦隊は、バルチック艦隊を対馬海峡にむかえ撃ち、たくみな戦術でこれをほぼ全滅させました。❸❻この**日本海海戦**➡P.194は、世界の海戦史に残る日本の勝利でした。

ポーツマス条約

日本海海戦に勝利したとき、日本は海外からの借金と国債でまかなった国家予算の8年分に当たる戦費を、すでに使い切っていました。長期戦になれば、ロシアとの国力の差が戦力の差となって次第にあらわれ、形勢が逆転するのは明白でした。❹いっぽう、負け戦つづきのロシアには、専制政治に対する不満から革命運動が強まり、戦争中止への機運が生まれました。両国のようすを見たアメリカ大

陸軍		歩兵	騎兵	火砲	総兵力
ロシア		1740個大隊	1085個中隊	12000門	約207万人
	極東兵力	100個大隊	75個中隊	230門	約10万人
日本		156個大隊	54個中隊	636門	約20万人

海軍		戦艦	装甲巡洋艦	巡洋艦	総トン数
ロシア	バルチック艦隊	11	12	—	約45万トン
	極東兵力	7	4	10	約19万トン
日本		6	6	12	約26万トン

赤文字は極東の兵力。ただし海軍の表では小型艦を除く隻数。

❹ロシアは開通したシベリア鉄道を使って、本国から兵員や武器・弾薬の補給を行う余裕がありました。奉天会戦以後、日本はそれらを補充する余力がありませんでした。

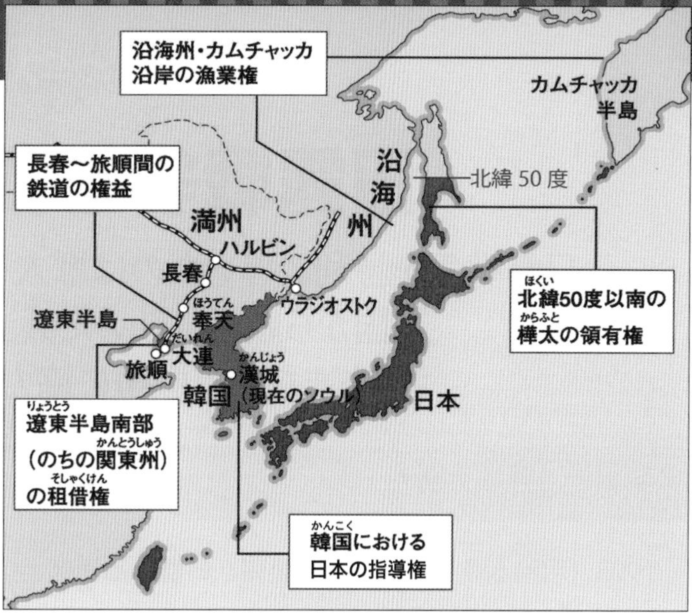

❺日露戦争後の日本の領土と権益

統領セオドア・ルーズベルトは、日露間の講和を仲介しました。[1] アメリカのポーツマスで開かれた講和会議[7]の結果、1905（明治38）年9月、**ポーツマス条約**が結ばれました。

この間、李氏朝鮮は、1897年に国号を大韓帝国（韓国）と改めていましたが、この条約で、日本は朝鮮半島の指導権をロシアに認めさせました。さらに、日本は中国の遼東半島南部（のちに、日本は関東州とよぶ）の租借権を取得し、南満州にロシアが建設した鉄道の権益を譲り受け、南樺太の領有を認めさせました。[5]

いっぽう、日露戦争で日本は賠償金を得ることはできませんでした。日本は戦争をつづけようにも国力が限界に達していたのですが、その事情を知らない国民の一部は、これを不満として日比谷公園周辺で暴動をおこし、内務大臣官邸や交番などを襲撃しました。政府は戒厳令を敷いて暴動を鎮圧しました（**日比谷焼き打ち事件**）。

世界を変えた日本の勝利

日露戦争は、日本の生き残りをかけた戦争でした。日本はこれに勝利して、自国の安全保障を確立しました。近代国家として生まれて間もない日本の勝利は、西欧列強の植民地にされていた諸民族に、独立への希望を抱かせました。また、ロシアに圧迫されていた諸民族にも国家防衛の勇気をあたえました。[2] しかし他方、黄色人種は将来、白色人種の脅威となるという黄禍論[3]が欧米に広がるきっかけにもなりました。

❻戦艦「三笠」 日本海海戦で日本軍の旗艦として戦いました。現在は横須賀港に保存されています。

❼ポーツマス講和会議（1905年）
①ロシア代表ウィッテ②アメリカ大統領ルーズベルト③日本代表小村寿太郎。小村は日本の国力を冷静に見ながら、ウィッテ相手に最大限の譲歩を引き出しました。（愛媛県・坂の上の雲ミュージアム蔵）

3 日清戦争後、すでにドイツ皇帝ヴィルヘルム２世らが主張していました。

チャレンジ 国力の小さかった日本がロシアに勝つことができた理由を２つあげてみよう。

もっと知りたい コラム

日露戦争を戦った日本人

日露戦争を勝利に導いたのは軍人や国の指導者だけではなかった。全国から戦場に赴いた兵士たちをはじめ、団結しさまざまな形で戦争に協力した多くの国民がいた。

◉海戦史に残る大勝利

1905（明治38）年５月27日早朝、朝鮮半島南部の港に待機していた東郷平八郎司令長官率いる日本の連合艦隊から、次のような電報が東京の大本営（戦争指揮本部）に打たれました。

「敵艦見ゆとの警報に接し、連合艦隊はただちに出動、これを撃滅せんとす。本日天気晴朗なれども波高し」。日本の運命を決めた日本海海戦の火ぶたが切られた瞬間でした。

対馬海峡を北上してくる38隻のロシア・バルチック艦隊に対し、日本の連合艦隊は大きく反転して併走する体勢をとりました。そして側面からロシア艦隊に猛烈な砲弾を浴びせ、夕刻までの戦いで敵の新鋭戦艦５隻のうち４隻を撃沈し、戦いの大勢を制しました。

戦闘は翌日の朝まで続きましたが、ロシア艦隊は38隻のうち沈没21隻、降伏６隻、中立国に逃れ武装解除６隻などで、目的地のウラジオストク港にたどり着いたのは３隻だけでした。これに対し日本は小さな水雷艇３隻を失っただけで、世界の海戦史に残る大勝利となりました。

◉敵は対馬海峡か津軽海峡か

しかし開戦する前の日本軍に不安がなかったわけではありません。バルチック艦隊はヨーロッパからアフリカの南端を回り、東アジアを目指していました。日本海に面したロシアのウラジオストク港に入って日本海を制圧し、優勢に立っている日本海軍を壊滅させようとしていたからです。

これに対し、日本軍はウラジオストクへの入港を阻止することに日本の命運をかけていました。しかし肝心のバルチック艦隊が対馬海峡を通るのか、北海道と本州の間の津軽海峡経由なのかがわかりません。連合艦隊は対馬海峡を通過するとみて、東シナ海や沖縄近海に見張り役の哨戒艦を何隻も出し、ロシア艦隊を必死に探していました。

◉命がけで通報した久松五勇士

このとき、日本人で初めてバルチック艦隊に遭遇したのは、沖縄県の那覇から宮古島に向かっていた船の船頭でした。すぐ大本営に知らせなければと思いましたが、当時の宮古島には通信施設がありません。そこで島の長老たちが相談した結果、通信施設のある石垣島に使いを

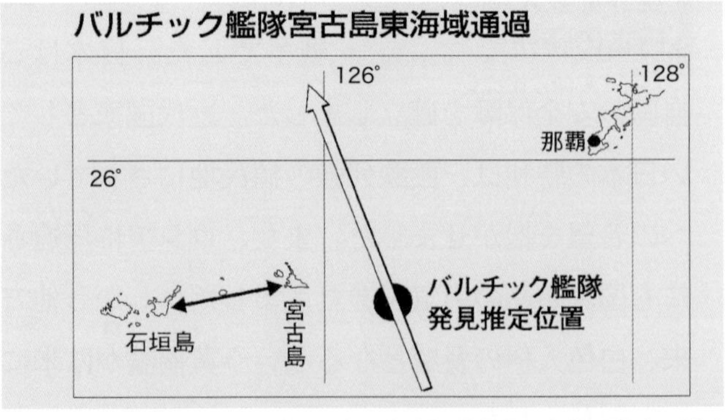

バルチック艦隊の宮古島東海域通過と久松五勇士の進路

出すことになり、久松（ひさまつ）地区に住む５人の青年が「行かねばなるまい」とこれを引き受けました。

５人はサバニとよばれる小さな舟に乗り、夜の荒海を15時間かけて必死にこぎ、170キロ離れた石垣島に着きました。さらに30キロの山道を走り、5月27日早朝、通信局に飛び込み、「敵艦（てきかん）見ゆ」の電報が那覇経由で大本営などに打電されました。

この前後、長崎県五島列島（ごとうれっとう）付近にいた日本軍の哨戒艦もバルチック艦隊を発見し、連合艦隊は対馬海峡でこれを迎え撃つことができました。体力の限界を超えるほどの気概（きがい）を示した宮古島の５人の勇気は、人々から忘れられかけていましたが、30年ほどたった昭和初期に「日露戦争秘話（ひわ）」として新聞に報じられたことから、「久松五勇士」と称（たた）えられるようになりました。（４章扉参照）

◉大量に集まった戦地向け毛布

日露戦争の陸上での主な戦場となったのは、満州（現中国東北部）でしたが、日本軍を悩ませたのは、その寒さでした。北国出身以外、連日氷点下の寒さに慣れていない兵士たちは凍傷や寒さによる病気に苦しみました。

このため日本から防寒用の服や寝具を送ろうとしますが、当時の日本では毛織物の製造が追いつきません。そこで開戦直後、三井、大倉、高田という三つの商会が全国の実業家らに、毛布の献納を呼びかけました。そしてふたを開けてみると、幅15メートル、長さ25メートルもある倉庫３棟がたちまち一杯になるほどの毛布が集まり、戦地に送られました。

当時の日本人は日露戦争を「わがこと」のように考え、さまざまな努力や協力を惜しまなかったのです。

旗艦（きかん）「三笠（みかさ）」の艦橋（かんきょう）の図　連合艦隊司令長官東郷平八郎は戦闘中、砲弾が飛び交う艦橋に立ち続けて指揮をとりました。東郷の向かって右、ノートを手にするのは海戦の作戦をたてた参謀、秋山真之（あきやまさねゆき）➡P.192。（神奈川県・記念艦「三笠」蔵）

世界が見た日露戦争

有色人種のアジア民族が、独立への希望を抱くにいたった。

◉ヨーロッパ人の反応

日露戦争での日本の勝利は、人種差別に基づく欧米中心の世界秩序を揺るがすものとなりました。黄色人種の小国・日本が白色人種の大国・ロシアに勝ったからです。

「中国革命の父」とよばれる孫文は、日露戦争当時ヨーロッパにいましたが、日本の連合艦隊がロシアのバルチック艦隊を破ったときの、ヨーロッパ人とアジア人の反応を次のように観察しています。

「この報道が全ヨーロッパに伝わると、全ヨーロッパの人民は、あたかも父母を失ったごとくに悲しみ憂えたのです。イギリス人は日本と同盟国でありましたが、ほとんどのイギリス人は眉をひそめ、日本が大勝利したことは決して白色人種の幸福を意味するものではないと思ったのです」

◉アジア人の反応

「しばらくして、私は船でアジアに帰ることになり、スエズ運河を通ると、たくさんの現地人が、私が黄色人種であるのを見て非常に喜んだ。『以前は我々東亜の有色人種は、西方の白色人種の圧迫を受け、苦汁をなめた。だが今度日本がロシアに勝ったということは、東方民族が西方民族に打ち勝ったことになる。日本人は戦争に勝った。われわれも勝たなければならない。だから、われわれは歓喜する』と。日本がロシアに勝った結果、アジア民族が独立に対する大いなる希望を抱くにいたったのです」

これが、孫文が観察した日露戦争に対するアジア人の反応でした。

◉独立への意欲をかきたてる

孫文が観察したことを、世界中の独立運動の指導者がみずから語っています。インドの独立運動家で、のちに首相となったネルーは「もし日本が、もっとも強大なヨーロッパの一国に対してよく勝利を博したとするならば、どうしてそれをインドがなし得ないといえるだろう」と書きました。

エジプトの民族運動の指導者、ムスタファー・カーミルは「日本人こそは、ヨーロッパの身のほどをわきまえさせてやった唯一の東洋人である」と述べました。

イランの詩人、シーラージーは「立憲制によってこそ日本は強大になった。その結果がかくも強き敵に打ち勝つことができたのだ」と日本の勝因を分析しました。

英国の歴史家アーノルド・トインビーは、「アジア・アフリカを200年もの間支配してきた西洋人は、あたかも神のようだと言われてきたが、そうでないことを日本人が証明した」（英オブザーバー紙、1956年10月28日）とのべました。

ネルー
(1889～1964)
インドの国民会議派のリーダーとしてガンジーらとともに独立運動を指導、独立後は初代首相となり、アジアの解放にも尽力しました。

コラム 人物クローズアップ

明治国家を背負った伊藤博文

現実を見抜く感覚のもち主だった伊藤は明治国家を背負って活躍した。

◉感銘与えた「日の丸演説」

長州藩出身の伊藤博文は、明治維新のリーダーで「維新の三傑」といわれた西郷隆盛、大久保利通、木戸孝允らのあとをつぎ、明治の終わり近くまで日本国家を指導した政治家です。伊藤は初代首相で、山県有朋らとともに、憲法制定、国会開設、条約改正を進め、日清、日露の戦争を戦い抜きました。

伊藤博文は武士の中でもっとも身分の低い足軽の家に生まれました。吉田松陰の松下村塾➡P.132で学び、「周旋の才（政治能力）」を認められました。伊藤は討幕運動の最中に数人の仲間とイギリスに渡航し、早くから攘夷が無謀であることを知り抜いていました。維新で明治新政府になると、実力者の大久保利通に才能や見識を認められ、32歳で参議兼工部卿（工部大臣）になりました。

1871（明治4）年、欧米諸国を視察するため岩倉使節団が派遣されたとき、伊藤は副使に任命されました。最初の上陸地、アメリカのサンフランシスコで伊藤は代表して英語で演説しました。その中で、半年前の廃藩置県について「数百年つづいたわが国の封建制度は、一発の弾丸も放たず、一滴の血も流さずに撤廃された。こんな国が世界にあろうか」と胸を張りました。

さらに国旗日の丸を指し「あの赤い丸は今まさに昇ろうとする太陽を象徴し、日本が欧米文明のただ中に向かって躍進する印であります」と述べ、大きな拍手をあびました。「日の丸演説」と言われています。

◉常に現実的判断貫く

伊藤は憲法制定にあたっては、多くの反対をおし切って議会重視の立憲君主制の方針を貫きました。また日清・日露両戦争にあたっては常に現実的な判断をしました。日清戦争では「勝ちすぎてはいけない」と言って、北京の手前で軍をとめました。日露戦争開戦直後には、側近でアメリカのセオドア・ルーズベルト大統領と親しい金子堅太郎をアメリカに派遣し、後に米国の仲介による講和への道を開きました。ロシアと長くは戦えない、と判断したからです。

韓国併合にも慎重でしたが、併合前の韓国統監府で初代統監をつとめたことから、日本の朝鮮支配の象徴的人物とみなされ、1909（明治42）年、大韓帝国の民族運動家によって暗殺されました。生涯、伊藤の行動を支えていたのは「日本という国家を思う心」でした。

ベルリンで憲法調査の時期の伊藤博文
（山口県・伊藤公資料館蔵）

①保護国から併合へ

朝鮮総督府

日本は1905（明治38）年、日韓協約を結び、韓国を保護国としました。韓国の自治は認めつつ、軍事・外交を日本が取り仕切る制度です。

しかし、1907（明治41）年6月、オランダのハーグで開かれた万国平和会議に、韓国皇帝は密使を送り、韓国が日本の圧力によって独立を失ったと訴えようとしました。各国は外交権のない韓国に発言権はないとして、密使の会議への参加を認めませんでした。（ハーグ密使事件）。その後、日本政府はしだいに、保護国ではなく併合する方針に傾いていきました。

十二

コノコハ
トナリノ
オジイサンニ
アイサツヲ
シテイマス。

이 ᄋᆞ히 는
이웃
로인 에게
인ᄉᆞ 를
엿주오。

二十三　二十二

❷**日本語と朝鮮語（ハングル）を併用する教科書**　韓国併合後、李氏朝鮮の時代につくられた文字ハングルを、朝鮮固有のものとして普通教育に取り入れました。併合時に約100校だった公立学校は8年後には460校に増えるなど、朝鮮総督府は教育の普及につとめました。（朝鮮総督府1924（大正13）年発行『普通学校　修身書』国立国会図書館蔵）

65 世界列強の一員・日本と東アジア

日本が世界列強の仲間入りしたことで、どんな影響が出てきたのだろうか。

日本国家の新たな試練

日露戦争に勝利した日本は、米、露、仏等の欧米列強に、朝鮮半島や南満州を勢力範囲とすることを認めさせました。これによって日本は、世界列強の仲間入りをはたしました。

しかし、同時に日本はこのあと、西洋諸国からライバルとして、警戒心をもって見られるようにもなりました。❸日本国家は、厳しい国際社会の中で生き抜くための新たな試練に立たされました。

韓国併合

日本政府は、日本の安全と満州の権益を防衛するため、韓国の安定が必要だと考えました。日露戦争後、日本は韓国統監府をおいて保護国とし、近代化を進めました。日本の方針に反発した韓国皇帝はハーグ密使事件❶を起こしましたが、欧米列強は、ロシアの北満州・蒙古、英領インド、米領フィリピン、など自国の植民地支配を日本が承認するのと引き換えに、日本による保護国化を承認しました。

1910（明治43）年、日本は武力を背景に韓国内の反対を抑えて条約を結び、併合を断行しました（**韓国併合**）。韓国国内には、民族の独立が失われるとしてはげしく抵抗する人もいました。

併合後に置かれた**朝鮮総督府**は、植民地政策の一環として朝鮮の鉄道・灌漑施設をつくるなどの開発を行い、土地の所有権者を明らかにする土地調査を実施しました。1 また、学校を開設し、日本語教育とともに、ハングル文字を導入した教育を行いました。❷

③アメリカの対日砲艦外交

1908（明治41）年10月、16隻の戦艦からなるアメリカの大西洋艦隊が世界一周の航海の途中、日本へやってきました。セオドア・ルーズベルト大統領はこの大艦隊を派遣することで、太平洋をはさんでライバルとなった日本に対して力を見せつけようと考えたのでした。艦隊は白いペンキで塗られていたので、日本人の中には半世紀前の黒船来航と対比して「今度は白船だ」と心配した人もいました。

日本政府はこれを威嚇外交だと察知しましたが、国をあげて歓迎することで無言のおどしを受け流すことにしました。艦隊が横浜に入港する日、日本の群衆は両国の小旗を振ってバンザイを叫び、艦隊の将校たちはパーティー攻めにあいました。日露戦争でロシアを西へ押し返したとたんに、太平洋をはさんで生まれた新たな緊張を象徴する出来事でした。

❹ 孫文と日本

孫文は中国広東省の客家とよばれる漢人集団の出身で仲間と清朝打倒の革命を計画しますが、何度も失敗し、日本に亡命しました。孫文は日本への留学生たちとともに東京で中国同盟会を組織し、革命の機会をうかがっていましたが、これを支援する日本人も出てきました。特に熊本出身の宮崎滔天は孫文と寝食をともにするほどでした。孫文らは清や日本政府の取り締まりを逃れるため、宮崎の自宅を発行所にして機関紙を発行し、留学生や中国の若者たちに送りました。辛亥革命の発信拠点は東京でした。

孫文（1866～1925）

孫文は何度も日本へきてたのね。
当時の清では革命運動は外国を拠点にするしかなかったんだよ。

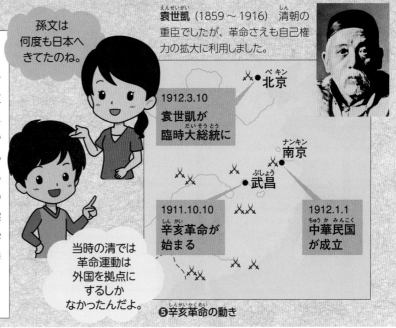

袁世凱（1859～1916） 清朝の重臣でしたが、革命さえも自己権力の拡大に利用しました。

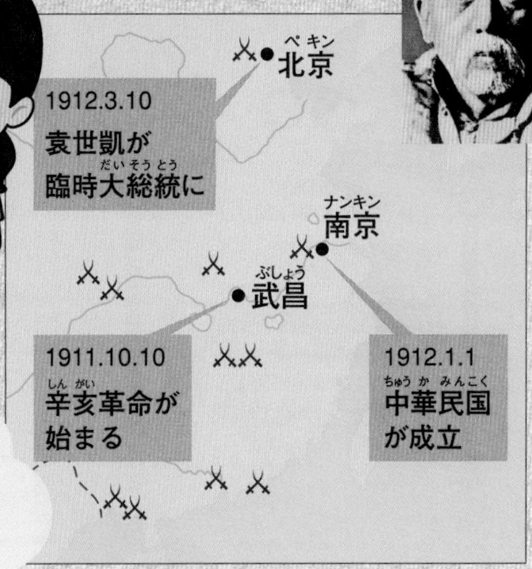
北京
1912.3.10
袁世凱が臨時大総統に
南京
武昌
1911.10.10
辛亥革命が始まる
1912.1.1
中華民国が成立

❺辛亥革命の動き

中華民国の成立

日清戦争の敗北と、義和団の乱の後の列強による中国進出によって、清朝の威信は失墜しました。海外に住む華僑や留学生の間には、満州族のつくった清朝を打倒して、漢民族の国を復興しようとする動きが生まれました。その活動の最大の拠点となったのは日本でした。

約2万人の清からの留学生の中には、日本の翻訳語❻をとおして西洋思想を学び、共和制の国家をめざす革命派のグループもあらわれました。**孫文**らは、1905（明治38）年、東京で中国同盟会を組織しました。日本人の中から支援者もあらわれました❹。

革命派は清朝打倒の武装蜂起を幾度か試みましたが、ことごとく失敗していました。しかし、1911（明治44）年10月10日に、大陸南部の武昌で偶発的に武力蜂起がおこると、これは各地に波及しました。そのとき孫文はアメリカに亡命していましたが、急ぎ帰国し、1912（明治45）年1月1日、南京で**中華民国**の成立を宣言しました。2月12日、皇帝・**溥儀**が退位し、清朝は滅亡しました。これを**辛亥革命**❺といいます。

しかし、外国亡命者の集まりだった革命派には国内統治の力はありませんでした。孫文は皇帝を退位させる条件として、清朝の重臣の**袁世凱**に大総統の地位を譲ることを認めなければなりませんでした。清朝滅亡後の中国大陸は、軍閥➡P.228が割拠し内戦が絶えませんでした。

⑥ 近代中国をつくった日本文化

日清戦争に敗北した清朝は、国の近代化に取り組まざるを得なくなりました。1300年の間、優秀な人材を漢籍の世界にしばり付けていた科挙➡P.49の制度は廃止され、毎年平均5000人、総数で2万人を超える清からの留学生が日本にやって来ました。彼らは明治維新後、近代化をなし遂げた日本の文化を学んで帰り、近代中国の文化の基礎をつくりました。

日本人は欧米の学問、思想、社会制度を体系的に学ぶため、明治初年に漢字を使って多数の翻訳語を和製漢語として発明しました。それらはそっくり現代中国語の語彙となりました。

例えば、「中華人民共和国」という国名の「人民」も「共和国」も日本の翻訳語です。「社会主義」の「社会」「主義」も同じで、「栄養」「遠足」「会話」「関係」などの日常語にも及んでいます。人文・社会科学用語の70パーセントは日本語に由来するとされています（王彬彬「現代漢語における日本語からの『外来語』問題」）。

❶こうした近代化政策はこれを歓迎した朝鮮の人々がいるいっぽう、朝鮮の古い習慣に反するところがあったので、日本への反発を強める人々もいました。

チャレンジ 韓国を併合した日本が、韓国社会に対してどのような政策をとったのか書きだしてみよう。

第4節 近代産業と近代文化の形成

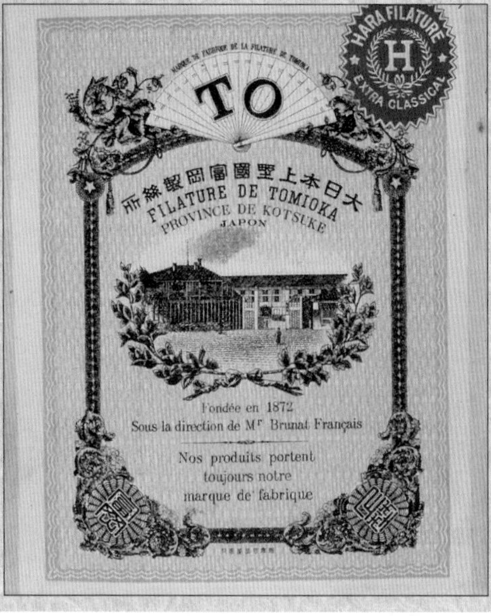

←❶輸出用生糸のラベル　官営で設立された富岡製糸場のもの。生糸と絹織物は外貨をかせぐ切り札でした。（神奈川県・横浜開港資料館蔵）

➡❷建設中の八幡製鉄所　欧米から資材を買い入れ、現在の北九州市八幡東区に、官営の巨大製鉄所が建設されました。1900年、伊藤博文が視察に訪れたときの写真。（日本製鉄株式会社蔵）

66 近代産業の発展と国民生活の変化

日本の産業革命は、どのように進行したのだろうか。

工場名	所在地	払い下げ	払い下げ先
高島炭鉱	長崎県	1874年	後藤象二郎
広島紡績所	広島県	1882年	広島綿糸紡績
深川セメント製造所	東京府	1884年	浅野総一郎
院内銀山	秋田県	1884年	古河市兵衛
阿仁銅山	秋田県	1885年	古河市兵衛
札幌麦酒醸造場	北海道	1886年	大倉喜八郎
愛知紡績所	愛知県	1886年	篠田直方
新町紡績所	群馬県	1887年	三井財閥
長崎造船所	長崎県	1887年	三菱財閥
兵庫造船所	兵庫県	1887年	川崎正蔵
三池炭鉱	福岡県	1888年	三井財閥
富岡製糸場	群馬県	1893年	三井財閥
佐渡鉱山	新潟県	1896年	三菱財閥
生野銀山	兵庫県	1896年	三菱財閥

❸民間に払い下げられた代表的な官営模範工場　明治初年から10年代にかけて官営工場を開設した明治政府は、近代的な鉱工業を主導するとともに技術者の育成を行いました。その後、工場を民間に払い下げ、民間の活力を生かした国内産業の発展につとめました。

日本の産業革命

政府は明治初年より殖産興業➡P.178につとめ、官営事業は、西洋の産業の模範を民間に示す役割をはたしました。1880年代に入ると、政府は日本銀行を設立して金融制度を整え、官営模範工場を払い下げて、経済の発展を民間の手に委ねていきました❸。機械を備えた工場で大量生産されるようになった綿糸、生糸、綿織物は、重要な輸出品❶となり、その代金で、綿花などの原料や軍艦、鉄鋼、機械などが輸入されました。

下関条約による賠償金➡P.189は重工業に投資され、1901（明治34）年には、官営の**八幡製鉄所**❷が開業して、鉄鋼の国産が開始されました。それにともない、造船業も発展をとげ、日露戦争後には1万トン以上の造船も可能になりました。

このような変化を、日本の産業革命と位置づけることができます。明治時代に産業革命が成功した要因には、江戸時代以来の民衆の高い教育水準や、勤勉の精神がありました。また、人々の間には、自分の努力と工夫で人生を切り開こうとする精神がはぐくまれ、**渋沢栄一**➡P.204のような有能な実業家が多数登場しました。

変化する都市と農村の生活

産業の発展を支えたのは、近代的な交通網の拡充でした。1889（明治22）年には東海道線の新橋～神戸間が全線開通し、全国に鉄道網が拡

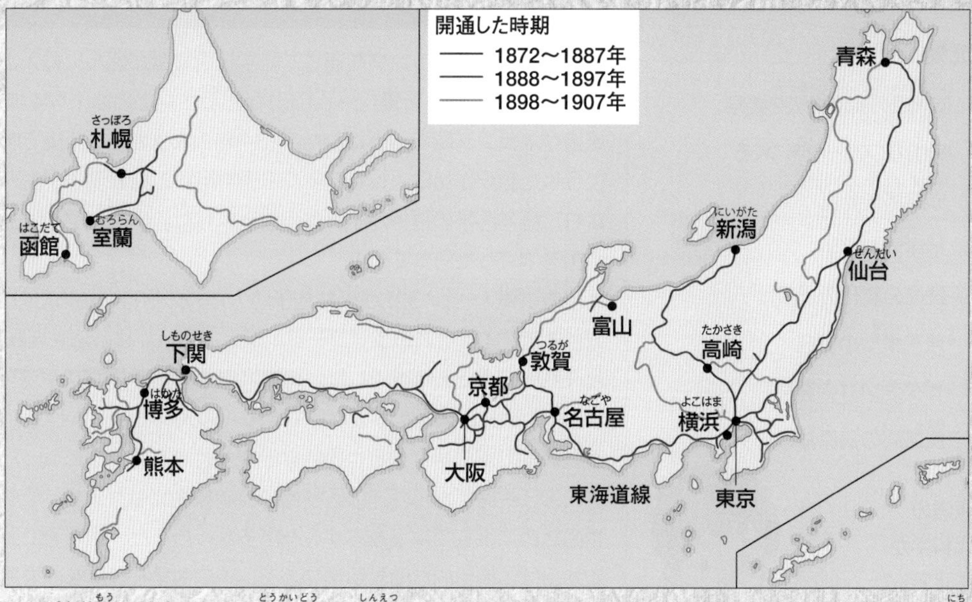

❹鉄道網の発達　国営の東海道線、信越線に加え、民営の日本鉄道、山陽鉄道、九州鉄道などにより、日露戦争までに幹線鉄道網はほぼ完成し、室蘭港への石炭輸送力も増強されました。

❺明治初年の列車　機関車と客車はイギリスから輸入したもの。やがて日本人技術者の手でつくられるようになりました。（愛知県・博物館明治村蔵）

❻足尾銅山の精錬所　銅山の開発で生じる排煙、鉱毒ガス、鉱毒水などが周辺の環境に悪影響をあたえました。

大していきました。❹❺また、馬車などの通行が可能なように、道路も整備されました。地方の都市や農村にも鉄道が通って、それまでの街道筋にとってかわり、駅周辺が新たに発展しました。

近代産業の発展や交通網の整備で、職業や事業の選択の幅が広がりました。農村でもさまざまな副業が試みられ、生活水準の向上で米食が普及し、人口も着実に増加していきました。1 子女を製糸工場の女工に出稼ぎに出したり、都市に移住して工場の労働者になる人々も多数生まれました。

街角に時計台が設置され、正確な時刻に合わせて生活する習慣が広がり、工場労働も時間で管理されるようになりました。

社会問題の発生

近代産業の発展にともない、工場労働者の低賃金や長時間労働が問題とされるようになりました。日清戦争後には、労働組合運動も始まりました。1880年代のなかばには、足尾銅山の鉱毒問題❻が発生し、1901（明治34）年、**田中正造**❼は天皇に直訴しようとして、広く注目を集めました。このころ片山潜・幸徳秋水・安部磯雄たちは、社会主義研究会を結成し、労働者の権利を擁護する社会主義運動を始めました。1910（明治43）年、幸徳秋水らは天皇暗殺をくわだてたとして検挙され（大逆事件）、この事件を機に、政府は社会主義運動への警戒を強めていきました。

❼田中正造（1841～1913）
現在の栃木県佐野市生まれ。1878年ごろから自由民権運動に加わり、栃木県議会議員を経て第1回総選挙から6回連続衆議院議員に当選。立憲改進党などの論客として活躍、足尾鉱毒問題が深刻化して以来、明治天皇に直訴を試みるなど、生涯を通してこの問題に取り組みました。（国立国会図書館蔵）

1 東京などの大都市では、ガラスが普及してショーウィンドーが並び、民家でもガラス障子が取り入れられるようになりました。

チャレンジ　近代産業の発展にともなって都市や農村の生活にあらわれた変化を3つあげてみよう。

❶明治期の日本人科学者の研究成果

1890（明治23）年	北里柴三郎	破傷風の血清療法を発見
1894（明治27）年	高峰譲吉	タカジアスターゼをつくる
1897（明治30）年	志賀　潔	赤痢菌を発見
1898（明治31）年	大森房吉	地震計を発明
1902（明治35）年	木村　栄	緯度の変化の研究
1903（明治36）年	長岡半太郎	原子模型の研究
1910（明治43）年	鈴木梅太郎	ビタミンB1の発見
1918（大正7）年	野口英世	黄熱病の病原体の研究

東京帝国大学に外国人教授が着任してからわずか十数年後、日本は早くも世界的な科学者を続々と生み出しました。

西洋の近代科学が日本に定着したあかしだね。

❷なぜ開国早々から世界的な研究が現れたのか?

江戸時代にはオランダを通じて科学技術文献が盛んに輸入されていました。『解体新書』(→p133)が出版されたのは1774年で、原書がオランダ語で出版された1734年のわずか40年後です。こうした翻訳作業によって、多くの医学用語の和製漢語が生み出され、西洋医学の習得が早くから進みました。(→p199[⑥近代中国をつくった日本文化])

緒方洪庵(→p132)が天然痘予防のための種痘を始めたのは1849年、イギリスのエドワード・ジェンナーが種痘法を発表した1798年の51年後でした。緒方洪庵は適塾で「国のため道(医学)のため」と弟子たちに説いて、多くの人材を育てました。

我が国で開国早々から世界的な研究が行われるようになったのは、①江戸時代から西洋の医学書や科学技術文献が入り、それを世のために役立てようと志す人々が多かったこと、②明治に入ってからは、積極的な海外留学などで、一刻も早く日本を西洋諸国に負けない国にしようと多くの国民が努力したこと、によります。

67 学問・教育・科学・芸術の発展

日本は伝統文化の上に、どのように西洋文化を取り入れたのだろうか。

❸北里柴三郎（1852～1931）
ドイツに留学した北里柴三郎は細菌学のコッホ博士の高弟となり、血清学の分野で優れた業績をあげました。1901（明治34）年、北里は第1回ノーベル生理学・医学賞の最終候補に残りましたが、受賞したのは共同研究者のドイツ人でした。そのドイツ人は候補にあがっていなかったため、この不可解な逆転受賞への疑惑は今もなお消えません。（学校法人北里研究所蔵）

大学創設とお雇い外国人

明治維新後の政府は西洋の学問と文化を急速に取り入れながら近代化をおし進めました。政府は1877（明治10）年、東京大学を創立し、9年後には初の帝国大学としました。外国人教師を雇い、講義は英語で行いました。西洋の概念や理論を移入するために「国民（ネイション）」「社会（ソサエティ）」「経済（エコノミー）」など、膨大な翻訳語がつくられました。

若い知識人たちは西洋の学問をたちまち吸収し、多くの優れた学者が育ちました。明治20年代には自然科学の分野で早くも日本人による世界最先端の研究が発表され❶❷、**北里柴三郎**❸や**野口英世**のように細菌学の分野で世界的名声を博する学者もあらわれました。

口語文と近代文学

明治時代には思想や感情を日常の言葉で表現する口語文の工夫が始まりました。これは言文一致運動とよばれ、近代文学の基礎となりました。二葉亭四迷、尾崎紅葉ら文学者の努力によって、今日につながる口語文が普及しました❹。

また、同じく明治20年代には、人間性の解放をうたうロマン主義がおこり、**森鷗外**や**樋口一葉**などの作家があらわれました。明治30年代には、フランス自然主義文学の影響から、内面を偽

❹文語体と口語体の作品

文語体

樋口一葉
(1872～96)

◆廻れば大門の見返り柳いと長けれど、お歯ぐろ溝に燈火うつる三階の騒ぎも手に取る如く、明けくれなしの車の行來……

（樋口一葉『たけくらべ』1896年）

森 鷗外
(1862～1922)

◆石炭をば早や積み果てつ。中等室の卓のほとりはいと静にて、熾熱燈の光の晴れがましきも徒なり。

（森鷗外『舞姫』1890年）

口語体

◆高瀬舟は京都の高瀬川を上下する小舟である。徳川時代に京都の罪人が遠島を申し渡されると、本人の親類が牢屋敷へ呼び出されて、そこで暇乞をすることを許された。

（森鷗外『高瀬舟』1916年）

夏目漱石
(1867～1916)

◆私はその人を常に先生と呼んでいた。だからここでもただ先生と書くだけで本名は打ち明けない。

（夏目漱石『こころ』1914年）

らずに表現する島崎藤村の『破戒』などが書かれました。また、**夏目漱石**は西洋的自我と日本的倫理との葛藤に悩む近代人を描き、多くの読者を獲得しました。

正岡子規は月並みに堕した江戸俳諧➡P.129を改革して近代の俳句を生み出しました。「みだれ髪」の与謝野晶子や「一握の砂」の石川啄木らは、平易な言葉を使って短歌の裾野を広げました。

西洋の美と日本の伝統

絵画の分野では、西洋化の中で日本の伝統が軽視される風潮が広まりましたが、日本の伝統美術に感動したアメリカ人フェノロサは、**岡倉天心**とともに東京美術学校（現在の東京芸術大学）の創設に尽力し、その保存と復興につとめました。

横山大観や**狩野芳崖**❺は、洋画の技法を取り入れて線描の手法を用いない、朦朧体とよばれる日本画の作品を生み出しました。フランスに留学した黒田清輝、藤島武二らは、自然の光の色彩感覚によって美術界に新風を吹き込みました。

彫刻では、高村光雲が西洋の写実的技法を取り入れて、木彫りの作品を制作しました。

音楽でも西洋の旋律が学校唱歌に取り入れられ、広く愛唱されました。ドイツに留学した滝廉太郎は洋楽の手法で日本の心を表現する「荒城の月」「花」などの作品を生み出しました。

❺**悲母観音**（狩野芳崖筆 東京芸術大学蔵）重

チャレンジ ①❶の表の科学者について人物カード（P.16）をつくってみよう。②その中から一人を選び、くわしく調べて800字の人物伝記（P.17）を書いてみよう。

人物クローズアップ コラム

日本の実業家の伝統をつくった渋沢栄一

実業は単なる金儲けではない。「論語と算盤」という言葉で表される、日本の実業家の理想のモデルをつくったのが渋沢栄一だった。

◉道徳心を培った少年時代

渋沢栄一は、明治から大正にかけて日本の経済界の指導者として活躍した実業家です。

渋沢は、1840（天保 11）年、今の埼玉県深谷市の農家に生まれました。6歳になると、学問の素養のあった父親から漢文の書物の素読を教わり、1年あまりで中国の古典である小学・大学・中庸・論語を読み進みました。8歳からは漢学者に師事し、聖人、賢人の言行を記した多数の書物を学び、教養と道徳心の基礎を培いました。

◉商人が誇りを持つ国に

1864（元治元）年には武士の身分を得て、のちに15代将軍となる徳川慶喜に仕えました。1867(慶応3)年、幕府が派遣したパリ万国博覧会使節団の一員としてヨーロッパにわたり、フランス、イギリスなどを視察しました。

そこで発見したことの一つは、銀行家が陸軍将校と対等に話していることでした。日本で言えば、銀行家にあたるのは商人で、陸軍将校は身分の高い武士です。武士のなかには、金儲けを卑しいものとみて、商人と同席することをはばかる風潮がありました。渋沢はこれからの日本は、商人が誇りをもって商売するようにならなければいけないと思いました。

渋沢栄一（1840 ～ 1931）上の2枚の写真のうち左は洋行前、右は洋行中のものです。誇り高い武士・渋沢が、西洋視察中に心境の変化を起こし、近代的な実業家に生まれ変わろうと決心したことを象徴しているかのようです。（東京都・渋沢史料館蔵）

◉株式会社の必要性を痛感

さらに渋沢がヨーロッパで学んだのは、株式会社の必要性でした。株式会社とは民間からお金を集め、それを元手に事業をする仕組みです。一人から集める金額は少なくても、それがまとまれば大きな金額になります。株式会社は国の産業を盛んにするとともに、人々の生活を豊かにするのです。

渋沢は「わが国が西欧諸国と対等に交際していくには、国を富ますことが必要だ。そのためには商工業を近代化し、多くの人から資金を集める株式会社をつくらなければならない」と考えました。

帰国後は新政府に召され大蔵省（現財務省）に勤めるなどした後、1873（明治6）年、第一国立銀行の創設にかかわり、そこで手腕を発揮します。さらに東京ガス、帝国ホテル、キリンビールなど約500の株式会社の創設や運営にかかわりました。

◉「論語と算盤」の考え

渋沢は、実業家の仕事を単なる金儲けとは考えませんでした。人としての信義を重んじる道徳心を実業家に求め、彼らに論語の教えを語りました。そのような実業家こそが、一身一代を繁栄させると同時に、日本全体を豊かにするとの考えからでした。渋沢のこうした思想は「論語と算盤」と呼ばれました。信用を大事にし、道徳（論語）と経済（算盤）を統一し、公共心を重んじる日本の実業家の伝統がつくられました。

渋沢自身も事業活動で生まれた富の一部を社会に還元すべきだとの考えから、弱者を救済する日本で最初の公立施設、東京養育院をつくりました。渋沢が設立にかかわった社会・教育団体は600以上に上ります。

また栄一の孫、渋沢敬三も第一銀行副頭取や日銀総裁、大蔵大臣などをつとめ、祖父同様日本の経済界を指導しましたが、自ら民俗学を学んだ学者でもありました。渋沢敬三は、民俗資料を求めて全国を回り「旅する巨人」と言われた宮本常一ら多くの民俗学者を物心両面で援助しました。渋沢栄一の考え方を引き継いだといえます。

渋沢栄一の生家

『論語と算盤』
渋沢栄一・著

第一国立銀行（現みずほ銀行） 渋沢栄一が創設にかかわるとともに、総監役となりました。（東京都・渋沢史料館蔵）

日本の近代産業発祥の地　長崎

ユネスコの世界遺産の一つとして、「明治日本の産業革命遺産」が登録されました。その中には、23の施設が含まれています。けい子さんたちは、自分たちの住む長崎市にも産業遺産がたくさんあることを知り、ワクワクしてきました。現地に行って当時の様子を調べてみることにしました。➡巻頭2

長崎には8つもの
登録遺産があるわ!!
海に浮かぶ「端島」が、
なぜ遺産に
登録されたのかしら?

最初にわかったこと

明治の産業革命に欠かせなかったのは、製鉄・造船・石炭です。全国23の施設のうち21もが、山口県と九州に集まり、中でも長崎市には、造船設備や元炭鉱施設があります。旧グラバー住宅も有名です。

端島でわかったこと①

海に浮かぶ、南北約480メートル、東西約160メートルの小さな端島は、海底炭鉱の入り口だったのです。下の写真のように軍艦にそっくりなので、「軍艦島」とも呼ばれていました。島には「入坑桟橋」や日本初の7階建て鉄筋コンクリートを使った高層住宅もありました。けい子さんたちは、100年以上前の大正時代にこのような近代的な建物があったことに驚きました。

ぎっしりと立ちならぶ高層住宅には、5300人もの人々が住んでいました。島には、幼稚園や学校、商店、郵便局などがそろっていました。映画館などの娯楽施設や美容院などもあり、大変繁盛していました。長く端島で生活してきた案内の人によれば、生活のレベルは本土よりも高く、「炭鉱で働く人々やその家族は、お互いに助け合い、温かい心の絆で結ばれていた」とのことです。

端島　別名「軍艦島」

端島の賑わう生活の様子

端島でわかったこと②

1890(明治23)年から三菱の所有となった端島炭鉱は、海底から良質な石炭を産出しました。その石炭のおかげで官営八幡製鉄所は、品質の高い鉄鋼を生産し日本の産業革命を支えました。

閉山までの84年間に、東京ドーム13個分(1570万トン)もの石炭を産出しました。

端島から見えたもの

端島の隣には高島が見えました。高島炭鉱も産業遺産の一つで、この炭鉱では蒸気機関も導入され、生産量は飛躍的に増大しました。この技術は、端島をはじめ全国の炭鉱に伝わって行きました。

史料館でわかったこと①

長崎造船所史料館を訪れ造船の歴史について調べました。この建物は、三菱長崎造船所の木型場だったところです。ここには日本に現存する最古の工作機械や日本初の国産蒸気タービンなどが展示され、造船技術の進歩の様子がわかりました。小菅修船場跡は日本近代造船所発祥の地とされています。

端島から見えた高島

史料館でわかったこと②

東洋一の大きさを誇った「第三船渠（ドック）」が、100 年以上も前から今でも使われ続けていることがわかりました。迎賓館の「占勝閣」、150 トンの重さをつり上げられるジャイアント・カンチレバークレーンも現役で働いている産業遺産であることがわかりました。

三菱長崎造船所史料館（旧木型工場）

旧グラバー住宅でわかったこと

英国出身の貿易商トーマス・グラバーは近代造船技術などを日本に伝えました。その功績を称えて外国人としては破格の勲章を授与され、日本で生涯を閉じました。

けい子さんたちの感想

明治の産業革命遺産を調べたけい子さんたちは、日本が西洋列強に負けない近代産業国家にしようとした先人たちの気概と努力に触れることが出来ました。また、日本の産業発展のために果たした長崎の役割を実感し、繁栄の基礎を築いた私達の祖先に深い感謝の気持ちを持つようになりました。

さらに、他の地域の遺産にも興味がわいてきて調べたいと思いました。

三菱長崎造船第三船渠（非公開）

小菅修船場跡

ジャイアント・カンチレバークレーン（非公開）

旧グラバー住宅（旧グラバー邸）

①イギリスでおこった流血を伴わない市民革命は？	1
②重税に苦しむパリ市民が国王や貴族に抗しておこした革命は？	2
③イギリスから始まった蒸気機関の発明など経済・社会の大きな変化は？	3
④幕府が外国船の接近に対して撃退を指示した法令は？	4
⑤ペリー来航後アメリカと結んだ２つの条約は？	5　6
⑥井伊直弼が尊王攘夷派の浪士により暗殺された事件は？	7
⑦幕府を廃止し、天皇中心の政治に戻す宣言は？	8
⑧明治天皇が発した新しい国づくりの５項目の方針は？	9
⑨藩を廃止し、中央集権制のもとで県を置く制度は？	10
⑩ 1875（明治８）年の日本とロシアによる国境画定のための条約は？	11
⑪ 1877（明治10）年、西郷隆盛を中心とした鹿児島の士族による反乱は？	12
⑫政府資金の投入による近代産業育成のための政策は？	13
⑬政府に国会開設や憲法制定を求めた政治運動は？	14
⑭明治政府が発布しアジアで初めて施行された憲法は？	15
⑮日清戦争に勝利した日本が、清国と結んだ講和条約は？	16
⑯日本がイギリスとの間で締結した同盟は？	17
⑰日露戦争の終結のための講和条約は？	18

地図問題１
幕末に起きた主な出来事の地図です。下表のア～オの記号を地図の□に入れなさい。

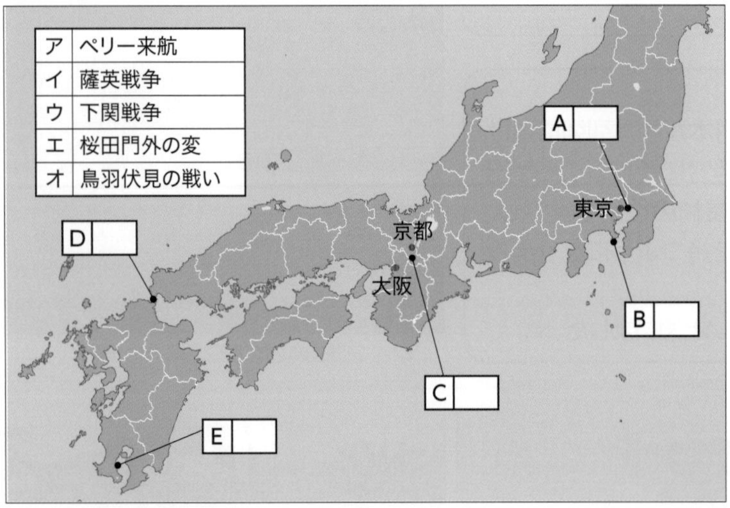

地図問題２
満州や朝鮮半島周辺の地図です。重要な地名について、下表のア～エの記号を地図の□に入れなさい。

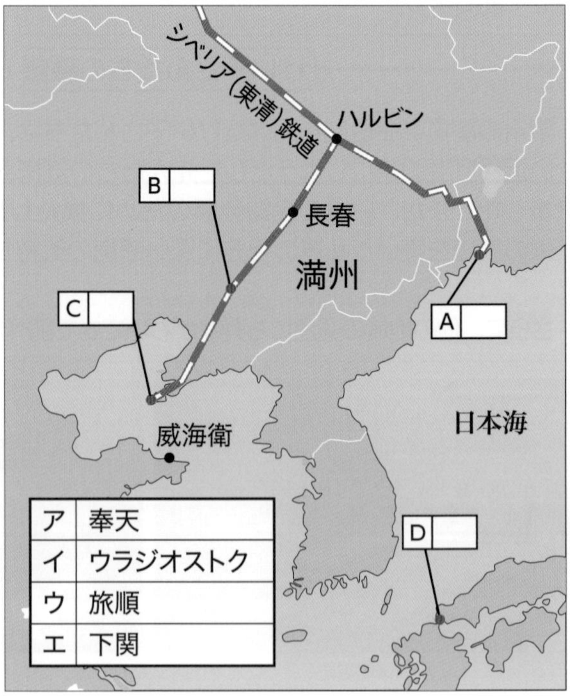

近代前半（幕末・明治）とはどんな時代だったのか

近代前半という時代の特徴を大づかみにとえらるために、以下の問題を解いてみよう。

◆「歴史用語ミニ辞典」の作成

歴史用語を３文で説明する「歴史用語ミニ辞典」をつくります。第４章「近代前半（幕末・明治）」に登場する以下の歴史用語について、教科書をよく読み、p67・p103の解説を参考にして、３文でノートにまとめてみよう。

ペリー来航　日米和親条約　日米修好通商条約　安政の大獄　王政復古　五箇条のご誓文　廃藩置県　学制発布　徴兵令　地租改正　自由民権運動　大日本帝国憲法　日清戦争　三国干渉　日英同盟　日露戦争　韓国併合　辛亥革命

◆時代区分の問題

明治維新の始まりは、1853（嘉永６）年のペリー来航です。では終着点はいつでしょうか。これについていくつかの説があります。それぞれの根拠を考えてみよう。

① 1868（明治元）年、明治政府の成立まで、ペリー来航から15年
② 1871（明治４）年、廃藩置県まで18年
③ 1889（明治22）年、大日本帝国憲法制定まで36年
④ 1911（明治44）年、条約改正まで58年

【翔太君のノート　①について】

①幕末にペリーが来航し、尊王攘夷運動は倒幕を目標とするようになった。1868年、ついに幕府が倒れ、明治新政府が出来た。ペリー来航から15年間の争いを経て政権が移動したことをもって明治維新ととらえる見方である。

◆時代比較の問題

①江戸時代の藩と明治時代の県の違いを表にしてみよう。
②江戸時代と明治時代の衣食住にはどんな違いがあったのか、簡単な表にしてみよう。

【さくらさんが作った①の表】

<江戸時代の藩>

数	約260藩
統治者	幕府が認めた藩主（大名）
権　限	徴税、軍事など

<明治時代の県（府）>

数	3府72県（明治4年11月）
統治者	政府から派遣された知事
権　限	徴税、警察の一部など

◆「ひとこと」作文

近代前半はひとことでいうと
「○○」の時代だった。

○○にあてはまりそうな言葉を入れて200字以内の作文を書いてみよう。

（例）改革、近代化、国づくり

【「国づくり」を選んださくらさんのノート】

近代前半はひとことでいうと「国づくり」の時代だった。欧米列強の軍事力を背景とした強硬な開国要求に屈した日本は、不利な条約を結んで開国した。これを解消して対等な関係を築くには近代国家体制を確立する必要があった。

そのため富国強兵を合言葉に国家の建設に励み、政治的にも大日本帝国憲法をつくって近代国家の要件を備え、ようやく一人前の国家として認められ不平等条約を解消することができた。

◆意見交換会

(1) 西郷隆盛と大久保利通は、薩摩出身の幼なじみで、ともに明治維新で活躍しました。しかし、のちに外交政策や国づくりの方針をめぐって対立するようになりました。どこで、どうして意見が分かれてしまったのだろうか。それぞれの考え方を調べ、それについて意見を出し合ってみよう。

(2) 福沢諭吉の「脱亜論」をテーマとして、日本とアジアのかかわり方について、調べたり、考えたりしたことを出し合ってみよう。

《4 対話とまとめ図のページ

下の<まとめ図>を見ながら、お姉さんと妹が対話をしています。

（妹）日本の近代はペリーの来航から始まったのね。

（姉）欧米の市民革命によって近代国民国家が誕生し、産業革命によって国力をつけた列強は、アジアに進出して植民地にしていったのね。列強の中で最後に日本にやって来たのが、アメリカのペリー提督（ていとく）だったというわけね。

しかし、日本はその後、短期間で明治維新を成し遂げ、国のあり方を変えたので、欧米の植民地にならなかったのね。

日本が幕末に列強と結んだ不平等条約は、二つの課題を生み出したといえるわ。一つは、欧米諸国に対抗できる近代国家の体制を整えること。大日本帝国憲法ができたことで完成したと言えるわね。

もう一つは、不平等条約そのものの解消。こちらのほうは、1911 年にアメリカとの間で関税自主権を回復することで完了したのね。条約締結から半世紀経っているわ。

憲法ができたころ、東アジアにロシアの脅威（きょうい）が迫（せま）ってきたのね。これを打ち破ったのが日露戦争だったのよ。

第4章　近代の日本と世界・まとめ図

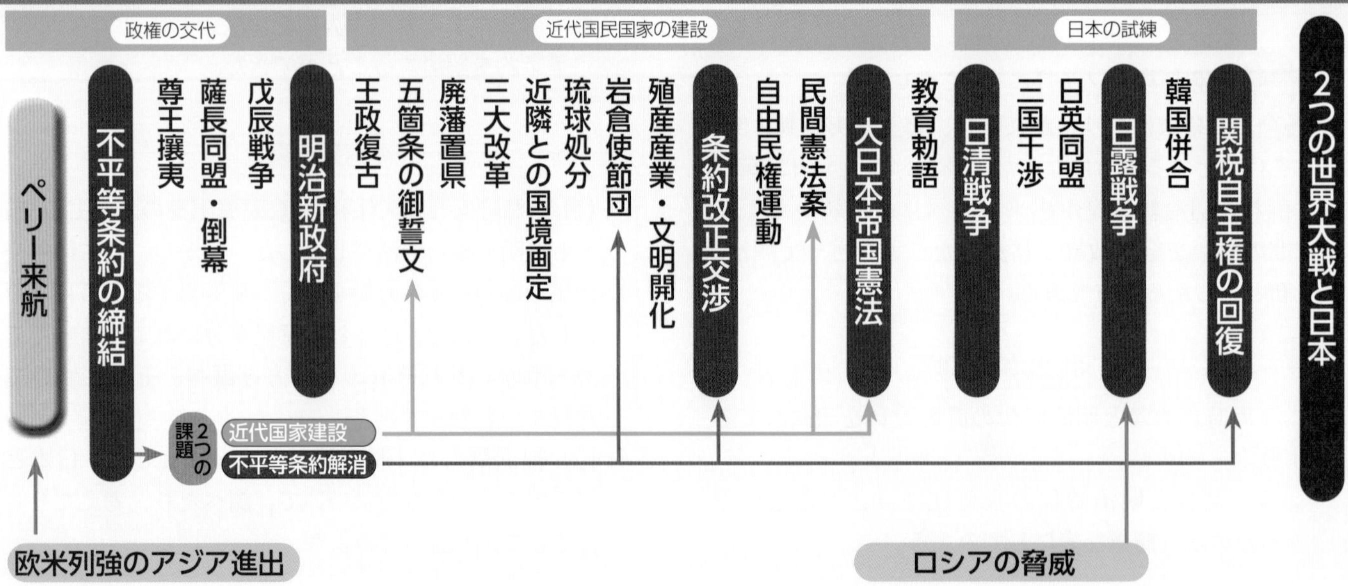

第5章
二つの世界大戦と日本

大正・昭和前半時代

世界最大級の軍艦で、
艦橋までは、
12 階建てのビルと
同じ高さだったんだわ。
さくらさん

戦艦大和（十分の一サイズの模型）（広島県・大和ミュージアム提供）

第5章　2つの世界大戦と日本＜予告編＞

第二次世界大戦

ルーズベルト

第二次大戦時のアメリカ大統領

スターリン

ヒトラー

吉野作造

民本主義

ガンジー

インド独立運動の指導者

レーニン

ロシア革命

第一次世界大戦

小学校で学んだ人物を中心に紹介

登場人物紹介コーナー

第1節 第一次世界大戦とその影響

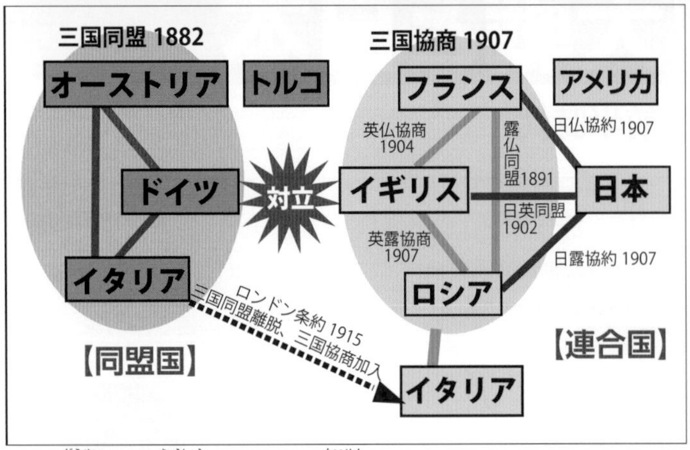

❶三国同盟と三国協商　第一次世界大戦が始まったのち、オーストリアと領土問題があったイタリアは協商側に移りました。同盟国にはトルコ、ブルガリア、協商側にはベルギー、日本、アメリカ、中国などが加わりました。協商側は連合国と称しました。**同盟**とは、条約などの文書で結ばれる国家関係で、**協商**とは、同盟ほど強固ではないが**友好**よりは強い国家間のつながりを示します。

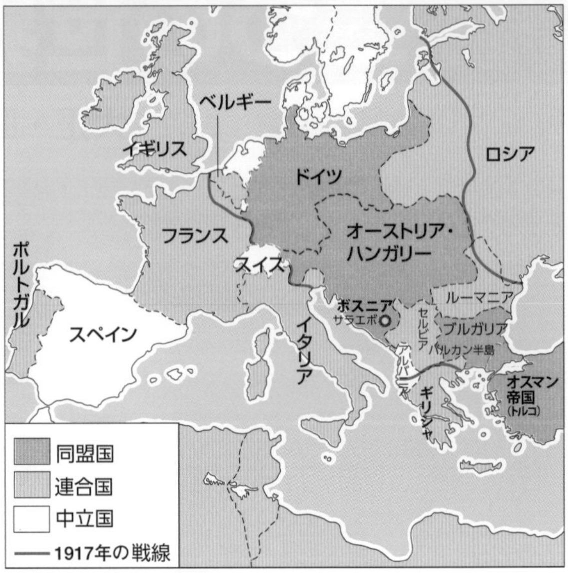

❷第一次世界大戦中のヨーロッパの両陣営

68 第一次世界大戦と日本の参戦

第一次世界大戦はどのように起こり、日本はどのように関わったのだろうか。

第一次世界大戦の始まり

日露戦争後、ヨーロッパの情勢は変わりました。ロシアは東アジアでの南下政策をあきらめ、再びヨーロッパへの進出をはかるようになりました。ドイツはすでに、オーストリア、イタリアと**三国同盟**を結んでおり、急速に海軍力を拡大して海外進出につとめました。これを恐れたイギリスは、フランス、ロシアに接近しました。1907（明治40）年、英仏露の**三国協商**が成立してドイツを包囲する形となりました。ヨーロッパの各国は両陣営のどちらかと同盟関係を結び、両者の間の緊張が高まっていきました。❶

このころ、オスマン帝国統治下のバルカン半島では、多くの民族の独立をめざす運動が盛んで、この地域に利害関係をもつ列強は、他の列強の統治下にある民族の独立運動を助長し、利用して勢力をのばそうとしました。そのため、バルカン半島は「ヨーロッパの火薬庫」とよばれる様相を呈し、一触即発の緊張した状態がつづきました。ロシアはセルビアなどに住むスラブ民族[1]を支援し、これらの国々を支配するオーストリアと対立していました。

1914（大正３）年６月、オーストリアの皇太子夫妻がボスニアの首都サラエボ[2]を訪問中に、ロシアに心を寄せるセルビアの一青年に暗殺されました（サラエボ事件）❹。両陣営は同盟や協商に基づきあいついで参戦し、**第一次世界大戦**が始まりました。❷❸

③第一次世界大戦はなぜ起こったか

ヨーロッパでは19世紀初めのナポレオン戦争以後、大きな戦争はありませんでした。ヨーロッパの主要国は産業革命によって国力を増大させ、海外に植民地を持つ、列強となりました。19世紀には列強諸国はたくみに利害を調整していましたが、20世紀に入るとバルカン地域の民族独立の動きと絡んで亀裂が生じ、ドイツとオーストリアの中央ヨーロッパの帝国と、協商関係を結んだ英仏露の二つの陣営に分裂しました。

しかし、参戦を決定した全ての政府や軍の指導者には、世界大戦となるような戦争を始めるつもりはありませんでした。彼らは、戦争に訴えもせずに後退したら列強としての名誉を失うのではないかという不安に動かされたのです。各国の国民の間には自国政府を支持する愛国熱が高まり、市民が街頭に繰り出して宣戦布告を歓迎しました。

1スラブ民族　東ヨーロッパに住むロシア系の民族で、セルビア人もその一つです。
2サラエボ　オーストリアが併合した地域の中心地。

❹**サラエボ事件**（1914年）オーストリアの皇太子が、セルビアの青年に暗殺されました。

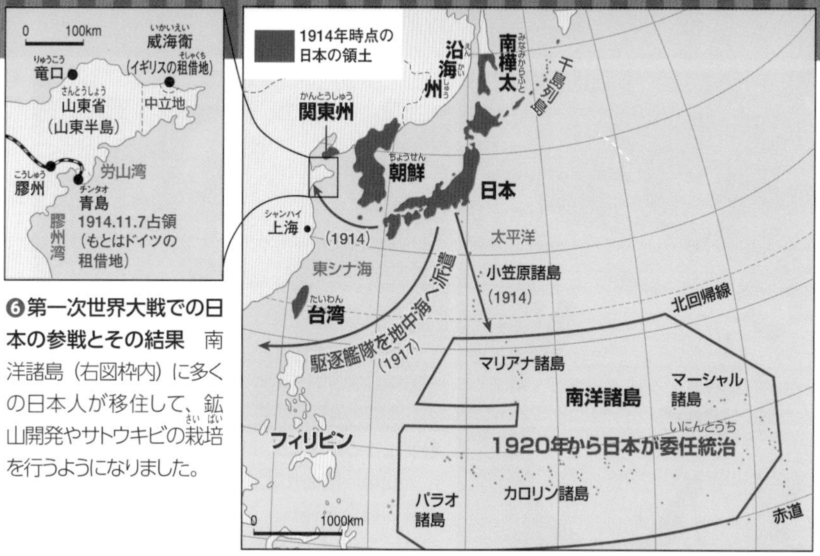

❻**第一次世界大戦での日本の参戦とその結果**　南洋諸島（右図枠内）に多くの日本人が移住して、鉱山開発やサトウキビの栽培を行うようになりました。

❺**日本の捕虜となったドイツ兵**　捕虜のドイツ兵と徳島の収容所付近の日本人住民が交流しています。捕虜の人道的扱いは後世まで評価されました。（徳島県・鳴門市ドイツ館蔵）

❼**地中海に派遣された日本海軍**（第二特務艦隊）**の出雲**（絵ハガキ）

日本の参戦と二十一か条要求

日英同盟を結んでいた日本は、連合国➡P.190（協商）側につき、1914年8月、ドイツに宣戦布告しました。日本はドイツの租借地であった山東半島の青島や、太平洋上の赤道以北の島々（ドイツ領）を占領しました❺❻。また、ドイツの潜水艦が連合国側の商船を警告せずに攻撃し始めると、日本は駆逐艦3の艦隊を地中海に派遣❼して、護衛に活躍しました。

日本は中国に対し、ドイツが山東省にもっていた権益を譲ることなどの14か条と希望条項7か条を要求しました（**二十一か条要求**❽）。中華民国の大総統の袁世凱は、外部に知らせないことを約束していた交渉内容を、列強の介入を期待して公表しました。日本は清国と結んでいた条約の再確認のために、十六か条を袁世凱に承認させました。

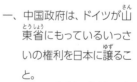

❽**二十一か条要求**
（1915年1月　一部要約）

一、中国政府は、ドイツが山東省にもっているいっさいの権利を日本に譲ること。

一、日本の旅順、大連の租借の期限、南満州鉄道の利権の期限を99年延長すること。

一、中国政府は、南満州および東部内モンゴルにおける鉱山の採掘権を日本にあたえること。

当時の人はこの戦争を第一次世界大戦とはよばなかった。
日本人はヨーロッパの戦争と受け止めていたみたいよ。

3 **駆逐艦**　小型ですばやく動く艦船。魚雷を主要兵器とし、敵の水上艦を駆逐したことから名づけられました。

チャレンジ　第一次世界大戦に日本が参戦した理由と、大戦中に日本がしたことを箇条書きにしてみよう。

❶ニコライ2世（1868～1918） ロマノフ王朝最後の皇帝で、共産党によって家族全員が殺害されました。

❷演説するレーニン（1870～1924） 国外に亡命して革命の機会を待ち、二月革命が起こるとそれをロシア革命に発展させました。

❸シベリア出兵要図

❹シベリア出兵 ウラジオストクに上陸する日米英仏伊カナダの兵の行進。

69 ロシア革命と大戦の終結

ロシア革命と世界大戦によって、世界はどのように変わったのだろうか。

ロシア革命

長引く戦争のさなか、1917（大正６）年、**ロシア革命**がおこりました。食料難にあえぐ都市の市民の暴動に兵士が合流し、ロマノフ王朝が倒れました（二月革命）。マルクスの理論に基づいて武装蜂起した**レーニン**❷➡P.155の一派は、実力で政権を奪取し、労働者と兵士を中心に組織された代表者会議（ソビエト）を拠点とする政府をつくりました（十月革命）。その後、レーニンらはほかの党派を武力で排除し、みずからひきいる共産党の一党独裁体制を築きあげました。1922年には、**ソビエト社会主義共和国連邦（ソ連）**が成立しました。

ソビエト政府はドイツとの戦争をやめ、革命に反対する国内勢力との内戦に没頭しました。皇帝一族❶❺をはじめ、共産党が敵と見なす貴族、地主、資本家、聖職者、知識人らが数知れないほど殺害されました。飢饉も発生し、数百万の農民が餓死しました。

シベリア出兵

長年、南下するロシアの脅威にさらされていた日本は、共産主義の革命勢力に対しても、他国以上に強い警戒心をいだいていました。欧米諸国も、軍を送って共産革命阻止の干渉戦争を始めました。1918（大正７）年、日本はロシア領内で孤立したチェコスロバキア部隊の救出と、満州の権益を守るため、アメリカなどとともにシベ

⑤皇帝一家の殺害とロシア革命の評判

古い体制を打破したロシア革命は世界中に好意的に迎えられましたが、その評判に暗雲を投げかけたのは、皇帝一家の殺害でした。レーニンら共産党は国王を殺害したフランス革命を理想とし、世襲的君主の絶滅は革命の欠かせない課題としました。

1918年の夏、ニコライ2世の一家は深夜に起こされ、地下室で子供を含む全員が銃殺されました。殺害の秘密情報が漏れ出すと、日本でもロシアの共産主義への強い警戒心が生まれました。

1尼港事件 1920年、シベリアのアムール川の河口にあるニコライエフスク市をソ連共産党の4000人の非正規軍が襲い、日本軍守備隊、日本人居留民など約700人の日本人が惨殺された事件。市全体の犠牲者は6000人におよんだといわれています。日本はこの無法行為に怒り、シベリア出兵を長引かせる要因ともなりました。

旧石器	縄文		弥生		古墳			飛鳥	奈良	平安			鎌倉	南北朝 室町	戦国	安土桃山	江戸		明治 大正 昭和	平成 令和
（世紀）	BC	AD1	2	3	4	5	6	7	8	9	10	11	12	13	14	15	16	17 18	19 20	21

❻第一次世界大戦の新兵器など 他に、飛行船、潜水艦が登場しました。

リアへ共同出兵しました（**シベリア出兵**）。❸❹1

総力戦

第一次世界大戦は、ロシア革命などをはさんで４年もつづき、この戦争は過去の戦争とはまったく違った性格をもつようになりました。それは、第一次世界大戦が国民経済、科学技術のすべてを動員し敵国の多数の兵士や市民を殺傷する**総力戦**となったことです。

戦場の兵士の間に膨大な死傷者をもたらしたのは新兵器❻の威力でした。兵士以外の国民も戦禍に巻きこまれ、軍需工場に動員されたり❼、生活必需品が不足するなど、参戦国の国民は莫大な犠牲を強いられました❽。ヨーロッパ人は、人類史上初めての総力戦の悲惨な現実を経験したのです。

大戦の終結

第一次世界大戦は、中立の立場をとっていたアメリカが参戦したことによって、1918年、同盟国側の敗北に終わりました。ドイツ帝国は崩壊し、ワイマール共和国が成立しました。

ヨーロッパ諸国に比べると、日本は少ない犠牲で戦勝国となりました。こうして第一次世界大戦後は、太平洋をはさむ日米の２つの国が国際社会で発言力を強めるようになりました。

❼工場ではたらく女性 多くの男性が出征したことで、女性の社会進出をうながすことになりました。（イギリス）

	国名	死傷者（戦死者）
連合国 24	ロシア	915（170）万人
	フランス	617（136）万人
	イギリス	319（91）万人
	イタリア	320（65）万人
	アメリカ	36（12）万人
	日本	**1210（300）人**
同盟国 4	ドイツ	714（177）万人
	オーストリア	702（120）万人
	トルコ	98（32）万人
	ブルガリア	27（9）万人
	合計	3791（853）万人

❽第一次世界大戦における人的損害 アメリカ合衆国陸軍省の報告（1924年2月）による。（『ブリタニカ国際大百科事典』から）
※合計はその他の死傷者を含む。

チャレンジ 第一次世界大戦がこれまでの戦争と違った点を「新兵器」「総力戦」という言葉を使って説明しよう。

❶パリ講和会議（1919年） ①アメリカ大統領ウィルソン ②日本の首席全権・西園寺公望

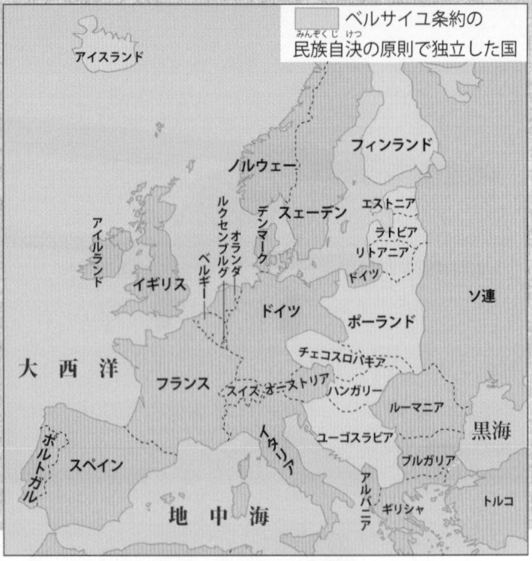

❷第一次世界大戦後のヨーロッパ地図　アメリカのウィルソン大統領が提唱した民族自決の原則は、敗戦国であるドイツやオーストリアの領土には適用されましたが、戦勝国側（イギリス、フランスなど）が持っているアジアやアフリカの植民地には適用されず、これらの国の独立は認められませんでした。独立したのはヨーロッパの白人国のみでした。

70 ベルサイユ条約と大戦後の世界

第一次世界大戦の戦後処理は、どのように行われたのだろうか。

1のちに、ドイツの賠償金は1320億マルクと決定されました。1921年のドイツの財政収入は52億マルクで、賠償金は国家予算の25年分に相当しました。ドイツは破局的なインフレに見舞われることになりました。

2民族自決　各民族は他民族の支配を受けず、みずからの政治的意思で行動すべきだという原則。

③日本の人種平等案はなぜ否決されたのか

日本の最初の提案は、連盟規約第21条(宗教の自由の保障)に、「人種あるいは国籍のいかんにより法律上あるいは事実上の差別を設けない」という規定を入れるものでした。これに反対する国々は、第21条そのものを規約から削除することで日本案をしりぞけました。

日本は方針を変え、規約前文に「各国民の平等および各人に対する公正な待遇」を盛り込むこととしました。これをウィルソンが否決したのは、人種平等が連盟規約に盛り込まれるとアメリカ国内の人種問題に火がつきかねないという事情がありました。この対立がのちの日米戦争の遠因となったという見方（昭和天皇独白録）もあります。

ベルサイユ条約と国際連盟

1919（大正８）年、パリで世界大戦の講和会議❶が開かれました。日本は5大国（米・英・仏・日・伊）の一つとして出席し、**ベルサイユ条約**が結ばれました。これによってドイツは戦争の責任を問われ、植民地と領土の一部を失い、過酷な賠償金1の返済にあえぐようになりました。これはのちに第二次世界大戦の原因の一つとなったといわれています。➡P.290

アメリカのウィルソン大統領は、**民族自決**2の原則を提唱しました❷。パリ講和会議で、国家の利害をこえた世界平和と国際協調のための機関の設立を提案し、1920年、**国際連盟**が発足しました。ところが、提案国のアメリカが議会の反対にあって参加せず、国際連盟の役割は狭められました。

否決された日本の人種平等案

パリ講和会議で、日本は国際連盟規約に人種差別撤廃を盛りこむことを提案❸しました。日本人の移民がアメリカで受けている人種差別を解消することがねらいでした。世界の有色人種は、歴史上初めてとなるこの決議に期待しました。投票の結果、11対5で賛成が多数を占めました。ところが、議長役のアメリカ代表ウィルソンは、「重要案件は全会一致を要する」として、決議の不採択を宣言しました。この結果に多くの日本人は落胆し、憤りました。

旧石器 | 縄文 | 弥生 | 古墳 | 飛鳥 | 奈良 | 平安 | 鎌倉 | 南北朝 | 室町 | 戦国 | 安土桃山 | 江戸 | 明治 | 大正 | 昭和 | 平成 | 令和
(世紀) | BC | AD1 | 2 | 3 | 4 | 5 | 6 | 7 | 8 | 9 | 10 | 11 | 12 | 13 | 14 | 15 | 16 | 17 | 18 | 19 | 20 | 21

❹**インドのガンジー**（1869 ～ 1948）**と糸車**　イギリスの製糸業による圧迫に抵抗して、ガンジーはイギリスの綿製品の不買運動をよびかけ、インドの伝統的手工業をもりたてようとしました。糸車はその抵抗の象徴となりました。

❺**「新生トルコの父」といわれたケマル・アタチュルク**

❻**三・一独立運動（三・一運動）**

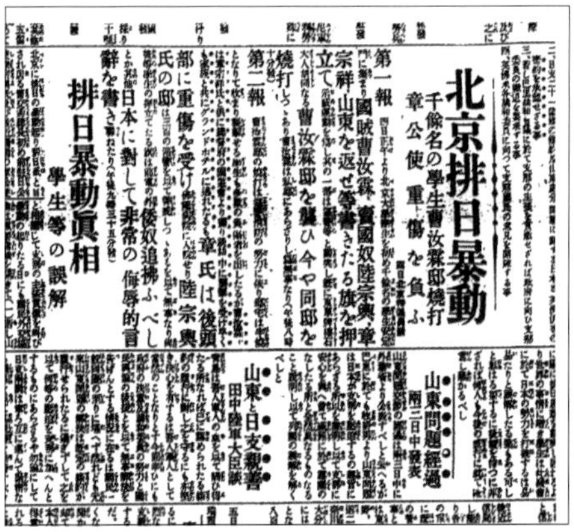

北京排日暴動
千餘名の學生曹汝霖邸燒打
章公使重傷を負ふ

第一報
國賊曹汝霖、賣國奴陸宗輿、章宗祥山東を返ぜ等書きたる旗を押立て
曹汝霖邸を襲ひ今や同邸を燒打しつゝあり

第二報
章氏は後頭部に重傷を受け陸宗輿氏の邸
倭奴追拂ふべしとか日本に對して非常の侮辱的言辭を書き

排日暴動眞相
學生等の誤解

山東問題經過

山東と日支親善
田中陸軍大臣談

❼**五・四運動の暴動を報じる新聞**（「東京朝日新聞」1919年5月6日）

アジア諸国の動向

大戦後、民族自決が適用されなかった中で、アジアでは民族独立運動がおこりました。インドでは非暴力主義の指導者**ガンジー**❹が、約束されていたインドの自治をイギリスに要求しました。ヨーロッパに近いトルコでも、オスマン帝国の将軍ケマル・アタチュルク❺が、帝政を廃止し共和国を樹立しました。

日本統治下の朝鮮では、1919 年３月１日、旧国王の葬儀に集まった人々がソウルで独立を宣言し、デモ行進を行いました。この動きは朝鮮全土に広がりました（**三・一独立運動**❻3）。

中国では、パリ講和会議で日本が中国の旧ドイツ権益を引きつぐことになると、1919 年５月４日、北京の学生のデモをきっかけに排日暴動がおこりました（**五・四運動**❼）。

日本の大戦景気

第一次世界大戦中、日本では軍需品の輸出が急増し、アジア地域への輸出も増大しました。重工業も急速に発展して、日本は大戦景気とよばれる空前の好景気をむかえました。4

他方、日本は大きな犠牲をはらわず戦勝国となったため、これからの戦争は総力戦になるという世界の動向を十分に認識することができず、装備の近代化や総力戦の準備に遅れをとりました。

3 朝鮮総督府は過激化した暴動を武力で鎮圧しましたが、のちに統治の方針を文治政策に変更し、日本との一体化を進めました。

4 **大戦景気**　第一次世界大戦の時期に日本経済が空前の好景気となったことを大戦景気といいます。大戦中ヨーロッパからの物資がとだえたアジア諸国への輸出を日本が一手に肩代わりしました。1919 年の日本の輸出入総額は大戦前に比べ４倍に伸び、紡績業や造船業など日本の産業が大きく発展しました。

チャレンジ　❷の地図を見て、あらたに独立したヨーロッパの国を書き出してみよう。

❶**護憲運動**　1913年（大正2）年2月5日、第三次桂内閣の藩閥政治に抗議し、国会議事堂におしよせた人々。尾崎行雄、犬養毅らをリーダーとする言論活動によって、桂内閣は退陣に追いこまれました。

❷**吉野作造**（1878～1933）
東京帝国大学（今の東京大学）の教授で民主主義政治の考え方を広めた政治学者。デモクラシーを民本主義と訳したのは、当時は「民主主義」という言葉が民衆暴動、王制廃止などを連想させる言葉だったためです。（宮城県・吉野作造記念館蔵）

71 政党政治の展開と社会運動

日本の政党政治は
どのように発達してきたのだろうか。

❸**原敬**（1856～1921）
爵位をもたない初めての首相だったので「平民宰相」とよばれました。（岩手県・原敬記念館蔵）

政党内閣の誕生

日露戦争後の日本の政治では、**立憲政友会**という政党と、薩摩・長州出身者による藩閥勢力が、交互に内閣を組織する時期がつづきました。❻ ➡P.183 明治天皇が崩御し、大正時代が始まった1912（大正元）年ごろから、藩閥内閣を批判し、大日本帝国憲法の精神に基づいて国民の意思を反映した政治を求める運動（**護憲運動**）❶がおこりました。**吉野作造**❷は、デモクラシーという言葉を「**民本主義**」と訳し、普通選挙により議会で多数を占めた政党が政府を組織すべきだとする政党政治の考え方を広めました。

1918（大正７）年、シベリア出兵をあてこんだ一部商人による米の買い占めの噂がもとで、米価が上がり、これに怒った群衆が米商人を襲撃する騒乱が、全国各地でおこりました（**米騒動**）。同年、内閣が総辞職すると立憲政友会の総裁・**原敬**❸が首相となり、新内閣を組織しました。原は、陸・海・外務の３大臣以外のすべての大臣を衆議院の第一党である立憲政友会の議員の中から選び、日本で最初の本格的な**政党内閣**をつくりました。

大正デモクラシーと社会運動

大正時代、とくに第一次世界大戦後は、帝国憲法のもとで議会に基礎を置く政党政治が定着しました。普通選挙運動などの社会運動も活発となり、民主主義（デモクラシー）の思想と国際協調の世論が強まり

❹全国水平社創立大会宣言（一部抜粋）

我々は、かならず卑屈なる言葉と怯懦なる行為によって、祖先を辱しめ人間を冒瀆してはならぬ。そうして人の世の冷たさが、何んなに冷たいか、人間をいたわる事が何んであるかをよく知っている我々は、心から人世の熱と光を願求礼賛するものである。

水平社は、かくして生れた。
人の世に熱あれ、人間に光あれ。

❺第1回普通選挙　投票所前で並ぶ人々

年	主な総理大臣		内閣の特徴
1885〜1900	伊藤博文（1,5,7,10★）	長州	藩閥内閣 主に長州出身者と薩摩出身者が交互に内閣を組織
	黒田清隆(2)	薩摩	
	山県有朋(3,9)	長州	
	松方正義(4,6)	薩摩	
	大隈重信(8)		
1901〜1912	桂　太郎（11,13,15）	長州	藩閥勢力と立憲政友会が交互に内閣を組織
	西園寺公望(12,14)★		
1913〜1924	山本権兵衛(16★,22)		政党政治が力を強める
	大隈重信(17)		
	原　敬　(19)★		
	高橋是清(20)★		
1924〜1931	加藤高明(24)		政党内閣
	浜口雄幸(27)		
	犬養　毅(29)★		

（数字）は第何代の総理大臣かを示す　★は立憲政友会の内閣

❻藩閥内閣から政党内閣へ

ました。この風潮を、**大正デモクラシー**といいます。

この時期には多数の労働組合が組織され、農村では小作争議[1]もおこりました。1920(大正９)年には日本初のメーデーが行われ、労働運動・農民運動がさかんになりました。

また、1922（大正 11）年に**全国水平社**❹が組織され、部落差別撤廃の運動が本格化しました。女性の地位を高める婦人運動も開始され、**平塚らいてう**などの活躍によって、婦人参政権や女子高等教育の拡充がさけばれました。[2]

憲政の常道

原敬は 1921 年（大正 10）年、暴漢によって暗殺されました。政党勢力は有力な指導者を失い、その後は非政党内閣がつづきましたが、1924（大正 13）年、加藤高明を首相とする護憲三派内閣[3]が成立しました。以後８年間、衆議院で多数を占める政党の総裁が内閣を組織することが慣例となりました。これを**憲政の常道**といいます。

加藤内閣は 1925（大正 14）年、**普通選挙法**を成立させました。❼これによって、納税額による選挙権の制限を廃止し、満 25 歳以上の男子全員が選挙権を獲得しました。これにより有権者数は一挙に４倍となりました。1928（昭和 3）年に第１回の普通選挙❺が行われ、立憲政友会が第一党となりました。いっぽう、1925 年には治安維持法[4]が成立しました。

国　名	男　性	女　性
フランス	1848	1945
アメリカ	1870	1920
ドイツ	1871	1919
イギリス	1918	1928
日本	1925	1945
インド	1949	1949

❼各国で普通選挙が始まった年

[1]**小作争議**　小作は地主の土地を借りて耕作する農民をさす言葉。小作争議は小作料の減免を求めておこりました。

[2]ロシア革命の影響で、知識人や学生の間に共産主義の思想が広がったのもこの時期でした。

[3]**護憲三派内閣**　護憲三派とは、憲政会、立憲政友会、革新倶楽部の３つの政党を指します。

[4]**治安維持法**　私有財産や皇室を否定する、共産主義者や無政府主義者を取り締まる法律。同様の法律を、諸外国も制定していました。

❼の表を見ると
女性の選挙権は
日本だけでなく
どの国も遅れているわ。

チャレンジ　「憲政の常道」という言葉を説明してみよう。

❶**アメリカの太平洋進出**　南北戦争（1865年）以後、アメリカが新たに手に入れた領土や植民地（1912年まで）を示しています。

❷**ワシントン会議**　1921年12月から翌年2月まで開かれ、アメリカ、イギリス、日本、フランス、イタリア、ベルギー、オランダ、ポルトガル、中国の9か国が参加しました。

72 日米関係とワシントン会議

日露戦争後、1920年代中ごろまでの日米関係はどのように推移したのだろうか。

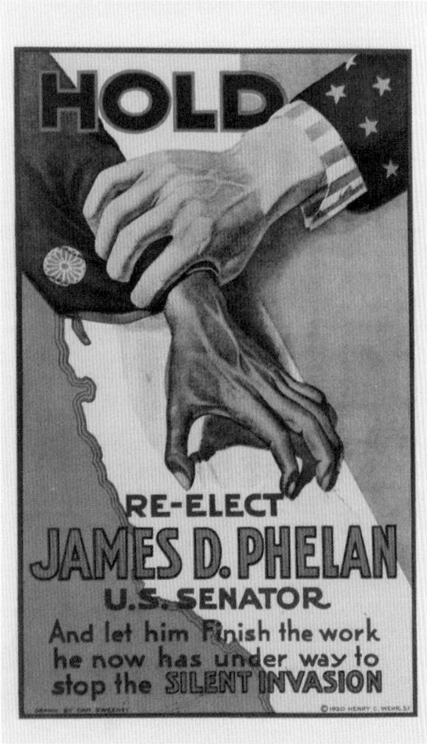

❸1920年、カリフォルニア州の選挙で、排日を訴える候補者のポスター。「静かな侵略」の文字があります。

アメリカの排日政策

日露戦争の勝利によって、日本は東アジアにおける大国となりました。1898（明治31）年フィリピンを領有したアメリカ[1]にとって、極東政策の競争相手は日本となりました。

日米間では日露戦争直後から人種差別問題がおこっていました。アメリカ西部諸州では、勤勉で優秀な日本人移民が白人労働者の仕事を奪うとして、日本人を排斥する運動がおこりました。カリフォルニア州では、1913（大正2）年に排日土地法が制定され[3]、日本人が新たに農地を購入することはできなくなりました。

1924（大正13）年、アメリカは日本人移民の受け入れを全面的に禁止する**排日移民法**を制定しました。これに対し日本の世論は沸騰しました。

ワシントン会議と国際協調

1921（大正10）年から翌年にかけて、海軍軍縮と中国における各国の権益の問題を主要な議題とする**ワシントン会議**[2]がアメリカの提唱で開かれ、日本をふくむ9か国が集まりました。会議の目的は、東アジアにおける各国の利害を調整し、この地域に安定した秩序をつくり出すことでしたが、国力をつけてきた日本を抑えることが狙いでもありました。

この会議で、英・米・日の海軍主力艦の相互削減がはかられ、

		制限保有量（万t）	各国の比率	一艦あたりの制限重量
主力艦	イギリス	52.5万t	5	3.5万t
	アメリカ	52.5万t	5	
	日　本	31.5万t	3	
	フランス	17.5万t	1.67	
	イタリア	17.5万t	1.67	
航空母艦	イギリス	13.5万t	5	2.7万t
	アメリカ	13.5万t	5	
	日　本	8.1万t	3	
	フランス	6.0万t	2.22	
	イタリア	6.0万t	2.22	
補助艦		無制限		1.0万t

❹ワシントン会議における軍縮の取り決め　(『日本史資料』より)

保有率は５：５：３とすることが決められました。❹ これは第一次世界大戦後の軍縮の流れにそうもので、日本は国際協調外交の精神のもと軍縮を推進しました。増大した軍事費を削減したい日本政府にとっても、軍縮は望ましいことだったという一面があったからです。しかし、海軍の中にはこの比率に対し、「それでは国は守れない」とする意見も根強くありました。

中国における権益問題では、領土保全、門戸開放が「九か国条約」として成文化されました。ただ、中国はこの条約のもとになっている列強と結んだ過去の条約を無視するなどしました。

それとは別に、20 年間つづいた日英同盟が廃棄されました。❺ それは日本もイギリスも望んでいなかったことですが、アメリカの強い意向で決定され、結果的に日本は頼りになる同盟国を失うこととなりました。

関東大震災

1923（大正 12）年９月１日、関東地方で大地震がおこりました。東京や横浜など各地で発生した火災で、多数の民家や、重要な建造物、文化施設などが消失し、死者・行方不明者は 10 万 5000 人に達しました（**関東大震災**）。❻ 関東大震災の結果、日本の経済は大きな打撃を受けましたが、地震の多い日本で近代都市をつくるために得た教訓は多く、耐震設計や都市防災の研究が始まりました。❼

⑤ 日英同盟はなぜ廃棄されたか

日露戦争後、イギリスにとっては日英同盟の重要度が下がり、英露関係も好転していました。また、第一次世界大戦でイギリスは日本に陸軍の派兵を求めましたが、日本はこれを断りました。こうしたことに加え、中国における利害の対立もあり、日英関係は冷えこみました。

中国市場に割り込もうとしていたアメリカは、日本とイギリスの分断をはかり、日英同盟の廃棄を工作しました。そのかわりに、フランスをまじえた四か国条約が締結されましたが、それは2国間の同盟関係とは異なり、締約国に参戦の義務のない名目的な取り決めに過ぎませんでした。

日本の安全保障の要石だった日英同盟が廃棄されたことによって、日本はアメリカの軍事力に単独で対抗することになりました。

❻都心の被災状況　東京都心は壊滅的な打撃を受けましたが、その後、世界最大規模の帝都復興計画が練られました。今日の主要な幹線道路は、このときに設計したものです。(江戸東京博物館蔵)

❼ 後藤新平の東京復興

後藤新平(1857～1929)岩手県出身。東京市長を経て1923年に帝都復興総裁となり、関東大震災後の東京復興のため、大胆な都市計画を立案し、その推進につとめました。

(岩手県・後藤新平記念館蔵)

チャレンジ　日露戦争後、1920年代中ごろまでの時期に、日本とアメリカの間に生じた問題を箇条書きにしてみよう。

❶大正期の代表的作家・研究者

志賀直哉 (1883-1971) 代表作は『暗夜行路』。	**芥川龍之介** (1892～1927) 代表作は『羅生門』、『鼻』、『蜘蛛の糸』など。	**谷崎潤一郎** (1886-1965) 代表作は『細雪』、『春琴抄』など。	**柳田国男** (1875-1962) 代表作は『遠野物語』『先祖の話』など。
宮城県出身の小説家。東京大学中退。1910年雑誌『白樺』創刊後、武者小路実篤などとともに人道主義の立場の文学を推進し、白樺派とよばれました。文化勲章受章。(日本近代文学館蔵)	東京出身の小説家。東京大学英文科卒。1916年に発表した短編の『鼻』を夏目漱石が絶賛しました。古典を素材にした理知的な短編小説を作風としました。(日本近代文学館蔵)	東京出身の小説家。東京大学国文科中退。1910年、「刺青」が永井荷風に激賞され、文壇に登場。耽美派作家として知られます。文化勲章受章。(日本近代文学館蔵)	兵庫県出身の民俗学者。東京大学政治科卒。官職を辞し、民俗学研究に専念。庶民の生活文化史の解明を進め、日本民俗学を創始しました。文化勲章受章。(成城大学民俗学研究所蔵)

❷『キング』1925(大正14)年、講談社が発行した大衆雑誌。娯楽と修養を兼ねた雑誌として人気をよび、創刊号は74万部を売り上げました。(日本近代文学館蔵)

73 文化の大衆化と都市の生活

大正時代の文化にはどのような特徴があったのだろうか。

大正時代の文化

大正時代には、中等・高等教育が普及し女子教育も充実して、国民の向学心が高まりました。新しい学問も誕生しました。柳田国男が、激しい西洋化の進行の中で失われようとしていた庶民の生活や風俗、民間伝承などを記録する民俗学を創始しました。

文学では、人道主義をかかげた志賀直哉、武者小路実篤など白樺派の作家たちや、耽美的な作品を書いた谷崎潤一郎、理知的な作風で知られる**芥川龍之介**などが活躍しました。❶

また、大正期後半から昭和初期にかけて、学問や文学に、共産主義思想が強い影響をおよぼすようになりました。

➡P.155・226

文化の大衆化

大正時代になると、販売数が100万部をこえる新聞や総合雑誌❷があらわれるようになりました。「円本」とよばれる1冊1円の低価格な書物や文学全集が売れ、主婦や児童向けの雑誌❹も発行部数をのばしました。またラジオ放送❸も始まり、新聞と並ぶ情報源になりました。同じ情報を一度に広く大量に届ける新聞や雑誌、ラジオなど、マスメディアの発達は文化の大衆化をもたらしました。それは同時に大衆の政治参加をうながし、マスメディアなどでつくられた世論が社会や政治の動きに強い影響をおよぼすようになりました。

また、かつて活動写真とよばれた映画は無声から音声つきに変

③ラジオ放送の始まり

日本でラジオ放送が始まったのは1925(大正14)年3月のことです。その前、最初の試験放送での第一声は「あ～あ～、聞こえますか」だったそうです。

翌年には日本放送協会(NHK)が設立され、ニュースや歌謡番組、野球中継などでしだいに国民の間に浸透していきました。ラジオの速報性を見せつけたのは、1931(昭和6)年9月18日夜に起こった満州事変のときです。翌19日午前6時半には臨時ニュースとしてこのできごとを伝えました。大東亜戦争の勃発や終戦のさいも、多くの国民はラジオでそのことを知りました。

❹『赤い鳥』作家の鈴木三重吉が小川未明らに呼びかけて1918（大正7）年に創刊した児童向け雑誌。人気作家の芥川龍之介の『蜘蛛の糸』などが掲載され、子供たちの人気をよびました。（日本近代文学館蔵）

❺**三越開店のポスター**　東京の銀座にはおしゃれな女性があふれ、「銀ブラ」「モダンガール（モガ）」という言葉も生まれました。三越は日本初の百貨店。店名は創業した三井家と呉服店・越後屋からとりました。（東京国立近代美術館蔵）

❻**地下鉄開通のポスター** 1927（昭和2）年に、日本初の地下鉄が上野～浅草間に開通。国鉄やバス、路面電車など交通機関が急速に発達しました。（東京国立近代美術館蔵）

わり、レコードで音楽が聴けるようにもなりました。大衆の娯楽は、大衆小説、歌謡曲、六大学野球などのスポーツ、宝塚少女歌劇などと多様化し、広く楽しまれるようになりました。童謡や玩具、動物園や遊園地といった子供向けの文化も普及するようになりました。

都市の生活

交通網の発達はめざましいもので、今につながる都市の景観を作り出しました。市の中心部と郊外を結ぶ私鉄が敷かれ、乗合自動車（バス）の路線が拡大し、日本で最初の地下鉄（上野～浅草間）が開通しました。❻鉄筋コンクリートのビルが建ち、住宅では、井戸から水道へ、ランプから電燈へ、かまどからガスコンロへ、という変化が始まりました。和洋折衷の住宅は文化住宅❽と呼ばれました。

デパート❺が開店し、多種多様な商品が並べられるようになったのもこのころです。カレーライス、コロッケ、トンカツといった洋食や、キャラメル、ビスケットといった洋菓子が食べられるようになりました。こうして、今日にいたる都市生活の原型ができあがりました。バスガール❼や電話交換手など女性の職場が増えて、職場の制服や女学生の制服が普及し、洋服を着る女性が増加していきました。

❼**バスガール**　1924（大正13）年に東京市営バスで採用開始。職業婦人の花形となりました。

❽**文化住宅**　和洋折衷の住宅。ガス・電気・水道を備え、台所・浴室がつくられました。（千葉県・国立歴史民俗博物館蔵）

チャレンジ　大正時代には、現代の都市生活の原型が成立したが、それによる社会の変化を3つ箇条書きにしてみよう。

❶アメリカの株価大暴落（1929年）　過剰な投資ブームが突然破綻を引きおこしました。騒然とするニューヨークの株式取引所。

❷東北大飢饉を報じる新聞　春から夏にかけて吹く冷たく湿った北東の風（やませ）による凶作が原因の大飢饉といわれています。(「秋田魁新報」1934年10月17日)

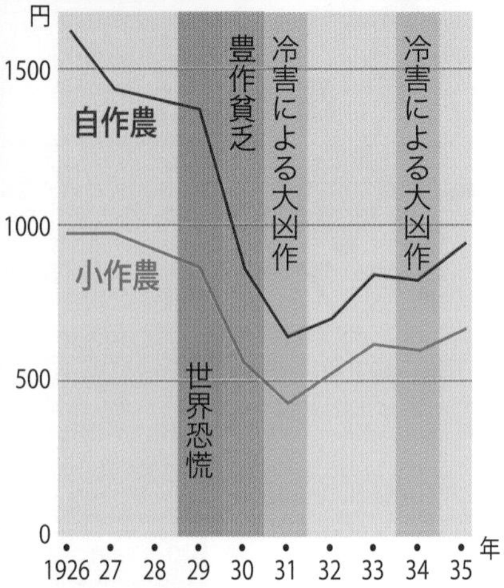

❸農家の収入の変化（『岩波講座日本歴史』より、一部修正）

74 世界恐慌とその影響

1929年に始まった世界恐慌は、日本と世界にどのような影響をあたえたのだろうか。

大正から昭和へ

1926（大正15）年12月25日、大正天皇が崩御しました。摂政をつとめていた皇太子裕仁親王が皇位を継承し、元号は昭和と改められました。

世界恐慌と昭和恐慌

第一次世界大戦のあと世界一の経済大国となったアメリカで、1929（昭和4）年10月24日、ニューヨーク株式市場が「暗黒の木曜日」とよばれる株価の大暴落❶を記録しました。多数の会社や銀行が倒産し、労働者の4人に1人が職を失い失業者が街にあふれました。アメリカは自国の産業を守るため、高い関税をかける保護政策をとったので、不況の波は世界中におよび、**世界恐慌**となりました。❹

アメリカへの輸出に頼る日本経済は大きな打撃を受け、企業の休業・倒産があいつぎ大量の失業者が発生しました。これを**昭和恐慌**といいます。農村では、1930年の豊作で農産物の価格が暴落し、農家の収入は激減しました。❸翌年から、今度は冷害による大凶作が北海道・東北地方をおそいました。食事をとれない児童や若い娘の身売りが社会問題となりました。❷

ブロック経済とニューディール

世界恐慌に対して各国はさまざまな対応をしました。世界各地に広大な植民地をもつイギリスやフランスは、本国と植民地との間で閉鎖的な

④アメリカの株価の暴落がなぜ世界恐慌につながったのか

アメリカの株価大暴落はアメリカ経済のみならず世界恐慌にまでなぜつながったのでしょうか。それはアメリカが自国の産業を守るため、外国からの輸入品に高い関税をかける保護貿易主義の政策をとったためです。

米国議会は、株式大暴落の翌年の1930年6月17日、「ホーリー・スムート関税法」（二人の議員の名前による法律）を可決しました。２万品目以上の輸入品に平均４０％前後という記録的な高関税を課すものでした。

多くの国は、これに高関税で報復し、それによって１年足らずで世界の貿易額は半分以下に減ってしまいました。中でも日本は1929年にアメリカ向け輸出は全輸出の42.5%を占めていたので、その影響は極めて大きなものでした。

極端な保護政策が、世界の自由市場体制を破壊するブロック経済体制をもたらしたのです。

❺ 各国のブロック経済圏

❻ブロック経済と日本

イギリス、フランス、オランダなどヨーロッパ諸国は広大な植民地をもち、資源の豊富なアメリカは一国だけでも自給自足が可能でした。こうした「持てる国」は、植民地や領土をブロック化し、外部の商品には高い関税をかけて締め出しました。

他方、国内にほとんど資源のない「持たざる国」日本は、原材料を輸入し、それを製品に加工し、輸出することで経済が成り立っていたため、巨大な関税の壁によって締め出され、日本製品の輸出先がなくなりました。日本は欧米の手法を模倣し、東アジアに独自の経済圏を確立しようとしました。しかし、欧米列強は、日本の行動を自国の経済圏への挑戦と受け取りました。

経済圏をつくり、重要な商品の自給自足をはかりつつ、外国の商品には高い関税をかけて国内の市場から締め出す政策をとりました。これを**ブロック経済**❺❻といいます。

アメリカのフランクリン・ルーズベルト大統領は、**ニューディール政策**（新規巻き直し政策）をとりました。それは、失業者を救済するために多くのダムをつくるなど、国家予算を使って大規模な公共事業をおこすことでした。しかし、工業生産の落ちこみが大きく、アメリカ経済はなかなか回復しませんでした。

ロンドン軍縮会議と軍部への期待

1930（昭和５）年、ロンドンで、海軍の補助艦の制限を議題とする国際会議が開催されました（**ロンドン軍縮会議**❼❽）。一部の軍人や犬養毅らの野党政治家は、この会議で政府が日本に不利な協定を受け入れたとして、政府を激しく攻撃しました。浜口雄幸首相は暴漢に狙撃されて重傷を負い、内閣は倒れました。

軍人が政治に直接口出しすることは軍人勅諭[1]で禁じられていましたが、農村の窮状を目にした若い将校の中には、その原因が政財界の無能力と腐敗にあると考え、独自に政策を論じるグループがあらわれました。国民も、不況による社会不安の中で、財界と癒着して政争に明け暮れる政党政治に失望し、しだいに軍部に期待を寄せるようになりました。

❼**ロンドン軍縮会議**（1930年） 若槻礼次郎首席全権が発言しています。

❽ 軍縮の時代

ワシントン会議（1921年）以来、日本の陸海軍でも大幅な軍縮が行われました。1930年のロンドン軍縮会議がこれに拍車をかけました。「軍縮の時代」と言われ、陸軍の場合、欧米諸国とは異なり、軍の近代化が進まないまま軍縮が行われました。米英日の補助艦の比率がほぼ10：10：7に定められ、危機感を抱く軍人も増えました。

[1]**軍人勅諭** 天皇の言葉として軍人の心がまえを説いた文章。1882（明治15）年に出されました。軍人がうそをつくことや勝手に行動することを固く禁じていました。軍人には政治参加のための選挙権があたえられていませんでした。

チャレンジ 世界恐慌に対して、①英仏②アメリカ③日本はどのような対応をとったかをそれぞれ説明してみよう。

←❶**スターリン**（1879～1953）
レーニンの死後、あとをついでソビエトの指導者となり、多くの反対者を処刑し、1953年に死ぬまで独裁者として君臨しました。

→❷**ヒトラー**（1889～1945）
オーストリア生まれの貧しい画学生でしたが、ドイツの民族主義に目覚め、ミュンヘンでナチスを大きくしました。演説のうまさが国民を熱狂させました。

75 共産主義とファシズムの台頭

共産主義とファシズムはどのように台頭したのだろうか。

2つの全体主義

ヨーロッパで生まれた2つの政治思想が、1920年代から1930年代にかけて世界に広まりました。マルクスの思想に基づきロシア革命を引きおこした**共産主義**と、イタリアやドイツなどにあらわれた**ファシズム**です。どちらも、個人は、国家・民族・階級などの全体の目的を実現するための手段とされ、国家権力が個人の私生活まで統制して個人の自由を否定する思想を核心としているので、**全体主義**とよばれます。全体主義は、20世紀の人類の歴史に大きな悲劇をもたらしました。

➡P.214

共産主義の台頭

共産主義の思想は、資本主義社会の中で抑圧された労働者階級が団結して革命をおこし、資本家を殺害・追放して生産手段の国有化と計画経済を実施し、将来は階級も差別もない理想社会をつくると主張するものです。それを実現するための手段が、共産党にすべての権力を集中する一党独裁体制でした。

ロシア革命によって共産党の一党独裁国家となったソ連では、レーニンの死後、**スターリン**❶が権力をにぎりました。スターリンは、重工業を重視し農業の集団化を進めるいっぽう、秘密警察や強制収容所を用いて反対者を処刑しました❻。スターリンの政策による犠牲者は、2000万人にのぼりました。

1 **コミンテルン**（Comintern）共産主義インターナショナル Communist Internationalの略称で共産主義者の国際組織。レーニンは1919年3月、30ヵ国の代表をモスクワに集めて第1回大会を開きました。モスクワの中央の指令には絶対的に従う原則で運営され、世界中の共産化を目指して各国の国内を混乱させる活動を行いました。1943年5月、ソ連が戦争で英米などと協力する手前、名目的に解散しました。

❸コミンテルンと各国共産党の設立年

ロシア共産党	1898
コミンテルン	1919
アメリカ共産党	1919
ドイツ共産党	1919
スペイン共産党	1920
中国共産党	1921
フランス共産党	1921
日本共産党	1922
ベトナム共産党	1930
朝鮮労働党	1945

國際諜報團發覺
コミンテルンの命に動く
中心人物五名起訴さる

【司法省十六日午後五時發表】

住所 東京市麻布區永坂町三十番地
フランクフルター・ツアイツング社日本特派員
リヒアルト・ゾルゲ

住所 東京市牛込區左内町二十二番地
アヴアス通信社通信補助員
ブランコ・ド・ヴーケリツチ

住所 東京市麻布區龍土町二十八番地
畫家 宮城與徳

住所 東京市小石川區西原町二丁目四十番地
元滿鐵囑託 尾崎秀實

住所 東京市麻布區廣尾町二番地
青寫眞複製業 マックス・クラウゼン

(ハ) 宮城與徳
(ニ) 尾崎秀實
(ホ) マックス・クラウゼン

リヒャルト・ゾルゲ
（1895～1944）

❹**コミンテルンのスパイ活動** 日本で発覚したゾルゲ事件➡p.235を報じる新聞。コミンテルンはこのようなスパイ活動を世界中で展開しました。（『読売新聞』1942年5月17日）

❺**ポーランドのアウシュビッツに設けられたナチスの強制収容所** このような強制収容所は各地に建てられ、ユダヤ人など数百万人が殺されました。

コミンテルンの結成

ソ連は、世界中に共産主義を広める拠点でもありました。その目的のため1919年にコミンテルン[1]とよばれる指導組織がつくられ、世界各国に共産党を結成していきました[❸]。各国の共産党は、コミンテルンの支部と位置づけられ、モスクワの本部の指令に従って、それぞれの国の国内を混乱させる活動を行いました[2][❹]。

日本でも1922（大正11）年、日本共産党が「コミンテルン日本支部日本共産党」としてひそかに創立されました。

ファシズムの脅威

イタリアでは、1922年にムッソリーニのファシスト党[3]が、第一次世界大戦の戦勝の分け前が得られないことに対する国民の不満を背景に、熱狂的な支持のもと政権を掌握し、独裁政治を始めました。

ドイツでは、**ヒトラー**[❷]が**ナチス**[4]をひきいて登場し、民族の栄光の回復と雇用の拡大を訴えて支持を集めました。ナチスは、1933年に政権をにぎりました。首相に就任したヒトラーは、たちまち独裁体制をつくりあげ、ゲルマン民族の純血を守るという理念をかかげてユダヤ人を迫害しました。

ヒトラーとスターリンは、どちらも秘密警察と強制収容所[❺]を使い反対者に対する大量処刑を実行し、国家の上に党を置く支配体制をつくりました[5]。2つの全体主義国家は、たがいに対立しつつも、相手から支配のやり方を学び合っていました。

❻スターリンの独裁と「人民の敵」

ソ連共産党の実権を掌握したスターリンは、1934年の第17回大会で独裁と個人崇拝の体制を完成させました。

1937年ころから、大会で選出された党の最高幹部139人のうちの7割、代議員1956人の6割が「人民の敵」として、逮捕、銃殺されました。（『フルシチョフ秘密報告』より）

「人民の敵」はフランス革命でも使われた言葉で、定義がなく、このレッテルを貼られた人物を簡単に抹殺できました。さらに国民にも地区ごとに一定割合の敵を摘発するよう命令が出されました。

[2] 1925年、日本政府はソ連と国交を結びましたが、日本の国内にスパイの破壊活動がおよぶことを予防するために治安維持法を制定しました。➡P.219

[3] この党の名称から、独裁的な政治のあり方をファシズムとよぶようになりました。

[4] 国民社会主義ドイツ労働者党が正式名称で、ナチスはその略称。ヒトラーが支配した時代のドイツ国をナチス・ドイツとよびならわしています。

[5] スターリンは、強制収容所を共産党の政治支配の手段として大規模に活用しました。ヒトラーはこれに学び、各地に強制収容所を設け、ユダヤ人や政治犯などを迫害しました。

チャレンジ 共産主義とファシズムの共通点を3つあげてみよう。

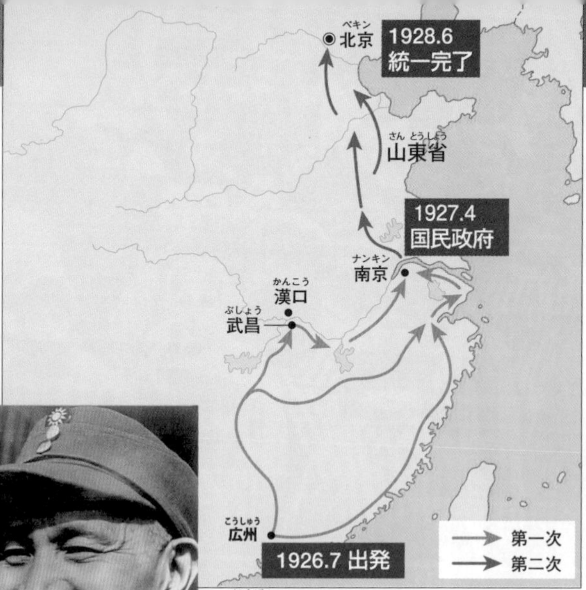

❶北伐の経路図　国内統一の動きは広東から始まり、北京に至るまで2年かかりました。

❷蒋介石（1887～1975）

③コミンテルンの世界戦略と中国

コミンテルンはいち早く中国共産党をつくり、革命運動を強力に指導しました。蒋介石は北伐の途上にあった1926年に、モスクワが指示した次の秘密文書を入手しました。

「あらゆる方法を用いて、国民大衆による外国人排斥を引き起こさなければならない。この目的達成のためには、各国と大衆とを武力衝突させなければならない。これによって各国の干渉を引き起こすことができたならば、さらに方法を選ばず、それを貫徹すべきである。たとえ、略奪や多数の惨殺をもたらすものであってもかまわない」

1927年、北伐の国民革命軍は、南京で日本を含む各国の大使館を襲い略奪、暴行、殺人の限りを尽くしました。革命軍には共産党員が潜り込んでいました。

共産党は、国民党を弱体化させるために日本軍と戦うようにしむけました。これが共産党が政権をとるための大方針でした。

76 中国の排日運動と協調外交の挫折

政党内閣の時期に日本が進めた協調外交は、なぜ挫折したのだろうか。

1軍閥（中国史）　太平天国の乱（1851～64）を鎮圧するため、地方の漢人の有力者が自前の私兵と徴税権をもつことを認めたことから生まれました。その後、多数の軍閥が地方政権となって群雄割拠しました。

2北伐（1926～28）　北方を討伐するという意味の言葉。中国国民党の蒋介石が国民革命軍の総司令として広州を出発し、各地の軍閥を破った上、北京に入城して国内を統一した戦争。

❹中国の排日運動　日本製品を焼いている中国清華大学の学生たち。

コミンテルンの世界革命戦略

レーニンが率いるコミンテルンは、第一次世界大戦によってヨーロッパ各国の支配体制が弱まったことを革命の好機として、1919年、ドイツの共産党が武装蜂起しましたが、鎮圧されてしまいました。

➡P.214　➡P.227

そこで、レーニンはヨーロッパの革命を中心とする方針を転換し、欧米諸国のアジアの植民地や従属国を革命運動の主要な舞台とし、間接的に宗主国に打撃を与える政策をとるようになりました。この戦略のもとで主要な活動拠点に選ばれたのは中国で、中国に権益をもっていた、イギリス、次いで日本を標的としたテロ活動が組織されました。

中国の排日運動

1920年代の中国大陸では、各地に私兵をかかえた軍閥[1]が群雄割拠していました。1919年、孫文は、国内統一を目指す国民党を創設しました。孫文の死後、後をついだ**蒋介石**[2]は、1926年、国内を統一するための北伐[2][1]を開始し、1928年、北京をおさえて北伐を完了しました。しかし、地方の軍閥の勢力は残り、混乱はつづきました。

同時に中国では、不平等条約によって中国に権益をもつ日本や欧米諸国を排撃する動きが高まりました。それは列強の支配に対する中国人の民族的反発のあらわれでした。それはまた、暴力によって革命を実現したソ連の共産主義思想の影響のもと、コミン

旧石器	縄文	弥生			古墳			飛鳥	奈良	平安				鎌倉	南北朝 室町	戦国	安土桃山	江戸			明治	大正	昭和	平成 令和
（世紀）	BC	AD 1	2	3	4	5	6	7	8	9	10	11	12	13	14	15	16	17	18	19			20	21

❺中国の情勢についての米外交官マクマリーの見解

（一部要約）

（『平和はいかに失われたか』より）

人種意識に目覚めた中国人は、故意に自国の法的義務を嘲笑し目的実現のためには向こう見ずに暴力に訴え、挑発的なやり方をした。そして力に訴えようとして、力で反撃されそうになるとおどおどするが、敵対者が何か弱みの兆しを見せると、たちまち威張り散らす。……中国に好意をもつ外交官たちは、中国が外国に対する敵対と裏切りを続けるなら、遅かれ早かれ、一、二の国が我慢しきれなくなって手痛いしっぺ返しをするだろうと説き聞かせていた。

ジョン・マクマリー

（1881～1960）

アメリカの外交官。中国問題の権威で、1925～29年、中国駐在公使をつとめました。

❻中国に自重を求める幣原喜重郎の見解

（一部要約）

日本は不平等条約➡P.180の辛酸をなめ、その撤廃をはかるに当たっては、列国を責めるよりもまずおのれを責めた。打倒帝国主義などとさけばずして、まず静かに国内政治の革新に全力をあげた。帝国主義時代において、我々の先輩の苦労は容易ならざるものがあったが、国内の近代化が達成されると、列国は快く対等条約に同意した。日本は外国人が治外法権を享有した時代でも、列国の帝国主義を呪うことなく国を進歩させた。……我々は必ずしも日本の先例の通りにしろと言うわけではないが、シナ（中国）が早く平等の地位を占めることを望むがゆえに、同国官民の自重を求めざるを得ない。

幣原喜重郎

（1872～1951）

加藤内閣、第1次・第2次若槻内閣、浜口内閣で外務大臣をつとめた。

テルンの工作によって、過激で無法な暴動の性格をおびていました。❸日本に対しては、日本商品をボイコットし、日本人を襲撃して殺傷する排日運動が激しく展開されました。❹

協調外交の行きづまり

政党内閣のもとで2期にわたって外務大臣をつとめた幣原喜重郎❻は、英米と協調して条約を守りながら、中国の関税自主権回復の要求を支持するなど、中国の民族感情にも同情をもって対応する国際協調外交を推進しました。しかし、それを日本の弱みと見てつけ込む中国の排日運動は一層激しくなり、他方、日本国内の対中強硬論も強く、協調外交は行きづまりました。❺

幣原外務大臣の誠意は通じたのかな?
残念ながら通じなかったようね

満州をめぐる状況

日露戦争の勝利によって、日本はロシアとの満州の勢力範囲を確定しました。日本は遼東半島南部の関東州を租借し、ロシアから長春より南の鉄道の営業権を譲り受け、**南満州鉄道（満鉄）**を設立しました。❼昭和初期の満州には、すでに20万人以上の日本人が住んでおり、その保護と関東州および満鉄を警備するため、1万人の陸軍部隊（**関東軍**）が駐屯していました。

1928（昭和3）年、満州の軍閥・張作霖は列車で移動中、何者かに爆殺されました。これは日本軍の仕業とする説が有力で、列車妨害やテロ活動が頻発して、日本人居留民の生命と生活がおびやかされる状況になりました。

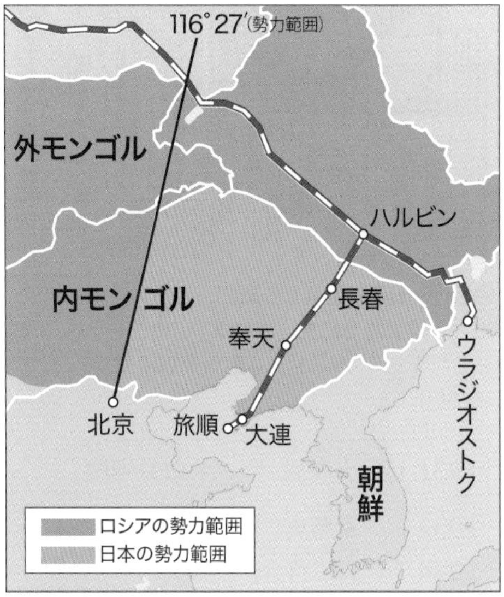

❼日露協約（1912年）によって定められた日露の勢力範囲（宮脇淳子『世界史のなかの満洲帝国と日本』より作成）

チャレンジ 日本の協調外交は、なぜ挫折したのか説明しよう。

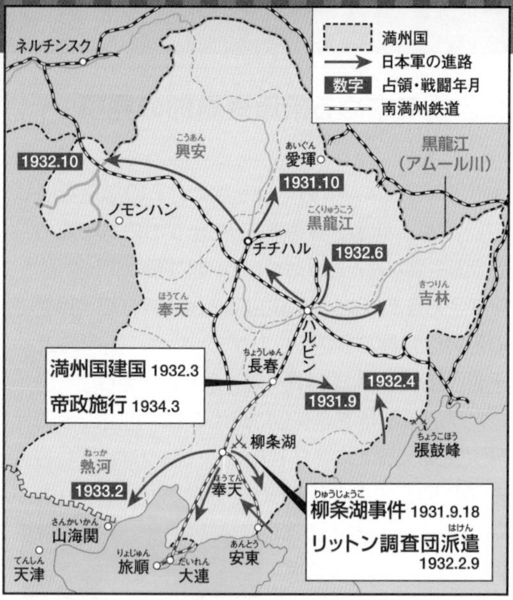

❶満州事変から満州国の建国へ　明治末期以降、日本は人口が急増し、日本が権益をもつ満州に新しい生活の夢を託して多くの日本人が移民となって開拓に励みました。

② 満州はなぜ建国されたのか

溥儀（1906～67）

「満州国」の建国式典
（1932年3月9日）

満州はもとは「滿洲」（さんずいに州）という狩猟民の故郷だった土地で、万里の長城の北側にあり、中国人がこの土地を支配したことはありません。満州族が立てた国は17世紀前半に国号を清とし、明が滅亡すると中国に入り、北京に遷都しました。

辛亥革命後の1912年、宣統帝（溥儀）が退位して清朝は滅亡しました。1928年、満州は軍閥の張学良の支配地となり、無法地帯と化しました。満州族は圧迫され、清朝復権の願望が広がりました。

満州事変は、日本が満州の軍閥を排除し、治安を安定させ、ソ連に対処する面もありました。しかし、日本による直接統治に進まずに、満州国が建設されたのは、日本が国際連盟規約などの国際的ルールに違反しないようにしたこともひとつの要因でした。それは同時に、満州族の復権の願望に応えるものでした。

77 満州事変と満州国の建国

満州事変はどのようにしておこり、世界はこれをどうみたのだろうか。

首相遂に兇手に倒る
昨夜十一時廿六分絶命
輝ける一生
犬養総裁は 党葬に決定
後継総裁 高橋翁か

❸五・一五事件を報じる新聞　この事件の裁判は、犯人の軍人たちにきわめてゆるい処罰を下し、世論もそれを支持しました。（「東京朝日新聞」1932年5月16日）

1931.12	犬養毅	政党内閣
1932.5	斎藤実	軍人・官僚内閣
1934.7	岡田啓介	
1936.3	広田弘毅	

❹歴代首相と政権の性格

満州事変から満州国の建国へ

1931（昭和６）年９月、関東軍は、奉天（現在の瀋陽）郊外の柳条湖で満鉄の線路を爆破し、これを中国側の攻撃だとして満鉄沿線都市を占領しました。政府と軍部中央は不拡大方針をとりましたが、関東軍は軍事行動を拡大し、全満州の主要地域を占領しました。❶

満州で日本人が受けていた不法な被害を解決できない政府の外交方針に不満をつのらせていた国民の中には、関東軍の行動を支持する者が多く、陸軍には多額の支援金が寄せられました。政府も関東軍の行動を追認しました。これを**満州事変**といいます。

事変の翌年、１９３２（昭和７）年２月、新政権樹立に賛同する各地の軍閥、有力者等７００人が関東軍支援の下、奉天に集まり、満州国建国を決議しました。これを受け３月、清朝最後の皇帝であった溥儀[1]を執政とする満州国が建国されました。❷

1932年５月15日、満州問題を話し合いで解決しようとしていた政友会の犬養毅首相は、海軍青年将校の一団によって暗殺されました（**五・一五事件**❸）。ここに８年間つづいた政党内閣の時代は終わりを告げ、その後しばらくは、軍人や官僚出身者が首相に任命されるようになりました。❹

リットン調査団

アメリカをはじめ各国は、満州事変をおこした日本を非難しました。国際連

➡P.216

⬆リットン調査団
満州事変の発端になった柳条湖付近の満鉄線路を調査しているようす。

❺リットン調査団報告書の要点（1932年9月）

　日本が満州に有する権益は、その歴史的経緯からも、日本の経済発展にとって重要なものとして尊重されなければならない。治安の悪化と、たびたびくり返される日本製品の排斥は、それが中国国民の国民感情に支持されているものだとしても、不法行為をふくみ、国民党によって組織的に命令されており、日本の経済的利益に対して重大な被害をあたえている。
　しかし、満州国の承認はこれらの解決にはならない。中国の主権下に自治政府をつくり、国際連盟が外国人顧問団を出し、法と秩序を維持する政権となるよう指導する。

聯盟よさらば！遂に協力の方途
総會、勧告書を採択し
我が代表堂々退場す
四十二對一票、棄權一
支那側勧告受諾
第六項の権利强調
けふ閣議で正式に
脱退方針を決定

❻日本の国際連盟脱退を報じる新聞（「東京朝日新聞」1933年2月25日）

青年将校等重臣を襲撃
國體擁護を目的に蹶起
首相内府 教育總監即死
侍従長重傷 藏相負傷
内閣・總辭職を決行す
後藤首相代理辭表捧呈

❼二・二六事件　事件を伝える新聞。侍従長として天皇の信頼があつかった鈴木貫太郎（写真左側中段）は重態となったが奇跡的に回復し、のちに首相となって戦争を終戦に導きました。（「東京日日新聞」1936年2月27日）

盟は満州にイギリスのリットン卿を団長とする調査団（**リットン調査団**❺）を派遣しました。調査団は、満州における日本の権益の正当性や、満州に在住する日本人の権益と安全がおびやかされていることを認めました。

　他方で、調査団は日本による満州国建国は認めず、占領地からの日本軍の撤兵と満州の国際管理を勧告しました。すでに満州国を承認していた日本政府は[2]、1933（昭和８）年にこの勧告を拒否し、国際連盟を脱退しました❻。

　その後、日中間で停戦協定が結ばれ、満州国は、五族協和・王道楽土建設のスローガンのもと、日本の重工業の進出などにより経済成長をとげていきました。漢民族も多数移住し、人口は急増しました。しかし、反日・抗日運動も多く発生しました。

二・二六事件

1936（昭和11）年２月26日の早朝、陸軍の一部青年将校たちが、約1400人の兵士をひきいて首相官邸や警視庁などをおそい、大臣など要職者を殺害し、国会周辺を占拠しました（**二・二六事件**❼）。

　この反乱のねらいは、昭和恐慌による農村の疲弊、政治の腐敗➡P.224などに対応しきれない政治体制を変えるため、政党・財閥・重臣を打倒し、天皇親政を実現するというものでした。しかし、昭和天皇は反乱を許さない断固たる決意を示し、反乱は３日間で鎮圧されました[3]。この事件ののち、軍部の発言権が強まりました。

二・二六事件で反乱はなぜ、失敗したんだろうね。
やっぱり、昭和天皇が許さなかったからだと思うわ。

[1] 溥儀は後に満州国皇帝の地位につきました。
[2] 1939年の時点で、満州国は国際連盟加盟国50か国中、ドイツ、イタリア、スペインなど約23か国から承認されました。その中には、ローマ教皇庁やソ連も含まれていました。
[3] 事件後、陸軍大臣と海軍大臣には現役の軍人しかなれない制度（軍部大臣現役武官制）が復活し、陸海軍が支持しない内閣の成立は困難となりました。

チャレンジ　満州をめぐっておこった次のできごとを時間順に並べ、すじ書きを書いてみよう。ア：満州事変の発生　イ：リットン調査団の派遣　ウ：満州国の建国　エ：日本国際連盟の脱退

❶西安事件（1936年）で監禁される直前の蒋介石（右）と事件の首謀者の張学良（1901～2001）

②日本はなぜ中国と戦うことになったのか

日本は中国と戦争をすることなど望んではいませんでした。それにも関わらず中国との和平が実現しなかったのはなぜでしょうか。

1935年、コミンテルンは第7回世界大会を開き、各国の共産党が他の党派を排撃する活動に重点を置いていたのを改め、「ファシズム勢力」以外の党派と協力する新たな方針を打ち出しました。（資料❸の㋐）

この方針に従って、中国では、さっそく中国共産党が声明を出し、国民党との内戦をやめ、日本を敵とする抗日戦争を手を結んで戦うことを呼びかけました。（㋑）日本を挑発して蒋介石との戦争に引きずり込むことは、ソ連にとって、①自国への日本の脅威をそらし、②中国共産党が消滅の危機を脱し、③対日戦がおわれば国民党も疲弊して共産党の政権奪取の見通しが開ける、という三重の利点がありました。

盧溝橋事件（㋒）以後、日本への挑発事件が続発した（㋓）背景には、中国のナショナリズムをあおり、日本を戦争に引きずり込むコミンテルンの方針と工作もありました。➡p.228

78 日中戦争（支那事変）

日中戦争はどのようにして始まったのだろうか。

❸日中戦争への経過（年表）

1935.7-8	コミンテルン第7回世界大会、従来の方針を大転換し「反ファシズム統一戦線」を提唱㋐
1935.8.1	中国共産党、国民党に抗日で結束をよびかける（八・一宣言）㋑
1936.12	西安事件、張学良が蒋介石に抗日で共産党と手を結ぶことを約束させる
1937.7.7	盧溝橋事件㋒→7.11 現地停戦協定成立
1937.7	廊坊事件・広安門事件・通州事件など日本に対する一連の挑発事件が起こる㋓
1937.7.28	日本軍、北支で国民党軍を制圧
1937.8.5	日本政府、船津提案を中国側に提示
1937.8.9	上海で船津提案による交渉開始日に大山中尉殺害事件で交渉は立ち消えとなる
1937.8.13	上海で国民党軍（3万）が日本人居留民を守る海軍陸戦隊（4500）を攻撃（上海事変）
1937.9	日本政府、「支那事変」の呼称を決定
1937.12.13	日本軍が国民政府の首都・南京を占領→国民政府、重慶に移動、戦争は長期化

1 船津工作 日本政府が、実業家で元外交官の船津振一郎を通して蒋介石政府に働きかけようと作成した和平案と行動。①塘沽停戦協定など日本に有利な軍事協定をすべて破棄する②非武装地帯をつくる③親日政権を解消し南京政府の下におくなど、満州事変以後の日本の利権のほとんどを放棄する内容でした。これを出せば蒋介石との和平は実現すると期待されました。

西安事件

中国では蒋介石がひきいる国民党と共産党が激しく対立し、内戦状態にありました（国共内戦）。劣勢の共産党は消滅の危機に追いこまれました。そこで共産党は、国共内戦をやめ、共通の敵である日本に対し力を合わせて戦うこと（抗日）を国民党に呼びかけました。❷しかし、蒋介石は「はじめに国内の共産党勢力を消滅させ、そのち日本と戦うという考え（安内攘外）」を変えませんでした。

満州で暗殺された張作霖の息子の張学良は、蒋介石に共産党の討伐を命じられましたが、共産党の抗日のよびかけに共鳴し共産党と連携していました。張学良は1936年、蒋介石を西安で監禁し、国共内戦をやめ、一致して日本と戦うことを認めさせました（**西安事件**❶）。西安事件は、中国共産党が滅亡寸前の状態から蘇り、20世紀の東アジアの歴史を変える大きな転換点となりました。

日中戦争の始まり

日本軍は満州国南部の安全と資源確保のため、満州に隣接する華北地方に親日の地方政権をつくりました。こうして中国側との対立が強まるなか、1937（昭和12）年7月7日夜、北京郊外の盧溝橋で演習していた日本軍に向けて何者かが発砲する事件がおき、翌日には中国軍と戦闘状態になりました（**盧溝橋事件**）。現地の日本軍にも中国軍にも戦闘拡大の意図はなく、4日後の11日、3項目

❹日中戦争の戦場となった上海租界地区　フランス租界とイギリス・アメリカ・イタリア・日本の共同租界がありました。共同租界は国ごとに居住区が認められ、日本人居住区には3万人が在留していました。

⑤現地停戦協定（7月11日締結）

1. 第29軍代表は日本軍に遺憾の意を表し、かつ責任者を処分し、将来責任を以て再びかくの如き事件の惹起を防止することを声明す。
2. （略）
3. 事件はいわゆる藍衣社、共産党、その他抗日系各種団体の指導に胚胎すること多きに鑑み、将来これが対策をなし、かつ取り締まりを徹底する。

歴史の言葉　❻事変

日本は、上海事変のあとも中国に対して宣戦布告をせずに、呼称を「支那事変」としていました（事変は小規模の軍事的紛争を意味します）。その理由はアメリカの中立法が戦争中の国には武器の原材料を売らないと決めていたことにありました。それで、アメリカに原材料を依存する日本と中国は、どちらも戦争の呼称を避けたのです。しかし、「支那事変」の実態は大規模な軍事動員を伴う、紛れもない戦争でした。

の現地停戦協定⑤が結ばれました。この第1項で、事件の責任は中国側にあることが明記されています。しかし、その後、大紅門事件、郎坊事件、広安門事件など停戦協定違反が相次ぎ、5700の駐屯軍では居留民の安全確保が難しくなった⑦ことから、政府は3個師団派遣を決定し、戦闘が拡大しました。

日本は国民党政権との和平を強く望んでいたので、8月5日、「船津工作」1とよばれる和平案を提案しました。しかし、その1回目の交渉が行われた8月9日、各国の租界がある上海④で、2人の日本の海軍軍人が惨殺される事件が起こりました。これによって、船津工作は立ち消えになりました。

8月13日、蒋介石率いる国民党軍の大軍が、日本人居住区を守っていた海軍陸戦隊を攻撃し、戦闘が拡大しました（**上海事変**）。日本は陸軍の増援部隊を派遣しましたが、中国軍の精鋭部隊に苦戦を強いられ2 11月までに4万人の死傷者を出しました。

このののち8年間続いた戦争を**日中戦争**（日本政府の当時の呼称は、**支那事変**⑥）といいます。日本軍は国民政府の首都の南京を落とせば蒋介石は降伏すると考え、12月に南京を占領しました。しかし、蒋介石は奥地の重慶に首都を移し、抗戦を続けました。③

⑦通州事件

北京東方の城壁都市・通州には親日的な地方政権がありました。1937（昭和12）年7月29日、日本の駐屯軍不在の間に、その政権の中国人部隊（保安隊）が反乱を起こしました。青竜刀と銃剣で武装した3000人の兵士が、何の罪もない日本人居留民を、残虐な方法で殺害しました。日本人居留民421人のうち子供や女性を含む225人が犠牲となりました。あるアメリカ人ジャーナリストは、「古代から現代までを見渡して最悪の集団殺人として歴史に記録されるだろう」と書きました。これを通州事件といいます。

事件の首謀者は、1年以上も前から国民党軍の示唆を受けていたと書いています（張慶余「冀東保安隊通県反正始末記」）。その目的は、日本人を怒らせ、戦争に引きずり込むことでした。

2中国軍は、ドイツの軍事指導と武器援助を受け強力な軍隊に変貌していましたが、日本はそのことを軽視していました。中国は見返りに、希少金属のタングステンをドイツに与えて、ヒトラーの軍備拡張を支えました。

チャレンジ　「コミンテルン」「西安事件」「盧溝橋事件」「上海事変」の4つの言葉を使って、日中戦争（支那事変）にいたる経緯を書いてみよう。

❶日中戦争　蒋介石を援助した米英仏ソ

【ソ連】
1937年　中ソ不可侵条約で、航空機900機、戦車200両、トラック1500台、銃15万丁、砲弾12万発、銃弾6000万発などを援助
1939年　1億5000万ドルを援助、ソ連空軍がひそかに参戦
【アメリカ】
1927～41年　4億2000万ドルを援助
1940年　新鋭戦闘機50機、弾丸150万発
1941年　戦闘機100機、トラック300台、B-17爆撃機500機
【イギリス】
1939年　1000万ポンドの借款
1940年　1000万ポンドの借款
【フランス】
1938年　1億5000万フランの借款
1939年　9600万フランの援助

❷援蒋ルート　中国南部の奥地に立てこもった蒋介石に、日本軍の手の届かない南方から援助物資を届けるため、アメリカ、イギリスはビルマ（現在のミャンマー）や仏領インドシナ（現在のベトナムなど）から山岳地帯を抜ける道路を整備しました。

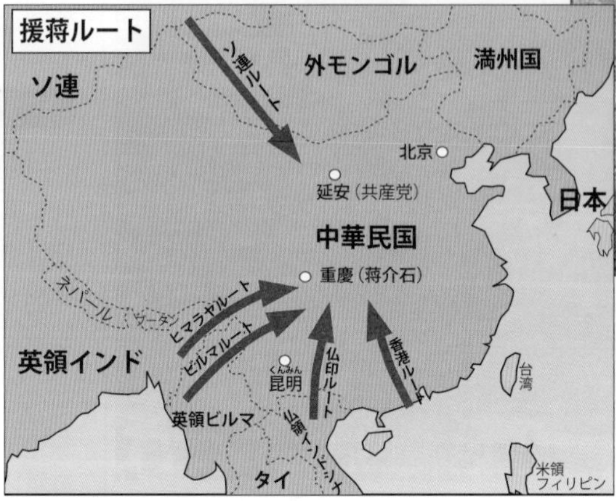

⬆ビルマルート

79 中国をめぐる日米関係の悪化

中国をめぐる日米の対立はどのように生まれ、大きくなっていったのだろうか。

❸斎藤隆夫
（1870～1949）
1940年2月2日の帝国議会における質問で、日中戦争の戦争目的の不明確さを明るみに出し反響をよびました。のちに、衆議院の投票によって議員を除名されました。

❹大政翼賛会の発足
（1940年）解散した政党のほか、産業報国会、大日本婦人会などを統合、町内会、隣組などの末端組織がありました。大東亜戦争末期の1945（昭和20）年5月、解散しました。

日中戦争の長期化

開戦当初の日本国内は、戦争景気で雇用が増え、消費も拡大しました。しかし、中国大陸での戦争は長期化し、いつ終わるとも知れませんでした。日本は戦争の早期終結を望み、和平工作の動きが幾度も生まれましたが、日中双方とも政府の足並みがそろわず、ことごとく挫折してしまいました。

蒋介石は米英仏ソの支援❶❷を受けて、戦争を継続しました。こうして、中国大陸の奥地まで戦場は拡大し、戦争は泥沼化したため、日中戦争の終結の目途は立ちませんでした。❺1940（昭和15）年、立憲民政党の斎藤隆夫❸代議士は、帝国議会で、「この戦争の目的は何か」と質問しましたが、政府は明確に返答できませんでした。

国家総動員体制

中国との戦争が長引くと、国をあげて戦争を遂行する体制をつくるため、1938（昭和13）年、**国家総動員法**が成立しました。これによって政府は、議会の同意なしに物資や労働力を動員できる権限をあたえられました。1940年、米、味噌、砂糖、マッチなど生活必需品の切符制（配給制）が実施されるようになり、国民は、「ぜいたくは敵だ」というスローガンのもと、次第に切りつめた生活を余儀なくされました。また、国内の検閲[1]も強化されました。

世界恐慌以来、日本国内でも、ドイツやソ連のような国家体制

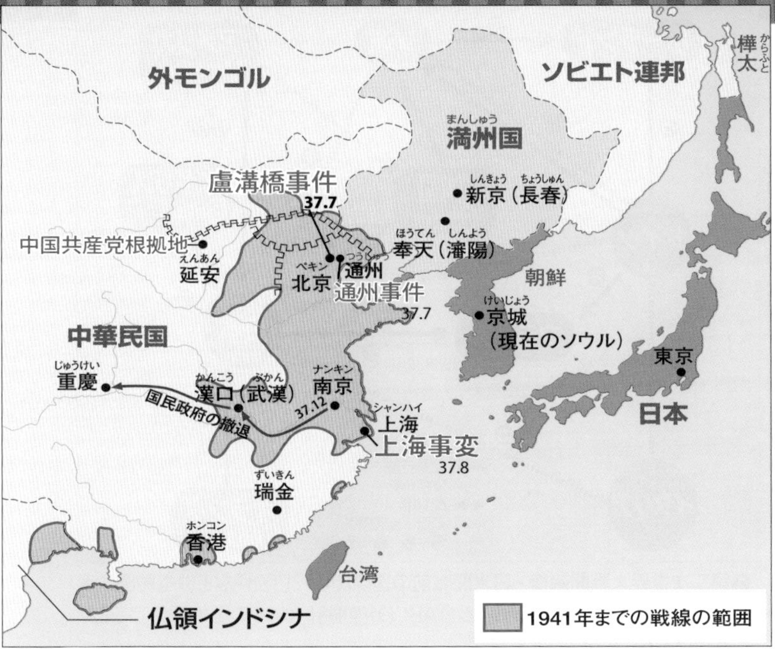

❺日中戦争の展開

のもとでの統制経済を理想と見なす考え方が広がりました。1940年には、挙国一致体制をめざして政党が解散し、**大政翼賛会**❹にまとまりました。

悪化する日米関係

1938（昭和13）年、近衛文麿首相は、東亜新秩序構想の声明を発表しました。東亜とは、日本、満州、中国を含む地域を指し、ここに日本を中心とした独自の経済圏をつくるという構想でした。

アメリカは、門戸開放、機会均等をとなえて近衛声明に強く反発し、日本が独自の経済圏をつくることを認めませんでした。これまで、表面上は中立を守っていたアメリカは、この前後から、中国の蒋介石を公然と支援するようになり、日米戦争の種がまかれました❻。1939年7月、アメリカは日米通商航海条約を延長しないと通告しました。石油をはじめ多くの物資をアメリカからの輸入に依存していた日本は、苦しい立場に追いこまれました。

日本の陸軍には、北方のソ連（ロシア）の脅威に対処する**北進論**の考え方が伝統的に強かったのですが、このころから、東南アジアに進出して石油などの資源を獲得しようとする、**南進論**の考えが強まっていきました❼。しかし、日本が東南アジアに進出すれば、そこに植民地をもつイギリス、アメリカ、オランダ、フランスと衝突するのはさけられないことでした。➡P290

❻フライング・タイガースの戦闘機　日米開戦前の1941年の夏から、アメリカは、空軍パイロットを義勇団と称して戦闘機とともに中国に送りこんでいました。この部隊をフライング・タイガースといいます。

⑦ 北進・南進論とゾルゲ事件

北方のソ連の脅威（軍事力と共産主義）に対処しようとするのが「北進論」、東南アジアなどの南方に進出して英仏米蘭の植民地となっている地域から石油資源などを入手しようとするのが「南進論」です。

陸軍の主流は北進論の立場でした。これはソ連にとっては脅威だったので、ソ連は日本の国策を南進論に変えさせようと工作しました。

コミンテルンはドイツ国籍のソ連共産党員リヒャルト・ゾルゲ➡p.227をスパイとして1933年9月、日本に派遣しました。ゾルゲはドイツの新聞記者の肩書きでナチスの党員証を持ち、スパイとして疑う者はいませんでした。ゾルゲの最も有力な部下は、朝日新聞記者でソ連のスパイの尾崎秀実でした。尾崎は当時の近衛文麿総理大臣の信頼を獲得し、中国との戦争をけしかけ、日本の南進論の決定をソ連に通報する働きをしました。1941年10月、一味は逮捕され、裁判ののち44年処刑されました。戦後ゾルゲは国家英雄としてソ連政府から勲章を与えられました。

1 昭和16（1941）年12月19日、第78臨時帝国議会において戦時立法として、言論出版集会結社等臨時取締法が公布され、言論統制が強化されました。くしくも同じ日にアメリカにおいても連邦議会で第一次戦時大権法が成立し、言論検閲が実施されるようになりました。

チャレンジ　北進論と南進論の考え方の違いをまとめてみよう。

❶ポーランドに侵攻(しんこう)するドイツ軍　首都ワルシャワに入るドイツ兵。

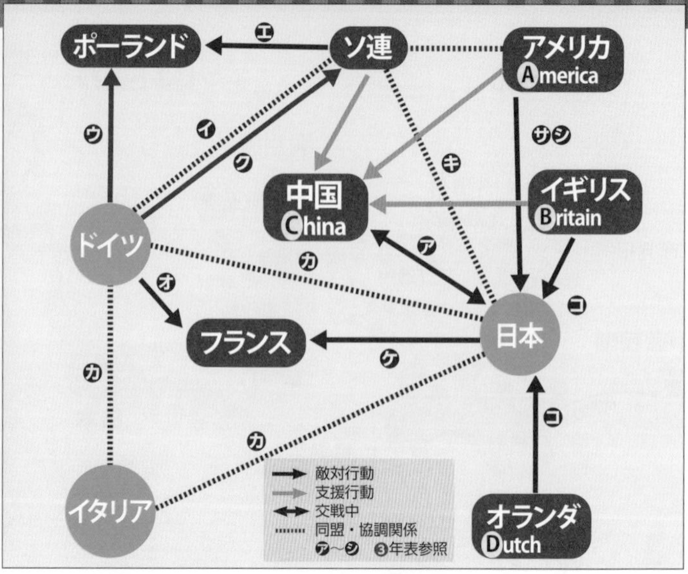

❷第二次世界大戦開始後・日米開戦前の国際関係　日独伊などは枢軸国、米英ソなどは連合国と呼ばれました。「ABCD包囲網」は4つの国の頭文字をとって名付けられました。

80 第二次世界大戦の始まり

第二次世界大戦はどのようにして始まり、日本はどのようにかかわっていったのだろうか。

❸第二次世界大戦の経過（年表）

1929.10	世界恐慌始まる
1931.9	満州事変
1933.1	ドイツのヒトラー政権誕生
1933.3	日本が国際連盟を脱退
1937.8	上海事変ア
1939.7	アメリカが日米通商航海条約の廃棄通告
1939.8	独ソ不可侵条約締結イ
1939.9	ドイツがポーランドに侵攻ウ
1939.9	独ソによるポーランド分割エ 第二次世界大戦の始まり
1940.6	フランスがドイツに降伏オ
1940.9	日独伊三国同盟締結カ
1941.4	日ソ中立条約締結キ
1941.4	日米交渉開始
1941.6	ドイツがソ連に侵攻ク
1941.7	日本、南部仏印進駐ケ 英・蘭、対日石油禁輸、日本資産凍結コ
1941.8	アメリカ、対日石油全面禁輸サ
1941.11	アメリカ、ハル・ノート提出シ
1941.12	日本、マレー半島と真珠湾を攻撃 大東亜戦争（太平洋戦争）始まる
1941.12	アメリカがヨーロッパの戦争に参戦

ナチス・ドイツとヨーロッパの戦争

ヒトラーひきいるナチス・ドイツは、武力による領土回復と拡張を進めました。ドイツは対立していたソ連と独ソ不可侵条約を結んだ上で、1939（昭和14）年9月1日、ポーランドに電撃的(でんげきてき)に侵攻(しんこう)しました❶。独ソ両国はかねての密約(みつやく)により、ポーランドを分割しました。イギリスとフランスは、ポーランドとの相互援助(えんじょ)条約に基づいて、ドイツに宣戦布告し、**第二次世界大戦**(だいにじせかいたいせん)が始まりました❷❸。1940（昭和15）年、ドイツ軍は西ヨーロッパに侵攻し、パリを占領してフランスを降伏(こうふく)させ、イギリス本土に激しい空爆(くうばく)を行いました。

日独伊三国軍事同盟と日ソ中立条約

ドイツの勝利を受けて，日本は、1940年、イタリアを加えた**日独伊三国軍事同盟**(にちどくいさんごくぐんじどうめい)を締結(ていけつ)しました❹。しかし、遠いヨーロッパの2国との軍事同盟には、実質的な効用はなく、しかも、イギリスを支援するアメリカとの関係を決定的に悪化させました。

1941年4月、日本はソ連と**日ソ中立条約**(ちゅうりつじょうやく)を結び、2つの条約と日独伊ソの4国の圧力でアメリカから譲歩を引き出そうとしました。しかし、同年6月、ドイツがソ連に侵攻し、ソ連は連合国側に加わったので、このねらいは破綻(はたん)しました。

経済封鎖(けいざいふうさ)で追いつめられる日本

日本は石油の輸入先を求めて、インドネシアを領有するオランダと交渉(こうしょう)しま

④ 迫害されたユダヤ人を助けた日本人 樋口季一郎と杉原千畝

日本はドイツと同盟を結びましたが、ユダヤ人の迫害には同調していませんでした。

1938（昭和13）年3月、ソ連と満州の国境にあるシベリア鉄道のオトポール駅に、ナチス・ドイツに迫害され、ビザをもたずにのがれてきた、ユダヤ人難民の一団が到着しました。

当時、日本はドイツと友好関係にありましたが、知らせを受けたハルビン特務機関長の樋口季一郎少将は、日本の国是であった「人種平等」の理念からこれを人道問題としてあつかい、満鉄に依頼して救援列車を次々と出し、上海などに逃げる手助けをしました。

ドイツは、外務省を通じて抗議してきましたが、関東軍参謀長の東条英機は「日本はドイツの属国ではない」として、部下である樋口の処置を認め、ドイツからの抗議をやりすごしました。これによって、1万1000人のユダヤ人の命が救われました。

◆

第二次世界大戦が始まったのちの1940（昭和15）年7月、バルト海沿岸のリトアニアにある日本領事館に、ドイツ軍に追われたユダヤ人が、シベリアと日本を経由して安全な国にのがれようと集まってきました。

当時、日本の外交はドイツとの友好関係を大切にしていましたが、外交官の杉原千畝は、日本入国のビザを発給することを決断し、手がはれあがるまで徹夜で書きつづけました。こうして、6000人のユダヤ人を合法的に出国させ、彼らの命を救いました。

戦争後、樋口と杉原の勇気ある行動は、イスラエル政府によって表彰されました。

樋口季一郎
（1888～1970）

杉原千畝（1900～86）

したが、拒否されました。[1] こうして、米・英・中・蘭の４か国が日本を経済的に追いつめる状況が生まれました。日本の新聞はこれを国名の頭文字から「ABCD 包囲網」❷とよびました。

1941 年４月、悪化した日米関係を打開するための日米交渉が、ワシントンで始まりましたが、交渉はまとまりませんでした。７月、日本の陸海軍は、インドネシアからの石油提供に関してオランダに圧力をかける目的で、仏印のサイゴン（現在のホーチミン）に入りました（**南部仏印進駐**[2]）。サイゴンは、日本が南進する場合に拠点となる軍事上の重要地点でした。アメリカは、すでに在米日本資産を凍結していましたが、さらに対抗して対日石油輸出を全面的に禁止しました。８月、米英両国は大西洋上で首脳会談を開き、**大西洋憲章**❺を発表して、領土不拡大、国境線不変更、民族自決[3]など、両国の戦争目的と大戦後の方針をうたいました。

ハル・ノートから日米開戦へ

経済的に追いつめられた日本は、アメリカとの戦争を何とかさけようと努力しました。日本は、妥結しない場合は開戦するという決意のもとに日米交渉を継続しました。しかし、アメリカは 11 月、日本に対して、中国、インドシナから無条件で全面撤退を求める強硬な提案文書を突きつけてきました。当時のアメリカのハル国務長官の名前から、**ハル・ノート**❻とよばれるこの文書を、アメリカ政府の最後通告と受けとめた日本政府は、対米開戦を決意しました。

❺大西洋憲章（一部要約）

第一　両国は、領土的たるとその他たるとを問わず、いかなる拡大も求めない。

第三　…両国は、主権および自治を強奪された者にそれらが回復されることを希望する。

第八　両国は、世界のすべての国民が、現実的および精神的なるいずれの理由からも、武力行使の放棄に到達しなければならないと信じる。

❻ハル・ノート（一部要約）
（1941年11月26日）

三、日本は中国およびインドシナからいっさいの軍隊と警察を引きあげるべし。

四、日本は蒋介石政府のみを中国の正統な政府と認めよ。

[1] オランダはドイツと戦争中であり、その同盟国である日本に石油を提供しないようにというアメリカの示唆もあって、米英と連携することを選択し、日本資産を凍結しました。

[2] 南部仏印とは、フランス領インドシナのうち、現在のベトナム南部と、ラオス、カンボジアを指します。

[3] ただし、ここでうたわれる民族の自決は白人のみに適用されるもので、アジア、アフリカの植民地の独立を認めたものではありませんでした。

チャレンジ ABCD 包囲網の４つの国を書き出し、日本に対する敵対行動を表にしてみよう。

❶ハワイ真珠湾への攻撃　黒煙に包まれる戦艦アリゾナ。このとき、戦艦4隻を撃沈、4隻を撃破する大戦果をあげました。

空母から真珠湾に向けて飛び立つ準備をしている日本軍機

❷演説するアメリカのフランクリン・ルーズベルト大統領（1882～1945）「日本のだまし討ちを忘れるな!」と国民によびかけました。

81 大東亜戦争（太平洋戦争）

大東亜戦争は、どのような経過をたどったのだろうか。

❸マレー沖での戦闘
沈没するイギリス東洋艦隊の主力戦艦プリンス・オブ・ウェールズ（1941年12月10日）

1 戦後の日本では、アメリカ側がこの名称を禁止したので、太平洋戦争という用語が一般化しました。

2 以前から結ばれていた独伊の同盟関係を「ベルリン―ローマ枢軸」とよんだことから日独伊の三国を枢軸国といいました。

3 日本政府にだまし討ちの意図はなく、攻撃開始前に日米交渉の打ち切りを通告する予定だったのですが、日本側の不手際で、攻撃後の通告となりました。

真珠湾攻撃

1941（昭和16）年12月8日、日本海軍はアメリカのハワイにある真珠湾基地を奇襲し、アメリカの戦艦と基地航空部隊に全滅に近い打撃をあたえました。❶この作戦は、主力艦隊を撃破して、太平洋の制海権を獲得することをめざしたものでした。同日、日本陸軍はマレー半島に上陸し、イギリス軍を撃破しつつシンガポールをめざして進みました。❸❺

日本は米英に宣戦布告し、この戦争は「自存自衛」のための戦争であると宣言しました。また、この戦争を「**大東亜戦争**」1と命名しました。ドイツ・イタリアもアメリカに宣戦布告し、第二次世界大戦は、日・独・伊の枢軸国2と、米・英・蘭・ソ・中の連合国が世界中で戦う戦争へと拡大しました。

対米英開戦をニュースで知った日本国民の多くは、その後次々と伝えられる戦果に歓喜しました。❻他方、アメリカ政府は、日本の交渉打ち切りの通告が**真珠湾攻撃**よりも遅れたのは卑劣な「だまし討ち」3であると自国民に宣伝しました。❷日本の真珠湾攻撃は、今まで戦争に反対していたアメリカ国民を「リメンバー・パールハーバー」を合言葉に、対日戦争に団結させる結果をもたらしました。

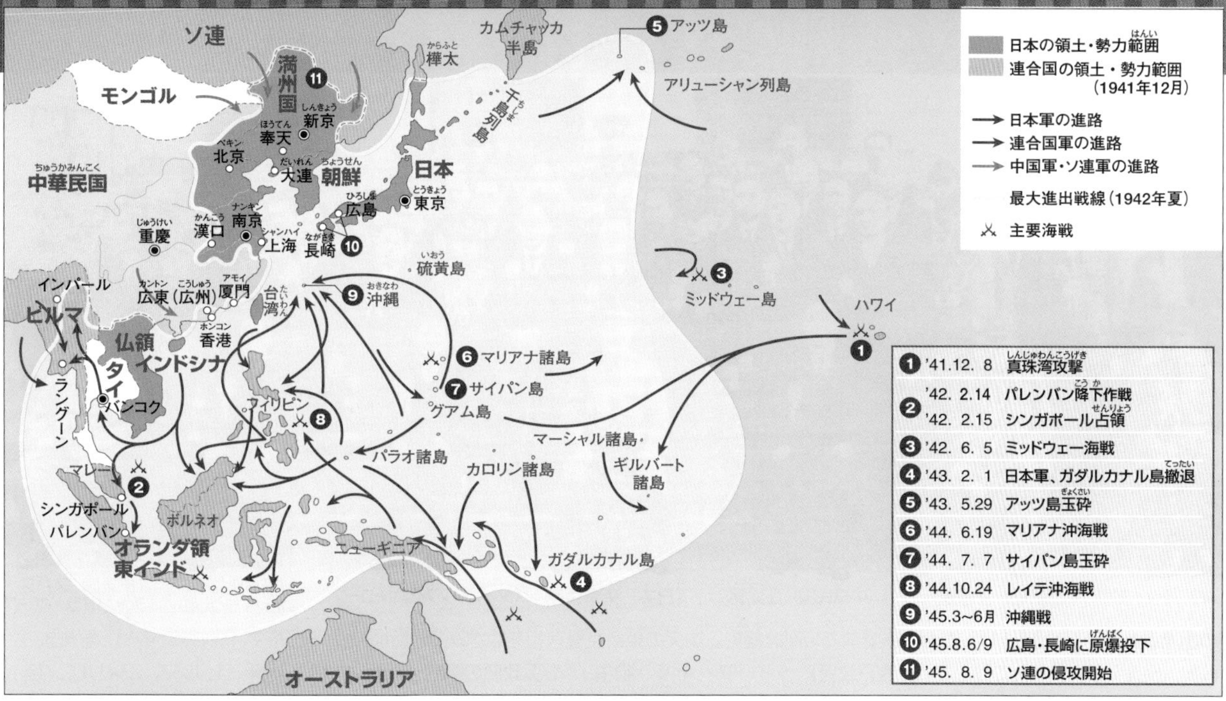

❹大東亜戦争（太平洋戦争）の展開

❺**マレー半島を自転車で南下する日本軍**　自転車で快進撃したので「銀輪部隊」とよばれました。

暗転する戦局

戦争の最初の半年間、日本の勝利はめざましいものでした。開戦と同時にマレー半島に上陸した日本軍は、わずか70日で半島南端のシンガポールにあるイギリス軍の要塞を陥落させました。[4] 果敢な進撃で、たちまちのうちに日本は広大な東南アジアの全域を占領しました。

しかし、1942（昭和17）年6月、ミッドウェー海戦で日本の連合艦隊はアメリカ海軍に敗れ、航空母艦や多くの人員を失いました。このにちアメリカ軍は反撃に転じました。日本は制海権を失い、輸送船はアメリカの潜水艦によって次々と沈められて補給路を断たれました。日米の生産力の差がしだいに表面化し、日本軍は武器・弾薬に限りがある中で、苦戦を強いられました。❹ ヨーロッパでも、ドイツはしだいに劣勢となっていきました。[5] 1943年、イタリアが降伏し、翌年ドイツ軍はパリから撤退しました。

❻ 開戦を聞いた文化人の声

永井荷風（作家）「日米開戦の号外出づ。…余が乗りたる電車乗客雑沓せるが、中に黄いろい声を張り上げて演舌（説）をなすものあり」

高村光太郎（詩人・美術評論家）「この刻々の瞬間こそ後の世から見れば歴史転換の急曲線を描いている瞬間だなと思った。時間の重量を感じた」

古川ロッパ（喜劇俳優）「ラヂオ屋の前は人だかりだ。切っぱつまっていたのが開戦と聞いてホッとしたかたちだ」

[4] シンガポール陥落の前日にはパレンバン降下作戦が行われました。スマトラ島のパレンバンは、オランダが支配する東南アジア有数の大油田地帯であり、石油の輸入を断たれた日本にとって最重要の攻略目標でした。
1942（昭和16）年2月14日の空挺攻撃が大成功をおさめ、ほぼ無傷で油田、製油施設を確保しました。

[5] ヨーロッパでは、初めは枢軸国が有利に戦いを進めましたが、1942年を境に連合国が反撃に転じました。同年、ドイツ軍はソ連のスターリングラードに攻め込みましたが、翌年、敗退しました。

チャレンジ　大東亜戦争当初の約半年間の次の4つの出来事を時間順に並べてみよう。ア：真珠湾攻撃　イ：ミッドウェー海戦　ウ：パレンバン降下作戦　エ：シンガポール占領

（ビルマ）バー・モウ　（満州国）張景恵　（中華民国）汪兆銘　（日本）東条英機　（タイ）ワンワイタヤーコーン　（フィリピン）ホセ・ラウレル　（インド）スバス・チャンドラ・ボース

❶**大東亜会議の出席者たち**　1943年11月、国会議事堂前での記念撮影。中央の東条英機首相をはさみ、最前列の左からビルマ（現ミャンマー）、満州国、中華民国南京政府（重慶政府に対立して設立された親日政府）、タイ、フィリピン、自由インド仮政府の各代表。日本は1943年、ビルマ、フィリピンを独立させ、自由インド仮政府（大東亜会議に出席）を承認しました。1945年には、ベトナム、カンボジア、ラオスの独立を実現させました。

82 大東亜会議とアジア諸国

日本の戦争は、アジアの人々にとって、どんな意味をもっていたのだろうか。

❷大東亜共同宣言
（一部要約）

一、大東亜各国は相互に自主独立を尊重し、大東亜の親和を確立する。
一、大東亜各国は万邦との交誼を篤くし、人種的差別を徹廃し、世界の進運に貢献する。

❸大東亜会議におけるアジア諸国代表の発言
（1943年11月5～6日）

◆バー・モウ（ビルマ首相）

「我々多くの者が長い間彷い、救いを求めて与えられなかった荒野から、我々を救い出してくれたのは、東洋の指導者国家日本であります」

◆チャンドラ・ボース（自由インド仮政府首班）

「本日午後、この歴史的会議において満場一致をもって採択された大東亜共同宣言が、東亜各国民の憲章であり、さらには全世界の被抑圧国民の憲章となることを祈る次第であります」

アジアに広がる独立への希望

日本の緒戦の勝利は、白人の植民地支配➡P.290に苦しんできた東南アジアやインドの人々に、独立への夢と希望をあたえました。❹❺日本軍の破竹の進撃は、現地の人々の協力があってこそ可能でした。日本軍の捕虜となったイギリス軍の中にはインド人兵士が多数いましたが、彼らを中心としてインド国民軍が結成されました。インドネシアやビルマでも、日本軍の指導で軍隊がつくられ、のちに独立と建国の中核となりました。

大東亜会議

アジア各地の独立運動家は、以前から日本に亡命し、それを多くの日本人が支援する事例がありました。戦争が始まると、日本は、占領下のアジア各地域に、日本の戦争への協力を求めました。現地の人々は将来の独立を期待し、これに応えました。さらに、その結束を示すため、1943（昭和18）年11月、東京で**大東亜会議**❶を開催しました。

会議では、連合国の大西洋憲章➡P.237に対抗して**大東亜共同宣言**❷❸が発せられ、「大東亜共栄圏の建設」を戦争目的としてうたいました。

アジア諸国と日本

日本の南方進出は、戦争遂行に必要な資源を獲得し、各国の協力のもとに日本を盟主とした新しい経済圏を確立することが目的でした。日本

❹アジアの人々を奮い立たせた日本の行動

日本軍は、長いあいだ、アジア各国を植民地として支配していた西欧の勢力を追い払い、とても白人には勝てないとあきらめていたアジアの民族に、驚異の感動と自信とをあたえてくれました。長いあいだ眠っていた「自分たちの祖国を自分たちの国にしよう」という心をめざめさせてくれたのです。私たちは、マレー半島を進撃してゆく日本軍に、歓呼の声をあげました。敗れて逃げてゆくイギリス軍を見たときに、今まで感じたことのない興奮を覚えました。

（マレーシアの独立運動家・元上院議員のラジャー・ダト・ノンチック氏の著書『日本人よありがとう』より）

シンガポールで日本軍に降伏したイギリス軍兵士

⑤日本を解放軍としてむかえたインドネシアの人々

350年にわたってオランダの植民地とされてきたインドネシアには、昔から一つの伝説が口伝えに語りつがれていました。ジャワ島にあった小さな王国がオランダによってほろぼされるとき、王様が次のように予言したというのです。「北方から黄色い巨人があらわれて、圧制者を追放し、トウモロコシの実がなるころには立ち去る。そうしてわれわれは解放される」

日露戦争のとき、ロシアのバルチック艦隊がマラッカ海峡を埋め尽くして進んでいくのを見たとき、インドネシア人は、「これでは日本もひとたまりもなかろう」と思いました。ところが、その大艦隊が日本海で、同じ有色人種の日本海軍によって全滅させられたことを知ったインドネシア人は、「北方から来る黄色い巨人とは、日本人のことに違いない」と信じるようになり、密かに日本の南進を待ちこがれていました。

1942年、日本軍がインドネシアに進駐すると、人々は道ばたに集まり、歓呼の声をあげて迎えました。日本はオランダを追放してくれた解放軍だったのです。実際、日本の3年半の占領期間に、PETA（郷土防衛義勇軍）と称する軍事組織の訓練、中等学校の増設、共通語の普及など、のちの独立の基礎となる多くの改革がなされました。

しかし、戦争末期になると食料は欠乏し、過酷な労働に動員されることもありました。

現地の青年を集めたエンジニア養成所

は「アジアの解放」をかかげましたが、戦場となった、中国や東南アジアの人々に被害をあたえ、東南アジア諸国に戦後賠償を行いました。

日本は占領各地で軍政をしきました。小学校や技術訓練の学校を設立し、民衆をふるい立たせる教育を実施しました。現地の独立運動の指導者たちは、欧米諸国からの独立を達成するため、日本の軍政に協力しました。

しかし、日本語教育や神社参拝をとり入れたことに対する反発もあり、連合国と結んだ抗日ゲリラ活動[1]もおきました。日本軍はこれにきびしく対処したので、民間人にも犠牲者が出ました。また、戦争末期になり、日本の戦局が不利になると、食料が欠乏することや現地の人々を労働力として動員することがおきました。

日本軍が敗戦で撤退すると、旧宗主国のイギリス・フランス・オランダは直ちに再支配のために戻ってきました。インドネシアは４年５か月に及ぶ独立戦争で８０万の犠牲者を出して独立を勝ち取りました。日本軍兵士の中には、敗戦後も現地に残り、現地の人たちとともに独立戦争を戦ったものも多数いました。❻

➡P.249

⑥インドネシア独立戦争に加わった日本兵

インドネシアの日本軍は敗戦後、連合国から待機命令を受けていました。民族意識に目覚めたインドネシアの青年は、PETA（郷土防衛義勇軍）に結集し、再び植民地支配をめざして戻ってくるオランダ軍やイギリス軍とたたかう決意を固めていました。これを内々に支援するため、日本兵は武器を放置したり、橋の下に忘れたりして、PETA側に渡しました。

ところが、オランダとの独立戦争が始まると、戦闘経験のないインドネシアの青年は、次々と殺されていきました。「これを放置して日本に帰るわけにはいかない」との思いから、個々の判断でインドネシアに残留し、独立戦争に参加した日本兵がいました。その総数は約1000人で、そのうち700人が戦死したことがわかりました。戦死者の比率が大きいのは、最前線でたたかった者が多かったからです。戦後、約200人の残留日本兵は日本名を名乗ることができず、現地名を名乗ってひっそりとくらしました。

[1] 武器を公然と携帯せず民間人の服装をして攻撃する、いわゆるゲリラのテロ行為は戦時国際法➡P.247によって禁止されており、捕まったとき捕虜としての保護を受けられないとされていました。

チャレンジ 大東亜戦争が始まったとき、インド、ミャンマー、インドネシア、ベトナム、フィリピンがそれぞれどこの国の植民地だったかを調べてみよう。

⬆❶勤労動員　軍需工場で働く女学生。生徒・学生は学校単位で引率され、組織に属さない女性は市・町・村が主体となった女子挺身隊に編成されました。

➡❷「ぜいたく追放」運動　「贅沢は敵だ」のプラカードをかかげて大阪の大通りを行進する女学生。

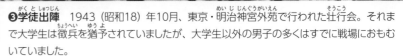

❸学徒出陣　1943（昭和18）年10月、東京・明治神宮外苑で行われた壮行会。それまで大学生は徴兵を猶予されていましたが、大学生以外の男子の多くはすでに戦場におもむいていました。

83 戦時下の国民生活

戦争末期の国民生活はどのようなものだったのだろうか。

国民の動員

第一次世界大戦以降、戦争は前線の軍隊だけではなく、国民の生活や教育、文化などのすべてをかけて行われる総力戦の時代となっていました。日中戦争勃発とともに、日本でも、物資、経済、産業、交通などのすべてを政府が統制する、国家総動員体制となりました。

戦争による物資の不足で、暮らしの中から、純綿・純毛製品や皮革、ゴム製品などが姿を消しました。政府は国民精神総動員運動で、消費節約や貯蓄増強などをよびかけました。❷

大東亜戦争（太平洋戦争）の戦局が悪化すると、国内の統制はさらに強化されました。多くの青年男子が召集されて戦場におもむいたため、労働力の不足を埋めるための徴用[1]が行われました。また、多数の生徒・学生が**勤労動員**❶され、未婚女性は女子挺身隊として工場ではたらくことになりました。また、大学生は、徴兵猶予が取り消され、出征していきました（**学徒出陣**❸）。

あらゆる物資が不足し、寺の鐘など民生用の金属も戦争のために供出され、生活は窮乏を極めました。しかし、戦争の勝利を願う多くの国民はよくはたらき、よく戦いました。

日本統治下の朝鮮半島では、日中戦争開始後、戸籍上の家族の名前をつくる創氏を命じ、日本風の名前に変える改名が認められるようになりました。これを、創氏改名❹といいます。

[1] 1939（昭和14）年、国民徴用令が制定され、国民を軍需工場などに派遣し、有給で生産に従事させました。

[2] **委任統治**　国際連盟によって委任された国が、連盟理事会の監督のもとに、国家として独立していない地域を統治する制度。

④創氏改名とは何か

朝鮮人は、金、李、朴などの姓（一族の名）を有するのみで夫と妻は別々の姓を名のっていました。だから、ファミリーネームを意味する今の苗字（氏）を持っていませんでした。当時の朝鮮の姓は約250ほどで、朝鮮総督府は住民に新たに「氏」を決めさせ、戸籍に登録させました。これが「創氏」です。その際日本風の「氏」を強制することはありませんでした。また「姓」は戸籍に残しました。

「創氏」とは別に、希望者が手数料をおさめて「改名」が許可されました。約8割の人たちが日本風の名前を名のりました。

「創氏」は義務、「改名」は自由意志でした。

⬆❺出撃する特攻隊　鹿児島県知覧基地で、女子学生に見送られて飛び立つ特攻隊の戦闘機。「神風➡P.80特攻隊」とも呼ばれました。

❼学童疎開　空襲の危険をさけるため地方に疎開する子供たち。疎開のあいだに、都会に残った家族を空襲で失った子供もたくさんいました。

⬅❻焼夷弾とB29爆撃機　アメリカ軍は、1945年3月10日には、東京下町の東西5km、南北6kmの区域の周囲に焼夷弾を落とし、火の壁をつくってからその中を爆撃しました。

戦争末期には朝鮮・台湾の人々にも徴兵や徴用が適用され、日本の鉱山などで過酷な条件で働かされ、多くの犠牲者が出ました。

空襲の被害

1944（昭和19）年には戦局は日本にますます不利となり、劣勢に立った日本軍は、飛行機や潜航艇で敵艦に死を覚悟して体当たり攻撃を行う特別攻撃（特攻）❺を行いました。

戦争末期には、国民は直接、戦火にさらされることになりました。1944年7月、日本の委任統治領[2]だったマリアナ諸島の一つのサイパン島が陥落しました。ここから日本本土を空襲できるようになったアメリカ軍は、同年末から爆撃機B29による民間人への無差別爆撃を開始しました❻。子供たちは危険をさけ、親元をはなれて地方の寺などに疎開しました（**学童疎開**❼）。

1945（昭和20）年3月10日には、**東京大空襲**で一夜にして約10万人の市民が命を失いました❽。その後も200の主要都市が空襲され、約50万人の国民が命を落としました。

❽疎開児童と東京大空襲

東京深川の小学校3年生で新潟県のお寺に集団疎開していた米川琴さんの手記

3月9日から10日にかけて、東京では下町方面に大空襲がありました。先生がすぐ東京へ向かい、私たちの家族の安否を調べてきました。家族全員が無事だった子は数人しかいませんでした。はじめに、十数人が先生の部屋に呼ばれ、お話を聞きに行きました。私は何をしているのかよく分からなかったのですが、同じ班のひろ子ちゃんが、泣き泣き、先生の部屋から出て来て私に言うのです。

「琴ちゃんはいいなあ、今呼ばれた子は家の人がみんな死んじゃったんだよ、ひとりぼっちになっちゃったんだよう」

まもなく私も呼ばれました。まさかと思っていた私でしたが、やはり家は焼かれ、母と二人の妹が死んだとのことでした。

（戦争孤児を記録する会編『焼け跡の子どもたち』）

子供たちは、親の出身地の地方などに身を寄せたんだ。
空襲が迫っていて、何とか子供だけは安全にと考えたのね。

チャレンジ　総動員体制下の国民の生活に起こったことを３つ箇条書きにしてみよう。

❶**ヤルタ会談**（1945年2月）（左から）チャーチル（英）、ルーズベルト（米）、スターリン（ソ）

❷**ポツダム宣言**（1945年7月）（左から）チャーチル、トルーマン（米）、スターリン

❸ポツダム宣言（一部要約）

われらの条件は次のとおりである。

❶日本国の国民をあざむき、世界征服の誤った道へ導いてきた者の権力と影響力は、永久に除去されなければならない。❷日本国の戦争遂行勢力が粉砕されたという確証が得られるまで、日本を占領下に置く。❸日本国の主権は本州、北海道、九州、四国ならびにわれらが決定する諸小島に限る。❹日本国の軍隊は、完全に武装解除されたあと、それぞれの故郷にもどって平和で生産的な生活を営む機会を得ることを許される。❺捕虜に対して虐待行為をした者をふくむ、全ての戦争犯罪者は厳正な裁判が加えられる。日本国政府は、日本国民の間にある民主主義的な傾向の復活強化に対するいっさいの障害を除去すべきである。❻日本国を戦争への再軍備に向かわせる産業は許されない。❼以上の目的が達成され、日本国民の自由に表現された意思に従って平和的性向の責任ある政府が樹立されると同時に、連合国占領軍は速やかに日本から撤収する。❽日本国政府が全日本軍隊の無条件降伏を直ちに宣言し、その保障を提出することを要求する。これ以外の日本国の選択は、迅速かつ完全な破壊あるのみである。

84 終戦をめぐる外交と日本の敗戦

終戦はどのようにして実現したのだろうか。

❹**沖縄戦**　兵隊や住民に火炎放射を浴びせるアメリカ軍戦車。

1 沖縄の海軍司令官大田實少将は「沖縄県民かく戦えり。県民に対し後世特別の御高配あらんことを」という電報を打ち、自決しました。県民も含めた日本側の死者は18万～19万人にのぼり、その半数以上は一般市民でした。6月23日、沖縄は占領されました。

2 アメリカのルーズベルト大統領は、1945年4月に急死したので、代わってトルーマン大統領が出席しました。イギリスのチャーチルも会談期間中に総選挙で敗北し、アトリーが首相になりました。

ヤルタ会談

ヨーロッパでもアジアでも、戦争の大勢は決まりつつありました。1945（昭和20）年2月、ソ連領クリミア半島のヤルタに、米英ソ3国の首脳が集まり、連合国側の戦後処理を極秘裏に話し合いました（**ヤルタ会談**❶）。アメリカのルーズベルト大統領は、アメリカの軍事的負担を減らすため、ソ連の対日参戦を求めました。スターリンは、ドイツとの戦争が終わってから3か月後に参戦すると約束し、その代償として、日本領の南樺太と千島列島を要求して合意を取りつけました（ヤルタ秘密協定）。この密約は、領土不拡大を宣言した大西洋憲章に違反するものでした。➡P.237

連合軍がベルリンに侵攻すると、ヒトラーは自殺し、ドイツ政府は崩壊しました。5月、ドイツ軍は無条件降伏しました。

沖縄戦・原爆投下・ソ連の侵攻

3月末、アメリカ軍は沖縄に攻撃を開始し、沖縄戦❹が始まりました。この戦いで沖縄県民にも多数の犠牲者がでました。日本軍はよく戦い、沖縄住民もよく協力しましたが、沖縄戦は6月23日に、日本軍の敗北で終結しました。**1**

沖縄戦が終わるころから、日本政府は戦争終結をめぐる最高指導者による会議を何度も開きました。他方、連合軍は、7月、ドイツのポツダムに米英ソ3国の首脳が集まり**2**、26日に日本に対

❺**広島の原爆投下**　巨大な「きのこ雲」が立ちのぼりました。

❻**玉音放送**　1945（昭和20）年8月15日正午から天皇陛下の玉音放送が行われ、日本国民はラジオの放送に耳を傾けました。日本の敗戦を知った人々は、深く悲しみました。写真は東京都四谷の焼け跡にて撮影。

する降伏条件を示した**ポツダム宣言**を米英中の名で発表しました。❷❸3 鈴木貫太郎首相や主な閣僚は、ポツダム宣言が条件付きの降伏要求であることに着目し、これを受諾する方向に傾きました。

8月6日、アメリカは世界最初の**原子爆弾**（原爆）を広島に投下しました。❺ 8日、ソ連はヤルタ密約➡P.250にもとづき日ソ中立条約➡P.236を破って日本に宣戦布告し、翌9日、満州に侵攻してきました。また、同日、アメリカは長崎にも原爆を投下しました。➡P.250、巻頭2

ここにいたっては、日本政府も終戦を急ぐほかはありませんでした。しかし、阿南惟幾陸軍大臣は国体護持4の保証がないとして反対し、本土決戦を主張して譲りませんでした。

聖断下る

9日深夜、昭和天皇の臨席のもと御前会議が開かれました。ポツダム宣言の受諾について、意見は賛否同数となり、結論を出せなくなりました。10日午前2時、鈴木首相が天皇の前に進み出て**聖断**をあおぎ、天皇は終戦の意思を示しました。御前会議は14日にも開かれました。天皇はこれ以上の国民の犠牲をさけるため、ポツダム宣言の即時受諾による日本の降伏を決断しました。❼

8月15日正午、ラジオの**玉音放送**❻で、国民は長かった戦争の終わりと日本の敗戦を知りました。近代日本が初めて経験する敗戦でした。日本の降伏によって、第二次世界大戦は終結しました。

❼聖断のときの昭和天皇の発言

（1945年8月14日）

「……このような状態で本土決戦にのぞんだらどうなるか、私は非常に心配である。あるいは、日本民族は、みな死んでしまわなければならないことになるのではないかと思う。そうなれば、どうしてこの日本という国を子孫に伝えることができるのか。一人でも多くの国民に生き残っていてもらって、その人たちに将来ふたたび立ち上がってもらう以外に、この日本を子孫に伝える方法はないと思う。……みなの者は、この場合、私のことを心配してくれると思うが、私はどうなってもかまわない。私はこういう風に考えて、戦争を即時終結することを決心したのである」

（迫水久常書記官長の証言）

3 ソ連は日ソ中立条約を守っていると見せかけるため、最初は表に出ず、中立条約を一方的に破棄して対日参戦した後にポツダム宣言に加わりました。

4 国体とは、建国以来、天皇を中心として国民がまとまってきた日本の国のあり方のこと。陸軍は日本が解体されてしまうことを心配しました。

チャレンジ　戦争末期、大東亜戦争終結までの出来事を３つあげ、起きた順に並べてみよう。

人物クローズアップ コラム

日米の架け橋目指した新渡戸稲造

◉欧米に感銘与えた「武士道」

新渡戸稲造は明治から大正、昭和の３時代にわたり、国際的に広く知られた日本人です。日米関係が悪化した後は日本とアメリカとの架け橋になろうと努力しました。

新渡戸は1862（文久２）年、現在の岩手県盛岡市に生まれ、札幌農学校在学中にキリスト教徒となりました。卒業後、農政学を学ぶため渡米し、そこでアメリカ人の女性と結婚しました。しかし祖国への思いは捨てず、日本人の真の姿を世界に知ってもらおうと、1899（明治32）年ごろに、英語で『武士道』という本を書きました。武士道を、今なお我々の道徳の道を照らしている高い精神性の表れだとするこの本は、日本を「野蛮な後進国」と見ていた多くの欧米人に強い感銘を与えました。

その後、日清戦争で日本が統治下に置いたばかりの台湾に渡り、台湾の主力産業だった製糖業の増産のため政策立案、指導にあたり成功しました。またこのときの経験をもとに大学などで、日本の植民地政策のあり方について教えました。

◉世界の文化人と渡り合う

1920（大正９）年、国際連盟➡P.216が発足すると、その事務局次長に選ばれます。新渡戸の国際的知名度の高さの表れでした。事務局次長としては主に知的協力委員会を担当し、フランスの哲学者ベルクソンら世界の第一級の知識人らと平和推進について検討を進めました。

しかし、アメリカが国際連盟発足にあたり、日本が提案した人種差別撤廃を規約に盛り込む案を葬ったり、排日移民法を成立させたりしたことで、日本人のアメリカへの反発が強まりました。

親米派の新渡戸も「けしからん。この法律が撤回されない限り、断じてアメリカの土は踏まない」と怒りをあらわしました。

それでも新渡戸は対立を少しでも和らげようと、アメリカ人との対話につとめましたが、それもかなわないまま、1933（昭和８）年、カナダで亡くなりました。国際的知名度の高さから戦後、５千円札の肖像となりました。

新渡戸は、ほかにも京都帝国大学教授、第一高等学校長、東京帝国大学教授、東京女子大学初代学長などをつとめ、教育、とりわけ女子教育に力を入れました。

新渡戸稲造（1862-1933）
（国立国会図書館蔵）

もっと知りたい コラム

戦時国際法と戦争犯罪

先の大東亜戦争などで、戦時国際法はどの程度守られたのだろうか。また処罰は公平に行われたのだろうか。

◉戦時国際法の成立

人類はその長い歴史の中で、国家や民族の利害の衝突から、絶え間なく戦争をしてきました。残酷なできごとも絶えませんでした。そこで戦争のやり方を国際的に決めようという考えが生まれました。

このルールを戦時国際法といいます。1907（明治40）年にオランダで締結されたハーグ陸戦法規はその代表例です。

戦時国際法では、戦闘員以外の民間人を殺傷したり、捕虜となった兵士を虐待したりすることは、戦争犯罪として禁止されました。いっぽう、軍服を着ていない者に武器を持たせたり、戦争に参加させたりすることは禁じられ、それを捕えた側には、一定の手続きのあと、スパイやゲリラとして処刑することも認められていました。

◉ 20 世紀最大の戦争犯罪

大東亜戦争の沖縄戦でも、東京など本土の大都市への無差別爆撃でも、非武装の民間人が標的にされて大量に殺害されました。1945（昭和20）年3月10日の東京大空襲で、攻撃命令を受けたＢ29のアメリカ軍パイロットは「それは戦時国際法違反ではないか」と、司令官に問いただしたといわれています。東京大空襲では、一夜にして10万人が焼け死にました。

1945年の原爆投下による死者は広島で約14万人、長崎では７万人以上に上り、犠牲者はほとんど一般市民でした。原爆投下は、その被害の規模においても、20世紀最大の戦争犯罪といえるでしょう。

◉違法なシベリア抑留

同じ1945年の8月9日、ソ連軍は日本との中立条約を破って、満州、樺太に攻めこみ、日本の民間人に対して略奪、暴行、殺害をくり返しました。

ソ連は日本の降伏後も侵攻をやめず、日本固有の領土である北方4島の占領を終えたときには、すでに9月になっていました。さらに捕虜は即座に帰国させるとしたポツダム宣言の規定に違反して、捕虜をふくむ60万人以上の日本人をシベリアなどソ連領に連行しました。

抑留中は満足な食事も与えないまま、過酷な強制労働をさせました。そのためにわかっているだけでも、6万人以上の日本人が死亡しました。

◉日本軍の戦争犯罪

これら、戦争の勝者である連合国側の戦争犯罪は一切、裁かれることはありませんでした。

日本軍も戦争中に侵攻した地域で捕虜となった敵国の兵士や非武装の民間人に対し、不当な殺害や虐待を行ったこともありました。連合国軍は、日本軍のおかした戦争犯罪を厳しく裁き、約1000人の人が処刑されました。そのなかには無実でありながら、誤った判決で処刑された人もいます。

外の目から見た日本

大東亜戦争とアジアの独立

アジアの解放をかかげた日本は敗れましたが、アジアは植民地から解放され、独立を達成しました。

◉独立への希望と犠牲

大東亜戦争で日本は独自の経済圏を目指しました。このため戦争が始まると、石油などの資源を得るため、東南アジアに軍を進めました。当時アジアの国々はイギリス、オランダ、フランス、アメリカなど欧米諸国の植民地にされ、苦しんでいました。そのため戦争初期の日本軍のめざましい勝利は、アジアの人々に独立への希望を抱かせました。

しかし、日本軍が進軍した東南アジアでは激しい戦闘が行われ、現地の人々に多大な犠牲を強いることにもなりました。とくにアメリカの統治下にあったフィリピンでは日本軍とアメリカ軍との激戦となり、その戦闘に巻き込まれ、多くの人が命を落としました。

◉インドの独立と日本軍

長年にわたってイギリスの植民地となっていたインドでは、ガンジーらを指導者として独立運動がおこっていました。指導者の一人、チャンドラ・ボースは、自前の軍隊をもった独立政府を樹立しなければならないと考えていました。そのボースに手を貸したのは日本軍でした。

1942（昭和 17）年、日本軍はシンガポールのイギリス軍根拠地を奪取しましたが、そのとき、多数のインド人がイギリス軍兵士として捕虜となりました。日本軍は約 1 万 3 千人のインド人兵士を普通の捕虜扱いにせず、説得した結果、インド人兵士は独立のために戦うインド国民軍に加わりました。

チャンドラ・ボースとインド国民軍
（1993 年発行のインドの切手より）

1943 年には、シンガポールでボースを首班とする自由インド仮政府ができました。翌年、インド国民軍は「チャロ・デリー（行け、デリーへ）」と叫びながら、日本軍といっしょに、自国インドへと進撃を開始しました。しかし、日本がアメリカやイギリスに対し、しだいに劣勢に立たされたこともあって、進撃は成功しませんでした。

戦争が終わった後、イギリスはインドの植民地支配を続けるため、独立運動を指導した人たちを反逆者として裁判にかけようとしました。しかし、これを機にインドの人たちはいっせいに立ち上がり、独立を叫びました。そして 1947 年、ついに独立をはたしました。

◉「17−8−05」とスディルマン将軍像

日本の防衛省の敷地に立つスディルマン将軍像

インドネシアの首都ジャカルタの中心には「ムルデカ（独立）広場」があります。そこには初代大統領となった独立運動の指導者スカルノと、その盟友ハッタの銅像が立っていますが、2つの銅像の間にはさまれて大きな碑が立っており、そこには独立宣言文が刻まれています。そして、その日付けは「17−8−05」となっているのです。これはどういう意味でしょうか。

「17−8」は8月17日のことだとすぐにわかります。インドネシアはこの日に独立したからです。では、そのあとの「05」とはいかなる意味でしょうか。これは当然、独立の年をかいてあるはずなのですが、「05」は実は日本の皇紀➡P.102605年の下2ケタの数字をあらわしています。西暦の1945年を使わず、独立の機縁となった日本にちなんで、独立記念日を日本の皇紀で表現したのです。

時は経って2011年のことです。一体の軍人の銅像がインドネシア国防省から日本の防衛省に贈られてきました。それはインドネシアの国民的英雄で、独立戦争をたたかったPETA（郷土防衛義勇軍）の最高司令官スディルマン将軍の銅像でした。スディルマン将軍は豊かな家庭に養子に出され、真面目で敬虔なイスラム教徒として成長し、小学校の校長になりました。しかし、独立戦争が始まると、選挙で最高司令官に選ばれました。独立戦争では残留日本兵もともに戦いました。インドネシアは今でも独立が日本の戦いを機縁として実現したことに感謝の心を持っているのです。

◉アジアの目で見た大東亜戦争

戦争中の1943（昭和18）年、東京で開かれた大東亜会議➡P.240に出席したミャンマーのバー・モウ初代首相は著書『ビルマの夜明け』にこう書いています。

「歴史を見るならば、日本ほどアジアを白人支配から離脱させることに貢献した国はない。しかし、日本ほど誤解を受けている国もない。もし日本が独断とうぬぼれを避け、開戦当時の一念を忘れなければと、日本のために惜しまれる」。

さらにバー・モウは日本軍の資源の収奪や横暴さに批判を加えながらも、日本の植民地解放の功績をたたえました。

タイのククリット・プラモード元首相は「12月8日」と題して、次のように大東亜戦争を回想しています。

「日本のおかげで、アジア諸国はすべて独立した。日本というお母さんは難産して母体をそこなったが、生まれた子供はすくすく育っている。12月8日はお母さんが一身を賭して重大決心をされた日である。さらに8月15日は、我々の大切なお母さんが病に伏した日である。この2つの日を忘れてはならない」

独立年	国名	旧宗主国
1946年	フィリピン	アメリカ
1947年	インド	イギリス
1948年	ビルマ（ミャンマー）	イギリス
1949年	インドネシア	オランダ
1953年	ラオス	フランス
1953年	カンボジア	フランス
1954年	ベトナム	フランス
1957年	マレーシア	イギリス
1965年	シンガポール	イギリス

アジア諸国の欧米からの独立　これらの中には日本統治下で一度独立しましたが、戦後取り消されたものもあります。

原子爆弾の被害を考えよう！

原爆の破壊力はどのようなものか

1945（昭和20）年8月6日広島に、人類史上初めて原子爆弾（原爆）が投下され、壊滅的な被害をもたらしました。9日には、長崎にも投下され、両市の死者は21万人以上となりました。

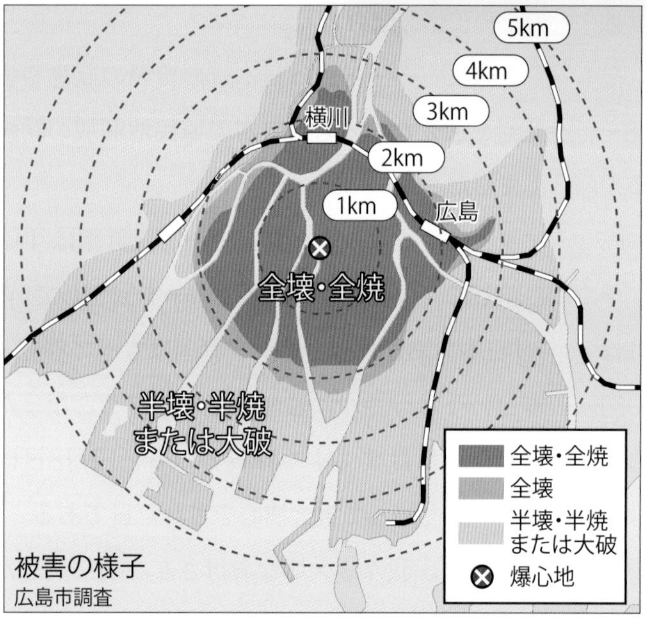

被害の様子
広島市調査

原爆の破壊力

広島の原爆は巨大な火の玉の形に膨張してから爆発しました。火の玉の直径は200mで、表面温度は7000℃でした。

原爆の威力は、①熱線②衝撃波③放射線の3つです。

熱線によって、広島市中心部の直径1キロメートルの内部では、地表温度は3000℃に達しました。ほとんどの人は一瞬で蒸発してしまいました。次に襲ってきたのは衝撃波でした。これによって家屋は破壊し、人はなぎ倒されました。放射線を大量に浴びた人は長い間、苦しみました。

原爆投下　日米両政府の声明

◆アメリカ政府の声明　1945年8月

最初の原爆を軍事基地である広島に投下したのは、われわれが民間人の殺戮をできるだけ避けたかったからだ。

われわれは、パール・ハーバー（真珠湾）において無警告でわれわれを攻撃した者たち、アメリカの捕虜を餓死させ、殴打し、処刑した者たち、戦時国際法を犯した者たちに対して、原子爆弾を使用した。

戦争の苦痛の期間を短くするために、若いアメリカ人の多数の生命を救うために、それを使用したのである。（要約）

◆日本政府の抗議声明　1945年8月10日

広島市はなんら特殊な軍事防衛施設を持たない普通の一地方都市で、同市全体として一つの軍事目標たる性質を持っていない。被害地域内にあるものは、戦闘員・非戦闘員の区別無く、また老若男女を問わず、すべて爆風と輻射熱で無差別に殺傷された。

米国は国際法および人道の根本原則を無視して、すでに帝国（日本）の諸都市に対して無差別爆撃を実施して来た。今や新たに、従来のいかなる兵器も比較にならない無差別の残虐な破壊力を持つ本件爆弾を使用したのは、人類文化に対する新たな罪悪である。

帝国政府はここに自らの名において、かつまた全人類および文明の名において米国政府を糾弾する。

（朝日新聞　1945年8月11日掲載、要約）

少年はなぜここに立っているのだろうか

この写真は、日本が大東亜戦争に敗れ、連合国に占領された直後に、長崎市内で写されたものです。この少年は何のために、ここに立っているのでしょうか。あなたは写真からどんなことに気づきますか。

写真を撮影したのは、この場に居合わせたアメリカ軍カメラマンのジョー・オダネルさんです。オダネルさんの証言を聞きましょう。

アメリカ軍カメラマンは見た！

10歳くらいの少年が歩いてくるのが目にとまりました。おんぶひもをたすきに掛けて、幼子を背中にしょっています。重大な目的を持ってこの焼き場にやって来たという強い意志が感じられました。しかも、足ははだしです。

少年は焼き場のふちまで来ると、硬い表情で目を凝らして立ち尽くしています。背中の赤ん坊はぐっすり眠っているのか、首を後ろにのけぞらせたままです。白いマスクの男たちが静かに近づき、ゆっくりとおんぶひもを解き始めました。この時、私は背中の幼子がすでに死んでいることに初めて気づいたのです。男たちは幼子の手と足を持つとゆっくりほうむろうとするように、焼き場の熱い灰の上に横たえました。まず幼い肉体が火に溶けるジューという音がしました。それからまばゆいほどの炎がさっと舞い立ちました。真っ赤な夕日のような炎は、直立不動の少年のまだあどけないほおを赤く照らしました。

その時です、炎を食い入るように見つめる少年の唇に血がにじんでいるのに気がついたのは。少年があまりきつく噛みしめているため、唇の血は流れることもなく、ただその下唇に赤くにじんでいました。夕日のような炎が静まると、少年はくるりと焼き場に背を向けて、沈黙のまま去っていきました。

（ジョー・オダネル「目撃者の眼」朝日新聞創刊120周年記念写真展より要約）

「焼き場に立つ少年」の写真 ローマ教皇が配布を指示

2018（平成30）年1月1日、バチカンのローマ教皇が、この「焼き場に立つ少年」の写真を配布するよう指示したというニュースが世界を駆け巡りました。

ローマ教皇フランシスコは、この写真をカードに印刷して配布するよう指示したのです。

カードの裏には「戦争が生み出したもの」というタイトルのもと、「少年の悲しみは血のにじんだ唇に表れている」と書かれ、教皇の署名がそえられています。

戦後アメリカの原爆論の展開

◆明るみに出たハイドパーク協定

1944年9月18日、ルーズベルト米大統領とチャーチル英首相はニューヨーク州ハイドパークで会談し、非人道的な原爆を日本に落とす秘密協定を結んでいたことが明らかとなりました。（1972年、アメリカ秘密文書公開資料による。）

◆フーバー大統領回顧録

広島も長崎も軍事基地ではなく、主に一般の市民が生活している都市である。両市あわせて30万人以上の市民を殺した行為は非人道的で、戦時国際法違反である。アメリカの政治の大道からの逸脱は、トルーマンが日本人に原子力爆弾を落とすという非道徳的な命令を下したことだ。これはアメリカの全ての歴史のなかで、他に比較するもののない残忍な行為であった。

ノート

- 広島、長崎への原爆投下について、ここまでの資料を読んで感じたこと、考えたことをノートに書いてみよう。
- 日米で両市の死者の数が異なるのはなぜか考えてみよう。

近代後半（大正・昭和前半）

①サラエボ事件をきっかけにヨーロッパ全体を巻き込んだ戦争は？ …… [1]

②ロシアにおいてロマノフ王朝が倒れ、社会主義政権が樹立した革命は？ …… [2]

③第一次世界大戦後にパリ講和会議で結ばれた条約は？ …… [3]

④大正期に民主主義の思想と国際協調の世論が高まった政治的風潮は？ …… [4]

⑤衆議院で多数を占める政党の総裁が内閣を組織する政界の慣例は？ …… [5]

⑥ 1921（大正 10）年、海軍軍縮と中国問題を主要な議題として開かれた国際会議は？ …… [6]

⑦納税額による選挙権の制限を撤廃して成立した法律は？ …… [7]

⑧ 1923（大正 12）年 9 月 1 日に関東地方でおこった大地震は？ …… [8]

⑨アメリカの株価大暴落に始まった世界規模の経済混乱は？ …… [9]

⑩第一次世界大戦後にイタリアとドイツにおこった独裁的な政治体制は？ …… [10]

⑪ 1931（昭和 6）年、奉天(ほうてん)郊外での鉄道爆破から始まった関東軍による軍事行動は？ …… [11]

⑫ 1936（昭和 11）年、陸軍の一部青年将校がおこした反乱は？ …… [12]

⑬盧溝橋事件に続く上海事変から全面戦争となった日本と中国の戦いは？ …… [13]

⑭アジア諸国の代表が集まり、米英からのアジア解放などを宣言した会議は？ …… [14]

⑮米英ソ 3 国首脳がソ連の対日参戦など戦後処理を密約した会談は？ …… [15]

⑯アメリカ軍により原爆が投下された 2 つの都市は？ …… [16] と [17]

⑰米英中 3 国が日本に対する戦争終結の条件を示した降伏勧告(こうふくかんこく)は？ …… [18]

地図問題

下の地図は大東亜戦争の主な戦闘を時間順に並べたものです。左上の表のア〜オの記号を、右下の表の□に入れなさい。

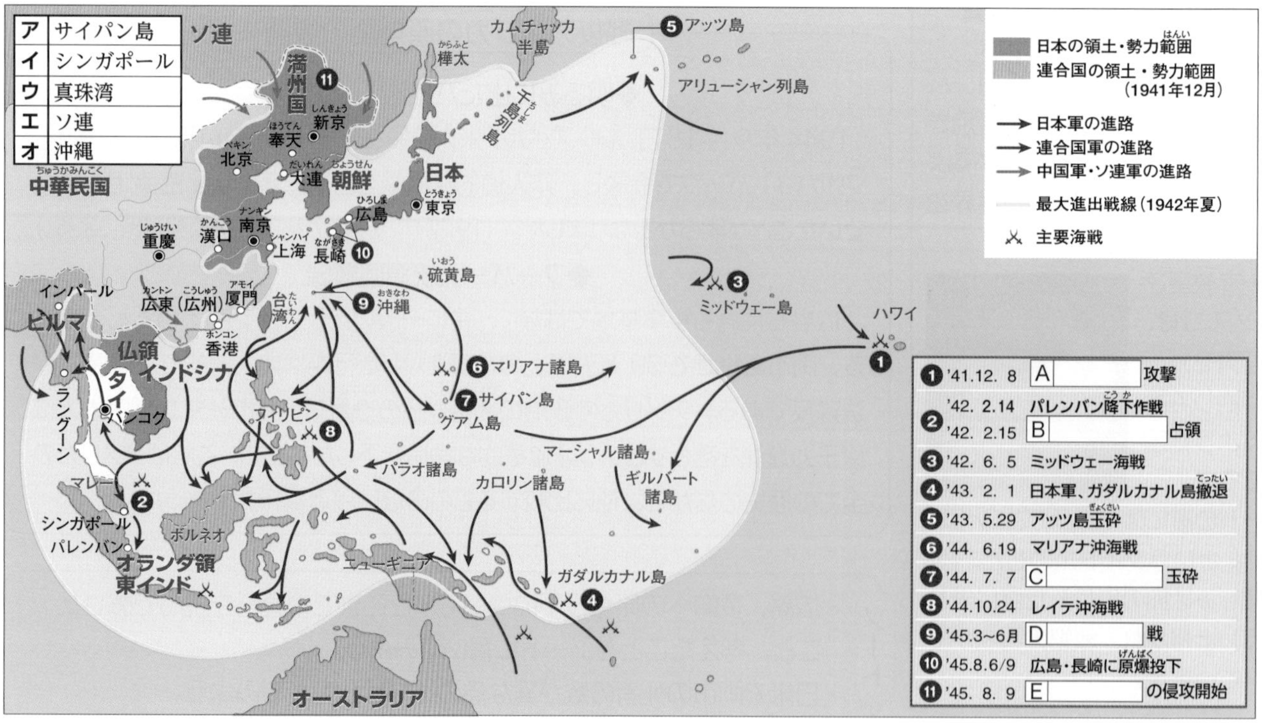

ア	サイパン島
イ	シンガポール
ウ	真珠湾
エ	ソ連
オ	沖縄

❶	'41.12. 8	A□ 攻撃
❷	'42. 2.14	パレンバン降下(こうか)作戦
	'42. 2.15	B□ 占領
❸	'42. 6. 5	ミッドウェー海戦
❹	'43. 2. 1	日本軍、ガダルカナル島撤退(てったい)
❺	'43. 5.29	アッツ島玉砕(ぎょくさい)
❻	'44. 6.19	マリアナ沖海戦
❼	'44. 7. 7	C□ 玉砕
❽	'44.10.24	レイテ沖海戦
❾	'45.3〜6月	D□ 戦
❿	'45.8.6/9	広島・長崎に原爆(げんばく)投下
⓫	'45. 8. 9	E□ の侵攻開始

近代後半（大正・昭和前半）とはどんな時代だったのか

近代後半という時代の特徴を大づかみにとらえるために、以下の問題を解いてみよう。

◆歴史用語ミニ辞典の作成

歴史用語を３文で説明する「歴史用語ミニ辞典」をつくります。第５章に登場する以下の歴史用語について、教科書をよく読み、p 67、p 103 の書き方を参考にして、各用語を３文でノートにまとめてみよう。

第一次世界大戦　二十一か条要求　ロシア革命　ベルサイユ条約　大正デモクラシー　ワシントン会議　２つの全体主義　世界恐慌　満州国建国　二・二六事件　日中戦争（支那事変）　第二次世界大戦　大東亜会議　ポツダム宣言

◆時代区分の問題

次の２つの事項を比較して、共通点と違いをノートに書いてみよう。

①第一次世界大戦と第二次世界大戦
②共産主義とファシズム

【翔太君のノート　課題①について】

＜共通点＞・・・ともに多くの国を巻き込み、多大な被害や戦死者を出したこと。

＜違い＞・・・①第一次世界大戦は主にヨーロッパが戦場となった「ヨーロッパの戦争」だったが、これに対し、第二次世界大戦は日本が巻き込まれ、アジアや太平洋地域も戦場となった。

②第一次世界大戦後に独立したのはヨーロッパに限られていたが、第二次世界大戦後は、アジアの多くの国々が独立を果たした。

③日本は第一次世界大戦では戦勝国となったが、第二次世界大戦では敗戦国となり、国のあり方も大きく変わった。

◆時代の流れを整理する問題

①日清戦争から終戦に至るまでの、日本と中国との関わりを、順を追って書いてみよう。
②日本とアメリカの関係が悪化していく道のりを、順を追って書いてみよう。

【課題②について書いたさくらさんのノート】

①日露戦争で日本がロシアに勝ったことで、アメリカに警戒心が強まった。
②国際連盟発足にあたり、アメリカは、日本が提案した人種差別撤廃条項を拒否した。有色人種の間に失望感がひろがった。
③アメリカは日英同盟の廃棄を要求しました。
④アメリカは排日移民法を制定した。これに対し、日本人の反発が強まった。
⑤日本と中国の紛争においてアメリカは中国を支援し、日中戦争が始まってからも援蒋ルートによる支援を続けたので、日中戦争が泥沼化する要因となった。
⑥アメリカの経済封鎖の強化に伴い、日本は資源を求めて東南アジアに、さらに進出した。

◆「ひとこと」作文

近代後半とはひとことでいえば「○○」の時代だった。

この○○にあてはまる言葉を入れて、短い作文にしてみよう。

＜例＞　戦争　全体主義　民主主義　民族独立

【「戦争」を選んださくらさんのノート】

近代後半とは、ひとことでいうと戦争の時代だった。世界的には二つの大戦で、多くの国が壊滅的被害を受け、多くの人命が失われた。日本も第一次世界大戦への参戦、日中戦争、大東亜戦争など、立て続けに戦争を戦ってきた。

大東亜戦争では、日本は、戦場のみならず、一般国民を含め 310 万人もの人命を失なった。日本の国のあり方が大きく変えられた。

以上のように、近代後半は戦争の時代だったととらえることができる。

《4 対話とまとめ図のページ

下の<まとめ図>を見ながら、お兄さんと弟が対話をしています。

(兄)

第一次世界大戦のさなか、ロシアで革命がおこり、ここから世界史の流れは一変したんだね。レーニンは世界に革命を広げるためにコミンテルンを組織し、各国でスパイなどによる破壊活動を始めたんだ。

(弟)

1930 年代には、ドイツでナチスが台頭し、ヒトラーが政権を掌握したね。こうして、共産主義とファシズムという二つの全体主義が 20 世紀の世界を席巻したんだ。

日本が満州国を建国したのは、ソ連の共産主義への防波堤の意味もあったんだ。これに脅威を感じたソ連は、日中戦争を望んでいたんだね。その後、日本とアメリカとの戦争に進んでいったわけだ。

第二次世界大戦はドイツのファシズムを滅亡させたけど、共産主義は世界体制として拡大したんだ。これは戦後の冷戦の原因となったし、日本は戦争をしたくなかったのに、引きずり込まれたのは失敗の歴史だと思うんだ。

だけど、この戦争でアジアの植民地が次々と独立するキッカケとなったという面もあるよ。歴史はいろいろな角度から見なければならないね。

第５章　2つの世界大戦と日本・まとめ図

第一次世界大戦
- ベルサイユ条約
- コミンテルン創立
- ロシア革命
- 日本、連合国として参戦
- 同盟国対連合国

戦間期
- 日中戦争（支那事変）
- 満州事変
- ナチス政権を取得
- 世界恐慌・ブロック経済
- 協調外交
- 政党政治・憲政の常道
- 日本提案の人種平等案否決
- 国際連盟の成立

第二次世界大戦
- 聖断・ポツダム宣言受諾
- 米軍の空襲・原爆投下
- 大東亜会議
- 真珠湾・マレー作戦
- 日独伊三国同盟・日ソ中立条約
- 第二次世界大戦の始まり
- 英仏対独宣戦布告（大戦の始まり）
- 独ソ密約によるポーランド分割
- ドイツのポーランド侵攻

→ 現代の日本と世界

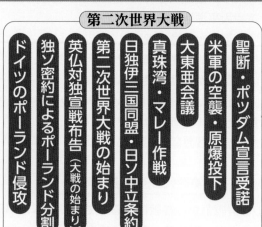

2つの全体主義
- 共　産　主　義　　現代に引き
- ファシズム

第6章
現代の日本と世界

昭和後半・平成時代

戦争が終わったときの東京だよね。アメリカ軍の空襲で、こんな焼け野原になったんだ！
翔太君

1945（昭和20）年の廃墟の東京

それが、今のように再建されたのは、日本人の底力だわ。
さくらさん

2012（平成24）年の東京。世界一の電波塔（高さ634m）の東京スカイツリーが開業した。

第6章　現代の日本と世界＜予告編＞

登場人物紹介コーナー

日本占領の責任者
マッカーサー

サンフランシスコ講和条約、日米安保条約を締結
マッカーサーに協力
吉田茂

朝鮮戦争

日米安保改定
岸信介

沖縄返還
佐藤栄作

日中国交正常化
日本列島改造
田中角栄

国民とともに苦難の歴史を歩まれた
昭和天皇

第1節 占領と冷戦

①復員・引きあげ

外地からの引きあげ者を迎える家族ら。

日本が敗戦した時点で、東南アジアや中国大陸には約660万人の日本人が取り残されました。半数以上は武装解除された軍人や軍属でした。うち8割近くは各国の協力もあり、1946（昭和21）年までに復員や引きあげを果たしましたが、旧満州からソ連に連行された約57万人（日本政府推定）の旧軍人・民間人はその後も抑留されました。特にシベリア抑留では酷寒の中、重労働を強いられるなどで約6万人が死亡したといわれます。1947年から徐々に引きあげが始まりますが、最後の長期抑留者が帰国したのは日ソ国交回復後の1956（昭和31）年でした。

85 占領下の日本

日本の占領はどのように行われたのだろうか。

❷マッカーサー連合国軍最高司令官（1880～1964）
大東亜戦争開戦時、アメリカの極東軍司令官としてフィリピンにいましたが、日本軍の攻撃でフィリピンを逃れました。このため最高司令官就任時、日本に対して強い恨みを抱いていたといわれます。

1 間接統治下においてもGHQの命令は憲法や法律よりも優先されました。

2 詔書とは天皇のお言葉のこと。詔書の後半に天皇の神格化を否定する部分があり、新聞などで「人間宣言」と言われました。しかし昭和天皇自身が30年あまり後の記者会見で、「神格否定」よりも五箇条の御誓文を示すことが主な目的だったと明らかにしました。

GHQと戦後改革

1945（昭和20）年8月、ポツダム宣言受諾によって日本の領土は、北海道、本州、四国、九州およびその周辺の島々に限られました。台湾、朝鮮など、日清戦争後に領有・併合した領土をすべて失い、多くの日本人が復員や**引きあげ**を余儀なくされました。❶

➡P.244

そして、アメリカ軍を主体とする連合国軍による日本の占領が始まりました。占領目的は日本が二度とアメリカの脅威にならないよう、伝統文化から国家体制までつくりかえることでした。日本政府の上に**マッカーサー**最高司令官❷が率いる**連合国軍総司令部（GHQ）**が君臨し、指令を出しました。間接統治とよびます。1

翌1946（昭和21）年の元日、昭和天皇は「新日本建設に関する詔書」2を発し、明治維新の「五箇条の御誓文」にならって民主的な国をつくることを呼びかけました。しかしGHQは別途、日本を民主化するための五大改革指令を出しました。これを受けて日本政府は、婦人参政権の付与❸、労働組合法の制定、教育制度の改革などさまざまな改革を行いました。❻

➡P.165

またGHQは連合国に対する批判を封じるためのプレス・コード（日本に与うる新聞遵則）を定めるなど、報道への検閲を行いました。GHQの検閲はアメリカだけでなくソ連や中国、朝鮮人への批判も許さない厳しいものでした。

旧石器	縄文	弥生	古墳	飛鳥	奈良	平安	鎌倉	南北朝	室町	戦国	安土桃山	江戸	明治	大正	昭和	平成	令和

(世紀)	BC	AD1	2	3	4	5	6	7	8	9	10	11	12	13	14	15	16	17	18	19	20	21

❸**日本最初の婦人代議士** 1946年、婦人参政権が認められました。戦後初の衆議院議員選挙には多くの女性が立候補し、39人の婦人代議士が誕生しました。

A項	戦争犯罪人	3422
B項	職業軍人	12万2235
C項	超国家主義団体有力者	3438
D項	大政翼賛会関係者	3万4396
E項	開発金融機関役員	433
F項	占領地行政長官	89
G項	その他の軍国主義者	4万5993
合計		21万0006

❹**公職追放** 追放に該当する「好ましくない人物」を分類して示したもの。のちに政界、財界、言論界に拡大しました。このほか、教育界においても12万人の教職追放が行われました。
（岩波書店『日本史史料5 現代』による）

❺**東京裁判で判決を聞く東条英機元首相** 死刑執行は当時の皇太子殿下の誕生日（12月23日）に行われました。

東京裁判

GHQは開戦時の首相だった東条英機ら日本の軍人や政治家らを次々と逮捕し、戦争犯罪人（戦犯）として**東京裁判**（**極東国際軍事裁判**）❺にかけました。裁判に対しては、国際法上疑問があるという批判もありました。しかし1948（昭和23）年11月、「平和に対する罪」[3]に反したとするA級戦犯25人に有罪判決が言いわたされ、うち7人が死刑に処せられました。またGHQは、戦時中に公的地位にあった者など各界の指導者約21万人を公職から追放しました（**公職追放**）❹。

日本国憲法の制定

GHQは大日本帝国憲法の改正を求めました。日本側は多少の修正を加えるだけで民主化は可能だと考え、改正案をまとめました。しかしGHQは1946（昭和21）年2月、約1週間でみずから作成した英文の憲法草案を日本政府に示し、根本的改正を迫りました。政府は、交戦権の否定などを含む草案に衝撃を受けましたが、拒否した場合、天皇の地位が存続できなくなることを恐れ、受け入れました。占領軍が占領地の憲法を変えることは戦時国際法違反に➡P.247なるため、草案は帝国議会で審議する形をとりましたが、GHQの意向には逆らえず、ほとんど無修正で成立し、11月3日、**日本国憲法**が公布されました。[4]

❻**占領軍の進めた戦後の主な改革**

五大改革指令 1945年10月	①婦人参政権の付与 ②労働組合の結成 ③教育の自由主義化 ④圧政的諸制度の撤廃 ⑤経済の民主化
経済の改革	財閥解体　農地改革 労働基準法 独占禁止法
教育の改革	教育基本法 学校教育法
政治の改革	新選挙法 日本国憲法

[3] A級戦犯とは「平和に対する罪」という後から作られた罪状がさかのぼって適用されたものです。いっぽう、アメリカの民間人に対する無差別爆撃や原爆投下、ソ連の満州や樺太などでの暴虐行為やシベリア抑留など、連合国側が犯した戦争犯罪は問題にされませんでした。（P247）

[4] 日本国憲法は、天皇を日本国および日本国民統合の象徴と定めました。主権在民をうたい、国会を国権の最高機関とし、議院内閣制を明記しました。また、GHQの憲法原案どおりに第9条の「国際紛争を解決する手段としての戦争放棄」を定め、交戦権を否定したことも他に例を見ないものとなりました。

チャレンジ GHQはどのようなねらいで占領政策をおこなったのかを説明しよう。

もっと知りたいコラム

占領下の検閲と東京裁判

占領下では連合国への批判を許さない徹底した検閲が行われました。日本人洗脳作戦や東京裁判は、日本人の歴史に対する見方に影響を与えました。

◉占領目的は日本の弱体化

1945（昭和 20）年９月、日本はアメリカに占領され、連合国軍総司令部（GHQ）の統治下に入りました。1952（昭和 27）年４月に独立を回復するまでの６年８カ月間、日本は主権を奪われ、外交権もありませんでした。これほど長期にわたる占領は、歴史にあまり例がありません。

アメリカの占領目的のひとつは、日本が再びアメリカに武力をもって立ち向かうことのないよう、日本の国家体制を改造し、日本を弱体化することにありました。そこで、英文で書いた憲法原案を与えるなど、国家改造を行いました。それが「民主化」と言われた占領政策の隠された意図でした。

占領者が占領地の憲法を変えることは、ハーグ陸戦法規という国際法上禁止されています。しかし当時の日本政府は、この原案を受け入れ、日本国政府の改正案として大日本帝国憲法改正手続きを経て制定しました。現在の政府も有効な憲法としています。

◉戦争についての罪悪感を植えつける

占領軍は、占領直後から新聞、雑誌、ラジオ、映画のすべてにわたって言論に対するきびしい検閲を行いました。

検閲にあたっては、30 項目にわたる指針を秘かに設けていました。それによると、アメリカ、ロシア、中国などの連合国や朝鮮人への批判をはじめ、GHQが日本国憲法を起草したことや満州における日本人の取り扱いに対する批判も禁じました。戦争犯罪人を正当化したり擁護したりすることも許しませんでした。

また終戦直後の学校では、それまでの教科書がそのまま使われていましたが、軍国主義や戦意高揚とみなされる部分は、子供たちに指示して、墨で黒く塗りつぶさせました。

さらにGHQは、「戦争についての罪悪感を日本人に植えつけるための情報宣伝計画」（ウォー・ギルト・インフォメーション・プログラム）を実施します。

「大東亜戦争」という用語を禁止するとともに、1945 年 12 月には「太平洋戦争史」というGHQ提供の企画記事を、全国の主要新聞にいっせいに連載させました。NHKラジオでもほぼ同じ内容の放送をさせました。戦争はすべて日本のせいだとするとともに、日本兵が犯したとされる残虐行為をあることないこと暴き立て、日本人の心に深刻なショックを与えました。

◉東京裁判と国際法

1946（昭和21）年5月から2年半にわたって東京裁判が開かれました。戦争前や戦争中の指導的な政治家や軍人が被告となり、全員が有罪と宣告されて、大東亜戦争開戦時の首相・東条英機以下7人が絞首刑に処

パル判事
(1886～1967)

せられました。

東京裁判は、①勝った側が負けた側を裁いた②裁判官も検察官も大多数が勝った側から出た③勝った側の戦争犯罪は裁かれなかった、という指摘があります。また「平和に対する罪」などは、戦後に出てきた考えで、事後にできた法によって裁いてはいけないという近代法の原則にも反しているとの指摘もあります。

インドを代表して参加したパル判事は、この裁判は国際法上の根拠を欠いているとして、被告全員の無罪を主張しました。しかし、GHQはこの意見書を公表しませんでした。

◉マッカーサーの反省

東京裁判開廷の最高責任者だったマッカーサーGHQ最高司令官は、この裁判を積極的に推進したと考えられています。しかし、戦争を始めた人を、新たに設けた「平和に対する罪」で裁くことに、最初から疑問をもっていました。

1950（昭和25）年、マッカーサーはトルーマン大統領に会ったとき、この年の6月に始まった朝鮮戦争を取り上げ、国家の指導者を平和に対する罪で裁いても、戦争を防止することはできないのだ、と述べました。

このような批判も反省もある裁判ですが、現在の日本政府は「裁判そのものは受諾しており、異議を述べる立場にはない」としています。

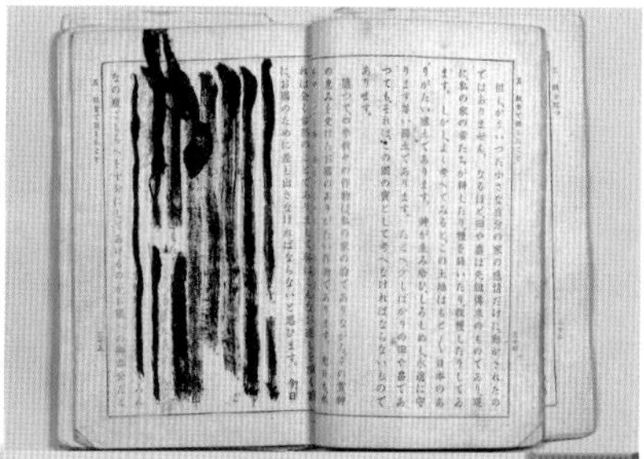

墨塗り教科書
教室で子供に指示して墨を塗らせました。(北海道立総合博物館蔵)

占領軍が禁止した30項目

①連合国軍最高司令官もしくは総司令部に対する批判
②極東国際軍事裁判への批判
③GHQが日本国憲法を起草したことへの言及と、成立に果たした役割に対する批判
④検閲制度への言及
⑤アメリカ合衆国への批判
⑥ロシア（ソ連）への批判
⑦英国への批判
⑧朝鮮人への批判
⑨中国への批判
⑩その他の連合国への批判
⑪連合国一般への批判（国を特定しなくとも）
⑫満州における日本人の取り扱いについての批判
⑬連合国の戦前の政策に対する批判
⑭第三次世界大戦への言及
⑮冷戦に関する言及
⑯戦争擁護の宣伝
⑰神国日本の宣伝
⑱軍国主義の宣伝
⑲ナショナリズムの宣伝
⑳大東亜共栄圏の宣伝
㉑その他の宣伝
㉒戦争犯罪人の正当化および擁護
㉓占領軍兵士と日本女性との交渉
㉔闇市の状況
㉕占領軍軍隊に対する批判
㉖飢餓の誇張
㉗暴力と不穏な行動の煽動
㉘虚偽の報道
㉙GHQまたは地方軍政部に対する不適切な言及
㉚解禁されていない報道の公表

*この30項目は、当時、極秘扱いとされ、後に米国立公文書館の資料で明らかになりました。

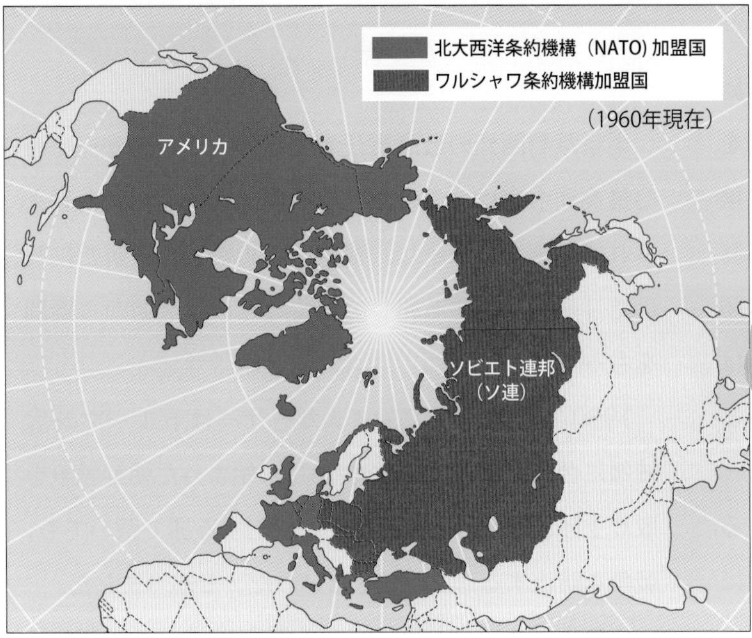

❶米ソ両陣営の対立　両陣営は核兵器の数やミサイルの性能、宇宙技術の開発、発展途上国への援助や内戦への介入などで激しい競争を続けました。

歴史の言葉　❷国際連合（United Nations）

United Nations は第二次世界大戦の連合国のことで、中国語ではそのまま「連合国」とよばれます。第二次世界大戦で戦勝国となった連合国側が、戦後も世界秩序の指導的立場を維持するためにつくった組織という性格をもち、日本やドイツなど枢軸国側を牽制する「旧敵国条項」が今も残っています。

国連は総会、安全保障理事会（常任理事国は米、英、仏、ソ、中の5大国）のほか、経済社会理事会などの6機関、および関連する専門機関から構成されています。

86 占領政策の転換と朝鮮戦争

アメリカの占領政策はなぜ転換したのだろうか。

❸中華人民共和国の成立　1949年10月1日、毛沢東主席（1893～1976）が北京の天安門で建国を宣言しました。

1 中国と台湾　国共内戦で台湾にのがれた国民党政府は中華民国と名のり、国連にも中国を代表して加盟していました。しかし1971年、国連を追放され、そののち中華人民共和国と国交をむすんだ日本や米国などから断交されました。中華人民共和国は台湾を「中国の一部」としています。

国際連合と冷戦の始まり

第二次世界大戦に勝利した連合国は1945（昭和20）年、戦争を防ぐための新たな組織として**国際連合**（**国連**）❷を結成しました。しかし、戦争の芽は消えませんでした。連合国のひとつのソ連は、戦争のあと東ヨーロッパ諸国を占領し、各国共産党の活動を通じて西ヨーロッパにまで共産主義の影響を及ぼし始めました。アメリカはその影響を封じこめるため、西ヨーロッパの国に大規模な経済援助をおこない、1949（昭和24）年にはソ連に対抗する軍事同盟として北大西洋条約機構（NATO）を結成しました。

ソ連も1955年、東ヨーロッパ諸国とともに、NATOに対抗するワルシャワ条約機構を発足させました。ドイツは東西に分断され、世界はアメリカを中心とする自由主義陣営と、ソ連がひきいる共産主義陣営が勢力を争う**冷戦**の時代に突入しました。❶2

また、戦争でアジアやアフリカを植民地支配していた大国がその力を弱めたため、戦後多くの国々が独立をはたしました。3

占領政策の転換

いっぽう、中国では日本の敗戦後、抗日で手を結ぶことがあった国民党と共産党の国共内戦が再び火を噴きました。内戦は1949年、**毛沢東**がひきいる共産党が勝利して**中華人民共和国**が成立し❸、蔣介石の国民党は台湾にのがれました。1 朝鮮半島では1948年、統治して

❹朝鮮戦争　左は中国兵の捕虜になる米兵。右は北へ向かう国連軍と南に逃げる避難民。

朝日新聞
警察力増強を指令
— マ元帥、政府へ書簡 —
豫備隊七萬五千名
政府直属で新設
國警とは別組織
機動力が特質

❺警察予備隊新設を報じる新聞記事
（「朝日新聞」1950年7月9日）

いた日本に代わり、南部にはアメリカが支持する大韓民国（韓国）、北部にソ連の影響下にある朝鮮民主主義人民共和国（北朝鮮）がつくられ対立しました。冷戦が東アジアにまで広まったのです。

共産主義がこれ以上広まることを恐れたアメリカは、日本をその防波堤と位置づけました。日本を自由主義陣営の一員として政治的、経済的に強い国にしようとし、改革よりも経済復興を優先させるよう、占領政策を転換しました。

朝鮮戦争

1950（昭和 25）年６月、北朝鮮軍は突然、南北朝鮮の境界だった北緯 38 度線を越え、韓国へ侵攻しました（朝鮮戦争）。ソ連軍の指導、支援を受けており、南北の武力統一を目指していて、一時は南東部の釜山近くまでを占領しました。

これに対しアメリカなどはマッカーサーを総司令官とする国連軍をつくり、韓国軍とともに反撃し、中朝国境にまで迫りました。しかし北朝鮮にはそののち中国軍が支援に加わり、一進一退を繰り返した❹末に、1953（昭和 28）年、休戦協定が結ばれました。❻

朝鮮戦争は、アメリカの対日政策の転換に拍車をかけました。日本駐留のアメリカ軍が朝鮮半島に出撃したあとの治安を守るため、日本に**警察予備隊**の創設❺を指示し（のちに**自衛隊**❹に発展）、憲法改正も求めるようになります。また日本は国連軍に多くの物資を供給し、その生産で日本経済は大きく息を吹き返しました（**朝鮮特需**）。いっぽうで、日本は掃海作業❺にあたりました。

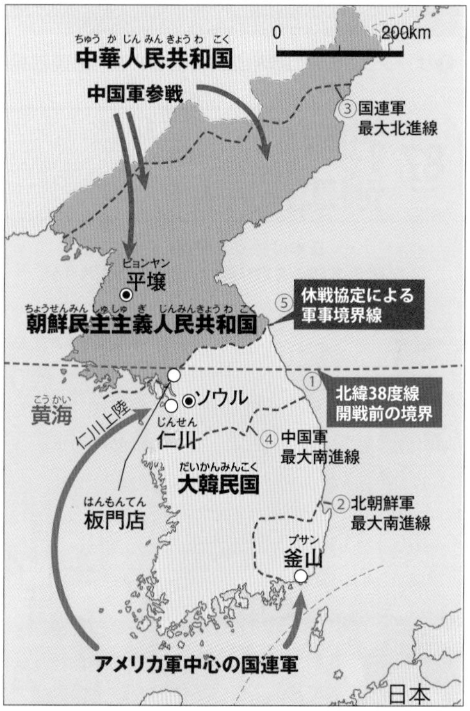

❻朝鮮戦争の休戦ライン　休戦ののちも、分断国家状態は継続しています。

2 武力衝突のない対立ということから「冷たい戦争」とよばれました。
3 独立は、1950 年代から 60 年代にかけて行われました。1955（昭和 30）年には日本も含めたこの地域の 29 カ国が、インドネシアのバンドンでアジア・アフリカ会議を開き、反植民地主義など平和 10 原則を決議しました。
4 **自衛隊**　1954（昭和 29）年に創設されました。
5 掃海とは海中に残された機雷を除去する作業で、海上保安庁の部隊がこれにあたり、18 人が死傷しました。

チャレンジ　朝鮮戦争は日本にどんな影響を与えたのかを2つあげて説明しよう。

❶サンフランシスコ講和条約に署名する吉田茂首相（1951年9月8日）

② サンフランシスコ講和条約

サンフランシスコ講和条約は全27条からなっています。このうち第1条では、日本と連合国との戦争状態の終結と、日本国とその領海に対する日本国民の完全な主権の承認を宣言しています。

第2条では日本が朝鮮の独立を認め、朝鮮、台湾及び澎湖諸島、千島列島並びに樺太の一部に対する権利、請求権を放棄するとしました。また第6条で、占領軍は条約発効後90日以内に撤退しなければならないが、日本との2国間または多数国間の協定に基づく駐留は認めるとし、これが日米安保条約の根拠となりました。

87 独立の回復と領土問題

日本は独立を回復したが、
なぜ北方領土を取り戻せなかったのだろうか。

❸講和条約成立を祝う　1951年（昭和26）年9月9日、サンフランシスコ講和条約の成立を祝って、東京の銀座通りに日の丸の旗が掲げられました。

[1] スリランカの代表が対日賠償請求権の放棄を訴えた結果、実際に賠償を行ったのはフィリピン、インドネシア、ベトナム及びビルマのみでした。他の国々には経済援助を行い、日本企業も多くの投資を行って戦後の東南アジアの発展に寄与しました。

講和条約と日米安保条約

アメリカは朝鮮戦争をきっかけに、日本の独立を早めようと考えました。そして1951（昭和26）年9月、アメリカのサンフランシスコで開かれた講和会議で、アメリカなど48カ国と、戦争状態を終わらせる**サンフランシスコ講和条約（平和条約）**を結びました。❶❷❸ 講和条約は翌1952（昭和27）年4月28日、効力を発し、日本は連合国軍に占領されて以来、6年8カ月で独立（主権）を回復しました。独立後の日本は戦場となったアジア諸国に賠償を行いました。[1]

日本とアメリカは講和会議と同じ日に、**日米安全保障条約**（日米安保条約）を結びました。これまで通り米軍が日本に駐留することを認める条約でした。

いっぽう、ソ連は講和会議には参加しましたが、冷戦で対立が激化していたアメリカへの反発から調印を拒否しました。終戦直後、ソ連は北方領土の国後・択捉島などを不法占領したため、日ソ間では平和条約を締結できませんでした。また、講和条約により、沖縄、奄美群島など北緯29度以南の南西諸島や小笠原諸島はアメリカの統治下におかれました。

北方領土と日ソ交渉

日本とソ連との間には、**北方領土**❼だけではなく、シベリア抑留者のうち当時

➡P.247、256

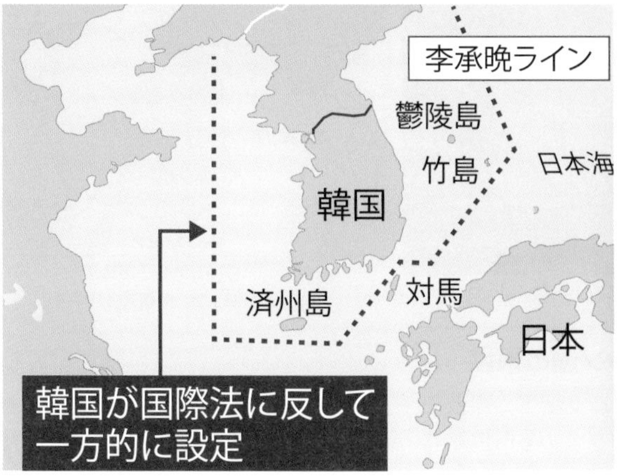

❹李承晩ラインと竹島の位置

❺竹島　二つの小島からなる。

⑥李承晩ラインの悲劇

韓国海軍及び海洋警察隊による日本漁船拿捕、漁民抑留は1965年（昭和40年）の日韓漁業協定の発効まで継続しました。拿捕された漁船は327隻、乗組員3911人が抑留され虐待を受けました。拿捕時の銃撃や追突によって29名が死亡しています。物的被害も当時の金額で70億円に上ります。拿捕により働き手を失った家族の苦痛は大きく、自殺者も出ました。

なお２千人を超える日本人の帰国問題もありました。このため政府はソ連との国交正常化を急ぐ方針を決め、1955（昭和30）年６月から交渉に入りました（日ソ交渉）。

ソ連は北方４島のうち、歯舞、色丹の２島だけ返還するとの姿勢を示しました。しかし日本は国後、択捉両島も日本固有の領土だとして、２島だけの返還を拒否しました。日ソ両国は翌1956（昭和31）年10月、領土問題を棚上げにした形で**日ソ共同宣言**[8]を発表、国交を正常化させました。国交正常化により、日本はソ連が反対していた国連への加盟を果たし、長期抑留者も帰国できました。しかし領土問題はその後、ソ連が２島返還も取り下げるなどで、膠着したままとなり、日ソ間でいまだに平和条約が結べないという異常な状態が続いています。

李承晩ラインと竹島問題

サンフランシスコ講和条約が効力を発する３カ月前の1952（昭和27）年１月、韓国は日本海の公海に、当時の大統領の名前から**李承晩ライン**[4]とよばれる水域境界線を設定しました。日本の厳重な抗議にもかかわらず、同ラインを侵犯したという理由で日本の漁船を拿捕しつづけました[6]。またラインの内側には、日本の固有の領土である島根県の**竹島**[5]も含まれており、韓国は一方的に自国領だと主張し、警備隊を置きました。1965（昭和40）年、日韓基本条約➡P.267が結ばれた後も韓国による不法占拠は続いています。

歴史の言葉　❼北方領土

日本はサンフランシスコ講和条約で千島列島の領有を放棄しました。しかし国後島、択捉島、色丹島、歯舞群島の北方４島は、その千島列島には含まれず、日本が一度も領有を放棄したことのない固有の領土であるというのが日本政府の立場です。従って、現在の北方領土は戦後、ソ連によって不法占拠されているとし、返還を求めています。北方領土は第二次大戦後日本で使われるようになった言葉で、択捉、国後、歯舞群島、色丹島の北方４島の範囲をさします。

❽日ソ共同宣言に署名する鳩山一郎首相

チャレンジ 日本がソ連との国交正常化を急いだ理由を2つあげてみよう。

年	アメリカ中心の自由主義陣営	ソ連中心の共産主義陣営
1945	国際連合成立	
1946	チャーチル（英）「鉄のカーテン」演説	ソ連が東欧を占領
1947	トルーマン（米）共産主義封じ込め政策発表	コミンフォルム結成
1948		ベルリン封鎖（ソ）
1949	北大西洋条約機構（NATO）成立	中華人民共和国成立
1950	朝鮮戦争おこる（北朝鮮軍の軍事侵入）	
1955		ワルシャワ条約機構成立
1956		スターリン批判（ソ）、ハンガリー動乱
1957		人工衛星打ち上げに成功（ソ）
1960	日米安保条約改定	
1961		ベルリンの壁設置
1962	キューバ危機	
1965	ベトナム戦争始まる（～75）	
1966		文化大革命始まる（中）
1968		プラハの春（チェコスロバキア）
1972	ニクソン（米）中国訪問	
1976		ベトナム社会主義共和国成立
1979		アフガニスタン侵攻（ソ）

❶冷戦の経過1970年代まで

プラハの春（1968）

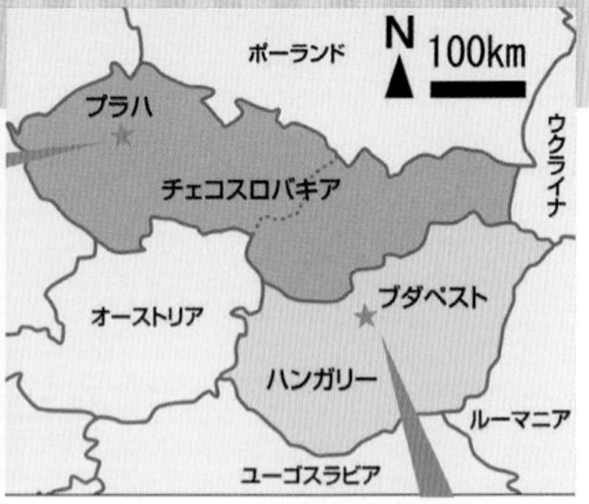

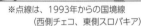

※点線は、1993年からの国境線（西側チェコ、東側スロバキア）

❷ソ連と東欧

ソ連支配下の東欧で自由を求める市民が立ち上がりましたが、ソ連やワルシャワ条約機構軍の戦車でいずれも鎮圧されました。

ハンガリー動乱（1956）

88 米ソ冷戦の激化と憲法改正

冷戦激化でアメリカからも憲法改正を求められたのになぜ踏み切れなかったのだろうか。

冷戦の進行

1953年、ソ連では、西側との対決を強めたスターリンが死去し、一時的にアメリカとの平和共存を求める動きもあり「雪解け」と言われましたが、米ソ両陣営の冷戦はかえって激化していきました。❶❷両国は原子爆弾より大きな破壊力を持つ水素爆弾の開発に成功し、核爆弾を積んだ大陸間弾道ミサイル（ICBM）を配備して、直接相手国を破壊できる攻撃力を備えました。

1957（昭和32）年には、ソ連が初めて人工衛星の打ち上げに成功しました。❹人類の宇宙への進出だけでなく、人工衛星の代わりに、核爆弾をロケットに搭載すれば、宇宙から相手国を攻撃できることを意味していました。このためアメリカも対抗して人工衛星を開発し、宇宙空間でも両国がにらみ合うことになりました。❸

憲法改正の動き

冷戦の激化を受け、アメリカでは日本に対し、自由主義陣営の一員として東側と対決するべきだとし、日本国憲法を改正して再軍備するよう求めるようになりました。しかし、独立回復時の首相だった吉田茂は経済復興を優先させるとして、受け入れませんでした。これに対し、独立回復で公職追放➡P.257を解除された保守系の政治家を中心に、憲法改正などを目指し、分裂していた保守政党を一本化する動きが起きました（保守合同）。こうして1955（昭和30）年、

③米ソによる宇宙開発競争

アメリカに先んじて1957（昭和32）年、人工衛星の打ち上げに成功したソ連は4年後の1961（昭和36）年4月には、軍人のユーリー・ガガーリンを乗せた初の有人衛星を打ち上げました。ガガーリンは1時間48分で地球を一周し、無事帰還しました。このとき語った「地球は青かった」という言葉は世界中を興奮させました。

このように初期の米ソ宇宙開発競争は、常にソ連がリードしていました。これに対しアメリカはケネディ大統領が人間を月に着陸させるアポロ計画を発表しました。そして1969（昭和44）年7月、アポロ11号に乗ったニール・アームストロングら2人の宇宙飛行士が月着陸船で、月面に降り立ち、月から送られてくるテレビ映像に世界中がくぎづけとなりました。

❹ソ連の人工衛星打ち上げ時の写真

❺日米安保条約改定に反対して国会を取りまくデモ隊　1960（昭和35）年6月19日の自然承認を前に、多数の人々が連日のように国会周辺を埋めました。

結成されたのが**自由民主党**（自民党）です。

自民党は改憲の発議に必要な衆議院、参議院での3分の2の議席を目指しました。しかし、改憲に反対し、一本化された**日本社会党**など革新勢力も、ほぼ3分の1以上の議席を確保したので、実現しませんでした。吉田茂の自由党政権も、その後の自民党政権も経済政策を優先させたため、改憲論議は遠のいていきました。

日米安保条約の改定

1957（昭和32）年、首相となった**岸信介**は、日米安全保障条約の改定を目指し、アメリカと交渉を始めました。そして1960（昭和35）年1月、新条約に調印しました。新たにアメリカが日本を守る義務を明記したものです。岸は政治的に憲法改正が難しくなるなか、日本の安全を守るためには、アメリカとの同盟関係を強化するしかないと考え、安保改定の道を選んだのでした。❻

これに対し、社会党や日本共産党など社会主義勢力は、アメリカの戦争にまきこまれるとして、労働組合や学生団体など国民各層をまきこんで、安保改定反対運動をくり広げ、国会周辺で連日のようにデモを繰り返しました（**安保騒動**❺）。しかし岸や自民党は「改定は必要」との立場を貫き、1960年5月、強行採決により、衆議院で新安保条約を承認させ、6月に新安保条約は参議院では審議がなされないまま、自然承認となりました。

⑥ 岸信介首相と安保改定

岸信介（1896～1987）は大東亜戦争開戦時、東条英機内閣で商工相をつとめていたため、戦後GHQにより戦犯として逮捕されました。しかし、起訴をまぬがれて政界に復帰して保守合同につとめ、1957（昭和32）年、首相となりました。戦犯に問われたことなどから、批判も受けましたが、日米安保条約を改定するため、アメリカに渡り、アイゼンハワー政権との交渉に入りました。

当時のアメリカはまだ日本を見下す傾向が強く、対等な条約には否定的でしたが、岸とアイゼンハワー大統領が親密な関係を築くうちに、アメリカ側も改定の必要性を認めるようになりました。

岸は安保改定と引きかえに退陣に追い込まれましたが、現在ではその決断を評価する声が強まっています。

チャレンジ　米ソ冷戦が激化していく中でアメリカは日本に対し何を期待したのかを考えてみよう。

第2節 高度経済成長と日本の発展

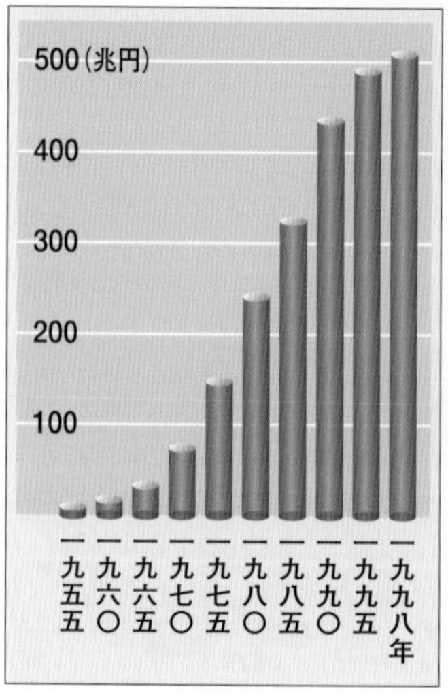

❶国民総生産（GNP）の推移

❷上野駅に着いた集団就職の生徒たち

❸ 高度成長支えた集団就職

1950 年代、東北、北陸、九州などから中学校を卒業したばかりの若者たちが、首都圏や中京、京阪神地区にまとまって就職するようになりました。集団就職と呼ばれ、青森県や鹿児島県などではシーズンになると、特別に「就職列車」を走らせることもありました。ほとんどが 15 歳の少年、少女たちは、希望と不安を胸に都会に向かい、中小企業などの労働力不足を補ういっぽう、多くは工業技術者となり、日本の高度成長を支えました。

89 経済成長と外交の展開

奇跡といわれた日本の高度経済成長は社会や外交にどんな影響を与えたのだろうか。

❹日韓基本条約（1965 年）

第2条　1910年8月22日以前に大日本帝国と大韓帝国➡P.193との間で締結されたすべての条約及び協定は、もはや無効であることが確認される。

日韓請求権協定（基本条約の付属協定）

第2条の1　両締約国は、両締約国及びその国民（法人を含む。）の財産、権利及び利益並びに両締約国及びその国民の間の請求権に関する問題が、(中略)完全かつ最終的に解決されたこととなることを確認する。

❺川崎のコンビナート（1972年）　高度経済成長のシンボルから、公害問題のシンボルとなりました。

「奇跡」の経済成長

1960（昭和 35）年、岸信介首相が退陣したあとをうけた池田勇人内閣は、10 年間で国民の所得を 2 倍にするという所得倍増計画を立てました。安保騒動で二分された国民の気持ちを一つに取り戻す狙いもあり、積極財政で経済や産業の発展を後押ししました。

伝統のモノづくりの高い技術や、集団就職❷❸した若い人たちなどの勤勉さも加わり、1960 年ごろより 10 年間、日本の経済は毎年約 10％という高い成長率を記録❶し、「世界の奇跡」といわれました（**高度経済成長**）。国民の消費支出も 2、3 倍になりました。

ソニーやホンダ、トヨタなど製造業が世界的な企業に成長し、中小の工場の現場でも、技術革新や発明が重ねられ、産業の発展に大きな役割をはたしました。東京オリンピックの開会に合わせて開業した東海道新幹線をはじめ、高速道路網も整備され、人やモノの移動範囲も大きく広がりました。農村も豊かになり、所得の増加は国内市場の拡大をもたらしました。この結果、1968（昭和 43）年には国民総生産（GNP）が、資本主義国陣営でアメリカに次ぎ世界第 2 位となりました。

日本の地位向上と外交

日本は 1956（昭和 31）年の国連加盟で、国際社会に復帰しましたが、高度経済成長によってその地位は大きく向上しました。1964（昭和

❻**大阪万博**　1970年3月14日～9月13日。総入場者数は目標の3000万人を大きく超える6400万人に上りました。（大阪府・万博記念公園マネジメント・パートナーズ）

39）年には東京オリンピックが、1970（昭和 45）年には大阪万国博覧会❻が、いずれもアジアで初めて開かれました。

東南アジア諸国との戦後補償は順次解決がはかられました。1965（昭和 40）年には韓国を朝鮮半島唯一の政府として承認し、**日韓基本条約**❹を結んで国交を正常化し、計 8 億ドルの経済協力金を韓国に支払いました。

日本の独立後もアメリカの統治下にあった沖縄では、祖国復帰運動が強まりました。佐藤栄作内閣は非核三原則を表明し、核兵器抜きの条件で沖縄を返還するようアメリカ政府と交渉し、同意を取りつけました。こうして奄美群島に次いで 1972（昭和 47）年 5 月、**沖縄の本土復帰**が実現し、民族の再統一がなりました。❼❽

公害問題の発生と解決への努力

経済の高度成長とともに、1960 年代後半ごろから、工場の煙や排水など産業廃棄物による公害が問題となってきました。❺水俣病や四日市ぜんそくなどの公害病は裁判でその責任が問われ、自動車の排気ガスや、家庭からの汚水による河川の汚染は人々の生活にも深刻な影響を与えました。

これに対し、1971（昭和 46）年には、環境庁（現環境省）が設置されて公害防止の対策がとられ、状況は改善されていきました。その後、世界で最先端の公害防止技術を持つ国になりました。

❼**沖縄本土復帰記念式典に出席された昭和天皇と香淳皇后**（1972年）　政府は沖縄県と他都道府県との格差をなくすため、担当大臣をおいて、さまざまな経済支援を行ってきました。

❽ 佐藤栄作首相と沖縄復帰

佐藤栄作（1901 ～ 75）は、安保改定を行った岸信介の実弟です。運輸省から政界に入り、第二次吉田茂内閣の官房長官などをつとめ、1964（昭和39）年から7年8か月にわたって首相の座にありました。「沖縄が帰ってこない限り戦後は終わらない」と語り、沖縄の本土復帰を実現させました。その功績で1974（昭和49）年、ノーベル平和賞を受賞しました。

汚染のためサケが
遡上しなくなっていた
東京都の多摩川に
サケが戻ってきたのよ!
公害対策にとりくんだ
成果だわ。

チャレンジ　戦後の日本が高度経済成長を成功させた要因を3つあげて説明しよう。

人物クローズアップ コラム

国民とともに歩まれた昭和天皇

◉国民を励まされた全国巡幸

終戦から半年後の1946（昭和21）年2月19日、昭和天皇は神奈川県川崎市の工場を訪問されました。戦後復興にあたる国民を励ますために全国を回る巡幸の始まりです。

昭和天皇は終戦直後の1945年9月、日本を占領していた連合国軍総司令部（GHQ）のマッカーサー最高司令官を訪ねました。このとき、「自分の身はどうなってもいい」という昭和天皇の言葉と人柄にマッカーサーは深く感動し、「全国を回りたい」という昭和天皇に賛意を示したといわれています。

巡幸は3年間の空白を挟んで1954（昭和29）年まで続き、沖縄を除く46都道府県すべてを回り終えられました。訪ねられたのは工場や農村など生産現場のほか、学校、病院などさまざまな施設です。被爆地、広島では広島戦災児育成所にも立ち寄られました。

夜は普通の旅館や県庁、はては学校の教室などに泊まりながらの旅で、行く先々で熱烈な歓迎を受けました。昭和天皇は自ら多くの人々に声をかけ、国民は初めて目の当たりにする天皇の姿に感激し、復興への決意を新たにしたのです。

◉沖縄への思い

昭和天皇が最後まで気にかけておられたのが、先の大戦で国内最大の地上戦となり、長くアメリカの施政下にあった沖縄への行幸（訪問）がかなわないことでした。1987（昭和62）年、ようやく行幸が決まりましたが、翌年重い病気にかかられ、実現しませんでした。昭和天皇はこのときのお気持ちを御製（お歌）にこう詠まれました。

「思はざる　病となりぬ　沖縄をたづね果たさむつとめありしを」

昭和天皇のご生涯は、大日本帝国憲法における統治権者として、戦争の時代に苦悩した前半生と、日本国憲法における象徴天皇として、国民の幸せと国家の平安を祈る後半生だったといえるでしょう。常に国民とともにあったご生涯でした。

昭和天皇の後をついだ上皇陛下も、天皇時代、全都道府県を訪ねられるとともに、阪神・淡路大震災、東日本大震災など大災害が起きるたびに、現地を何度も訪問し、被災者を励まし続けられました。➡P.277

昭和天皇の巡幸

もっと知りたい コラム

水泳ニッポンと1964年の東京五輪

◉「フジヤマのトビウオ」と称賛

1948（昭和23）年7月、戦後初のオリンピック大会がイギリスのロンドンで開かれました。しかし敗戦国である日本はこの大会に参加を許されませんでした。日本の競技者や競技団体は落胆しましたが、大会期間に合わせて東京で開かれた全日本水泳選手権で、うっぷんを晴らす記録が生まれました。

1500メートル自由形で優勝した古橋広之進と2位の橋爪四郎の両選手がほぼ同時期に行われたロンドン五輪の記録を40秒ほど上回る当時の世界記録を出したのです。

翌1949年8月、アメリカのロサンゼルスで開かれた全米選手権でも特別参加した古橋ら日本選手が5種目で世界記録を連発しました。まだ米国民の日本人への敵対心は強く、はじめ日本選手に「ジャップ」とさげすみの言葉を投げかけましたが、その活躍で古橋選手が「フジヤマのトビウオ」と呼ばれるなど称賛の声に変わりました。

同じ年の10月、ノーベル物理学賞に決まった湯川秀樹博士とともに、敗戦に打ちひしがれていた日本国民を励ましたのです。

◉日本人に自信与えた金メダル16個

その後日本は、1964（昭和39）年の東京オリンピック招致を目指すことになりました。当時の日本の国際的地位はまだ低く、国際オリンピック委員会（IOC）での票決は不利が予想されました。しかし、全米選手権での日本選手の活躍を見たロサンゼルス在住の日系人、フレッド・ワダ氏が私費で中南米を回り日本への支持を取り付けるなどして、招致を勝ちとりました。

日本はこのオリンピックに向け、新幹線を走らせたり、高速道路網を整備したりするなど、経済発展をとげました。こうして、アジア初のオリンピックは大成功に終わりました。世界から訪れた選手や観客は、日本人の大会運営能力や礼儀正しさなどに感銘を受けました。

オリンピックには93の国・地域の5588人が参加しました。マラソンでエチオピアのアベベ選手が２連覇をなしとげ、体操の女王チェコスロバキアのチャスラフスカ選手の正確で美しい演技が、人々を魅了しました。

その中で日本の選手も大活躍し、女子バレーボールチームが宿敵ソ連を破って優勝しました。また男子体操競技での金メダル５個と団体戦での２連覇をなしとげるなど、合計16個の金メダルを獲得し、日本の競技力の高さを世界に示しました。

その後も日本は札幌、長野の冬季五輪を開催し、2021年の東京夏季オリンピック・パラリンピックの招致にも成功しました。

古橋選手の水泳写真

❶ベルリンの壁　東ドイツはベルリンの中央を二重の壁でさえぎり、東西冷戦の象徴となりました。この壁を越え、西ベルリンに脱出、西ドイツに逃れようとした東ドイツ人は少なくありませんでした。壁は1989年に破壊されました。➡P.274

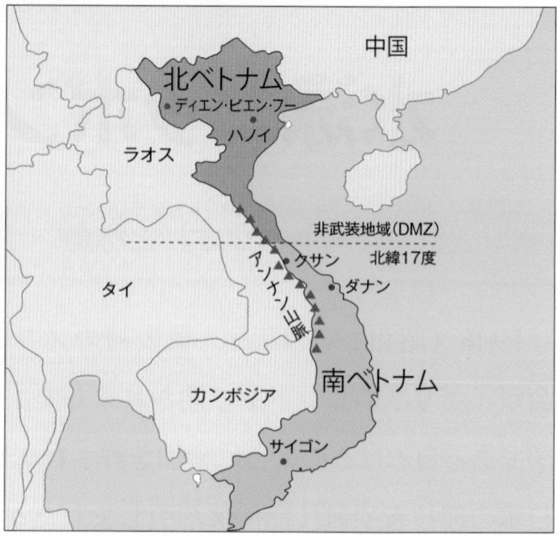

❷ベトナム戦争　フランスの植民地だったベトナムの独立運動が発端となって南北が対立、北側を共産主義陣営が支援し、南側を自由主義陣営が支援する、冷戦時代の代理戦争となりました。

90 世界の激動と日本

米国、ソ連、中国など世界が激動する中で日本はどう生き延びようとしたのだろうか。

[1]アメリカのケネディ大統領は海上封鎖も辞さない毅然とした姿勢を貫きました。このためソ連のフルシチョフ首相はキューバからミサイルを撤去しました。

[2]文化大革命初期、毛沢東路線を支持した青少年団体。毛沢東語録を手に、文化人や教育者たちを次々と糾弾していきました。

[3]日本でも、北京に駐在していた報道各社の特派員が次々と追放され、文化大革命の実態が分からないまま、共鳴する若者や文化人があらわれました。

❸中国文化大革命　反革命分子として名前入りの三角帽子をかぶせられ、北京市内を引き回される共産党幹部や文化人。これを見ている左側の集団は人民解放軍の兵士。（1967年2月7日撮影）

冷戦の継続とベトナム戦争

冷戦で東西に分断されたドイツでは1961（昭和36）年、東ドイツが住民の西側への脱出を防ぐため、共同管理されていたベルリンを2つにへだてる壁を築きました（**ベルリンの壁**❶）。翌1962年にはソ連がアメリカの隣国、キューバに核ミサイル基地を建設しようとし、米ソ間に核戦争の危機が生まれました（**キューバ危機**[1]）。

1965（昭和40）年、アメリカはインドシナ半島が共産主義化するのを警戒し、ソ連や中国が支援する北ベトナムに軍事攻撃を加えました（**ベトナム戦争**❷）。北ベトナムと対立する南ベトナムを支えるためでした。しかし、アメリカ本国をふくむ各国で軍事介入への批判が高まりました。北ベトナムも徹底抗戦したためアメリカ軍は1973年、ベトナムから撤退しました。2年後には北ベトナムが軍事力で南ベトナムを併合し、ベトナム社会主義共和国が誕生しました。これによりアメリカの国際的威信は傷つきました。

中国の文化大革命

中国では共産党をひきいる毛沢東国家主席が「大躍進」と呼ばれた農業・工業政策に失敗し、2000万人の餓死者を出して党内の実権を奪われました。毛沢東は、紅衛兵[2]たちを使って反撃に出ました。1966(昭和41)年ごろから、共産党幹部や文化人を批判し、失

❹日中国交正常化（1972年）　右から田中角栄首相、毛沢東主席、周恩来首相。

❺トイレットペーパー騒ぎ　1973（昭和48）年11月、石油危機が起きると、日本では石油や石油からできる日常商品を中心に価格が高騰、モノ不足状態が起きました。さらに、トイレットペーパーやちり紙など生活必需品がなくなるのではないかといった不安が消費者の間に広がり、これを買い占める動きが起き、モノ不足が一段と広まりました。

脚させていきました。当初は文化運動を装い、**文化大革命**❸といわれましたが、実態は権力闘争でした。文化大革命は中国全土におよび、多くの命が奪われ、学校や工場が閉鎖されるなど大混乱におちいりました[3]。また、ソ連との対立もいっそう深めました。

米の政策転換と日中国交正常化

1970年代になるとアメリカのニクソン政権は、文化大革命で世界的に孤立する中国に接近します。中国と対立するソ連の力をおさえ、同時にベトナム戦争を終わらせるためで、米中両国関係は正常化に向け動き出しました。これを受けて日本も1972（昭和47）年、田中角栄首相が訪中❹して**日中共同声明**[4]に調印し、日中国交正常化が実現しました。中華民国（台湾）との国交は断絶し、1978（昭和53）年には**日中平和友好条約**が結ばれました。

石油危機とその克服

1973（昭和48）年、中東でアラブ諸国とイスラエルとの間で第4次中東戦争がおきると、中東の産油国は石油の輸出を大幅に制限し、原油価格は4倍にまで上がりました。中東の石油にエネルギーを依存する日本経済は大打撃を受け、物価が高騰しました（**石油危機**❺）。

石油危機はイランで革命が起きた1979（昭和54）年にも起きました。しかし、電気製品の消費電力を減らすなどして省エネルギー技術をみがき、日本経済はかえって強くなりました。こうして日本は、さらなる科学技術大国へと発展しました。1980年代まで日本は、経済成長を続けました❻。

❻戦後から1980年代までの主要な内閣の総理大臣と主な仕事

就任年	総理大臣名	主な仕事
1946	吉田 茂	日本国憲法制定（1946）
1948	吉田 茂	サンフランシスコ講和条約締結（1951）
1954	鳩山 一郎	日ソ共同宣言（1956）
1957	岸 信介	日米安保条約の改定（1960）
1960	池田 勇人	所得倍増計画（1960）
1964	佐藤 栄作	沖縄返還（1972）
1972	田中 角栄	日中国交正常化（1972）
1974	三木 武夫	
1976	福田 赳夫	日中平和友好条約（1978）
1978	大平 正芳	
1980	鈴木 善幸	
1982	中曽根 康弘	国鉄分割民営化（1987）
1987	竹下 登	消費税導入（1989）

[4]共同声明では、日本政府は中華人民共和国が中国の唯一の合法政府であることを認めること、中国政府は日本に対する戦争賠償の請求を放棄することなどを確認しました。

チャレンジ　アメリカがベトナム戦争を始めた理由を説明しよう。

湯川博士にノーベル賞
日本人で最初の栄誉
世界に輝く「中間子論」
現に渡米中　兄弟そろって学者
湯川秀樹博士
物理学界の誇り

❶湯川秀樹（1907～81）**ノーベル賞受賞**　「中間子理論」の研究で日本人初の受賞となりました。

❷**美空ひばり**（1937～89）8歳で歌手デビューし、映画にも出演。戦後・昭和期のスーパースターとなりました。

❸**三島由紀夫**（1925～70）日本人の美意識をテーマにした作品を多く発表しました。代表作に『金閣寺』『豊饒の海』など。（日本近代文学館蔵）

❹**川端康成**（1899～1972）『伊豆の踊子』『雪国』『古都』などの作品で国際的にも知られています。（日本近代文学館蔵）

91 戦後の文化

戦後の文化はどのような推移をたどり、どんな特徴を持っていたのだろうか。

自然科学と文学

1949（昭和24）年、物理学者の**湯川秀樹**が日本人として初めてのノーベル賞を受賞しました。❶受賞は敗戦国の国民に大きな希望を与えました。日本はその後も自然科学の分野で数多くのノーベル賞受賞者を生み出し、❾世界に科学技術立国をアピールしました。

文学の世界では、戦前から活躍していた**川端康成**❹や谷崎潤一郎らが、日本的美の探究をつづけ、川端は1968（昭和43）年、ノーベル文学賞を受賞しました。小説の三島由紀夫❸や評論の小林秀雄らも若い世代に大きな影響を及ぼしました。

文化の大衆化とテレビの登場

戦後、日本を支配したGHQ（連合国軍総司令部）は、『忠臣蔵』など封建的忠誠をにおわせるという歌舞伎演目や、刀を振り回す時代劇映画などを禁止しました。しかしGHQ内で日本文化への理解が進むにつれ徐々に解除され、時代劇を中心に数多くの映画が作られました。映画は戦前からの「娯楽の王様」の地位をとり戻し、小津安二郎、黒澤明❺らの作品は芸術的にも高く評価され、世界に知られるようになりました。

ラジオやレコードを通じ、歌謡曲や浪曲が普及し、美空ひばり❷のように国民から圧倒的人気を得る歌手も登場しました。1953（昭和28）年にはNHKと民間放送局がテレビ放送を開始

⑤黒澤明（1910～1998）

戦後の日本映画を代表する監督の一人。戦争中1943年に『姿三四郎』で監督デビュー。戦後は『酔いどれ天使』『羅生門』『七人の侍』『生きる』『赤ひげ』など、数々の名作を生み出しました。スケールの大きな活劇と躍動する映像、そしてヒューマニズムあふれるストーリー展開は、日本のみならず、海外でも高く評価され、『羅生門』（1950年）はヴェネツィア国際映画祭金獅子賞を受賞しました。また、『用心棒』や『七人の侍』は西部劇としてリメイクされ、SF映画『スター・ウォーズ』も黒澤明の強い影響を受けています。亡くなるまで精力的に活動を行い、1991年には長崎の原爆投下をテーマとした『八月の狂詩曲』を発表、1993年の『まあだだよ』が最後の作品となりました。没後、映画界では初めて、国民栄誉賞が贈られています。

1 初期のころのテレビ番組で最も人気を呼んだのが、プロレスの中継です。特に日本の力道山と外国人プロレスラーの対戦になると、街角や駅前に設置された街頭テレビの前に黒山の人だかりができました。

❻「和食」がユネスコ無形文化遺産に登録　自然の尊重という日本人の精神をあらわし、「新鮮で多様な食材とその持ち味を尊重」、「年中行事と密接に関連」などが特徴として認められました。

❽司馬遼太郎（1923～96）
新聞記者出身で、代表作に『坂の上の雲』『竜馬がゆく』などがあります。（日本近代文学館蔵）

❼『鉄腕アトム』と手塚治虫
（1928～89）日本のストーリーマンガの第一人者で「マンガの神様」と呼ばれました。（©手塚プロダクション）

しました。テレビはドラマや音楽番組で、大正期からの文化の大衆化をいっそう進めるとともに、人々は茶の間でプロレスや大相撲、プロ野球を楽しむことができるようになり、野球の長嶋茂雄、王貞治、大相撲の大鵬ら新しいヒーローを生みました。テレビはその速報性で報道の世界も大きく変えました。

文学の世界でも、戦後は純文学と大衆文学との垣根が低くなり、幅広い読者を得る作家が生まれました。松本清張は『点と線』などで社会派推理小説という新しい分野を開き、司馬遼太郎❽は新しい視点で、幕末や維新期の歴史小説を描きました。

世界に広がる日本発の文化

高度成長期ののちには、自然科学や文学だけでなく、さまざまな分野で日本人の才能が世界的に高い評価を得るようになりました。現代マンガやアニメの先駆者となった手塚治虫❼や宮崎駿らはその典型的な例です。日本の文化は、日本固有の伝統文化と外来の文化を融合させることによって生まれてきました。そして現代においては、同時代の外国人にも広く受け入れられ、彼らに大きな影響を与えています。また、外国の歌手が来日する機会もふえました。

また現代では、日本の和食が世界的に注目され、2013（平成25）年、ユネスコ無形文化遺産に選ばれました❻。正月行事や田植えなどの慣行を含む日本の食材と食文化の豊かさが評価されたのです。

受賞年	氏名（生没年）	分野
1949	湯川秀樹（1907～81）	物理学賞
1965	朝永振一郎（1906～79）	物理学賞
1968	川端康成（1899～1972）	文学賞
1973	江崎玲於奈（1925～）	物理学賞
1974	佐藤栄作（1901～75）	平和賞
1981	福井謙一（1918～98）	化学賞
1987	利根川進（1939～）	医学・生理学賞
1994	大江健三郎（1935～2023）	文学賞
2000	白川英樹（1936～）	化学賞
2001	野依良治（1938～）	化学賞
2002	小柴昌俊（1926～2020）	物理学賞
2002	田中耕一（1959～）	化学賞
2008	南部陽一郎（1921～2015）	物理学賞
2008	小林誠（1944～）	物理学賞
2008	益川敏英（1940～2021）	物理学賞
2008	下村脩（1928～2018）	化学賞
2010	鈴木章（1930～）	化学賞
2010	根岸英一（1935～2021）	化学賞
2012	山中伸弥（1962～）	医学・生理学賞
2014	赤﨑勇（1929～2021）	物理学賞
2014	天野浩（1960～）	物理学賞
2014	中村修二（1954～）	物理学賞
2015	梶田隆章（1959～）	物理学賞
2015	大村智（1935～）	医学・生理学賞
2016	大隅良典（1945～）	医学・生理学賞
2018	本庶佑（1942～）	医学・生理学賞
2019	吉野彰（1948～）	化学賞
2021	真鍋淑郎（1931～）	物理学賞

❾日本人のノーベル賞受賞者（一覧表）

チャレンジ　この単元に出てきた文化人の中から興味ある１人を選び、その功績を書いてみよう。

第3節 冷戦の終結と平成時代、そして未来へ

❶**昭和天皇崩御** 1989年1月7日、昭和天皇崩御の報に、皇居坂下門には多くの人が弔問の記帳のため訪れました。

❷**ベルリンの壁の崩壊** 1989（平成元）年、28年あまり機関銃で監視されていた非情の壁は、東西ベルリン両市民の手で取り壊されました。ヨーロッパでの共産主義陣営の崩壊は突然始まり、あっという間に進みました。

92 冷戦の終結と国内政治の変化

米ソ冷戦の終結は世界と日本の政治をどう変えたのだろうか。

❸**マルタ会談**（1989年） アメリカのブッシュ大統領（左）とソ連のゴルバチョフ共産党書記長（右）が地中海のマルタ島で会談し、長年の冷戦の終結を宣言しました。

1 1991年8月、当時の副大統領ら共産党保守派がクーデターを起こしました。これをロシア共和国のエリツィン大統領が集まった民衆の力をバックに鎮圧し、ソ連共産党中央委員会は自主解散を命じられ、共産党支配が終わりました。

昭和から平成へ そして未来へ

1989（昭和64）年1月7日、昭和天皇が崩御しました❶。60年あまりにおよんだ激動の昭和時代は幕を下ろしました。皇太子・明仁親王が皇位を継承し、新しい元号は平成と定められました。平成は「内外ともに平和が達成される」という願いが込められた元号でしたが、現実は新たな激動の時代の始まりとなりました。

米ソ冷戦の終結と共産主義の崩壊

アメリカがベトナムから撤退したあと、ソ連は軍事力を増強して世界の共産主義勢力への援助を強化し、1979（昭和54）年にはアフガニスタンに軍事侵攻しました。しかしアメリカとの大規模な軍備拡張競争にたえきれなくなり、経済が破綻していきました。

1985（昭和60）年、ゴルバチョフ政権が誕生して、市場経済の導入や情報公開など自由主義化によりソ連社会の再建に取り組みました。しかし、これにより国内はかえって混乱し、東欧諸国でも自由化を求める動きが広がりました。1989(平成元)年、ヨーロッパでの東西対立の象徴だったベルリンの壁が壊され❷、翌年、東ドイツは西ドイツに統合されました。中国でも民主化を求める動きが起きましたが、中国政府はこの年の6月4日、天安門広場で武力により民主化運動を抑え込みました（**天安門事件**）❹。

➡P.270

1989年12月、ゴルバチョフと米国大統領のブッシュは首脳

❹天安門事件　民主化運動を弾圧するために出動した中国人民解放軍の戦車に立ち向かう市民。1989年6月4日。

⑤戦争と全体主義の犠牲者

20世紀は「戦争と革命の時代」でした。人類は、この100年の間に、2度の世界大戦と、ロシア革命をはじめとする多数の革命を経験しました。この世紀ほど、おびただしい人命が失われた時代はありませんでした。

第一次世界大戦では、民間人を含め約1000万人の死者を出しました。第二次世界大戦では、死者の数は約4000万人にのぼりました。

いっぽう、ナチス・ドイツは、ユダヤ人などの大量殺戮を行いました。その犠牲者は、約600万人と見られています。

また、共産党一党独裁が確立したスターリン支配下のソ連では、「富農撲滅」の名のもとに、多数の無実の農民が処刑され、また餓死させられました。政治犯の数を地域別に割り当てて、強制収容所に送りました。中国の文化大革命による犠牲者などを加えると、共産主義の犠牲者の数は1億人に近いともいわれています。

ファシズムと共産主義の2つの全体主義の犠牲者は、約1億人に達し、2つの世界大戦の死者の合計約5000万人をはるかに上回ります。20世紀には、戦争よりも、全体主義の政治によって多くの犠牲者が出たのです。

冷戦の終了は大きな救いではありましたが、東アジアではまだ中国、北朝鮮という全体主義国が残っています。➡P.226 21世紀は20世紀の人類が犯した過ちを繰り返してはなりません。

会談を行い、**冷戦の終結**を宣言しました。❸東欧諸国では共産主義政権が次々と崩壊し、ソ連も共産主義を放棄して、ロシア連邦と10を超える独立国に解体されました。[1] これにより、約70年間におよぶ共産主義の実験は、その理想に反して、人々に豊かで安定した暮らしをもたらさず、❻言論の自由など政治的権利も保障できないということが明らかとなったのです。❺

日本の政治体制の変化

日本の政治は、1955（昭和30）年に保守勢力が結集した自民党が40年近く政権を握り、同じ年に左右両派が統一してできた社会党が、第一野党として対決するという形が続きました。**55年体制**とよぶこともあります。自民党政権はアメリカなど西側諸国との協調により、政治の安定や経済成長をもたらしました。しかし、ロッキード事件[2]など金権的体質への批判に加え、平成に入ってからの経済の停滞で国民の支持を伸ばせませんでした。

社会党も世界的な社会主義・共産主義の退潮の中で存在感が薄れ、代わりに中間的な政党が国会に多くの議席を得るようになりました。そして1993（平成5）年、自民、共産両党を除く8党派による細川護煕内閣が誕生しました。自民党はその後、他党との連立で政権に復帰しましたが、政権を一時、民主党に譲り渡すなど、日本の政治の世界も流動化してきています。

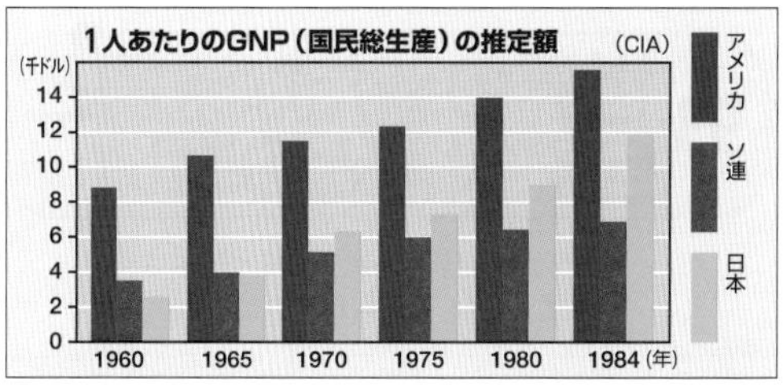

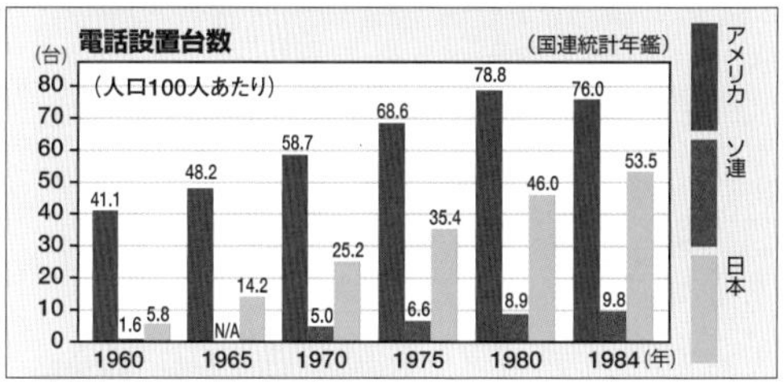

❻自由主義と共産主義の比較
上のグラフでは日本とアメリカ、ソ連が比較されていますが、同じ民族で東西に分かれたドイツでも、南北に分断された朝鮮でも、自由主義陣営に組み込まれた側が経済発展で大きな差をつけました。共産党の政府から割り当てられた生産目標に追い立てられる計画経済よりも、競争の中で自分の工夫と努力で実績をのばせる自由主義経済のほうが、人は高い成果を上げるということが証明されました。

[2]ロッキード事件　1976（昭和51）年、米ロッキード社が航空機を日本に売り込むさい、日本の要人に賄賂を贈ったとされる事件で、田中角栄元首相ら政治家、航空会社や商社の幹部らが逮捕、起訴されました。「総理の犯罪」として政界を揺るがしましたが、捜査の進め方には批判も多く「冤罪」（無実の罪）説もあります。

チャレンジ　ソ連をはじめ共産主義が崩壊した理由を考えてまとめてみよう。

❶**湾岸戦争**（1991年）日本は軍事行動には参加しませんでしたが、135億ドル（約1兆8000億円）の戦費を負担したり、海上自衛隊の掃海部隊が機雷除去を担ったりするなどしました。写真はイラク軍によって爆破され炎を上げる油田。

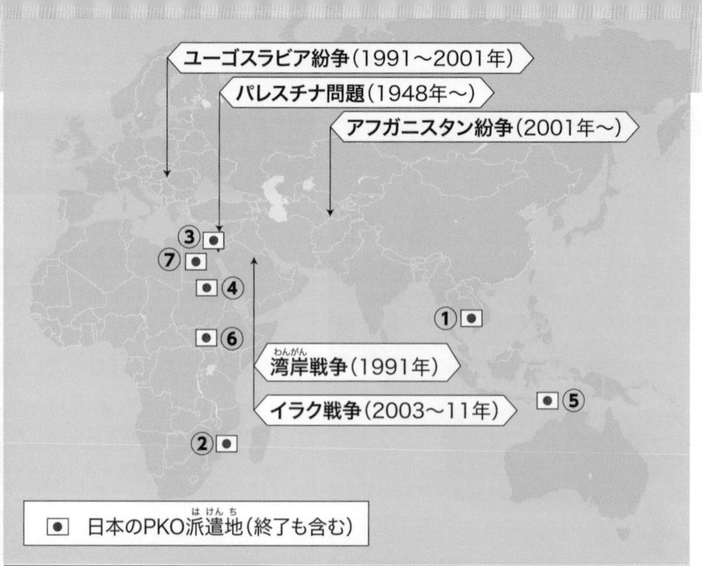

①カンボジア（1992～1993）	⑤東ティモール（2010～2012）
②モザンビーク（1993～1995）	⑥南スーダン（2011～活動中）
③ゴラン高原（1996～2013）	⑦エジプト（2019～活動中）
④スーダン（2008～2011）	

❷**中東を中心とした主な地域紛争の地図**

93 世界の新たな激震と自然災害との戦い

冷戦が終結したあと、世界と日本はどんな試練を強いられたのだろうか。

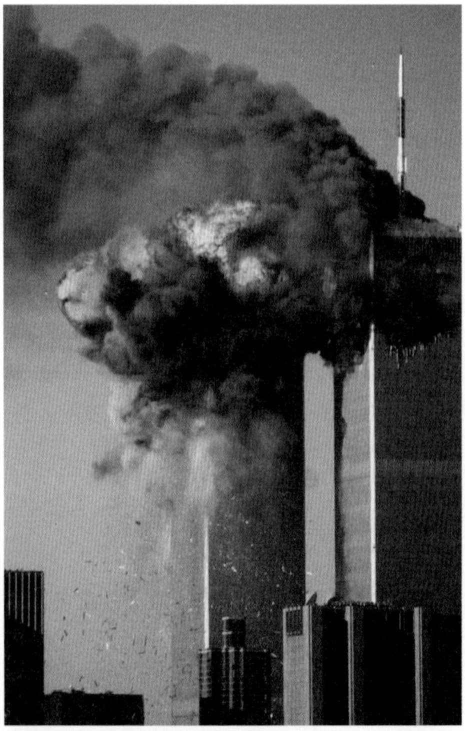

❸**アメリカ同時多発テロ**（2001年9月11日）ハイジャック機が突入した直後のニューヨーク世界貿易センタービル。このののち巨大ビルが跡形もなく崩れ落ちました。

湾岸戦争と日本の国際貢献

1990（平成2）年8月、イラク軍が突然、ペルシャ湾岸の隣国、クウェートに侵攻しました。翌年1月、アメリカを中心とする多国籍軍がイラク軍と戦い、クウェートから撤退させました（**湾岸戦争**❶）。日本は石油をこの地域に依存しており、利害関係国でしたが、憲法の規制を理由に軍事行動には参加せず、巨額の財政援助によって貢献しました。しかしそれは国際社会からはまったく評価されませんでした。このため国際貢献のあり方について深刻な議論が起きました。[1]

テロとの戦い

2001（平成13）年9月11日、ニューヨークの世界貿易センタービルにハイジャックされた旅客機が突っ込み、高層ビルを崩壊させるなどアメリカ各所で無差別テロが起き、多数の死傷者を出しました（**アメリカ同時多発テロ**❸）。犯行はイスラム過激組織、アルカイダによるものとされました。テロとの戦いを宣言したアメリカはアフガニスタンのアルカイダの拠点を攻撃するとともに、2003年からはテロの温床だとしてイラクも攻撃しました（イラク戦争）。

しかし、イスラム過激派などによるテロはその後も中東、北アフリカ、ヨーロッパなどで相次いでおり、日本もテロとの戦いを覚悟させられています。❷

❹東日本大震災（2011年3月11日） 日本周辺で観測史上最大の地震。震源域は三陸沖の南北500km、東西200kmに及ぶ巨大なものでした。地震の後に押し寄せた大津波は人と家屋をのみ込み、大きな船をも押し流しました。➡P.282

❺戦後日本を襲った主な自然災害

災害名	発生年月	主な被災地	死者・不明(人)
枕崎台風	昭和 20.9	広島県等	3756
福井地震	昭和 23.6	福井県等	3769
諫早豪雨	昭和 32.7	長崎県等	722
狩野川台風	昭和 33.9	静岡県等	1269
伊勢湾台風	昭和 34.9	愛知県等	5098
三八豪雪	昭和 38.1	北陸地方	231
雲仙普賢岳大火砕流	平成 3.6	長崎県	43
阪神・淡路大震災	平成 7.1	兵庫県等	6437
東日本大震災	平成23.3	岩手・宮城・福島県等	1万8000以上
西日本大豪雨	平成30.7	西日本一帯	200以上

※一部の災害は関連死を含む

自然災害とその克服

平成になってからの日本列島は２回、歴史的大地震にみまわれました。1995（平成７）年１月17日早朝、関西地方を襲った**阪神・淡路大震災**では、各所で火災が発生し、６千人以上の人が亡くなりました。2011（平成23）年３月11日には、東北地方でマグニチュード9.0の巨大地震が発生し、想像を絶する大津波が、東北から関東にかけての太平洋岸をのみこみました（**東日本大震災**❹）。２万人近くが犠牲となり、原子力発電所の震災に伴う事故で、多くの人が避難生活を強いられました。

地震だけではありません。日本は戦後も、台風や大雨、豪雪、火山の爆発などさまざまな自然災害の被害を受けました❺。1959（昭和34）年９月の**伊勢湾台風**では、愛知県を中心に高潮などにより死者・行方不明が5098人に上りました。

いずれの災害でも日本人は混乱を起こさず冷静に助け合い、全国からボランティアがかけつけ復興を支援する姿は外国人に大きな感銘をあたえました。平成の大災害では天皇（現上皇）、皇后（同上皇后）両陛下がその都度、被災地を激励に訪問されたことや諸外国からの救援❷も、立ち直りへの強い力となりました。

平成時代30年間の歴代の政権❻は災害からの復興につとめて、全国に高潮を防ぐ防潮堤を整備するなど、災害に強い強靭な国土づくりを進めました。

➡P.282

❻平成時代の歴代内閣総理大臣

就任年	
1989	宇野宗佑
1989	海部俊樹
1991	宮澤喜一
1993	細川護熙
1994	羽田 孜
1994	村山富市
1996	橋本龍太郎
1998	小渕恵三
2000	森 喜朗
2001	小泉純一郎
2006	安倍晋三（第１次）
2007	福田康夫
2008	麻生太郎
2009	鳩山由紀夫
2010	菅 直人
2011	野田佳彦
2012	安倍晋三（第２次）

❶ 1992（平成4）年、国連平和維持活動（PKO）協力法が成立し、自衛隊が海外に派遣されることになりました。

❷アメリカ軍によるすみやかで大がかりな「トモダチ作戦」は、被害者を勇気づけました。

チャレンジ テロや地域紛争は日本にどんな課題をつきつけているのかを話し合ってみよう。

① 中国の少数民族問題

中華人民共和国には 1949（昭和 24）年の建国後も、漢民族のほか、チベット、ウイグル、モンゴルなどの少数民族がいます。彼らの居住地には多数の漢民族が送り込まれ、少数民族の伝統に基づく生活や信仰は破壊されています。独立国だったチベットには、1959年、中国軍が侵入し、宗教と政治の指導者であるダライ・ラマ14 世はインドに亡命しました。中国はチベットを自治区に編入し、チベット文化は消滅の縁にあります。また、イスラムの信仰や伝統文化を守ろうとしたウイグル人は、強制収容所に送られています。

ダライ・ラマ 14 世
(1935 ～)

❷中国による民族弾圧と周辺地域との紛争

94 21世紀の日本の進路

きびしい国際情勢の中で日本の進路はどうあるべきなのだろうか。

❸中国の大気汚染　都市部では大気汚染のため数メートル先も見えない状況となり、健康被害も問題となりました。

中国の台頭

米ソ冷戦の終結により世界規模の核戦争の危機は遠のきましたが、民族や宗教、価値観の違いに基づく紛争やテロの脅威はなくなっていません。とくに東アジアでは共産主義政党が一党支配する国と自由主義国家との冷戦状態は今も続き、脅威となっています。

中国は文化大革命➡P.271による停滞の後、日本の支援もあり 20 世紀末から経済的に台頭しました。2010（平成 22）年には、GDP（国内総生産）がアメリカに次ぐ第 2 位になったとされます。しかし、国民 1 人あたりの所得は日本よりはるかに低く、極端な貧富の差が生まれています。都市の大気や河川の汚染など環境破壊❸も克服されていません。

それでも中国は急速な軍備拡張を進め、チベットやウイグルなどへの他民族支配を強め❶❷、周辺海域や海洋への進出を強化❷しています。沖縄県の尖閣諸島の領有権を不当に主張し、頻繁に公船や漁船、航空機を日本の領海、領空に侵入させています。これに対し、日本は「尖閣は日本固有の領土であり、領土問題は存在しない」との立場をとっています。1

朝鮮半島と日本

北朝鮮は朝鮮戦争の停戦後も、朝鮮労働党と金一族の専制支配を強め、核兵器とミサイルの開発を進め、東アジアの不安定要因となっていま

1尖閣諸島は、1885(明治18)年からの調査に基づき、1895（明治 28）年、どの国にも属していないことを確認し、日本政府が閣議決定により日本の領土に編入しました。最盛期には 200 人以上の日本人が、カツオ節製造などのため居住していました。戦後アメリカの施政下にありましたが、1972（昭和 47）年、沖縄返還にともない日本に戻りました。

④北朝鮮による日本人拉致

1970年代から80年代にかけて、日本人が忽然と姿を消して行方不明になる事件が相次ぎました。新潟県では1977（昭和52）年、中学生の横田めぐみさんが帰宅途中に誘拐されました。

1987（昭和62）年に大韓航空機爆破事件で逮捕された北朝鮮の工作員（スパイ）の女性は「拉致された（めぐみさんとは別の）女性に日本語を教わった」と証言し、真相が明るみに出ました。（警察庁ホームページ参照）

北朝鮮は拉致を否定してきましたが、2002年9月17日の日朝首脳会談で、北の指導者・金正日はついに拉致を認め、5人の被害者が日本に帰国しました。しかし、いまだに、北朝鮮に拉致された可能性のある人が800人以上おり、拉致問題は解決していません。

北朝鮮に拉致された人たちの帰国（2002年10月15日）

す。北朝鮮はまた1970年代から日本人を自国に拉致し、体制強化に利用しました（**日本人拉致**❹）。

いっぽう、韓国は根拠のない戦時労働者（徴用工）問題を持ち出し、竹島の不法占拠を続けるなど反日姿勢を変えず、北朝鮮に➡P.263対する自由主義陣営の結束の乱れを招いています。

日本が直面する課題

2006（平成18）年から2度にわたって政権を担当した安倍晋三首相は、「戦後レジーム（体制）からの脱却」を掲げ、アメリカ占領下でつくられた憲法と教育基本法の改正に取り組みました。改正教育基本法では、「伝統と文化の尊重」「わが国と郷土を愛する」などの教育目標を定めました。しかし、憲法改正❺は実現のメドが立たないうちに退陣し、選挙演説の最中に凶弾にたおれました。

今、世界は東西冷戦終結後も混乱と流動化が進み、人・モノ・カネが国境を越えて移動し、世界が一体化する**グローバリズム**の潮流に押されて、日本の国土や伝統的価値、文化、社会のあり方が破壊・変質されるおそれがあります。世界的にも、グローバル化に抵抗するナショナリズムの動きも生まれています。

平成から令和へ

2019年には天皇陛下（今上天皇）が上皇陛下から譲位を受けて、第126代の天皇として即位し、元号が令和に変わりました❻。

ここまで学んで来たように、日本には、さまざまな困難に打ち克って問題を解決し、独自の国柄を築きあげてきた歴史があります。21世紀も20年余りが過ぎた今、日本人は自らの歴史に自信と誇りをもち、必要な改革をなしとげ、日本文化を世界に発信して、人類の平和と発展に貢献することが求められています。

⑤憲法改正の動き

日本国憲法の改正、とりわけ国防に関わる9条の改正は、アメリカによる占領が終わって以降、日本が真に自立した国家となるための課題でしたが、長い間、手が付けられませんでした。1991（平成3）年の湾岸戦争以後、特に近年では、中国・ロシア・北朝鮮の3つの核保有国が出現したことから、9条の改正の必要が論じられています。自民党は自衛隊の存在を正式に認める条文を追加する案を出しましたが、これには、交戦権を否定したままでは自国の防衛に役立たないという批判があります。また、占領下につくられた現憲法を無効宣言すべきだという意見、反対に、今の憲法のままでも解釈によって自国を防衛する戦力を持てるとする議論など、改正論にも多様な意見があり、さらなる議論が必要になっています。

⑥令和時代（令和4年まで）の主な出来事

2019年（令和元年）	皇太子徳仁親王が第126代天皇に即位（5.1）令和時代の始まり 消費税が8%から10%となる（10.1） 漫画『鬼滅の刃』が1.5億冊を突破、テレビアニメ、映画も話題になる
2020年（令和2年）	2月ごろから新型コロナウイルスが世界的に大流行 菅義偉（自民党）が第99代内閣総理大臣となる（9.16） 米大統領選挙で現職のトランプ（共和党）が敗れバイデン（民主党）が当選（11.3）
2021年（令和3年）	2度目の東京オリンピック、コロナのため1年遅れで開催（7－8月） 岸田文雄（自民党）が第100代の内閣総理大臣となる（10.4）
2022年（令和4年）	ロシアがウクライナに侵攻（2.24） 安倍元首相が奈良県で選挙演説中に銃撃されて死亡（7.8） 中国共産党の習近平が総書記に3選され権力を強化（10.23） 日本政府、防衛力強化のため安全保障関連3文書を決定（12.16）

チャレンジ 中国の台頭は日本や世界にどのような影響を与えてきたのか2つあげてみよう。

もっと知りたい
コラム

勇気と友情の物語
世界と交流した近代日本

エルトゥールル号

◉日本人救援機を出したトルコ

1985（昭和60）年3月、イラン・イラク戦争のさなかのことです。イラクのフセイン大統領は48時間以降、イラン上空のすべての飛行機を無差別に撃ち落とすと発表しました。イランにいた他の国の人々は、自国から派遣された特別機で次々と脱出しましたが、憲法の制約もあり日本人とその家族だけはテヘラン空港に取り残されてしまいました。

時間切れ直前となったとき、2機の飛行機が突然やってきました。日本人救出のための外国の特別機です。215人の日本人は、警告期限のわずか2時間前に無事脱出することができました。

飛行機はイランの隣国、トルコ政府が派遣した民間の救援機でした。なぜトルコが日本人のために危険な空港に飛行機を派遣したのかは、その95年も前に起きたある事件に対する日本人への恩返しのためでした。

◉トルコの軍艦が遭難

1890（明治23）年6月、トルコ（オスマン帝国）の軍艦エルトゥールル号は、650人の親善使節団を乗せて横浜港に到着しました。日本で初めて帝国議会が開かれた年で、同じように近代国家をめざしていたトルコは日本との友好を強く望んでいました。1年あまりの苦難の航海の末、やってきた使節団は明治天皇をはじめ各界の熱烈な歓迎を受け、9月、帰国の途につきました。

トルコ軍艦エルトゥールル号（上）と親善使節団（下） この船は、帆と蒸気機関を備えた蒸気帆船でした。（和歌山県・トルコ記念館蔵）

ところが神戸に向かう途中、エルトゥールル号は台風に遭い、和歌山県串本町大島の樫野崎沖で難破し沈没してしまいました。587人が犠牲となる大惨事で、深夜、岸に打ち上げられた人々は、灯台にたどりつき助けを求めました。灯台守は三日月と星の国旗からトルコ人であることを知りました。

◉島民の献身的な救助と介護

大島の400戸の島民たちは気の毒な異国の遭難者を

助けようと献身的にはたらきました。男たちは沖に船を出して遭難者を探し、冷たくなりかけた負傷者には裸になって自分の体温で体をあたため、命の灯を蘇らせました。女たちは負傷者の介護や食事の世話に不眠不休で奔走しました。島民は非常食用の鶏、持てるもののすべてを提供しました。

事件が新聞で報じられると、日本中から今のお金で約3000万円に（米価換算で）相当する義援金が寄せられました。生存者69人は、神戸の病院で治療を受け、元気を回復して日本の軍艦「比叡」「金剛」でトルコに帰国しました。

明治天皇は島民の立派な行いを称賛し、救援にかかった費用を申しでることを求めましたが、島民たちは「当たり前のことをしただけ」と言って、これをきっぱり断りました。明治の日本人の心意気を示すことでした。しかしトルコの人々は長く日本人への感謝を忘れず、それが95年後のイランでの日本人救援機派遣につながったのです。今でも串本町とトルコとの間では心暖まる交流が続いています。

台湾に巨大ダム

◉緑の大地を開いた八田與一

近代日本には世界から感謝された多くの日本人がいました。その一人が日本統治下の台湾でダムを建設した八田與一（1886 ~ 1942）です。

台湾の嘉南平野は、台湾の全耕地面積の6分の１を占める広さですが、もとは雨期の洪水と乾期の水不足に悩まされる不毛の土地でした。石川県に生まれ、東京帝国大学で土木技術を学んだ後、台湾総督府につとめた八田は、この問題を解決するため、平野の上流の川をせきとめ巨大なダムをつくる計画を立案しました。ダムから安定して水を供給するためです。

1920（大正9）年に始まった工事は難航を極めました。ある日、工事現場で石油ガスが爆発し、50人あまりが亡くなりました。この事故で八田は完成をあきらめかけましたが、台湾の人たちはこう言って逆に八田を励ましました。「事故はあんたのせいじゃない。おれたちのために、台湾のために、みんな命がけで働いているのだ」。

1930（昭和５）年にダムは完成し、嘉南平野は緑の大地に生まれ変わりました。アメリカの土木学会は「八田ダム」と名付け、世界にその偉業を紹介しました。台湾では今でも八田の命日に慰霊祭を行っています。また、東日本大震災で、世界から寄せられた義援金のうち、もっとも多額だったのは台湾からのものでしたが、その背景には台湾のために命がけで働いた八田らの多くの日本人がいたからでした。

八田與一の像　ダムの水面を見つめている。

コラム 人物クローズアップ

世界を驚かせた日本人
東日本大震災

◉世界から絶賛された冷静沈着さ

2011（平成23）年3月11日の東日本大震災は、深刻な被害をもたらしました。そのいっぽう、被災者の冷静沈着な行動は、外国の人々の感嘆と称賛の的となりました。

アメリカの新聞ニューヨーク・タイムズは「日本人がこうした状況下で、米国のように略奪や暴動を起こさず相互に助け合うことは全世界でも少ない独特の国民性であり、社会の強固さだ」と評しました。

韓国のメディアも被災地の住民たちが「お先にどうぞ」「いえ、私は大丈夫です」と声を掛け合って、譲り合いの精神を忘れずに対応し、怒号が飛び交うこともなかった、と称賛する現地ルポを伝えました。

◉自己犠牲の精神が命を救う

宮城県南三陸町の職員で危機管理課に勤めていた遠藤未希さん（24歳）は、巨大津波が迫る中、防災無線で「6m強の波があります。早く逃げてください」と住民に避難を呼びかけつづけ、みずからは津波にのみ込まれて亡くなりました。遠藤さんの母親をふくむ多くの住民が、彼女のよびかけによって命を救われました。

災害出動した自衛隊員や警察官の献身的なはたらきも特筆すべきものでした。天皇陛下（現上皇陛下）は、地震発生の5日後に国民へのメッセージを出され、次のように述べられました。「自衛隊、警察、消防、海上保安庁をはじめとする国や地方自治体の人々、救援のために諸外国から来日した人々、国内の様々な救援組織に属する人々が、余震のつづく危険な状況の中で、日夜救援活動を進めている努力に感謝し、その労を深くねぎらいたく思います」

◉歴史に育まれた日本文化の特質

「日本社会に根づく義務感、逆境での品位、謙虚さ、寛容、勇気」（スペイン）、「無私の心と不動の献身」（アメリカ）、「武士道精神」（台湾）など、世界の人々は日本人の国民性と資質を高く評価しました。

こうした国民性は、日本の歴史の中で育まれた文化です。日本人は縄文時代以来、豊かな自然の恵みのもとで、温和な性格を備え、和を大切にし、助け合いと支え合いの文化をつくりあげてきたといわれています。こうした歴史の蓄積を失わずに受けついでいくことを、私たちは心に誓いたいものです。

「高台に避難してください」
宮城・南三陸町職員 24歳
防災無線 声の主 姿なく

遠藤未希さんの自己犠牲を報じた新聞記事（「河北新報」2011年4月12日）と、津波被害を受けた直後の南三陸町防災庁舎

新幹線の歴史を調べよう

◉疑問点を書き出してみる

正人君たち、クラスの鉄道ファン仲間は、新幹線の歴史を知るために調査班をつくりました。調査班はまず新幹線についてもっている疑問を持ち寄り、ノートに書き出しました。

〈疑問文集〉

①最初に走った東海道新幹線はいつ着工して、いつ完成したのだろう。

②新幹線とそれまでの鉄道とはどう違ったのだろう。なぜ新幹線が必要だったのだろう。

③新幹線建設を進めたのはどんな人たちだったのだろう。

④新幹線にはどのような先端技術が使われたのだろう。

⑤実際に新幹線が走り始めて、日本社会はどう変わったのだろう。

新幹線の試作車両の運転席から手を振る十河信二国鉄総裁（当時）。強力に新幹線建設を進めました。

東京駅で行われた東海道新幹線の開通式（1964年10月1日）

◉図書館や鉄道博物館で調べる

調査班は次に最寄りの図書館に行き、百科事典や文献（書籍、雑誌など）で調べを始めました。書籍では『不屈の春雷・十河信二とその時代』（牧久著、ウエッジ）など、日本国有鉄道（国鉄）の総裁だった十河信二という人の伝記がいくつか見つかりました。

調査班はさらに埼玉県さいたま市にある鉄道博物館（鉄博）を訪ねました。展示の一角に新幹線のコーナーがあり1964（昭和39）年の開業当時、東京～新大阪間を走った「0系」の新幹線車両がほぼ当時のまま展示されているほか、東海道新幹線が開通するまでの歩みがパネルなどで詳しく書いてあります。調査班はパネルをみて、ていねいにメモして帰りました。

このようにして次の頁のようなレポートをまとめました。

正人君たちのレポート

新幹線の歴史をつくった人々

広軌か狭軌か

日本にはじめて鉄道が敷かれたのは1872（明治5）年、東京の新橋と横浜との間です。明治政府はこのとき、レール間の幅として欧米など大半の国が使っていた広軌（標準軌、1 .435m）より狭い狭軌（1 .067m）を採用しました。工事費が安くなるうえ、山間部の多い日本向きと判断したからです。

しかし明治時代の後半、日本経済が発展すると、この狭軌を広軌につくり変えるべきだとの声が強まります。広軌の方が、車体が安定してスピードが出るうえ、人や物もたくさん運べるからです。

これに対し「狭軌の鉄道を全国に張り巡らすことが先だ」という反対論も強く、改築計画は先に進みません。

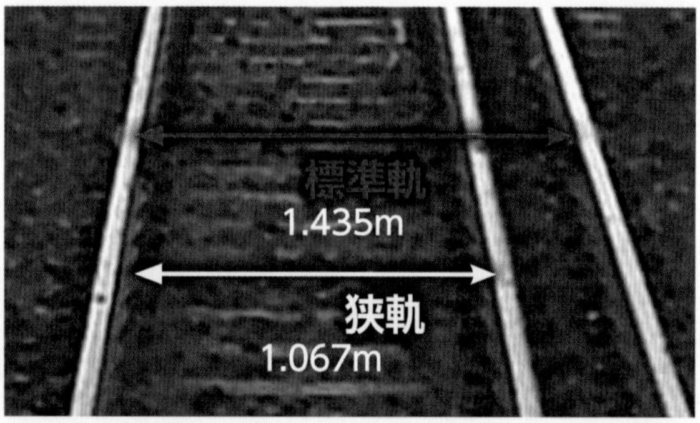

狭軌の在来線と並行する標準軌の新幹線レール。新幹線は標準軌を使っていますが、狭軌との対比のため広軌ともいわれてきました。

戦前の計画が生きた

1939（昭和14）年、東京～下関（山口県）間の新幹線計画がもちあがりました。両都市間に新しい広軌の鉄道を敷き、約1000kmを最速9時間で結ぼうというもので、「弾丸列車」と呼ばれました。朝鮮半島を通じ、中国大陸に大量の物資や人を送り込む必要が生まれ、新幹線が計画されたのです。計画は順調に進みましたが、戦争が激しくなり、1943（昭和18）年、工事は中止になってしまいました。

鉄道の近代化を進めた島安次郎

十河総裁を助け新幹線計画を推進した島秀雄

1955（昭和30）年、国鉄総裁となった十河信二はもう一度、広軌新幹線計画を進めたいと考え、首相をはじめ政治家に必要性を説いて回りました。この結果、1958年末、政府が建設を決め、翌年の着工となりました。それから5年半で開業できたのは、戦前の計画で買収してあった用地や、掘り始めていたトンネルをそのまま使ったからです。

東海道新幹線の工事が始まったのは1959（昭和34）年4月のことです。それから5年半ほどのちの1964年10月1日、東京～新大阪間を走り始めました。前回の東京オリンピック開会式の9日前で、日本中がお祝いムードに包まれました。

島安次郎・秀雄父子と新幹線

調査を進めるうちに、調査班は十河総裁だけでなく、多くの人々が新幹線を走らせるために力を尽くしていたことに気がつきました。

和歌山県出身の島安次郎は、鉄道車両の近代化につとめ、「機関車づくりの神様」とよばれました。彼は戦前の新幹線計画の先頭に立ち、具体案を練り上げました。

長男の島秀雄も国鉄の技術者としてこの計画で機関車の設計にあたりました。戦後は十河を助け、新幹線を、各車両にモーターを持つ「電車方式」とするなど、その骨格を作り上げました。新幹線は親子二代の宿願だったのです。

また、戦前の海軍や陸軍で戦闘機などをつくっていた技術者たちも新幹線計画に関わりました。かつての技術を生かし、揺れの少ない車体、スピードの出る型の車両、さらに安全を確保する自動列車制御装置（ATC）などを開発しました。

現代の日本と世界

①GHQが日本の政治家や軍人を戦争犯罪人として裁いた裁判は？ ……… 1
②GHQが示した草案に基づき1946（昭和21）年11月3日に公布された憲法は？ ……… 2
③第二次世界大戦後に結成された、戦争を防ぐための新たな国際組織は？ ……… 3
④1950（昭和25）年、北朝鮮が武力で韓国に侵攻した戦争は？ ……… 4
⑤朝鮮戦争の勃発によりGHQが日本に設置を指示した武装組織は？ ……… 5
⑥1951（昭和26）年、48か国と締結し、日本が独立を回復した条約は？ ……… 6
⑦極東の安全保障のために米軍の日本駐留を認めた日米間の条約は？ ……… 7
⑧日本が敗戦の復興をなしとげ、「世界の奇跡」と言われた経済成長は？ ……… 8
⑨1962(昭和37)年 、ソ連のミサイル配備で生じた米ソ核戦争の危機は？ ……… 9
⑩1965（昭和40）年、韓国との国交を正常化し、日本の経済援助を決めた条約は？ ……… 10
⑪1965年、米国がインドシナ半島の共産化を阻止するため軍事介入した戦争は？ ……… 11
⑫田中角栄首相のとき、日中間の国交を正常化させた声明は？ ……… 12
⑬戦後アメリカの施政下に置かれ、1972（昭和47）年に日本に復帰した県は？ ……… 13
⑭1973（昭和48）年と79（昭和54）年に、産油国による石油輸出規制からおこった経済混乱は？ ……… 14
⑮東西対立の象徴であるベルリンの壁があった国は？ ……… 15
⑯1991（平成3）年、前年のイラクによるクウェート侵攻からはじまる多国籍軍との戦争は？ ……… 16
⑰2011（平成23）年3月11日、東北・関東地方を襲った巨大地震による災害は？ ……… 17

地図問題1
戦後のアジアの独立国を示す地図です。下表のア～ケの記号を選んで□に入れなさい。

	国名	旧宗主国
ア	フィリピン	アメリカ
イ	インド	イギリス
ウ	ビルマ(ミャンマー)	イギリス
エ	インドネシア	オランダ
オ	ラオス	フランス
カ	カンボジア	フランス
キ	ベトナム	フランス
ク	マレーシア	イギリス
ケ	シンガポール	イギリス

地図問題2
米ソ冷戦時代の地図です。冷戦時代の主な出来事について、下表のア～エの記号を□に入れなさい。

	冷戦時代の主な出来事
ア	朝鮮戦争
イ	キューバ危機
ウ	ベトナム戦争
エ	ベルリンの壁設置

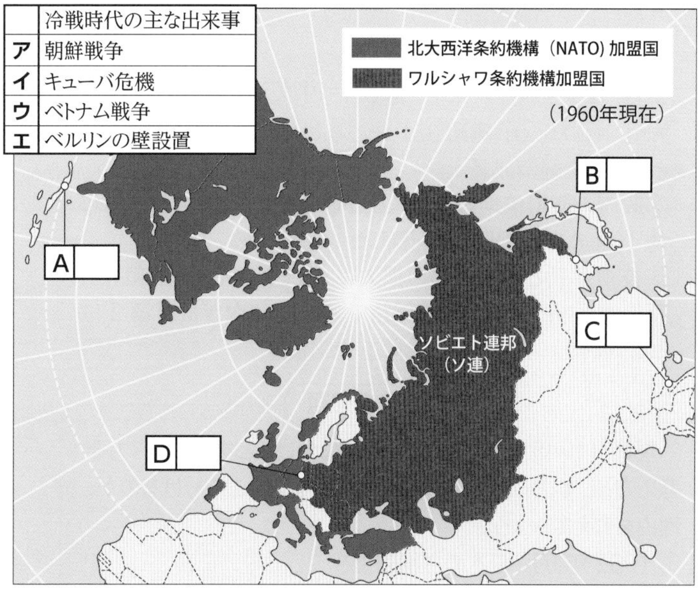

現代（昭和後半・平成）とはどんな時代だったのか

現代という時代の特徴を大づかみにとらえるために、以下の問題を解いてみよう。

◆歴史用語ミニ辞典の作成

歴史用語を3文で説明する「歴史用語ミニ辞典」をつくります。

第6章に登場する以下の歴史用語について、教科書をよく読み、p67、p103の書き方を参考にして、各用語を3文でノートにまとめてみよう。

国際連合　日本国憲法　東京裁判　冷戦　朝鮮戦争　サンフランシスコ講和条約　高度経済成長　キューバ危機　ベトナム戦争　沖縄本土復帰　日中国交正常化　石油危機　米ソ冷戦の終結　湾岸戦争　9.11同時多発テロ　東日本大震災

【さくらさんのノート　朝鮮戦争】

朝鮮戦争

①1950年6月に始まり、1953年に休戦協定を結んだ、韓国と北朝鮮との間の戦争。
②米軍を中心とする国連軍が韓国を、ソ連と中国が北朝鮮を支援し、戦況は一進一退を繰り返したが、北緯38度付近の軍事境界線を境にする停戦協定が結ばれて今日にいたっている。
③日本には米軍が出撃したあとの治安を守るため警察予備隊がつくられ、朝鮮特需で日本経済は息をふき返した。

【翔太君のノート　高度経済成長】

① 1960（昭和 35）年ごろより始まり、「世界の奇跡」といわれた経済成長。
②政府の所得倍増政策に国民が呼応して、10 年間、毎年約 10%の高い成長率を記録した。
③技術革新と国内市場の拡大によって、1968（昭和 43）年には GNP が資本主義陣営でアメリカに次ぎ世界第 2 位となった。

◆時代区分の問題

現代（1945 年~）を2つの時代に分けるとすると、有力な考え方として次の3つの案があります。なぜそこで分けるのか、理由を考えてみよう。

① 1952 年4月、日本の主権回復
②高度経済成長後の 1970 年代初期
③ 1989 年、米ソ冷戦終結

【さくらさんのノート　①について】

①の理由　日本が占領された後も日本政府は存在したが、日本の政治は新憲法の制定をはじめとして占領軍の命令で動かされ、外交権も奪われていた。1952 年 4 月 28 日、講和条約の発効により日本の主権が回復され、日本は独立国となったので、これを区切りに 2 つの時代に区分できる。

◆「ひとこと」作文

現代とはひとことでいうと
「○○」の時代だった

この○○の中に、次の言葉の中から一つを選んで入れ、作文を書いてみよう。

民族独立　冷戦　科学技術　核兵器　経済成長

【「冷戦」を選んだ翔太君のノート】

現代とはひとことでいうと、冷戦の時代だった。

第二次世界大戦でアメリカなど連合国がナチスのドイツなどを破り、世界にようやく平和が回復したように思えた。しかし、同じ戦勝国の中でソ連が周辺国を次々と共産化し、アメリカなど西側と対決するようになり、冷戦が始まった。米ソは核開発競争を繰り広げ、世界は再び世界大戦と人類絶滅の危機におびえるようになった。冷戦といいながら、アジアでは朝鮮戦争やベトナム戦争など武器を使った熱戦もあった。

1989 年、米ソ間で冷戦の終結が宣言され、その後ソ連の社会主義体制は崩壊した。これで冷戦時代は終わったとされるが、東アジアでは中国、北朝鮮など一党独裁体制の国家が残っており、冷戦構造は終わっていない。だから、現代とは、今にいたるまで「冷戦の時代」が続いているといえる。

◆意見交換会

日本が「世界の奇跡」と言われる高度経済成長をとげた要因を、日本文化の特色や前の時代との違いなども考えに入れながら意見を交換してみよう。

《4 対話とまとめ図のページ

下の<まとめ図>を見ながら、お姉さんと妹が対話をしています。

（姉）現代というのは、1945 年の日本の敗戦から今にいたるまでの時期ということね。

（妹）それは 3 つの時期にわけることができるね。占領期、米ソ冷戦期、地域・民族紛争期、の 3 つね。

占領期は、日本が二度とアメリカに刃向かう国になることのないよう、厳しい検閲が行われ、新憲法の制定をはじめとする「民主化」の措置がとられたわけね。

ところが朝鮮戦争のころから米ソが対立する冷戦の時代が始まったのよ。世界は自由主義陣営と共産主義陣営とに分かれ、日本は自由主義陣営に属して「世界の奇跡」といわれた高度経済成長を成し遂げたのね。

その冷戦は 1990 年前後に終了し、ソ連が解体して共産主義体制は崩壊したのね。人類は、核戦争による絶滅の危機と、共産主義体制の脅威から解放されたことになるわね。

でも、東アジアでは共産主義の政治体制が残り、この地域では冷戦はまだ続いているのね。日本はその脅威にさらされている。世界中では新たな民族紛争やテロ、移民問題などが起こっているわね。

そうした中で、日本も多くの課題を抱えています。問題に直面したら、ご先祖様の苦労を偲(しの)び、 歴史に解決のヒントを求める姿勢が大切ね。

第 6 章　現代の日本と世界・まとめ図

占領期
- GHQによる日本占領
- 民主化と憲法制定
- 東京裁判・検閲

米ソ冷戦期
- 朝鮮戦争
- サンフランシスコ講和条約
- 戦後復興
- 日米安全保障条約改定
- 高度経済成長
- 日韓基本条約
- 沖縄返還
- 日中国交正常化
- 公害問題激化
- 世界第二位の経済大国
- 米ソ冷戦の終結
- ソ連の共産主義体制の崩壊

地域・民族紛争期
- 湾岸戦争・イラク戦争
- 北朝鮮による日本人拉致問題
- 中国の台頭と世界進出
- 二つの大震災・相次ぐ災害
- 憲法改正問題が浮上

〈世界〉
- 旧植民地の独立
- 中国共産党政権
- スターリン批判
- ベトナム戦争
- 中国文化大革命
- ベルリンの壁崩壊
- 9・11同時多発テロ
- ヨーロッパの移民問題
- 米トランプ政権

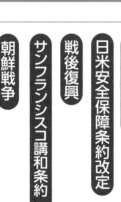

歴史を学んで

日本の歴史の特色は何か

課題1 2～3ページのグラビアを見ると、日本の国土には「3つの日本」が重なり合って存在していることがわかります。

第1は、縄文時代1万数千年の豊かな自然の恵みを受けた、森の時代の日本。

第2は、水田・稲作を生産の基礎として成立した、農業の時代の日本。

第3は、町工場に代表される、ものづくりに優れた力を発揮する、工業時代の日本。

皆さんの地域や生活の中に、この「3つの日本」がどのように組み合わさっているかを改めてとらえ直し、エッセイを書いてみましょう。

課題2 日本は、その歴史の中で、7世紀の古代と19世紀後半の近代において、2回にわたり、懸命の努力で国家を建設しました。

古代においては、中国文明に出合い、自立のために律令国家を建設しました。

近代においては、自立した国家として明治国家を建設しました。

2回の国家建設は、とてもよく似ています。2回の国家建設について、

①背景、②経過、③主な方法、④結果、などの項目を立てて、比較してみましょう。

課題3 日本人は海外の先進文化に強い興味をもち、それをどん欲に学び、取り入れてきました。しかし、同時に、自国の文化的伝統を見失うことなく、独自に発展させたり、外来の文化と融合させたりしてきました。

そうした日本の文化の歴史を、古代から現代まで通してわかるように、年表、絵図、物語、その他、あなたの好みの方法で工夫してまとめてみましょう。

課題4 神話に見られる古代人の思想や、一揆、武士道 ➡P.140 の精神などを通して、日本人の社会や組織がどのような特徴をもっているのか、意見を出し合いましょう。

課題5 「外の目から見た日本」のコラムを通して読んでみると、海外の人々は、どのように日本を見ているといえますか。その要点をまとめてみましょう。

課題6 日本は、欧米列強の植民地になったことはなく、現在では世界有数の先進国になっています。なぜ、日本の歴史でそのようなことができたのでしょうか。

さまざまな国から来た同じ世代の若者と交流する企画があり、あなたは、日本の歴史の特色について、3分間でスピーチをすることになったとします。そのスピーチの原稿を書いてみましょう。

3分間のスピーチ原稿は、400字詰め原稿用紙3枚（1200字）程度です。

歴代天皇系図

※皇統譜による
天皇名の上は代数、左は即位年（西暦）
赤字は女性天皇、・印は同一天皇を示す、北は北朝を示す

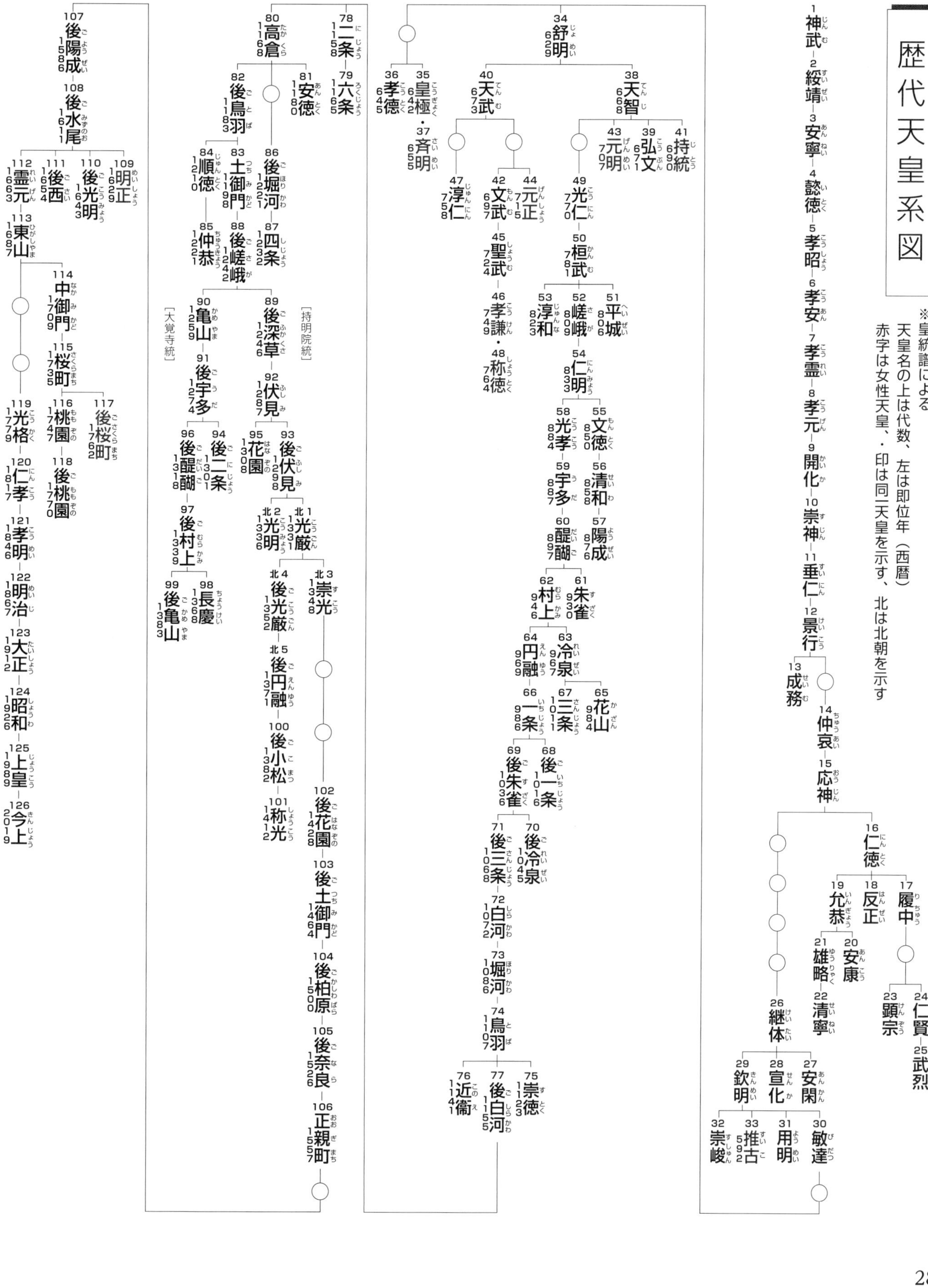

重要用語解説

複数の単元にまたがって使われる歴史用語のうち、12の重要用語について解説します。

●歴史用語について
歴史用語の意味については、次の4つの内容を区別できます。
Ⓐ語源的意味…言葉のもとの意味。
Ⓑ標準的意味…歴史用語として定着した意味。
Ⓒ派生的用法…派生的・比喩的に使われる歴史用語。
Ⓓ非難語の用法…特定の国や人物、出来事を特に非難（または称賛）するために使われる歴史用語。
以下の解説では、これらの違いに留意しつつ説明します。

革命（かくめい）

支配された階級が、支配する階級を暴力によって倒し、政治権力を奪って社会を変革すること。レボリューション（もとの意味は「回転」）という英語の翻訳語として明治初年につくられました。支配者と被支配者が入れかわる（回転する）という意味で使われます。フランス革命やロシア革命のように、革命には流血（殺人）をともないますが、無血で権力の移動が起こることもあり、これを無血革命、名誉革命（イギリス）などと言います。革命には流血のイメージが伴っていることは知っておくとよいでしょう。

革命の派生的用法として、単に「大きな変化」の意味で使うことがあります。産業革命、情報革命などはその例です。

革命という言葉は古代中国からあった漢語で、日本語の革命はその漢語から借用したものですが、意味は大きく異なります。中国の革命とは、中国の皇帝の徳が弱まって天命（天の命令）があらたまり、皇帝の地位が別の王朝に移ることです。「革」という漢字は「あらためる」という意味です。

共和制（共和政）（きょうわせい）

一人の君主が国政の全権をもつ君主制に対比して、複数の人々が統治に参加する政治形態を共和制とよびます。多くの人々が統治に参加することを目指す民主制（民主政）も共和制の一種です。

他方、「ギリシャの民主政」対「ローマの共和政」のように両者を区別して使うこともあります。ローマの共和制では貴族や元老院などの限られた人々に国政の権限が委ねられました。政治の制度を意味するときには共和制、具体的な政治のやり方をイメージするときには共和政と書く習慣になっています。

皇帝（こうてい）

古代中国の秦の始皇帝が始めた君主の称号。中国の歴史は皇帝の歴史といわれ、皇帝の支配が直接及ぶ範囲を天下といいました。これに対し、西欧の皇帝（エンペラー）の語源は、ラテン語のインペラトールであり、最高の命令権を持つ将軍が大きな戦争に勝利したとき兵士から贈られる称号だったので、中国の王朝の皇帝のような権限を持っていたわけではありません。だから、明治期の日本人が、この言葉を翻訳するとき、よくなじんだ中国史の皇帝の語を与えたのは適切ではなかったという指摘もあります。

国民国家（こくみんこっか）

近代において、言語、宗教、文化、歴史を共有する人々の一体性を基礎につくられた中央集権国家。ネーション・ステイトの訳語。「近代国民国家」ということもありますが、意味は同じです。国民国家では国境内にいる国民はみな平等の権利をもっています。アメリカ独立戦争以後の市民革命を通して、国家は自分たち国民のものだという考えが育ちました。これが国民国家を作り上げる原動力となった思想です。その後の歴史は、この近代国民国家の相互関係として書かれることになります。

植民地（しょくみんち）

海外の国や未開地に、国民を移住させ経済活動や開墾に当たらせることを植民といいます。植民は古代ギリシャの時代から行われていました。移住した人々が集まって生活した地域を植民地（コロニー）といいます。この言葉は植民者を送り出した国の側から見た言葉になっています。植民者は本国と経済的その他の関係を持ち続けます。本国と関係が切れた植民者は、移民です。

植民地という言葉は、ヨーロッパ人が東洋に進出した17世紀以後、「インドはイギリスの植民地だ」というように、進出した先の国や地域全体をさすようになりました。他方、植民地を所有した本国は宗主国（そうしゅこく）とよばれました。欧米列強はわれ先にと植民地を取り合い、アジア・アフリカのほとんどの地域を分割してそれぞれの国の植民地としました。このように、自国の植民地を広げ、強大な国家をつくり出そうとする思想や政策を植民地主義といいます。

帝国（ていこく）

帝国（エンパイア）とは皇帝（エンペラー）が統治する国のことです。多くの場合、帝国は複数の民族をその統治下においています。それだけ帝国は大きく強い国であることが多いのです。

しかし、他民族を統治下に含めていない場合でも、単に強い国という意味で帝国という言葉を使うこともあります。

日本が明治時代に憲法をつくった

際、日本帝国というタイトルをあたまにつけました。これに「大」の字を付けることには反対意見もありましたが、伊藤博文が裁定して憲法の名称は大日本帝国憲法となりました。

また、日清戦争後、韓国の国名は大韓帝国となりましたが、これは清朝から独立した国であることを強調するために付けられています。

帝国主義（ていこくしゅぎ）

国家が他の国家や民族を支配し、自国の領土や勢力の拡大をはかる政策。このような現象は世界史上、古代から数限りなく見られますが、帝国主義という言葉は特に19世紀末から20世紀の初めにかけて、強大な資本主義国となった欧米列強が、資源と市場と投資先を求めて、武力を背景に世界に進出した事象を指して使われるようになりました。

帝国主義という言葉は非難語としてよく使われます。また、ロシア革命を指導したレーニンが、帝国主義を資本主義の特定の段階とだけ結びつける『帝国主義論』という著作を発表したため、その影響で、社会主義国にも他国・他民族を支配しようとする同じ現象があっても、それは帝国主義とはよばれていません。こうした政治的偏りのある言葉であることにも注意が必要です。

都市国家（としこっか）

都市とその周辺の限られた地域を領域とする国家。古代文明はまず、都市国家として成立しました。ギリシャのポリス、ヨーロッパ中世の都市、中国で交易の中心地となった都市、などはすべて都市国家です。城壁に囲まれ、外部に対して一定の自立性を持ちました。さらに広域を支配する領域国家が生まれると、都市国家はその一部となりました。

奴隷（どれい）

英語のスレイブの訳語で、自由な意思を否定され、他人の支配のもとで労働を強制されたり、他人の所有物としてモノと同じように売買・譲渡の対象とされる人。奴隷の起源は戦争捕虜から始まると考えられ、多くの奴隷を使役して労働させる大規模な奴隷制度が生まれる場合もありました。奴隷は歴史の特定の発展段階にのみ存在したのではなく、どの時代にもあり、現在もあります。国内の労働力不足を補うため、アフリカの住民を拉致して船で移送し、奴隷として大規模に使役したアメリカの黒人奴隷制は、近代初頭以後の現象です。

奴隷という言葉は、本来奴隷でない者に当てはめたり、過酷な境遇を文学的に誇張して奴隷と表現したりすることがあります。資本主義社会の労働者を賃金奴隷とよんだりするのも、労働者の過酷な労働条件を批判して奴隷という言葉を比喩として使ったものですが、労働環境がきびしくても賃金を受け取り、雇用者と契約関係にある労働者は決して奴隷ではありません。

ナショナリズム

民族や国家の統一、独立、繁栄をめざす思想や運動をナショナリズムといいます。日本語では国民主義、国家主義、民族主義など、さまざまな訳語があてられてきました。それだけ意味の広がりの大きい言葉です。

国民主義は、フランス革命とその後のナポレオン戦争によって刺激され、それぞれの国民国家をつくり出したヨーロッパ諸国の運動をさします。国家主義は、自国の発展を願う意識が強まり、個人よりも国家を重視する傾向が生まれたことについて、やや批判的な意味を込めて使います。民族主義は19世紀から20世紀にかけて、帝国主義の植民地にされたアジアやアフリカの諸民族が独立を求めた運動を指す言葉として肯定的に使われてきました。

しかし、ナショナリズムは、しばしば排外主義や暴力的傾向をもっていたので、その否定的なイメージと区別して、人々の郷土愛に根差す自然な感情をパトリオティズム（祖国愛）として区別する立場もあります。

民族（みんぞく）

文化・生活様式が共通で、とりわけ言語と宗教を同じくする人々の集団を民族といいます。民族は一つの国家にまとまっているとは限らず、国家を形成することなく特定の国の中で少数民族として暮らしたり、複数の国にまたがって分布したりする例もあります。どの民族も自前の国家を持つ権利があるという考えを民族自決の原則といいます。民族は近代以降は特に歴史を動かす重要な要素となってきました。

立憲君主制（りっけんくんしゅせい）

君主の権力が憲法によって制約されている政治形態。君主制には専制君主制と立憲君主制の二つの類型があります。専制君主制は、君主一人の意思によって政治が行われる制度をさします。それに対し、立憲君主制では、国家元首として君主をいただきながらも、政治の実際は憲法に基づき国民の間の民主的な手続きによって行われ、君主はそれを承認し権威づける立場にいます。

この制度はイギリスで最初に成立し、大日本帝国憲法下の日本も、日本国憲法下の戦後の日本も、立憲君主制の政治形態に入れることができます。国民を統合する君主制の利点と民主制の長所を組み合わせたすぐれた制度であると評価されることもあります。

事項さくいん

し

す

せ

そ

人名さくいん

あ

か

さ

人名さくいん

や

ら

わ

復習問題のページの解答

【答】 第１章　確認してみよう～　古代までの日本
1 アフリカ　2 メソポタミア　3 エジプト　4 インダス　5 黄河文明　6 始皇帝　7 キリスト教
8 仏教　9 イスラム教　10 邪馬台国　11 冊封体制　12 大和朝廷　13 古事記
14 日本書紀　15 高句麗　16 崇仏論争　17 聖徳太子　18 大化の改新　19 壬申の乱　20 租　21 調　22 庸　23 墾田永年私財法
24 摂関政治　25 国風文化 〈地図問題 1〉 A) イ B) ア C) ウ D) エ 〈地図問題 2〉 A) 6 B) 1 C) 5 D) 4 E) 3 F) 2

【答】 確認してみよう～中世の日本
1 源氏　2 平氏　3 院政　4 保元の乱　5 守護　6 地頭　7 御家人　8 執権　9 御成敗式目　10 チンギス・ハン　11 元寇　12 平家物語
13 運慶　14 快慶　15 建武の新政　16 南北朝時代　17 室町幕府　18 勘合　19 応仁の乱　20 北山文化　21 東山文化
〈地図問題 1〉 A) イ B) エ C) ア D) ウ 〈地図問題 2〉 A) イ B) ウ C) ア

【答】 確認してみよう～近世の日本
1 大航海時代　2 キリシタン大名　3 楽市楽座　4 豊臣秀吉　5 太閤検地　6 刀狩　7 千利休　8 南蛮文化　9 関ヶ原の戦い　10 武家諸法度
11 朱印船貿易　12 鎖国　13 朝鮮通信使　14 武士　15 百姓　16 町人　17 徳川綱吉　18 大日本史　19 藩校　20 寺子屋　21 私塾　22 享保の改革　23 寛政の改革　24 天保の改革 〈地図問題 1〉 A) エ B) イ C) オ D) ウ E) ア 〈地図問題 2〉 A) イ B) ウ C) エ D) ア

【答】 確認してみよう～近代の日本と世界 (Ⅰ)
1 名誉革命 2 フランス革命 3 産業革命　4 異国船打払令　5 日米和親条約　6 日米修好通商条約　7 桜田門外の変　8 王政復古
9 五箇条の御誓文　10 廃藩置県　11 千島・樺太交換条約　12 西南戦争　13 殖産興業　14 自由民権運動 15 大日本帝国憲法　16 下関条約
17 日英同盟　18 ポーツマス条約 〈地図問題 1〉 A) エ B) ア C) オ D) ウ E) イ 〈地図問題 2〉 A) イ B) ア C) ウ D) エ

【答】 確認してみよう～近代の日本と世界 (Ⅱ)
1 第一次世界大戦　2 ロシア革命　3 ベルサイユ条約　4 大正デモクラシー　5 憲政の常道　6 ワシントン会議　7 普通選挙法　8 関東大震災　9 世界恐慌　10 ファシズム　11 満州事変　12 二・二六事件　13 日中戦争　14 大東亜会議　15 ヤルタ会談　16 広島　17 長崎
18 ポツダム宣言 〈地図問題 1〉 A) ウ B) イ C) ア D) オ E) エ

【答】 確認してみよう～ 現代の日本と世界
1 東京裁判　2 日本国憲法　3 国際連合　4 朝鮮戦争　5 警察予備隊　6 サンフランシスコ講和条約　7 日米安全保障条約　8 高度経済成長
9 キューバ危機　10 日韓基本条約　11 ベトナム戦争　12 日中共同声明　13 沖縄　14 石油危機　15 ドイツ　16 湾岸戦争　17 東日本大震災
〈地図問題 1〉 A) イ B) キ C) ア D) ウ E) エ 〈地図問題 2〉 A) イ B) ア C) ウ D) エ